Eugen Biser
Der Freund

SERIE PIPER
Band 981

Zu diesem Buch

Bei diesem neuartigen Jesusbuch beginnt Biser in der Gegenwart und arbeitet sich, in ständigem Dialog mit der kritischen Forschung, zu Jesu Lebens- und Wirkungsgeschichte vor. Biser versucht ein »ebenerdiges« Bild Jesu, das dem »Freund«, nicht dem »Herrn« gewidmet ist. Sein zentrales Anliegen ist dabei, die Jesus-Botschaft so zu vermitteln, daß sie auch dem oft unsicheren, verängstigten Menschen der Gegenwart etwas zu sagen hat.

Eugen Biser, Prof. Dr. phil. Dr. theol., geboren 1918, war von 1974 bis 1986 Inhaber des renommierten Romano-Guardini-Lehrstuhls für Christliche Weltanschauung und Religionsphilosophie der Universität München.

Eugen Biser

Der Freund

*Annäherungen
an Jesus*

Piper
München Zürich

ISBN 3-492-10981-0
Originalausgabe
Juli 1989
2. Auflage, 6.–9. Tausend Dezember 1989
© R. Piper GmbH & Co. KG, München 1989
Umschlag: Federico Luci,
unter Verwendung des Hinterglasbildes »Jesus«
von Erich Schickling
Gesamtherstellung: Clausen & Bosse, Leck
Printed in Germany

Inhalt

Vorwort

Noch ein Jesusbuch? War denn, um nur im Bereich der eigenen Beiträge zu bleiben, mit dem ›Helfer‹ (von 1973) und ›Jesus für Christen‹ (von 1984) nicht schon genug gesagt? Gewiß nicht! Wer jemals Hand an ein solches Werk gelegt hat, wird wissen – und seine Leser werden es mit ihm empfinden –, daß er es nur mit dem Gefühl eines von seinem Gegenstand Überforderten abschließen konnte. Insofern ist jedes zu Ende geführte Jesusbuch immer schon die Verheißung eines neuen, wenn meist auch nicht aus eigener Produktion. Doch darin liegt nicht der Grund, dem das vorliegende Buch seine Entstehung verdankt. Anlaß ist vielmehr die Zeit, genauer noch, der Wandel im christlichen Selbstverständnis, der sich in der seit Beginn der achtziger Jahre veröffentlichten neuen Generation von Jesusbüchern ankündigte. Er betrifft den Übergang von einer institutionell erfaßten zu einer mystisch verinnerlichten Christenheit, die damit auf den großen Konturenverlust einer pluralistisch aufgesplitterten, perspektivelosen, der postmodernen Beliebigkeit verfallenen Gesellschaft, mehr aber noch auf die Angst und Einsamkeit des heutigen Menschen antwortet.

Diese Antwort bliebe ohne volle Durchschlagskraft, wenn in ihr nicht der hör- und fühlbar würde, der im Unterschied zu anderen Religionsstiftern von seiner Glaubensgemeinschaft nicht wegzudenken ist, weil sie ihre Einheit und Identität letztlich nur durch ihn gewinnt. Nur in der Verbindung mit Jesus ist die Kirche mehr als eine Organisation, ihre Botschaft mehr als eine Lehre, ihre Weisung mehr als ein Gesetz. Nur der Impuls seiner Anwesenheit erfüllt ihre Strukturen mit Leben, gibt ihrem Glauben Gewißheit, ihrem Gebet Zuversicht, ihrer Hoffnung Flügel, ihrem Handeln Wärme.

Das nötigt zu einer zeitgerechten, dem Eintritt des Christentums in sein mystisches Stadium entsprechenden Darstellung Jesu. Er muß als der gezeigt werden, der alle Bilder von ihm durch seine Wirklichkeit verzehrt; er muß als der glaubhaft gemacht werden, der die theoretischen Bestimmungsversuche durch seine Präsenz überholt; und er muß vor allem als derjenige nahegebracht werden, der den in seinem Namen erhobenen Forderungen durch seinen liebenden Selbsterweis zuvorkommt. Notwendig ist somit eine Darstellung, der mehr am Erweis seiner Anwesenheit als an der Umschreibung seines historischen Gewesenseins gelegen ist, mehr an der Evidenz seiner Wahrheit als an der Rekonstruktion seiner Lehre, mehr an seiner Vergegenwärtigung als an seinem Vermächtnis. Seine Sache kann, wie man sich immer wieder vor Augen führen muß, bei aller Treue zu den historischen Daten und allem Resepkt vor dem Gewicht der Traditionen, zuletzt nur im Präsens verhandelt werden. Denn es gilt, die Probleme einer säkularistischen Gegenwart zu bestehen, für die Gott nur noch ein »Gerücht« ist, in der von den religiösen Überlieferungen weithin nur Relikte geblieben und in der von den Engeln nur noch »Spuren« auszumachen sind. Das aber kann nur mit Hilfe des Vergegenwärtigten und gegenwärtig Gewordenen gelingen.

Das klingt wie das Plädoyer für eine Beschwörung. Sie mag angesichts verlorener Traditionen durchaus angezeigt erscheinen. Im Falle Jesu bedarf es ihrer nicht. Vielmehr genügt es, die Bahn nachzuzeichnen, auf der er wie jeder vorangehenden Epoche so auch der gegenwärtigen »entgegenkommt«. Diesem Ziel ist auch schon mit dem Versuch gedient, die Hindernisse, methodischer wie hermeneutischer Art, aus dem Weg zu räumen, die seine Entgegenkunft erschweren. Das übrige darf seinem Selbstzeugnis überlassen bleiben. Denn im Grunde braucht der keine Verdeutlichung, der nach neutestamentlicher Überzeugung selbst »das Wort« ist; und ebensowenig bedarf der einer Vermittlung, der sich selbst den »Weg« und die »Tür« nennt. Überzeugender als je einer seiner Interpreten steht er selbst für seine Sache ein. Es kommt nur darauf an, ihn in seinem Selbstzeugnis zu Wort kommen zu lassen.

Klang dieses Wort gestern am vornehmlichsten aus der Einladung an die Bedrückten und Bedrängten, so heute eher aus dem Zuspruch des johanneischen Jesus: »Nicht mehr Knechte – Freunde habe ich euch genannt!« Denn dieses Wort überbrückt den Abstand von Herr und Knecht, es setzt der Heteronomie, die neuerdings wieder gegen alle Erwartung an Boden gewinnt, ein Ende, es entreißt uns der sklavischen Angst und überschüttet uns mit dem Glück der Gottesfreundschaft.

Kein Gebot, noch nicht einmal das der Feindesliebe, stellt höhere Forderungen als dieses Wort. Keine Verheißung, noch nicht einmal die der ewigen Seligkeit, spricht uns Größeres zu. Denn keiner hat von uns je größer gedacht als der Sprecher dieses Wortes. Nach der Überzeugung des Johannesevangeliums hat er seine Jünger Freunde genannt. Die Gegenrede blieben sie ihm bisher schuldig. Es ist an der Zeit, daß sie gewagt werden muß. Darin besteht das Risiko, aber auch die Rechtfertigung dieses Jesusbuchs.

I.

DIE ANNÄHERUNG

Der Zugang

Versöhnender, der du nimmergeglaubt
Nun da bist, Freundesgestalt mir
Annimmst Unsterblicher, aber wohl
Erkenn ich das Hohe
Das mir die Knie beugt,
Und wie ein Blinder muß ich
Dich, himmlischer Bote, fragen, wozu du mir,
Woher du seiest, seliger Friede!

(HÖLDERLIN)

Bist du es? So war er wiederholt, noch vor Gericht, gefragt worden, und so hatte er es seinen Jüngern als Anfrage an ihn in den Mund gelegt. Who are you? So fragt ihn nach fast zweitausendjähriger Geschichte unverändert noch immer der Chor in der von *Andrew Lloyd Webber* und *Tim Rice* geschaffenen Rockoper ›Jesus Christ Superstar‹. Denn offensichtlich konnte ihm in dieser langen Zeit weder die Liebe der Seinen noch die Sehnsucht der nach ihm Suchenden, noch nicht einmal die kritische Betroffenheit der Zweifelnden oder der Haß der Gegner sein Geheimnis ganz entreißen. Aber das lag nicht daran, daß er sich dem Chor der Fragenden nicht hinreichend verständlich machte, so daß er ihnen mit Nietzsche die Warnung »Verwechselt mich vor allem nicht!« hätte entgegenschleudern müssen; es lag vielmehr daran, daß er mit dem, was er ist und gibt, alle in ihn gesetzten Erwartungen überbietet, alle Antworten auf die an ihn gerichtete Frage überholt und jedem Versuch, ihn auf ein Bild von ihm oder auf eine Form der Beziehung zu ihm festzulegen, zuvorkommt.

Das gilt ebenso in sprachlicher wie in spiritueller und geschichtlicher Hinsicht. Sprachlich: denn das Reden von ihm zeigte von Anfang an eine Neigung zur Inversion, so daß er, bei aller Anstrengung des Begriffs, das Sprachgeschehen letztlich an sich zog. So geht sein wortmächtigster Botschafter Paulus davon aus, daß ihm in seiner Bekehrungsstunde das Geheimnis des Gottessohnes ins Herz gesprochen worden sei (Gal 1,15 f.) und daß von dieser Prägung her in seiner Predigt er, der Verkündigte, selbst zu Wort komme:

Wir sind Gesandte an Christi Statt; Gott ist es, der durch uns mahnt. An Christi Stelle bitten wir: laßt euch mit Gott versöhnen! (2 Kor 5,20f.)

Im Johannesevangelium erreicht diese Inversion ihren Gipfel, wenn Jesus, den schon die Paulusbriefe das Bild Gottes (2 Kor 4,4; Kol 1,15), die Weisheit (1 Kor 1,30) und den Frieden (Eph 2,14) genannt hatten, diese Auskünfte insgesamt mit der Selbstbezeugung überbietet: Ich bin das Licht (8,12), der Weg und die Wahrheit (14,6); ich gebe den Frieden (14,27). Denn Jesus ist gerade für dieses Evangelium der sprachliche Grenzfall, in dem das menschliche Reden über Gott in ein Angesprochensein durch ihn umschlägt. Als Exponent all derer, die in der Geschichte Gottes mit seinem Volk jemals ihre Stimme für Gott erhoben, ist er zugleich das erste aller Gottesworte, das Wort, das im Anfang war (1,1).[1] Mit einem Blick auf die moderne Medienszene könnte man auch sagen, er sei das Medium, das schon als solches »die Botschaft« ist. Wenn sich *Hölderlin* von ihm auf die Knie gezwungen und zu der Frage genötigt sieht, »woher du seiest, seliger Friede«, klingt noch etwas von dieser Spracherfahrung bei ihm nach.

Die Umpolung

Jesus ist das mystische Ereignis der Menschheitsgeschichte. Denn es gehört zu den zentralen Erfahrungen seines Fortwirkens, daß jede Initiative, die im Interesse der Annäherung an ihn ergriffen wird, je länger, desto deutlicher in seine Regie übergeht. Wer ihn zu erkennen sucht, kommt früher oder später zu der Einsicht, daß er von ihm erkannt und ergriffen wurde. Wer ihm nachfolgt, erfährt mit jedem Schritt auf diesem Weg deutlicher seine angestaltende Macht. Wer ihn zu lieben beginnt, begreift zunehmend, daß er damit nur auf eine Liebe einging, die ihm längst zuvorkam. Seinen symbolischen Ausdruck findet das in dem biographisch gesicherten Faktum, daß Franz von Assisi, der den Weg der radikalen Nachfolge Christi konsequenter als andere ging, am Ende seines Lebens bei der Erscheinung – wie man annehmen darf – der gekreuzigten Weisheit die Wundmale des Gekreuzigten empfängt.[2] Wenn es für diese auffällige Umpolung noch eines Beweises bedürfte, würde er von einem religionsgeschichtlichen Vergleich erbracht. Obwohl von Jesus keine visionären Erlebnisse berichtet werden wie von Buddha, obwohl er von seinem Gott nicht berufen wird wie Moses und obwohl er nicht Empfänger einer von Gott »ausgefertigten« Weisung ist wie Mohammed, führt doch der Umgang mit ihm zu Erfahrungen, wie sie nur das mystische Erlebnis aufweist.[3]

Zu diesen Erfahrungen gehört insbesondere auch die des Umschlags von Entbehrungen in Trost, von Verlassenheit in Einung, von Finsternis in Klarheit und Licht. Die Urerfahrung davon machte die Jüngergemeinde, als sich das Entsetzen über den Kreuzestod ihres Herrn durch die Erscheinungen des Auferstandenen in Gewißheit und Freude verwandelte und die Rätselschrift des Kreuzes im Licht dieses Geschehens lesbar wurde. Im Feld individueller Lebensgeschichte wiederholte sich das, als Paulus und Augustinus, vom selben Licht getroffen, nach Zuständen des Zweifels und der Zerrissenheit in ihrer Bekehrungsstunde zur definitiven Sinnfindung gelangten. Auf der Höhe des Mittelalters muß sich alsdann derselbe Umschlag im Glaubensbewußtsein einer ganzen Epoche wiederholt haben. Nachdem im Frühmittelalter eine theozentrische Frömmigkeit vorherrschte, die Jesus vornehmlich in seiner göttlichen Hoheit erblickte, brach sich auf der Höhe des Zeitalters, nicht zuletzt aufgrund des Leidensdruckes, der auf den Menschen lastete, eine ausgesprochene Jesusfrömmigkeit Bahn, die sich im Unterschied zur Vorzeit vor allem an den Daten der Lebens- und Leidensgeschichte entzündete. Auch die Konzentration der reformatorischen und insbesondere der pietistischen Frömmigkeit auf die Gestalt und das Heilswerk Jesu steht so, wie sie schließlich in den Werken Bachs und Rembrandts in Erscheinung trat, in einem reaktiven Verhältnis zu einer religiösen Unterkühlung, für die neben kirchlichen Verfallserscheinungen die im Humanismus verfaßten Tendenzen verantwortlich zu machen sind. Daß Gleiches auch nach dem Kahlschlag der Aufklärung für das Wiedererwachen des christologischen Interesses im romantischen Denken gilt, macht die Stelle aus den ›Hymnen an die Nacht‹ des *Novalis* deutlich, die den wiedergewonnenen Auferstehungsglauben in einer Weise besingt, daß damit zugleich das Zeitbewußtsein angesprochen und zur Umorientierung aufgerufen ist:

Gehoben ist der Stein
Die Menschheit ist erstanden
Wir alle bleiben dein
Und fühlen keine Banden
Der herbste Kummer fleucht
Im letzten Abendmahle
Vor deiner goldnen Schale
Wenn Erd und Leben weicht.

Schließlich wirkt es wie eine Synthese von romantischer Christus-Hymnik und Lessings kritischer Überhöhung der Aufklärung, wenn in der Folge Kierkegaard sein Lebenswerk in eine grandiose Paraphrase der Einladung Jesu an die Bedrückten und Bedrängten aller Räume und Zeiten (Mt 11,28 ff.) ausklingen läßt.[4]

Der Durchbruch

In mehreren Wellen vollzog sich derselbe Vorgang aber auch seit Beginn dieses Jahrhunderts. Auf das Kulturchristentum der liberalen Theologie antwortete Karl Barth mit dem »dialektischen« Entwurf seiner christologisch zentrierten ›Kirchlichen Dogmatik‹. Demgegenüber schlug das von Guardini nach dem Ersten Weltkrieg registrierte »Erwachen der Kirche in den Seelen« schon nach relativ kurzer Zeit in jenes Unbehagen an der Kirche um, das in seiner positiven Auswirkung den Blick des Glaubens, wie es dann die Jesusbücher *Guardinis* (von 1937 und 1940) und *Karl Adams* (von 1933) dokumentierten, auf das christologische Zentralgeheimnis des Glaubens lenkte.[5] Wer sich von den meist durch die Zufälle des Alltags gesteuerten Abläufen an der Oberfläche nicht irritieren läßt, wird unschwer entdecken, daß sich heute, kurz vor Ende des Jahrhunderts, etwas durchaus Gleichsinniges abspielt. Oft genug ist die mit der gegenwärtigen Situation einhergehende Verfinsterung vermerkt und mit wachsender Eindringlichkeit beschworen worden: schon durch Nietzsche, der von einer »Verdüsterung und Sonnenfinsternis« sprach, »derengleichen es wahrscheinlich noch nicht auf Erden gegeben hat«; durch Bubers Steigerung dieser Vermutung zur Diagnose der über die Gegenwart hereingebrochenen »Gottesfinsternis« und durch den von so gegensätzlichen Denkern wie Marcel und Horkheimer beklagten »Untergang der Weisheit« in dieser Zeit.[6]

Für jeden, der sehen konnte, fiel aber auch immer schon Licht in diese düstere Szene. Insgeheim ging es schon von der christlichen, um nicht zu sagen »jesuanischen« Motivierung des studentischen Widerstands gegen das nationalsozialistische Terrorregime aus; doch erreichte es seine volle Leuchtkraft erst, als sich zu Beginn der siebziger Jahre – wie im Gegenzug der damals eskalierenden Studentenrevolte – das Glaubensinteresse weltweit der Gestalt Jesu zuwandte, ganz so, als gehe es darum, das christologische Kapitel, das vom Zweiten Vatikanum nicht formell behandelt worden war, auf dem Weg einer spontanen Jesusmeditation nachzuholen. Zwar fehlte es nach dem Verebben dieses vielstimmigen, mit Geist und Leidenschaft geführten »Disput um Jesus« (Kern) nicht an Stimmen, die sich für die Absetzung des Jesusthemas aussprachen; und schädlicher noch wirkten sich in diesem Sinn die theologischen Querschläge aus, die – wie im Fall des Streits um die Unfehlbarkeit – längst schon beigelegte Konflikte erneut vom Zaun brachen. Doch zeigt schon die thematische und tendenzielle Übereinkunft von zwei nach Veranlassung und Anlage so verschiedenartigen Jesusbüchern wie der von *Georg Baudler* und *Leonardo Boff*, was die glaubensgeschichtliche Stunde tatsächlich geschlagen hat.[7]

Wenn der Religionspädagoge das Bild Jesu »im Spiegel seiner Gleichnisse« aufscheinen läßt, leistet er einen Beitrag zur Konzentration der eher diffusen Spiritualität der Gegenwart auf die Gestalt Jesu; und wenn der Befreiungstheologe Jesus seinem ureigenen Ansatz zufolge als den »Befreier« rühmt, macht er seine Gestalt auch denen sichtbar, die ihn unter dem Druck der auf ihnen lastenden Unrechtverhältnisse bisher nicht oder doch nur in irritierenden Verzerrungen wahrgenommen hatten. Damit ist auch schon ein markanter Unterschied im Vergleich mit den Jesusbildern der Vorzeit angesprochen. Dort wurde die Wiederentdeckung Jesu immer nur als Erweis seiner je größeren Wahrheit empfunden. Darin lag ihr unbestreitbares Recht. Heute verbindet sich damit jedoch ein soziales und anthropologisches Interesse. Es kam zur Blickwendung auf Jesus, weil die gesellschaftlichen und menschlichen Probleme darauf drängten. Jesus trat erneut ins Blickfeld des Glaubens, weil er – im tiefsten Sinn des Ausdrucks – gebraucht wurde. Schon deshalb muß in diesem Zusammenhang von einer religiösen Innovation ge-sprochen werden. Der Begriff der »Neuentdeckung« greift nicht zu hoch; er muß nur noch inhaltlich entfaltet werden.

Der Geschichtsgrund

Schon diesem flüchtigen Hinblick zeigt sich, wie sehr in dieser my-stischen Perspektive die historische fortbesteht. Die sprechendsten Belege für die mystische Inversion bot ja die Frömmigkeitsge-schichte. Umgekehrt sind deren Umbrüche nur aus der Entgegen-kunft des in ihnen stets neu Erfahrenen, also aus Vorgängen seiner Selbstvergegenwärtigung, zu verstehen. Tatsächlich war für das christliche Geschichtsverständnis von Anfang an die Erfahrung maßgebend, die sich in der Zusicherung seiner immerwährenden Präsenz ausdrückt: »Ich bin bei euch alle Tage bis zur Vollendung der Welt« (Mt 28,20). Daß sich gleichwohl nur ein unzulängliches Bewußtsein davon ausbildete, hängt allem Anschein nach einerseits mit dem beim Durchschnittschristen nicht besonders hoch entwik-kelten Sensorium für transempirische Vorgänge zusammen, obwohl schon Paulus darin eine entscheidende »Glaubensprobe« erblickt, wenn er die Gemeinde von Korinth mit der Frage aufrüttelt:

Fragt euch, ob ihr im Glauben steht, prüft euch selbst! Erkennt ihr denn nicht, daß Christus Jesus in euch ist? Wenn nicht, dann hättet ihr die Probe nicht bestanden (2Kor 13,5).

Andererseits dürfte dieses Defizit aber auch auf die mangelhafte Re-zeption der beiden geschichtstheologischen Modellvorstellungen zurückgehen, die sich hier als Erklärungshilfen anboten und auf-grund ihrer Gegensinnigkeit geradezu zum Vergleich herausforder-ten. Das eine Modell liegt vor in *Balthasars* geschichtstheologi-schem Aufriß mit dem Titel ›Das Ganze im Fragment‹ (von 1963), das den Schlüssel zur Heilsgeschichte in den unterschiedlichen Sta-dien der Lebensgeschichte Jesu erblickt, also in seinem Kindsein, seiner Mannesreife, seiner Passion, seiner Auferstehung und Him-melfahrt, und das sich dabei auf den tiefsinnigen Gedanken des Ma-ximus Confessor vom »Grab des Logos« in der Verlorenheit der Welt und im Abgrund des Menschenherzens bezieht. Als struk-turierende Momente kommen für diese Sicht außerdem die »dialektischen« Formen der Selbstauslegung des göttlichen Wortes – als Mann und Frau, als Herr und Knecht, als Jude und Heide – ins Spiel.[8]

Anders und doch eng verwandt ist die Konzeption *Gertrud von le Forts*, nach der jede glaubens- und weltgeschichtliche Epoche ihre innerste Sinnzuweisung aus einer der Stationen des Lebens Jesu empfängt, so daß die eine Epoche im Zeichen der Menschwerdung, eine andere – wie insbesondere die Zeit der Hitler-Diktatur – im Zeichen der Todesangst und Passion, die dritte dagegen im Zeichen der Auferstehung oder der vorweggenommenen Parusie steht.[9] So heißt es von der mädchenhaften Zentralfigur der Erzählung ›Das Gericht des Meeres‹ (von 1940), die sich nicht dazu entschließen kann, das ihr anvertraute Kind in den Tod zu singen, obwohl sie dafür ihr junges Leben opfern muß: »Es war ihr, als sei Gott hinfort Mensch geworden«. Und die Titelheldin der ›Letzten am Schafott‹ empfängt ihren Ordensnamen mit dem Zusatz »von der Todesangst Christi« unter der ausdrücklichen Begründung, daß sich der fortlebende Christus »gegenwärtig gleichsam im Garten Getsemani« befinde. Damit führen beide Modelle, das der Dichterin freilich deutlicher als das des Theologen, das Gesetz der Zeiten auf den in ihnen fortlebenden, fortleidenden und fortwirkenden Christus zurück. Und doch stimmen sie sich damit nur auf das Motiv ein, in dem bereits die Urgemeinde, gestützt auf die Selbstzusage des Auferstandenen, den göttlichen Grund alles Geschehens erblickt hatte. In ihm liegt dann folgerichtig auch der Schlüssel zu den christologischen Innovationen, die der Glaubensgeschichte in Vergangenheit und Gegenwart ihr Gepräge geben. Soviel dazu die inspirierende Kraft der Beter und die interpretierende Leistung der Dichter und Denker beigetragen haben mochten, waren sie doch letztlich nicht so sehr die Frucht religiöser Kreativität, sondern die Folge der Selbstvergegenwärtigung dessen, der auch vor den Türen späterer Zeiten steht und anklopft, um Einlaß zu finden. In seiner Sprache bekannte sich schon *Albert Schweitzer* zu dieser Erfahrung, als er seinen Eindruck von der in seiner ›Geschichte der Leben-Jesu-Forschung‹ erarbeiteten Literatur in das bekenntnishafte Schlußwort zusammenfaßte:

Als ein Unbekannter und Namenloser kommt er zu uns, wie er am Gestade des Sees an jene Männer, die nicht wußten, wer er war, herantrat. Er sagt dasselbe Wort: Du aber folge mir nach! und stellt uns vor die Aufgaben, die er in unserer Zeit lösen muß. Er gebietet. Und denjenigen, welche ihm gehorchen, Weisen und Unweisen, wird er sich offenbaren in dem, was sie in seiner Gemeinschaft an Frieden, Wirken, Kämpfen und Leiden erleben dürfen, und als ein unaussprechliches Geheimnis werden sie erfahren, wer er ist...[10]

Wie sehr das auch auf die gegenwärtige Neuentdeckung Jesu und auf ihre Bestätigung durch die neue Generation von Jesusbüchern zutrifft, kann nur eine Nachzeichnung des Vorgangs erweisen.

Die Neuentdeckung

Wenn man das Ereignis der Neuentdeckung Jesu von innen her begreifen will, tut man gut daran, es mit dem bereits erwähnten Programmwort Guardinis in Beziehung zu setzen:

Ein religiöser Vorgang von unabsehbarer Tragweite hat eingesetzt: Die Kirche erwacht in den Seelen.[11]

Mit diesem ebenso überraschenden wie inspirierenden Wort wandte sich Guardini an die aus den Schützengräben des Ersten Weltkriegs zurückgekehrte und ebenso politisch wie geistig und menschlich enttäuschte Jugend, um ihr das Stichwort für eine neue Identitätsfindung zuzurufen. Wollte man sich auf das Wagnis einlassen, diesen Zuspruch in einer zeitgerechten, auf die gewandelten Verhältnisse der Gegenwart abgestimmten Fassung zu wiederholen, so müßte er lauten:

Ein kaum erst wahrgenommener und dennoch höchst bedeutsamer Vorgang ist eingetreten: Die spirituelle Auferstehung Jesu im Glauben und Unglauben unserer Zeit!

Zwischen dem hohen Stellenwert des Vorgangs und der Tatsache, daß er kaum erst wahrgenommen worden ist, besteht biblisch gesehen kein Widerspruch. Denn die neutestamentlichen Ostererzählungen, auf die sich auch Schweitzer in diesem Zusammenhang bezieht, heben darauf ab, daß der Auferstandene im Regelfall den von ihm erwählten Zeugen in einer »Fremdgestalt« entgegentritt (Mk 16,12), um sich ihnen dann in einem um so bewegenderen Offenbarungsakt zu erkennen zu geben. Weit überraschender muß dagegen die Behauptung wirken, daß sich die spirituelle Auferstehung Jesu nicht nur im Glauben, sondern auch im Unglauben der Gegenwart vollzieht. Noch bevor dies näher begründet werden kann, muß das angesprochene Ereignis zunächst »geortet«, und es muß überdies gezeigt werden, warum sich seine Wahrnehmung so schwierig gestaltete.

Der Vorgang

Geistige Ereignisse sind nicht selten durch eine auffällige »Synchronie« gekennzeichnet. So kann man das Jahr 1931 in Anlehnung an einen von Karl Jaspers geprägten Begriff als das »Achsenjahr« der Angstanalyse und Angstbewältigung bezeichnen. Denn damals erschien nicht nur seine eigene Schrift über ›Die geistige Situation der Zeit‹, in der er eine »vielleicht so noch nie gewesene Lebensangst« als den »unheimlichen Begleiter des modernen Menschen« bezeichnete; vielmehr veröffentlichte im gleichen Jahr auch *Gertrud von le Fort* ihre Meisternovelle ›Die Letzte am Schafott‹, das große Paradigma christlicher Angstüberwindung, während gleichzeitig *Werner Bergengruen* seinen themenverwandten Roman ›Am Himmel wie auf Erden‹ in Angriff nahm.[12] Demgegenüber war das Jahr 1969 durch den Eintritt höchst ungleichwertiger Ereignisse gekennzeichnet, die gleichwohl darin übereinkamen, daß sie tiefe Zäsuren in die geistige Landschaft legten. Denn es war zum einen das Jahr der geglückten Mondlandung, zum anderen aber auch das der ihrem Höhepunkt entgegentreibenden Studentenrevolte, die mit einer Umorientierung der theoretischen und politisch-praktischen Vernunft einherging. Nachdem dieser Umbruch das gesamte Interesse auf die gesellschaftlichen Verhältnisse konzentrierte, so daß »Welt« und »Gesellschaft« nachgerade zu Synonymen wurden, blieb der

Triumph, den die Raumfahrt errang und der in seiner Konsequenz zu einer Wiederentdeckung des Kosmos geführt hätte, in geistiger Hinsicht praktisch folgenlos.

Bei allem Unterschied in der aktuellen Gewichtung zogen die beiden Vorgänge aber doch die Aufmerksamkeit der Zeitgenossen so sehr in ihren Bann, daß ein drittes Ereignis ihrer Aufmerksamkeit fast völlig entging, obwohl es seiner ganzen Natur nach dazu angetan war, den von der Studentenrevolte ausgelösten Schrecken zu kompensieren. Es begann mit der Zuwendung der gesellschaftlich emanzipierten Jugend Nordamerikas zur Gestalt Jesu, die zur Entstehung einer förmlichen »Jesus-Bewegung« führte und vor allem durch die auf ihrem Boden entstandene Rockoper ›Jesus Christ Superstar‹ weltweite Aufmerksamkeit erregte.[13] Die Faszination, die von diesem Werk ausging, hätte auch skeptischen Beobachtern deutlich machen können, daß von dem Einbruch des sozialkritischen Bewußtseins kein radikaler Traditionsverlust zu befürchten war, weil unvermutet Quellen der geistig-religiösen Erneuerung aufbrachen, mit denen niemand mehr gerechnet hatte. Indessen saß der Schrecken über den drohenden Umsturz der bestehenden Ordnung zu tief, als daß das spirituelle Hoffnungszeichen wahrgenommen worden wäre. Dennoch stellte sich schon bald danach heraus, daß mit ihm ein Prozeß in Gang gekommen war, der, ohne daß sich eine sichtbare Verbindung abgezeichnet hätte, auch auf den alten Kontinent übersprang und dort, wie es in Europa üblich ist, vor allem literarisch in Erscheinung trat.

Die Dokumentation

Was Gestalt gewann, war eine in mehrfacher Hinsicht außergewöhnliche Jesus-Literatur.[14] Ungewöhnlich war schon die Art ihrer Entstehung; denn sie trat, wie auf geheime Verabredung hin, fast schlagartig in Erscheinung, ganz so, als hätten die Autoren einer inneren Nötigung gehorcht, als sie sich, bisweilen im Bruch mit anderen Vorhaben, dem Jesusthema zuwandten. Ungewöhnlich war sodann der weitgespannte Kreis der Beteiligten. Denn unter den Autoren der seit Beginn der siebziger Jahre in rascher Folge entstandenen Jesusbücher fanden sich neben Christen beider Konfessionen erstmals nach einer annähernd zweitausendjährigen Zurückhaltung auch Juden und neben erklärten Agnostikern sogar Atheisten. So kam es, um nur die beiden bedeutsamsten Beispiele anzuführen, daß der Jude *Schalom Ben-Chorin*, gestützt auf die Vorarbeit seines Lehrers Martin Buber, Jesus im Titel seines Buches mit dem Brudernamen anrief, während der marxistische Sozialphilosoph *Milan Machovec* ein Jesusbuch »für Atheisten« veröffentlichte.[15] Erstaunlich war nicht zuletzt auch das Qualitätsgefälle. Es springt dann in die Augen, wenn man sich das Urteil Albert Schweitzers vergegenwärtigt, der in seiner monumentalen ›Geschichte der Leben-Jesu-Forschung‹ (von 1913) zu dem deprimierenden Ergebnis kam, daß die »mit Haß« geschriebenen Jesusbücher den aus liebender Betroffenheit hervorgegangenen qualitativ überlegen seien.[16] Zwar erschienen auch diesmal Jesusbücher, denen, wie dem ›Jesus-Report‹ von *Johannes Lehmann* oder *Rudolf Augsteins* ›Jesus Menschensohn‹, die Blindheit des Hasses auf die Stirn geschrieben war, doch standen sie hinter den aus sichtbarer Betroffenheit verfaßten, wie insbesondere dem Jesusbuch von Machovec, nach Rang und Qualität weit zurück. Kein Zweifel: ein »Disput um Jesus« war in Gang gekommen, auf den angesichts der politischen und zumal der alle Anzeichen des Ruinösen aufweisenden geistigen Zeitverhältnisse niemand gefaßt war. Und es spricht für das Überraschungsmoment, das mit diesem Vorhaben einherging, daß von seiten der offiziellen Kirchen, sosehr sie die literarische Dokumentation registrierten, keine vernehmliche Äußerung, geschweige denn eine Antwort auf die damit an sie gerichtete Anfrage erfolgte.

Die Irritation

Das Schweigen der Kirche hatte, abgesehen von ihrem grundsätzlichen Vorbehalt gegenüber Innovationen jeder Art, einen klar erkennbaren Grund, wenn sich dieser auch erst nachträglich herausstellte. Er hing mit der theologischen Reaktion auf das spirituelle Ereignis zusammen. Denn im Unterschied zu den Jesusbüchern jüdischer und agnostischer Provenienz beließen es die Bücher der Theologen nicht bei einem bestätigenden Mitvollzug der Neuentdeckung Jesu; vielmehr gingen sie zugleich interpretierend auf sie ein. Dabei entsprach ihre Reaktion vollauf dem Tatbestand der Entdeckung von geistigem Neuland. Denn sie verfuhren nahezu genauso wie die Physik beim Durchbruch in die subatomare Teilchenwelt, die sie mit dem Entwurf gegensinniger Theorien, die sich wechselweise auf deren Korpuskular- und Wellencharakter bezogen, zu verstehen suchte. Auf ähnlichen Bahnen bewegten sich die theologischen Deutungen des neuentdeckten Mysteriums Jesu.[17] Auf der einen Seite entstand mit den Wortführern *Grillmeier* und *Kasper* eine »Christologie von oben«, die sich dem Geheimnis Jesu, wie es nunmehr in Erscheinung trat, aus der Position des traditionellen Christusdogmas annäherte. Auf der andern Seite gingen neuartige Versuche, insbesondere aus der Feder von *Braun* und *Schillebeeckx*, für die sich in der Folge die Bezeichnung »Christologie von unten« einbürgerte, bewußt vom sozialkritischen Verhalten Jesu aus, um so die Neuentdeckung in ihrem aktuellen Zeitkontext zu verankern. Was sie beabsichtigten, konnte nicht greller als mit dem von *Adolf Holl* gewählten Buchtitel ›Jesus in schlechter Gesellschaft‹ (von 1971) beleuchtet werden.

Zwischen Gegensätzen pflegen sich Spannungsfelder aufzubauen, die bisweilen zur Freisetzung großer Energien und kreativer Leistungen führen. So hätte sich, abstrakt gesprochen, aus dem Widerstreit der gegensätzlichen Modelle ein Anstoß zur Entstehung einer neuen Christusfrömmigkeit und, Hand in Hand damit, einer theologischen Innovation ergeben können. Statt dessen geriet das Glaubensbewußtsein, verunsichert durch die Einseitigkeit der beiden Modelle, in eine tiefgreifende Irritation. Denn die vom Christusdogma ausgehende »Deszendenzchristologie« vermochte der Menschlichkeit Jesu, wie sie in Erscheinung getreten und »nachgefühlt« worden war, nicht voll zu entsprechen, während es der von Jesu Sozialverhalten ausgehenden »Aszendenzchristologie« wiederum nicht gelang, die volle Höhe des traditionellen Christusdogmas zu erreichen. Daraus erklärte sich aber nicht nur das Schweigen der kirchlichen Lehrinstanz, sondern nicht weniger auch die Verunsicherung, die der christologische Widerstreit bei allen Beteiligten, engagierten wie distanzierten, hinterließ. Das hängt mit der Frustration eines elementaren Glaubensinteresses zusammen. Denn der christliche Glaube bedarf eindeutiger Wegweisungen; und er gerät in einen Zustand der Ratlosigkeit und Lähmung, wenn er sich statt dessen mit gegensinnigen Erklärungsmodellen konfrontiert sieht.

Dabei handelt es sich, genauer besehen, nicht nur um ein Interesse, sondern, gemessen an der Lebensleistung Jesu, um ein unabdingbares Recht. Denn diese bestand, wie sich zeigen wird, in erster Linie darin, daß er einen Weg aus den zerreißenden Polarisierungen der religiösen, der sozialen und der existentiellen Verhältnisse bahnte. Der Vater, an den er sich (nach Mt 11,25 ff.) auf der Höhe seines Selbstbewußtseins ebenso wie (nach Luk 22,44 ff.) in den Tiefen seiner Todesangst wendet, ist für ihn nicht weniger der Inbegriff höchster Affirmation wie der »Nächste«, den er seine Anhänger im Mitmenschen sehen lehrt; und Gleiches gilt für den Begriff der Gotteskindschaft, in welchem sein Verständnis von den menschlichen Werdemöglichkeiten gipfelt. So ist Jesus, mit dem großen Pauluswort gesprochen, »nicht Ja und Nein zugleich« – und dies weder im Sinn von Gottesfurcht und Gottesliebe noch im Sinn des zwischenmenschlichen Freund-Feind-Verhältnisses, und schon gar nicht im Sinn einer skeptischen Anthropologie; vielmehr ist »in ihm das reine Ja verwirklicht« (2 Kor 1,19). Deshalb verlangt auch der von ihm geweckte Glaube nach eindeutiger Orientierung, die nach Lage der Dinge aber nur von einer Überschreitung der gegensinnigen Modelle erwartet werden kann. Daß die neue Generation von Jesusbüchern diese Erwartung insgeheim teilt, spricht für ihre Rechtmäßigkeit und für den mit ihr erzielten Fortschritt.

Der Lösungsweg

Dabei war der Lösungsweg längst vorgegeben, am deutlichsten in der von *Kierkegaard* in seiner ›Einübung im Christentum‹ (von 1850) entworfenen »Christologie von innen«, die schon deshalb in Erinnerung gerufen werden muß, weil sie von ihrem Ansatz her dem spirituellen Ereignis – und dem von ihm aufgeworfenen Glaubensproblem – voll entspricht. Dem Glaubensproblem; denn Kierkegaard »antwortet« mit seiner Christologie auf die ihn als seine ureigene Herausforderung bewegende Lessing-Frage, wie auf die geschichtliche Kunde von Jesus das Gebäude eines in die Ewigkeit hineinreichenden Glaubens errichtet und dadurch der zwischen beiden Positionen aufgebrochene »Graben« überbrückt werden könne; und er »antwortet« mit ihr gleichzeitig auf die Frage nach dem Menschen, den er radikaler, als es je zuvor geschehen war, auf

der Suche nach dem Sinn seines Daseins begriffen sieht.[18] Dem spirituellen Ereignis der Neuentdeckung aber entspricht sein Ansatz,
weil er sich in der ›Einübung‹ auf die Große Einladung Jesu an die
Bedrückten und Bedrängten aller Zeiten und Räume (Mt 11,28) einstimmt und gleichzeitig zu verstehen gibt, daß er diese als die Bekundung seiner geschichtsdurchwirkenden Selbstvergegenwärtigung begreift. So Bewegendes er bereits in den ›Philosophischen
Brocken‹ über die sich bis zu einem göttlichen »Inkognito« entäu-
ßernde Liebe Jesu gesagt hatte, überschreitet er jetzt doch den Horizont dieser Deutung mit dem Schlüsselsatz, der an den Rang der
johanneischen Ich-bin-Worte heranreicht, auch wenn er in die
Form einer Sachaussage gefaßt ist: »Der Helfer ist die Hilfe.«[19]

Wenn es Kierkegaard jemals gelang, der mit der ›Einübung‹ verbundenen Absicht gemäß »das Christentum wieder in die Christenheit einzuführen«, dann mit diesem Satz.[20] Denn mit dieser Gleich-
setzung grenzt er Jesus ebenso nachhaltig ab, wie er ihn über alle
eingespielten Unterscheidungen hinweg in Beziehung setzt. Von
den übrigen Wohltätern der Menschheit unterscheidet er sich dadurch, daß er, sosehr er mit diesen auf die kategorialen Bedürfnisse
des notleidenden Menschen eingeht, letztlich doch das gibt, was
außer ihm kein anderer zu geben vermag: sich selbst im vielfältigen
Erweis seiner Liebeshingabe. Dadurch überwindet er gleichzeitig
den unendlichen Abstand zwischen Mensch und Gott, durchbricht
er die Trennungsmauern zwischen Völkern und Klassen, überholt
er die Diastase von Raum und Zeit. So wird der Glaube an ihn zum
Medium der Gleichzeitigkeit mit ihm und die Liebe zum Weg der
Selbstfindung an ihm. In alledem aber ist er die leibhaftige Antwort
Gottes auf die Fragenot des Menschen, der sich von seiner eigenen
Existenz überfordert, von seinem Schicksal erdrückt und in seiner
Lebenswelt verloren fühlt. Wie in einem Kristall bricht sich dies in
dem Schlüsselsatz, der ebenso vom Geist der Großen Einladung wie
von den Worten seiner Selbstzusage inspiriert ist und in alledem die
Botschaft des Evangeliums in die Sprache der Gegenwart übersetzt.
Eben damit stellt sich der Zusammenhang mit dem spirituellen Zen-
tralereignis der gegenwärtigen Glaubensgeschichte her. Was der
Kernsatz der von Kierkegaard entworfenen »Christologie von innen« besagt, ereignet sich in der Neuentdeckung Jesu. Sie war nicht
so sehr die Frucht menschlicher Sensibilität und religiöser An-

sprechbarkeit als vielmehr die Folge der Selbstvergegenwärtigung Jesu in dieser Zeit. Wenn das verständlich werden soll, muß sie zunächst auf ihre Anfänge zurückverfolgt, in ihrer Aktualität herausgearbeitet und schließlich in ihren Konsequenzen durchgezogen werden.

Die Vorgeschichte

Die Spuren führen zweifellos bis in die Zwischenkriegszeit zurück, als sich das von Guardini registrierte »Erwachen der Kirche in den Seelen« verflüchtigte und einem wachsenden Unbehagen an ihr wich, während sich gleichzeitig das Glaubensinteresse auf die Gestalt und das Werk Jesu konzentrierte. Noch bevor Guardini sein Meditationsbuch ›Der Herr‹ (von 1937) herausbrachte, veröffentlichte der Dogmatiker *Karl Adam* sein Werk ›Jesus Christus‹ (von 1933), das in geradezu dichterischer Sprache das christologische Geheimnis umkreist und in seiner Mitte einen Höhepunkt erreicht, der in seiner bekenntnishaften Kraft und sprachlichen Schönheit auch heute noch aufhorchen läßt:

Ich bin am Ende, ich kann nicht mehr weiter. Wer ist dieser Jesus, der so heilig beten, so vertrauend leben und so unschuldig sterben kann? Eine heilige Torheit ist hier, ein Übermaß von Glauben und Vertrauen, ein Verschwenderisches von sittlicher Kraft, ein Unglaubliches von Reinheit und Güte… Es hat tatsächlich einmal einen Menschen gegeben, der sich in innigster Lebens- und Liebesverbundenheit mit seinem Vater im Himmel wußte, der Gottes Schöpferwirken wie mit bloßen Augen sah, dessen ganze geschichtliche Erscheinung die Erscheinung des Heiligen war.[21]

Fast gleichzeitig beantwortet Guardini die ihm – vermutlich durch das titelgleiche Werk Adolf von Harnacks vorgegebene – Frage nach dem ›Wesen des Christentums‹ in seinem Pascal-Buch (von 1935) mit der hellsichtigen Antwort:

Es gibt kein von ihm abtrennbares – ich unterstreiche: von ihm abtrennbares, in einem freischwebenden Begriffssystem auszudrückendes ›Wesen des Christentums‹. Das Wesen des Christentums ist Er. Das, was er ist; das, woraus er kommt und wohin er geht: das,

was in ihm und um ihn her lebt – lebendig vernommen aus seinem
Munde, abgelesen von seinem Antlitz.[22]

Zur gleichen Zeit arbeitete *Gertrud von le Fort* bereits an der Fortführung ihres Romans ›Das Schweißtuch der Veronika‹ (von 1928),
der in der Beschreibung einer in der Schau des lichtdurchfluteten
Petersdoms ausmündenden Nachtwanderung gipfelt; oder nun mit
den Worten der Titelheldin:

In diesem Augenblick blitzte ein Gefühl in mir auf, als wäre ich
durch die ganze Welt gegangen und stünde nun vor ihrem innersten
Herzen.[23]

Bald schon lernt sie dieses »Herz der Welt« als den Inbegriff der
ewigen Liebe verstehen, der für sie schließlich mit dem Geheimnis
Jesu verschmilzt. Besteht der erste Teil ihrer Lebensgeschichte in
der wachsenden Hingabe an dieses Liebesgeheimnis, so kommt es
im ›Kranz der Engel‹ (von 1946), der Fortführung des ursprünglich
dreiteilig konzipierten Romans, zu einer folgenschweren Inversion.
An den Rand ihrer Lebensmöglichkeit gedrängt, wird Veronika unversehens von dem Gefühl ergriffen, als trete die »ewige Liebe selber auf den Plan«, um in ihrem Zerbrechen das ihr aufgetragene
Werk zu vollenden.[24] Was diese Stelle dichterisch beschwört, wurde
in der Leidensgeschichte der Geschwister Scholl, wie sie *Udo Zim-*
mermann in seiner Oper ›Weiße Rose‹ (von 1986) nacherzählt, blut-
besiegelte Realität. Seinen bewegenden Höhepunkt erreicht das
Werk, wenn Sophie Scholl sich vor ihrem Gang in den Tod den Zuspruch der Mutter vergegenwärtigt, um ihn schließlich selbst wieder
an die Mutter als letzten Trost zurückzugeben:

> Gelt Sophie, Jesus ...
> Jesus, Jesus ...
> Aber auch du, Mutter ...
> Aber auch du ... (XII)

Dieser Zuspruch kommt einer Handreichung gleich, die über die
bereits erreichte Todesgrenze hinweggreift, um dort den Halt einer
letzten, unverbrüchlichen Identifikation zu gewähren, wo alle welthaften Daseinssicherungen hinfällig geworden sind. In Erfahrungen
und Akten solcher Identifikation setzt sich die von der »Vorge-

schichte« bezeugte Vergegenwärtigung Jesu nun auch in die Gegenwart hinein fort. Sprechendes Indiz dafür ist etwa die Erklärung, die *Machovec* für die weltbewegende Wirkung Jesu bereithält. Auf die Frage, wie es ihm gelungen sei, »die Welt in Brand zu setzen«, antwortet er:

Nicht wegen irgendeiner offenkundigen Überlegenheit des theoretischen Programms, sondern vor allem weil er selbst identisch mit diesem Programm war, weil er selbst mitreißend wirkte.[25]

Fraglos dokumentiert dieser Satz die denkbar größte Annäherung eines Nichtglaubenden an Gestalt und Werk Jesu. Die Annäherung erfolgt, wie gleichfalls deutlich wird, in Form eines Durchbruchs durch die vermittelnden Deutungshilfen. Und sie erreicht ihr Ziel mit der Einsicht, daß im Falle Jesu zwischen Person und Werk nicht mehr gleichsinnig unterschieden werden kann, weil, wie der Kernsatz der »Christologie von innen« sagt, der Helfer selbst die Hilfe ist. Erstaunlich ist diese Annäherung des Nichtglaubenden aber nicht zuletzt auch deshalb, weil sie sich auf derselben Bahn wie die des Glaubenden bewegt. So gilt auch nach *Karl Rahners* ›Kleinen Anmerkungen zur systematischen Christologie heute‹ (von 1978),

daß alle Worte über Jesus Christus das letzte innere personale Verhältnis zu ihm, zu Jesus von Nazareth in seiner einmaligen Bedeutung für Leben und Sterben, nicht einholen können, daß wir immer über alle diese theoretischen Sätze zu einer Christologie hinaus noch ein ganz anderes Verhältnis zu ihm, Jesus von Nazareth, haben und haben müssen.[26]

Über dieses »ganz andere Verhältnis« sprach sich Rahner dann im Zusammenhang mit der Frage ›Was heißt Jesus lieben?‹ (von 1982) aus, die sich ihm mit der ebenso einleuchtenden wie verblüffenden Ermutigung beantwortet, »Jesus um den Hals zu fallen«.[27] Auch in diesem Zuspruch werden alle theoretischen, kerygmatischen und didaktischen Vermittlungsstrukturen durchbrochen, damit das unter wirklich Liebenden Selbstverständlichste geschehen kann. Dazu aber braucht Jesus weder aus der Höhe des christologischen Dogmas herabgeholt noch bei seinem sozialkritischen Verhalten »abgeholt« zu werden; vielmehr genügt es, ihm dort entgegenzutreten, wo er mit seinem Werk und seiner Botschaft identisch ist und aufgrund dieser Identität alle denkerischen, praktischen und faktischen Unterscheidungen, ja sogar den Unterschied von Raum und Zeit hinter sich läßt. Das aber ist gleichbedeutend mit der Bereitschaft, ihm in der Gleichzeitigkeit des Glaubens zu begegnen, die ihrerseits durch seine Selbstvergegenwärtigung, die Frucht seiner vorbehaltlosen Liebeshingabe, ermöglicht ist. Wenn damit auch die traditionellen Vorstellungen und Bestimmungen nicht hinfällig werden, ist mit diesem Ansatz doch der Schlüssel zu einem neuen Jesusbild gewonnen. Es ist das Bild dessen, der in seiner Herrschaft dient, der sich in seinen Taten hingibt und der in seiner Botschaft, sosehr sie den Tatbestand des abschließenden Offenbarungswortes erfüllt, zugleich sich selber darstellt.

Sosehr dieser Anknüpfungspunkt dem religiösen Ingenium der Gegenwart und insbesondere der Sinnerwartung des heutigen Menschen einleuchtet, liegt er doch den eingespielten Formen des theologischen Denkens offensichtlich fern. So gesehen verweist der Gegensatz von Deszendenz- und Aszendenzchristologie auf ein erkenntnistheoretisches Defizit. Es mutet doch seltsam an, daß Jesus in dieser Stunde seiner Neuentdeckung, wie in den Ostergeschichten der Evangelien und insbesondere in der Emmauserzählung, als der zunächst Unerkannte in Erscheinung tritt. Auch dadurch bestätigt sich das Wort von seiner spirituellen Auferstehung im Glauben und Unglauben der Zeit. Dem entspricht ebenso ein Wandel in der Praxis wie in der Optik. Während das wachsende Engagement für die Behinderten, für die Unterdrückten und für die vom Menschen ausgebeutete und mißhandelte Kreatur die verbreitete Neigung erkennen läßt, sich Jesus in der Fremdgestalt seiner »geringsten Brüder« anzunähern, überbietet Rahner sein Theorem vom »anonymen Christen« mit der überraschenden These, daß Jesus auch »anonym geliebt« werden könne. Von da führt schon ein einziger Schritt zu der Folgerung, daß die religiöse Situation, erkenntnistheoretisch beurteilt, im Zeichen der Anonymität, der Verborgenheit und des Entzugs stehe. Gerade auf die Stunde der Neuentdeckung Jesu scheint der Täuferspruch gemünzt zu sein: »Mitten unter euch steht der, den ihr nicht kennt« (Joh 1,26). Sosehr das einer Zeit zu entsprechen scheint, die durch säkularistische Tendenzen geprägt ist und demgemäß auch von Christen als eine Stunde der Gottesfinsternis empfunden wird, gilt doch zugleich die alte Erfahrung, daß das, was nur dunkel gefühlt, aber nicht begriffen und zum Ausdruck gebracht werden kann, allmählich aus dem menschlichen Interessenfeld entschwindet. Alles ist somit daran gelegen, daß Wege gefunden werden, die dazu führen, die anonyme Anwesenheit ins Licht der Denk- und Nennbarkeit zu heben.

Der Spiegel

Die damit umrissene Erkenntnislage erinnert unwillkürlich an diejenige, vor der sich Israel am Ende seiner von den Machttaten Gottes begleiteten und von den Worten der Propheten gedeuteten Geschichte gestellt sah. Ein geistiges Vakuum war eingetreten, das den Beter des 74. Psalms zu der bewegenden Klage veranlaßte:

> *Weisende Zeichen sehen wir nicht,*
> *Prophetische Stimmen hören wir nicht;*
> *und keiner von uns weiß, wielange noch (74,9).*[28]

Doch gerade unter diesen bedrückenden Auspizien gelang dem religiösen Ingenium Israels ein einzigartiger Kompensationsakt. Gestützt auf die altisraelitische Erfahrungsweisheit schuf es sich, stimuliert durch den Aufgang der griechischen Philosophie, in Gestalt der spekulativen Weisheit den theoretischen Spiegel, in dem es seine Geschichtserfahrung reflektieren und daraus ebenso theologische wie praktische Konsequenzen zu ziehen lernte.[29] Die Folge davon war, daß eine ganze Reihe von Glaubensmotiven, wie insbesondere die Idee des göttlichen Wortes, des Schöpfungswerks und des Endgerichtes, eine bisher nicht erreichte Ausformung erlangte. Vieles von dem, was zuvor nur in der Sprache der Rühmung und Anrufung ausgedrückt werden konnte, wurde jetzt in reflektierter Begrifflichkeit sagbar. Die Anwendung auf die gegenwärtige Situation ergibt sich fast von selbst. Die noch offene Frage bezieht sich lediglich darauf, ob angesichts des von Marcel und Horkheimer beklagten »Untergangs der Weisheit« überhaupt an das, was sich aus der Anwendung als Postulat ergibt, an eine Wiedergeburt der Weisheit in dieser Zeit, zu denken ist. Denn mit ihr wäre, nicht anders als in der Krisenstunde Israels, das Medium für eine angemessene Interpretation und sprachliche Umsetzung der gegenwärtigen Heilserfahrung gefunden.

Indessen gehört es zu den ausgesprochenen, wenngleich kaum

wahrgenommenen Lichtblicken der Gegenwart, daß die Beantwortung dieser Frage von den Zeitverhältnissen längst schon im positiven Sinn entschieden ist. Denn die Wiederkehr der Weisheit ist bereits eingetreten, auch wenn sich dafür noch kein zulängliches Gespür entwickelt hat. Zweifellos wäre sie nicht verborgen geblieben, wenn noch ein Sinn für jene »himmlischen Zufälle« bestünde, die *Novalis* im Blick auf den Tod – und zweifellos auch auf den Namen – seiner frühverstorbenen Braut zu dem Geständnis veranlaßten:

Mein Lieblingsstudium heißt im Grunde wie meine Braut. Sophie heißt sie – Philosophie ist die Seele meines Lebens und der Schlüssel zu meinem eigenen Selbst.[30]

Zwei Symbolgestalten

Dieselbe Insinuation geht zweifellos auch von der Trägerin des gleichen Namens aus, die in Zimmermanns Oper ›Weiße Rose‹ (von 1986) als die Symbolfigur des deutschen Widerstands und des geistigen Überlebens vorgestellt wird, und die sich selbst als Wegbereiterin der »Idee« der Widerstandsbewegung begriff. In diesem Zusammenhang muß die »Vision vom Ende« erwähnt werden, die in der Oper unmittelbar auf die Anrufung Jesu folgt. In dieser autobiographisch gesicherten Szene sieht sich *Sophie Scholl* auf dem Weg zu einer Bergkapelle, mit einem in ein langes, weißes Kleid gehüllten Kind, das sie zur Taufe trägt, im Arm. Plötzlich reißt eine Gletscherspalte vor ihr auf; doch kann sie das Kind gerade noch in Sicherheit bringen, bevor sie selbst in den Abgrund stürzt:

> Die Sonne brennt, zum Berg hinauf,
> der steile Weg. Verlangt es nicht von mir,
> das Kind in meinem Arm,
> das Kind, das Kind in meinem Arm,
> Halt fest sein weißes Kleid.
> Die Sonne brennt…
> Ich werde schmerzlos in die Tiefe fallen.
> Das Kind, bevor ich stürze,
> leg ich's oben in den kalten Schnee.
> Das Kind, es lebt, es lebt (XIII).

Wenn sich Sophie Scholl, wie sie den Schicksalsgefährten versicherte, in diesem Traum vor ihrer Hinrichtung als Trägerin der die Widerstandsgruppe leitenden Idee begreifen lernte, ordnete sie sich, ohne daß sie es ahnen konnte, einer Stelle aus *Kierkegaards* hintergründiger Ansprache an die ›Mitverstorbenen‹ zu, die sie wie »unsere Antigone«, von der thematisch die Rede ist, mit einer fast überirdischen Gloriole umgibt. Als sei eher noch sie als die tragische Ödipustochter gemeint, heißt es dort:

Wenn ein Mädchen sich entschließt, einer Idee ihr Leben zu opfern, wenn sie dann dasteht mit dem Opferkranz um ihre Stirn, steht sie da wie eine Braut; denn die große begeisternde Idee verwandelt sie, und der Opferkranz ist gleichsam der Brautkranz. Sie weiß von keinem Mann; dennoch ist sie Braut.[31]

Wenn das Traumbild von der geretteten »Idee« noch nicht hinreicht, die Retterin in einem weisheitlichen Kontext erscheinen zu lassen, gelingt dies doch dem Kierkegaard-Wort, das sie als jungfräuliche »Braut« und »Mutter« vorstellt und damit definitiv dem Motivkreis der als »Himmelsbraut« gerühmten Sophia zuordnet. Im Licht dieser Stelle gesehen ist sie, wie zumindest vermutet werden darf, eine Konfiguration der Weisheit in dieser Zeit.

Bekanntlich beginnt auch die ›Tröstung der Philosophie‹ (von 525) des zum Tod verurteilten Philosophen Boëthius mit der Erscheinung einer Frauengestalt, die gleichzeitig von jugendlicher Schönheit und bejahrter Würde gekennzeichnet ist und die von dem durch sein bitteres Schicksal niedergeworfenen Verfasser der Schrift als die Lehrmeisterin seiner Jugendjahre, die Philosophie, wiedererkannt wird. Die auffällige »Doppelgesichtigkeit« der Erscheinung läßt unwillkürlich nach einer zweiten Konfiguration der Weisheit Ausschau halten, die das, was die jugendliche Erscheinung »verspricht«, durch ihre Lebensleistung »einlöst«. Auf kaum eine Gestalt trifft das so unmittelbar zu wie auf die zur Märtyrerin gewordene *Edith Stein*, zumal sich sowohl der große Vordenker Erich Przywara als auch der Benediktinerabt Damasus Zähringer durch ihre Physiognomie an etwas Typisch-Symbolhaftes erinnert fühlten: jener an Figuren der mittelalterlichen Kathedralplastik wie die der Uta vom Naumburger Dom, dieser an einer Darstellung der »Ecclesia orans« aus der altchristlichen Katakombenmalerei.[31a] Wie eine Bestätigung dessen wirken die vom johanneischen und paulinischen Geist eingegebenen Stellen aus dem Weihnachtsgedicht (von 1936), das Edith Stein als Schwester Benedicta zur Erinnerung an ihren Tauftag verfaßte:

> Ist's möglich, Herr, daß einer neu geboren wird,
> Der schon des Lebens Mitte überschritt?
> Du hast's gesagt, und mir ward's Wirklichkeit...
> O keines Menschen Herz vermag's zu fassen,
> Was denen Du bereitest, die Dich lieben.
> Nun hab ich Dich und laß Dich nimmermehr.
> Wo immer meines Lebens Straße geht, bist Du bei mir.
> Nichts kann von Deiner Liebe je mich scheiden.[32]

Wenn die Symbolhaftigkeit der beiden Frauengestalten auf das zurückbezogen werden darf, was sowohl der »Idee« wie der »Ecclesia orans« als Urkonzeption zugrunde liegt, stehen sie beide für die Wiederkehr der Weisheit in der scheinbar von ihr verlassenen Gegenwart ein. Dann aber bürgen sie gleichzeitig auch dafür, daß das Defizit, das sich hinter den theologischen Aporien abzeichnet, im Begriff steht, überwunden zu werden. Dann scheint in ihnen die ideelle »Matrix« auf, die zur Denk- und Nennbarkeit des Zentralereignisses im glaubensgeschichtlichen Augenblick verhilft. Wie in der fruchtbar gewordenen Krisenstunde Israels wird in ihnen dann der »Spiegel der Weisheit« sichtbar, erkennbar schon in ihrem Wort, erst recht aber besiegelt durch ihr Blutzeugnis. Im Fall der Sophie Scholl genügt der Hinweis auf ihren letzten Traum und seine authentische Deutung durch sie. Im Werk Edith Steins wird der Zusammenhang vor allem durch ihren Begriff »Kreuzeswissenschaft« bestätigt, der nach ihrem Verständnis ebenso zu »heiliger Sachlichkeit« wie zu »innerer Empfänglichkeit« verpflichtet und demgemäß mehr noch vollzogen als analysierend »gedacht« sein will. Aus der Perspektive des Vollzugs aber gilt von ihm:

Nimmt die Kraft einer heiligen Seele... die Glaubenswahrheit auf, so wird sie zur Wissenschaft der Heiligen. Wird das Geheimnis vom Kreuz ihre innere Form, dann wird sie zur Kreuzeswissenschaft.[33]

Die Konsequenz

Die weitreichende Konsequenz des Begriffs Kreuzeswissenschaft springt in die Augen, wenn man davon ausgeht, daß Edith Stein mit ihm das Pauluswort von der im Kreuz Christi aufleuchtenden Gottesweisheit aufnimmt und es dem religiösen Disput der Gegenwart zuspielt. Insgeheim plädiert sie damit für einen theologischen Paradigmenwechsel, der eine im alexandrinischen Denken der Frühpatristik vollzogene und bis in die Gegenwart hinein fortwirkende Weichenstellung rückgängig zu machen und im Sinne der paulinischen Vorentscheidung zu korrigieren sucht. Noch im Gegensatz der beiden christologischen Modellvorstellungen wirkt der auf die alexandrinische Schule zurückweisende Ansatz nach, der darauf ausgeht, das Geheimnis Jesu von der Menschwerdung her zu rekonstruieren und diese damit als Schlüssel aller theologischen Probleme auszuweisen. Mit dieser »Inkarnationstheologie«, für die in der Regel, wenngleich mit zweifelhaftem Recht, die Schrift des frühen Athanasius ›De incarnatione‹ verantwortlich gemacht wird, siegte, formal gesprochen, die Analogie über das Paradox, die Metaphysik über die Mystik, das Argument über die Insinuation, das System über die Vergegenwärtigung. Unbeachtet war dabei die Warnung geblieben, die zu Beginn der Entwicklung *Irenäus von Lyon* an diejenigen gerichtet hatte, die das Mysterium der Menschwerdung mit Hilfe alltäglicher Analogien zu erklären suchten:

Da seine Geburt unaussprechlich ist, übernehmen sich diejenigen selbst, die seine Entstehung zu beschreiben suchen. Denn jeder weiß, wie aus der Denkkraft des Geistes das Wort hervorgeht. Deshalb haben sie keine große Leistung vollbracht, wenn sie diesen allbekannten Hervorgang so auf den eingeborenen Gottessohn beziehen, als hätten sie damit sein tiefes Geheimnis entschleiert. Wenn sie den von ihnen Verkündeten den »Unnennbaren‹ heißen, erwecken sie ja geradezu den Eindruck, die Geburtshelfer bei seiner Hervorbringung gewesen zu sein, obwohl sie doch seine Zeugung nur der Entstehung des menschlichen Wortes gleichgestellt haben.[34]

Gegen die Festlegung des theologischen Gedankens auf die Inkarnation erhebt nun, über die Jahrhunderte hinweg, auch das der Kreuzeswissenschaft verpflichtete Denken Edith Steins Einspruch mit dem Hinweis auf den, der am meisten bewirkte, als er »am Kreuz hing«. Damit drängt die Kreuzesmystikerin aber nicht nur auf eine Revision des immer noch vorherrschenden Paradigmas; vielmehr rückt sie die Neuentdeckung Jesu auch in die ebenso zeit- wie sachgerechte Perspektive. In ihrem Bedeutungsgehalt kann sie ihrem Verständnis zufolge nur vom Mysterium des Kreuzes her er- schlossen werden. So entspricht es allein ihrer Veranlassung und Herkunft. Was sie letztlich in Gang setzte, war kein gottmensch- liches Sein, sondern eine Aktion, wenngleich eine »Tat« im Zeichen äußerster Passivität. Was sie vermittelte, waren demgemäß keine Entitäten, sondern Gaben, die weniger »auf den Begriff gebracht« als entgegengenommen sein wollen. Wenn je einmal, geht es somit hier um ein Geheimnis, das im Modus des Übereignet- und Zuge- sprochenseins gegeben ist.[35] Eine Theologie, die sich dem analy- tisch-spekulativen Zugriff verschrieb, wird dabei klare Konturie- rungen vermissen. Doch ist dieses Defizit nur der Schatten eines um so größeren Lichts. Denn die Neuentdeckung hat ihr Zentrum in einem Vorgang, der sich nur deshalb der analytischen Umschrei- bung entzieht, weil er im Sinn eines Bewogen- und Ergriffenseins erfahren wird. Doch gerade so entspricht er der Weisheit, die nach dem alttestamentlichen Leitwort in heiligen Seelen Einkehr hält, um sie zu Gottesfreunden heranzubilden.

Der allzufrühe Tod ließ Sophie Scholl nicht ebenso deutlich zu Wort kommen. Um so mehr trifft auf sie das denkwürdige Wort zu, mit dem *Max Horkheimer* die Zielsetzung der Philosophie ange- sichts der Opfer der terroristischen Gewaltsysteme umriß:

Aufgabe der Philosophie ist es, was sie getan haben, in eine Sprache zu übersetzen, die gehört wird, auch wenn ihre vergänglichen Stim- men durch die Tyrannei zum Schweigen gebracht wurden.[36]

Ein erster Schritt dazu wurde bereits mit dem Versuch getan, die Wiederkunft der Weisheit an den beiden Symbolgestalten abzule- sen. Der zweite kann nur in der Anwendung des Gefundenen auf das Zugangsproblem in seinen konkreten Formen, also in der Frage nach den Quellen und Methoden, bestehen.

Die Engführung

Jede Annäherung an Jesus sieht sich vor zwei unumgängliche Fragen gestellt: Wie steht es um die Quellen, die von ihm Kunde geben, und wie um den Schlüssel, dem sich ihr Inhalt öffnet? Das ist die Doppelfrage nach den Texten und den Methoden. Doch was hat das mit der Weisheit zu tun, die doch als Reflexionshorizont der geschichtlichen Zusammenhänge konzipiert wurde? Der vermißte Zusammenhang stellt sich spontan her, wenn man sich vergegenwärtigt, daß die Quellen- und Methodenfrage in eine umfassendere Fragestellung eingebunden ist, die sich auf das Geschichtsverständnis bezieht. An ihr entscheidet sich letztlich, was als Quelle zu gelten hat und was von den verfügbaren Methoden zu halten ist. Unserem historischen Bewußtsein entspricht im Grunde nur die »gewesene« Geschichte, die als Inbegriff aller vergangenen Fakten und Verhältnisse zu gelten hat und nur durch ihre Folgen in die Gegenwart hineinwirkt. Da sie aber, konsequent betrachtet, mit jedem zu Ende gesprochenen Satz, ja mit jedem »durchlebten« Augenblick einsetzt, macht sie den Begriff der Gegenwart, dem sie so fortwährend den Boden entzieht, zunichte. Um die Gegenwart zu retten, trat der wohl schärfste Kritiker des historischen Bewußtseins, *Franz Rosenzweig*, für das größere Recht der sich »ereignenden«, in die Gegenwart hineinwirkenden und sie umgreifenden Geschichte ein. Er machte freilich auch klar, daß dieses neue, auf den Ereignischarakter abhebende Geschichtsverständnis eine Revision der Denkweisen und Denkformen nach sich zieht, da diese von ihrem idealistischen Ansatz her auf das Wesenhafte und damit auf das Gewesensein der Sachverhalte abgestimmt sind.[37]

Damit ist bereits eine Vorentscheidung in der Quellenfrage getroffen. Obwohl von Jesus mit Recht gesagt wurde, daß in seinem Fall die Person die von ihr ausgehende Wirkungsgeschichte uneinholbar überragt, kann diese doch keinesfalls als zweitrangig betrachtet werden. Das aber war in der Forschung der letzten Jahrzehnte weithin der Fall, die den synoptischen Evangelien und der ihnen zugrundeliegenden Logienquelle eindeutig den Vorzug vor den Paulusbriefen und dem Johannesevangelium gab, da sich diese mehr mit dem geglaubten und verkündigten als mit dem geschichtlich existierenden Jesus zu befassen schienen. Wem aber an der sich ereignenden Geschichte – und gar am Ereignis der Selbstvergegenwärtigung Jesu in ihr – gelegen ist, dem müssen die wirkungsgeschichtlich orientierten Quellen nicht weniger wichtig sein als die – zumindest dem Anschein nach – vorwiegend mit der historischen Lebensgeschichte Jesu befaßten.[38]

Die gleiche Gewichtung aller Quellenschriften ist aber nur die nächstliegende Folgerung, die sich aus dieser Vorentscheidung ergibt. In ihrer vollen Konsequenz betrifft sie auch die Perspektive der Darstellung.

Die Blickrichtung

Alle bisherigen Jesusbücher setzen, ohne sich darüber kritisch Rechenschaft zu geben, bei der Lebensgeschichte Jesu ein und befassen sich, wenn es hochkommt, dann abschließend auch mit seiner Bedeutung für die Folgezeit, also mit dem Gang seiner Wirkungsgeschichte. Und es mutet fast wie ein wissenschaftlicher Stilbruch an, wenn schließlich sogar nach Jesu Bedeutung für die Gegenwart und seinem Verhältnis zu ihr gefragt wird. Der vorliegende Versuch wählt den entgegengesetzten Weg: den Weg aus der Gegenwart zurück zur einstigen Lebensgeschichte. Denn die Sache Jesu kann, um eine bekannte Formulierung nochmals aufzugreifen, nur im Präsens verhandelt werden. Sie ist, bei aller Verwurzelung in der Historie, ein Ereignis von allzeit währender und deshalb stets gegenwärtiger Aktualität; sie gehört, in der Rosenzweigschen Terminologie ausgedrückt, der sich immerfort ereignenden, unabgeschlossenen Geschichte an. Was für sie letztlich zählt, sind nicht das Gewesensein und die möglichst exakte Erfassung der in seinem Sinne geschichtsbildenden Fakten, sondern die Anwesenheit, die aktuellen, in die Gegenwart hineinwirkenden Folgen dessen, was einmal war. Doch sowenig sich das geschichtliche Denken zur »Flucht in den Efeuturm« des Gewesenen (Wittram) bewegen lassen darf, muß ihm doch ebenso klar sein, daß der historische Befund der »Bestätigung durch die Gegenwart« nicht bedarf (Raumer).[39] Auf die Gestalt Jesu angewendet, besagt das sogar, daß diese sich in ein Gespinst von Mythen und Legenden auflösen würde, wenn über dem Interesse an ihrem aktuellen Fortwirken das an ihrer Historizität verlorenginge.

Wer sie jedoch als eine Gestalt der »Ereignungsgeschichte« begriffen hat, kann die Problematik eines Verfahrens nicht übersehen, das sich »im freien Sprung« über die Zeiten hinweg der historischen Daten zu bemächtigen sucht. Um so mehr wird ihm einleuchten, daß gerade in diesem Fall alles dafür spricht, bei der Gegenwart einzusetzen, um von ihr aus Zugänge zur Lebensgeschichte zu gewinnen.

Wenn so verfahren werden soll, bedarf es einer »relecture« der Quellentexte. Denn die »Distanzierung« Jesu zu einer Gestalt der »Faktengeschichte« – und nicht mehr des kultischen Gedächtnisses und der betenden Vergegenwärtigung – hängt ursächlich mit einer »Lektüre« der neutestamentlichen Zeugnisse zusammen, die ihn lange schon vor Entstehung der historischen Kritik auf sein Gewesensein festlegte und ihn nicht mehr in jener »Geistes-Gegenwart« zu Wort und Wirkung kommen ließ, die nach einer bahnbrechenden Erkenntnis Rosenzweigs den Heilsereignissen allein entspricht. Denn sie gehören, ungeachtet ihrer Einbindung in Raum und Zeit, jener Geschichte an, aus der die Gegenwart lebt, weil sie gerade in ihrer religiösen Verwirklichung nur durch die tragenden Traditionen bestehen kann. Freilich läßt sich die damit geforderte Lesart dann erst genauer bestimmen, wenn zunächst die Ursachen der »Verdrängung« geklärt wurden und mit ihnen zusammen die Hemmnisse, gegen die sich die Neuentdeckung durchsetzen mußte – und muß.

Zur Methodenkritik

Daß im Blick auf diese Barrieren die mächtigste fast wie im Vorbeigehen angesprochen werden konnte, hängt mit jener Vorentscheidung des neuzeitlichen Denkens zusammen, die der Gadamer-Titel ›Wahrheit und Methode‹ auf den Begriff brachte.[40] Danach ist die Wahrheit nicht mehr – wie für das antike Denken – die Frucht des intuitiven Aufblicks zu ihr und die Eingebung des ihr in stiller Gewärtigung entgegenharrenden Geistes, aber auch nicht – wie für die mittelalterliche Scholastik – die gleicherweise vom Menschengeist erstrebte und von der kirchlichen Autorität verbürgte Fülle des Erkennbaren, sondern das Ergebnis eines methodisch ausgearbeiteten Denkverfahrens. Für den Umgang mit den biblischen Quellentexten gewann dieses Verfahren Gestalt in der historisch-kritischen Methode, mit der sich die theologische Vernunft das wirksamste und nach mehr oder minder langer Verzögerung auch allgemein anerkannte Instrument zur Erschließung der alt- und neutestamentlichen Zeugnisse schuf. Wer sich ihr – wie etwa Guardini – aus welchen Gründen auch versperrte, geriet unweigerlich ins wissenschaftliche Abseits.[41] Denn sie galt trotz aller Vorbehalte, die immer wieder gegen sie geltend gemacht wurden, als »unhintergehbar«, so daß sich sogar ein so souveräner Beobachter wie *Ernst Troeltsch* zu dem Urteil veranlaßt sah, daß, gleichviel ob sie tatsächlich als »Glück« anzusehen sei, »nun einmal nicht mehr ohne und gegen diese Methode« gedacht werden könne.[42]

Dennoch gilt auch hier: An ihren Früchten werdet ihr sie erkennen! Und die »Früchte« sprechen, bei allen exegetischen Triumphen, die mit ihrer Hilfe erzielt wurden, zugleich eine erschreckende Sprache. Indessen darf der Schrecken den Blick für die außergewöhnlichen Ergebnisse nicht verstellen. Denn ohne das – mit dem Fortgang der Anwendung ständig verfeinerte – Instrumentarium der historisch-kritischen Methode gäbe es, um nur einige ihrer wichtigsten Resultate anzusprechen, keine Scheidung der Pentateuchquellen, keine Kenntnis von den Schichten des Jesajabuches, keine Klärung des synoptischen Problems, also der überraschenden Textparallelen in den drei ersten Evangelien, keine Klarheit über den Geschichtswert der Apostelgeschichte, keine Unterscheidung zwischen authentischen und fiktiven Paulusbriefen, aber auch, was noch weit schwerer ins Gewicht fällt, keine Einsicht in die vorliterarischen Traditions- und Transformationsprozesse, keinerlei Klarheit über das Verhältnis von Hagiograph und Quelle, über den Anteil der Redaktionen und die tatsächliche Rolle der Autoren, zu schweigen von dem ungemein ergiebigen Beitrag der Methode zur Aufhellung der biblischen »Infrastrukturen«, angefangen von der Komposition der großen Redestücke bis hin zur Zuordnung der Einzelworte und Wunderberichte.

So blendend sich diese Ergebnisse darstellen, dürfen sie doch keinesfalls über den zweifachen Reduktionseffekt der Methode hinwegtäuschen, der sich gleicherweise aus ihrer historischen wie aus ihrer kritischen Komponente ergibt. Diese bringt es, um nur die markanteste Folge anzusprechen, mit ihrer literar- und sprachkritischen Handhabung mit sich, daß sich der Umfang der noch als authentisch anzusetzenden Jesusworte – um es mit einer *Bultmann* nachgesagten Redewendung auszudrücken – auf den einer »Postkarte« verknappt.[43] In dieser Hinsicht hat die Methode somit die Wirkung eines »Kahlschlags«, der insbesondere jene Komplexe betraf, die Auskunft über die Lebensgeschichte, das Persönlichkeitsbild, die geistige Entwicklung und das Selbstbewußtsein Jesu zu geben schienen. Als Schöpfungen der nachgestaltenden Gemeinde erwiesen – so wollte es diese Tendenz des »Methodenzwangs« –, führte von ihnen kein Weg zurück zur Gestalt und schon gar nicht zum Herzen Jesu. Noch nachteiliger wirkte sich indessen die historische Komponente der Methode aus. Weil für sie als »historisch« nur das gelten konnte, was im Sinne eines geschichtlichen »Faktums« festzumachen war, drängte sie alles, was sie zum Vorschein brachte, in ein unwiederbringliches »Gewesensein« ab, so daß sie mit der anderen Hand nahm, was sie mit der einen zu geben schien. Da von den »Früchten« die Rede war, an denen die Auswirkung der Methode abgelesen werden könne, seien in der Folge einige der wichtigsten Zeugen der von der historischen Kritik bestimmten Denkweise, und zwar, dem Zug der Gesamtabteilung gemäß in rückläufiger Abfolge, aufgerufen.

Die Repräsentanten

Um an besonders sensibler Stelle einzusetzen, so reduziert sich für *Willi Marxsen* das österliche Kernstück der christlichen Botschaft auf den Satz »die Sache Jesu geht weiter«.[44] Demgegenüber zielt der Auferstehungsglaube für *Hermann Braun* darauf ab, die Autorität Jesu, wie sie aus den von ihm überlieferten Aussprüchen hervorleuchtet, in »umweltbedingter«, und das heißt für ihn, in spätjüdisch-halbmythischer Ausdrucksform geltend zu machen.[45] Vom Schulhaupt *Bultmann*, auf den die drastische Bemerkung über den Subtraktionseffekt der Methode zurückgehen dürfte, stammt das kaum weniger bestürzende Geständnis, daß er weder wisse noch wissen wolle, »wie es in Jesu Herzen ausgesehen« habe.[46] Gleichzeitig geht er mit seinem Opponenten Karl Jaspers, der in Jesus den Entdecker des religiösen Existenzverständnisses sehen möchte, darin einig, daß gerade in seinem Fall die subjektive Betroffenheit –

und Sinnerwartung – mit in das geschichtliche Bild von ihm ein-fließt.[47] Darin hatte ihm *Martin Kähler* mit der folgenschweren Unterscheidung vorgearbeitet, daß die Quellenlage nur einen Rück-gang zum geschichtlichen, nicht jedoch zum historischen Jesus ge-statte.[48] Ihm war bereits *Albert Schweitzer* in seiner ›Geschichte der Leben-Jesu-Forschung‹ mit der noch radikaleren These vorange-gangen, daß die Rekonstruktion eines biographischen Lebensbildes Jesu von der Quellenlage der biblischen Schriften her ausgeschlos-sen sei, so daß ihm das großartige Werk tatsächlich, wie Günther Bornkamm urteilte, zur »Grabrede« auf die von ihm aufgearbeitete Jesusliteratur geriet.[49]

Zweifellos wirkte in dieser »Bilanz« das dem Geist Hegels ver-pflichtete ›Leben Jesu‹ von *David Friedrich Strauss* (von 1835/36) nach, für den die Evangelien einen mythisch überhöhten Christus schildern, der keinen verläßlichen Rückschluß auf den historischen Jesus erlaubt.[50] Doch mit diesem vom religiösen Volksgeist geschaf-fenen Kultsymbol hatte im voraus schon der Initiator der histori-schen Kritik *Hermann Samuel Reimarus* in seiner von Lessing ver-öffentlichten Streitschrift ›Vom Zwecke Jesu und seiner Jünger‹ (von 1778) aufgeräumt, der sehr wohl zu wissen glaubte, daß Jesus ein apokalyptischer Phantast, belastet von einer betrügerischen Jün-gergruppe, gewesen sei, die, um nicht zum alten Beruf zurückkeh-ren zu müssen, die Erfolgslegende von der Auferstehung ihres Mei-sters in die Welt setzte und zu deren Bekräftigung den Leichnam beseitigte.[51]

Ungleich geistvoller – und konstruktiver – nimmt sich demgegen-über der Standpunkt *Lessings* aus, der das extrem kritische, aber subtil analysierende Werk des Reimarus als ›Wolfenbüttler Frag-ment‹ veröffentlichte.[52] Zum einen leistete er für die christliche Theologie dasselbe, was für das neuzeitliche Denken insgesamt mit der kartesianischen Definition von dessen Ausgangspunkt getan worden war; denn mit seiner Frage, wie ein ewiges Bewußtsein auf historische Gegebenheiten gegründet werden könne, reichte er wir-kungsgeschichtlich gesehen an Descartes heran, nur mit dem Unter-schied, daß in seinem Fall die Lösung von einem andern, durch den auf ihn buchstäblich antwortenden Kierkegaard, gefunden wurde.[53] Indessen gilt nicht zuletzt von ihm, daß sich die Größe eines Geistes nicht so sehr in den von ihm gebotenen Lösungen als vielmehr in

seinen Fragestellungen erweist. Zum andern sah er in der historischen Kritik die unausweichliche Reaktion auf ein unter das Diktat
des »toten Buchstabens« geratenes Christentum, dem er vorwarf,
um seinen anfänglichen Selbsterweis gekommen und dadurch zu
einer Reproduktion seiner selbst herabgesunken zu sein. Woran
liegt es, fragt er an der Zentralstelle seiner Flugschrift ›Über den
Beweis des Geistes und der Kraft‹ (von 1777), die seine Problemstel-
lung in klassischer Schärfe zum Ausdruck bringt: woran liegt es,
»wenn ich anstehe, noch itzt auf den ›Beweis des Geistes und der
Kraft‹ etwas zu glauben«, da dieser Beweis dem Zeitbewußtsein so
fern liege wie die von Jesus einst gewirkten Wunder; und er antwortet:

*Daran liegt es, daß dieser ›Beweis des Geistes und der Kraft‹ itzt
weder Geist noch Kraft mehr hat, sondern zu menschlichen Zeugnissen von Geist und Kraft herabgesunken ist.*[54]

Der Subtraktionseffekt

Der Vorwurf, daß das neuzeitliche Christentum nur noch eine
»Schwundstufe« des ursprünglichen darstelle, scheint der historischen Kritik so sehr aus der Seele gesprochen zu sein, daß sie sich
geradezu wie dessen methodische Bestätigung ausnimmt. Tatsächlich wirkt sie, mit *Hans Küng* gesprochen, wie ein rigoroses »Selek-
tionsprinzip«, das darauf hinwirkt, dem auf der Suche nach seinen
authentischen Quellen begriffenen Christentum buchstäblich den
Boden wegzuziehen.[55] Was Lessing als ironisch-bitterer Vorwurf
an die Adresse seiner dogmatischen Gegner richtete, scheint sie geradezu zum Prinzip ihres kritischen Forschens erhoben zu haben:
»Wann wird man aufhören, an den Faden einer Spinne die ganze
Ewigkeit aufhängen zu wollen?«[56]

Tatsächlich: wie die historische Kritik auch ansetzt, geschieht an
dem, was der Christenglaube als seinen unveräußerlichen Inhalt begreift, stets mehr oder minder schwerer Abbruch. Nach Reimarus
löst sich das Christentum insgesamt in ein Gespinst von Betrug und
Selbsttäuschung, nach Strauss in einen Bilderbogen mythischer
Projektionen auf. Vor allem aber wird dabei die Gestalt des Stifters
in Mitleidenschaft gezogen. Für Schweitzer läßt sie sich nicht mehr

biographisch nachzeichnen; für Kähler verschwindet die historische Figur hinter dem »Christus der Geschichte«; für Bultmann ist diese Geschichte so wenig objektivierbar, daß aus ihr nur noch existentielle Rückschlüsse zu ziehen sind: der Schlüssel zur Innerlichkeit Jesu ging unwiderruflich verloren; für Braun ist allenfalls noch Jesu religiöse Autorität dingfest zu machen, und für Marxsen geht es schon gar nicht mehr um die Person, sondern nur noch um die »Sache« Jesu.

Indessen tut man den zuletzt Genannten Unrecht, wenn man sie in einem Atemzug mit Reimarus und Strauss nennt, da diese – nach Schweitzer – als Exponenten der »mit Haß« geschriebenen Jesusbücher zu gelten haben.[57] Wenn sie aber zur Gegenfront der Engagierten und »Liebenden« gehören, denen als solchen an einer »vollgültigen« Gestaltzeichnung gelegen ist, tritt in ihrem Fall der durch den methodischen Zugriff verursachte »Schaden« doppelt klar in Erscheinung. Er besteht, wie bereits angedeutet, in jenem »Subtraktionseffekt«, der sich aus der reduktiven Behandlung der Quellen ergibt. So ist es der historisch-kritischen Methode schon von ihrem Grundkonzept her eingeschrieben. Da nur das vor dem Forum ihrer Kritik bestehen kann, was der Ordnung der historischen Fakten angehört, muß die Menge der in ihrem Sinn tragfesten Daten unvermeidlich auf ein Minimum zusammenschrumpfen, zumal die Evangelien, wie sie mit allem Nachdruck zu verstehen geben, einen ganz anderen Zweck als den der geschichtlichen Berichterstattung verfolgen und weil sich die »Verläßlichkeit«, um die es auch ihnen (nach Lk 1,4) zu tun ist, nicht im historischen Faktenerweis erschöpft. Obwohl diese reduktive Auswirkung bei allen Verwendern der Methode nachzuweisen ist, tritt sie doch am empfindlichsten in Bultmanns Geständnis in Erscheinung, daß er vom Innenleben Jesu weder etwas wissen könne noch wissen wolle. Indessen zog nicht er, sondern *Adolf von Harnack* die radikalste Konsequenz, wenn er auf der vollständigen Loslösung Jesu von seiner Botschaft besteht:

Nicht der Sohn, sondern allein der Vater gehört in das Evangelium, wie es Jesus verkündet hat, hinein.[58]

Schwerer konnte die Verkündigung Jesu kaum mißverstanden werden; nachdrücklicher konnte aber auch kaum verdeutlicht werden, wie sehr das Kulturchristentum der Jahrhundertwende vom Geist der Aufklärung unterwandert war. Jesus wird hier in die Rolle eines zwar herausragenden, jedoch von seiner Botschaft losgelösten Verkünders eines geläuterten Gottesglaubens abgedrängt. Kein Wunder, daß der Gegenschlag der dialektischen Theologie nicht auf sich warten ließ, der, wie insbesondere bei *Karl Barth*, nun umgekehrt streng christologisch konzipiert war.[59] Indessen überschlug sich diese Gegenposition insofern, als nun Jesus in einer Weise mit der Botschaft verschmolz, daß er nachgerade zur Metapher der zu ihrer Mitte erklärten Rechtfertigungslehre wird. Bezeichnend dafür ist die Bemerkung, mit der sich Barth von den Versuchen der Bultmann-Schule distanziert, der Frage nach dem historischen Jesus wieder zu ihrem Recht zu verhelfen:

Merkwürdig war und ist es mir, die heutige alttestamentliche Wissenschaft speziell in Sachen des alten und immer neuen Themas ›Glaube und Geschichte‹ im ganzen auf viel besseren Wegen zu sehen, als die maßgebenden Neutestamentler, die sich zu meiner nicht geringen Verblüffung aufs neue, mit Schwertern und Stangen bewehrt, auf die Suche nach dem ›historischen Jesus‹ begeben haben, an der ich mich nach wie vor lieber nicht beteiligen möchte.[60]

So führt dieser Versuch, die Gestalt Jesu von dem auf ihr lastenden Methodenzwang zu befreien, im Endeffekt zu einer kaum weniger tragischen Verhüllung. Wer sich weigert, ihr auf den historischen Grund zu gehen, läuft Gefahr, sie entweder mit den neognostischen Strömungen in Geschichte und Gegenwart in einen Mythos aufzulösen oder, wie es bei Barth heraufdroht, zu einer theologischen Metapher zu verdünnen. Nicht umsonst fühlt sich *Schweitzer* am Ende seines weiträumigen Durchgangs an den ›Unbekannten und Namenlosen‹ erinnert, den die Jünger »am Gestade des Sees« erblikken. Erst sein gebieterisches Wort läßt sie begreifen, wen sie vor sich haben. Diesen Wink wird man bei dem Versuch beherzigen müssen, die Leistungskraft der historischen Kritik zu nutzen und doch ihre Fesseln zu sprengen.

Die andere Lesart

Was Schweitzer vor Augen stand, hatte *Barth* übersehen; denn er vergaß, den Ausgang der Verhaftungsszene, auf die er ironisch anspielte, in seine Folgerung einzubeziehen. Dort ist bekanntlich davon die Rede, daß Jesus der Suche nach ihm dadurch ein Ende setzt, daß er dem Verhaftungstrupp von sich aus entgegentritt, um ihm mit seinem überwältigenden »Ich bin es« (Joh, 18,4 ff.) den eindrucksvollsten Beweis seiner Identität zu geben. Genauer – und einprägsamer – könnte der glaubensgeschichtliche Vorgang, der sich zwischen der zuerst von *Ernst Käsemann* in Gang gesetzten Suche nach dem historischen Jesus und seiner Neuentdeckung in der Gegenwart abspielte, schwerlich beschrieben werden.[61] Als habe der Erfragte nur auf die theologische Suchaktion gewartet, betrat er in Form einer spirituellen Selbstvergegenwärtigung die religiöse Szene, jetzt nur mit dem Unterschied, daß er mit offenen Armen aufgenommen und sensibel bezeugt wurde, nicht zuletzt in Form der Jesusliteratur, die das Ereignis seit Beginn der siebziger Jahre eindrucksvoll dokumentiert hat.

Ebenso unübersehbar wie das Ereignis und seine Dokumentation ist aber auch die Unzulänglichkeit der theologischen Verarbeitung. Auch wenn über den Lösungsweg, der durch die von *Kierkegaard* aufgenommene Tradition vorgezeichnet war, kein Zweifel bestehen kann, blieb doch die Theologie in ihrer Stellungnahme bis zur Stunde gespalten. Immer noch stehen sich die gegensätzlichen Entwürfe einer »Christologie von oben« und der neuerdings durch *Leonardo Boff* mit seinem ›Jesus Christus, der Befreier‹ (von 1986) bekräftigten »Christologie von unten« unüberbrückt gegenüber. Daran kann und wird sich solange nichts ändern, wie das Problem nicht von seiner Wurzel her angegangen wird. Und die besteht entscheidend in der historischen Kritik und ihren Implikationen. Dabei ist nicht einmal so sehr an ihren Subtraktionseffekt zu denken, obwohl dieser in erster Linie Gestalt und Lebensleistung Jesu betrifft, sondern an den mit ihr verbundenen Methodenzwang. Denn aufgrund ihrer Orientierung am faktisch Gegebenen nötigt sie zu Wesensaussagen und Wesensbestimmungen, die an dem Ereignishaften, das die Evangelien bezeugen, vorbeigreifen. Hier muß ein

Wandel geschaffen werden, wenn die Theologie aus ihrem gegenwärtigen Engpaß herauskommen soll. Wie aber könnte da ein Ausweg gefunden werden?

Das Mißverhältnis

Freilich verfiele man einer Illusion, wenn man diese Methode und ihre Ergebnisse umgehen wollte. Denn es bleibt bei der hellsichtigen Beobachtung Nietzsches, daß sich das Christentum durch das, was er die letzte der von ihm gezeitigten Tugenden nannte, durch die Erziehung zur intellektuellen Redlichkeit um jeden Preis, selbst auf den Weg dieser Methode brachte, auch wenn die von ihm davon erhoffte »Selbstauflösung« der christlichen Sache keineswegs eintrat.[62] Deshalb bleibt es auch bei der Feststellung Ernst Troeltschs, daß man, gleichgültig ob die »Historisierung als ein Glück zu empfinden ist« oder nicht, »nun einmal nicht mehr ohne und gegen diese Methode« denken könne.[63] Beim gegenwärtigen Konsens in Fragen der Wahrheitsfindung ist somit am Fortbestand der historischen Kritik nicht zu rütteln. Anders verhält es sich freilich mit ihrem Geltungsanspruch, der sich bisher uneingeschränkt auf die gesamte Erforschung der Quellentexte bezog, ohne daß das seit langem erkannte Mißverhältnis zwischen Methoden- und Sachinteresse, also zwischen der Perspektive der historischen Kritik und der Aussagetendenz der Texte, gebührend berücksichtigt wurde.

Noch am wenigsten gilt das von jenen Daten, die, wie die Geburt Jesu »aus Maria«, auch von außerbiblischen (Ignatius) und wie sein Tod unter Pilatus auch von jüdischen (Josephus Flavius) und heidnischen Quellenschriften (Tacitus) bestätigt werden, obwohl auch sie, strenggenommen, mit der Information jeweils eine »Botschaft« verbinden. Um so mehr betrifft das Spannungsmoment die synoptischen Evangelien, die selbst dort, wo sie auf den »Christus im Fleisch« (2 Kor 5,16) Bezug nehmen, es in »kerygmatischer« Absicht tun.[64] Und erst recht gilt das für das Johannesevangelium, das die Geschichte Jesu aus einer pneumatisch-jenseitigen Perspektive erzählt und daraus das Recht ableitet, dem geschichtlichen Jesus Worte des erhöhten Christus in den Mund zu legen. Hier mußte es geradezu zum Konflikt zwischen der Methoden- und der Quellenintention kommen.

Wenn das angedeutete Mißverhältnis klarer werden soll, muß die trotz des Anscheins der »Unumgehbarkeit« nun doch in Frage stehende Methode entschiedener als bisher auf das Lessing-Problem zurückbezogen werden, wie es sich in der Flugschrift ›Über den Beweis des Geistes und der Kraft‹ darstellt. Darin hatte *Lessing* einerseits darüber Klage geführt, daß das Christentum um den »Geisterweis«, der es in seiner Frühzeit ausgezeichnet habe, gekommen sei; andererseits macht er der zeitgenössischen Orthodoxie den Vorwurf, daß sie sich bei ihrer Schriftauslegung dem Diktat des »toten Buchstabens« unterworfen habe. Und er spitzt diesen Vorwurf in einer Weise zu, daß die orthodoxe Erstarrung als Ursache des von ihm beklagten Geistverlustes erscheint. Nun konnte sich Lessing aber von der Einführung der historischen Kritik unmöglich die Behebung des religiösen Notstands erhoffen; zu erwarten war allenfalls, daß die Not damit auf die Spitze getrieben und, wie es dann auch tatsächlich durch Kierkegaard geschah, zum Anlaß von Hilfsaktionen genommen wurde. Damit aber geriet Lessing in eine tragische Komplizenschaft mit seinen Gegnern. Er verfiel dem Selbstwiderspruch, daß er mit der Veröffentlichung der Wolfenbüttler Fragmente gerade das in Szene setzte, was er als das Verhängnis des Christentums erachtete.[65] Das aber nötigt zu der Folgerung, daß sich der »tote Buchstabe« in der historischen Kritik das methodische Instrumentarium schuf, mit dem er die Deutung der biblischen Schriften endgültig an sich riß, gleichzeitig aber auch dem von ihnen gegebenen »Geistbeweis«, wie es in seiner Natur lag, den Todesstoß versetzte.[66]

Die Sprachimplikationen

Wenn es sich so verhält, läßt sich der Charakter der neuen »Lesart« auch schon näher bestimmen. Sie muß so geartet sein, daß sie den »Geist« zum Vorschein bringt, der dem toten Buchstaben und der darauf angesetzten Methode entgeht, und sie muß, wie man in Erinnerung an den Schlußgedanken Schweitzers sagen könnte, darauf ausgehen, die in den Texten niedergelegte »Stimme« zu Wort kommen zu lassen. Damit ist ein wie immer geartetes Konkurrenzverhältnis von vornherein ausgeschlossen. Was den Gegenstand anlangt, so bezieht sich die Lesart zwar auf dieselben Texte, wenngleich mit der Einschränkung, daß sie gerade die von der historischen Kritik vernachlässigten bevorzugt. Doch hebt sie auch bei der Lektüre der gleichen Szenen und Redestücke stets auf das ab, was sich dem kritischen Zugriff entzieht. In diesem Zusammenhang wird man sich daran erinnern müssen, daß die innerste Veranlassung menschlichen Redens nicht, wie allgemein angenommen wird und wie gerade auch die historische Kritik im Sinn dieser Annahme unterstellt, in der Informationsübermittlung besteht. Soviel an dieser gelegen ist, will doch, wer redet, primär seiner Einsamkeit entgehen; in und mit seinem Akt sprachlicher Zuwendung sucht er einen Menschen, der wenigstens für die Dauer des Gesprächs für ihn da ist. Reden ist somit, ins Positive gewendet, eine Form der Liebe und bis in die Aktstruktur hinein davon geprägt.

Deshalb ist der beim Sprechakt mitgeteilte Inhalt stets mit Elementen der Selbstdarstellung, der Vergewisserung und des Erlebnisaustauschs verbunden. Wer spricht, wirbt um den Partner und um die Zuwendung seiner Aufmerksamkeit; er zieht ihn in einen Raum gemeinsam erlebter Gewißheit und gibt sich ihm nach Art einer Vorleistung für die erhoffte Gewährung in Form einer sprachlichen Selbstanzeige zu erkennen. Dem entspricht weitgehend der Gedanke, mit dem *Martin Buber* die Frage nach dem Vorrang des gesprochenen Wortes beantwortet:

Ich meine, die Wichtigkeit des gesprochenen Wortes gründet in der Tatsache, daß es nicht bei seinem Sprecher bleiben will. Es greift nach einem Hörer aus, es ergreift ihn, ja es macht diesen selber zu einem, wenn auch vielleicht nur lautlosen Sprecher. Das darf aber nicht so verstanden werden, als ob das Begebnis der Sprache seinen Ort einfach in der Summierung beider Gesprächspartner hätte ... Das Wort, das gesprochen wird, begibt sich vielmehr in der schwingenden Sphäre zwischen den Personen, der Sphäre, die ich das Zwischen nenne und die wir niemals in den beiden Teilnehmern aufgehen lassen können.[67]

Schon ein flüchtiger Blick in die Evangelien zeigt, wie stark die Sprachwelt Jesu, angefangen von den Seligpreisungen bis hin zu den johanneischen Ich-bin-Worten, davon geprägt ist. Gleichzeitig fällt auf, daß gerade die Sprecher seiner Neuentdeckung auf diese Sprachformen abheben. Wie bereits erwähnt, antwortet schon Machovec auf die Frage, wie Jesus durch seine Botschaft die Welt in

Brand zu setzen vermochte, mit dem Hinweis auf die Identität zwischen dem Botschafter und seiner Lehre. In seinem Buch ›Was glaubte Jesus?‹ (von 1982) entdeckt *Jacques Guillet* einen »Zug in Jesu Persönlichkeit«, der sich wie ein roter Faden durch die unterschiedlichen Situationen seines Lebens ziehe, für den aber »selbst die Evangelien keinen eindeutigen Ausdruck finden«, sosehr er die gesamte Rede- und Verhaltensweise Jesu bestimme.[68] Gemeint ist die alle menschlichen Vergleichsfälle übersteigende Sicherheit seiner Rede, seines Urteils und seiner Stellungnahmen, die sich nirgendwo »festmachen« läßt, und sein Persönlichkeitsbild doch entscheidend prägt. Schließlich geht Georg Baudler vom Moment der sprachlichen Selbstanzeige aus, wenn er das Bild Jesu aus dem Spiegel seiner Gleichnisse zu erheben sucht.[69] Wie aber stellt sich eine auf diese Momente abgestimmte Verfahrensweise genauer dar?

Der Weisheitsaspekt

Auf die grundsätzliche Beantwortung dieser Frage führte bereits der Zusammenhang hin, der sich zwischen der Neuentdeckung Jesu und der Wiedergeburt der Weisheit abzeichnete. Denn die Weisheit ist, wie gerade die von Lessing aufgerufene Schlüsselstelle, das Pauluswort vom »Erweis des Geistes und der Kraft« (1 Kor 2,4) und die es unterbauende Rede von der »Kreuzesweisheit« zeigen, der theoretische Aspekt des Geistes. Es ist also nicht zu befürchten, daß die Suche nach der neuen Lesart in das ungefestigte Gelände charismatischer Exaltationen führt, da die im kreatürlichen wie im pneumatischen Bereich als Ordnungsprinzipien waltende Weisheit den erklärten Gegensatz zu jener spirituellen Anarchie darstellt, mit der Paulus, ungeachtet seiner eigenen Geistbegabung, mit aller Entschiedenheit ins Gericht geht.[70] Doch was besagt Weisheit? Worin besteht der Glanz dieses Spiegels, in welchem Israel die »Lehre« seiner großen Vorzeit entdecken und »reflektieren« lernte? Was ist sie im Unterschied zur subjektbezogenen Vernunftwahrheit? Paulinisch gesehen: die aus ihrem ureigenen Sinngrund aufscheinende, antlitzhaft begegnende, gestalt- und persongewordene Wahrheit – Wahrheit im Modus des Selbstbesitzes und der Selbstmitteilung. Einleuchtend wird diese Bestimmung freilich erst im Blick auf das zentrale Weisheitsgeschehen in Kreuz und Auferstehung Jesu.

Im Kreuz, so könnte man in Worten einer »verzweifelten Annäherung« sagen, beantwortet Gott das ›De profundis‹ des nach ihm schreienden Sohnes mit sich selbst, nimmt Gott die seiner Schöpfung auferlegte Todesnot auf sich, überwindet Gott den »Selbstwiderspruch«, in den er für die durch sein Geheimnis gleicherweise erschreckte wie faszinierte Menschheit geraten war.[71] So wirkt das Kreuz wie eine äußerste »Abbreviatur« des Gottesbegriffs, die den Einsturz der Attribute in jene Geheimnistiefe nach sich zieht, die nur noch erlitten, nicht mehr gedacht werden kann. Das erlittene Gottesgeheimnis aber leuchtet zugleich auf überbegriffliche Weise ein; es ist das »Geheimnis der verborgenen Gottesweisheit« (1 Kor 2,7). Hier, im Kreuz, tritt das Gottesgeheimnis in seinen eigenen Grund zurück, so wie es sich in der Auferstehung Jesu zum Urwort göttlicher Selbstmitteilung klärt, von dem Paulus in Erinnerung an seine Damaskusstunde bekennt, daß es ihm durch Gottes Liebe ins Herz gesprochen worden sei (Gal 1,15 f.) und von dem er zugleich weiß, daß es sich, wenngleich vermittelt durch Verkündigung und Lehre, einem jeden zuwendet, der sich ihm gläubig öffnet (Röm 10,9). So aber wird die Weisheit zum Inbegriff der gleichzeitig auf sich zurückgenommenen und mitgeteilten, dem Rezipienten zugewandten und auf seine Einbeziehung drängenden Wahrheit.

Daß von hier aus auch Licht auf die Lebensgeschichte Jesu und einzelne seiner Aussprüche fällt, hat *Felix Christ* in seiner Arbeit über die ›Sophia-Christologie bei den Synoptikern‹ (von 1970) zu zeigen gesucht und vor allem für die Große Einladung an die Bedrückten und Bedrängten (Mt 11,28 ff.) glaubhaft gemacht.[72] Für ihn steht fest, daß Jesus schon bei den Synoptikern nicht nur als »Sprecher und Träger der Weisheit«, sondern »als die Weisheit selbst« auftritt; denn wie die Zentralgestalt der alttestamentlichen Weisheitstradition sendet er Propheten und Boten, neigt er sich zu Kindern und Unmündigen, ruft er die Bedrückten und Bedrängten, bewegt er zum Glauben und verkündet er das Gericht. So ist er gleicherweise Inbegriff der Gottesoffenbarung an die Kleinen und Unmündigen wie der Verborgenheit Gottes für die Augen derer, die sich ihm im Dunkel ihrer Gelehrsamkeit verweigern.[73]

Der Unterton

Damit sind bereits recht konkrete Anleitungen für die gesuchte Lesart gegeben. Wenn man von der Zentralposition des Kreuzes ausgeht, bezieht sich die erste auf den dunklen »Unterton«, der die ganze Botschaft Jesu durchdringt und sie so in ihrer Hinordnung auf die Passion hörbar macht. Betroffen und angerührt sprach davon vor allem *Kierkegaard*, der sich schon in den ›Philosophischen Brocken‹ (von 1844) zu der Überzeugung bekennt, daß das ganze Leben Jesu als eine einzige Leidensgeschichte, als die Passion der sich selbst verhüllenden Liebe, zu gelten habe. Mit noch größerem Nachdruck versichert er dann in der ›Einübung im Christentum‹ (von 1850):

Besonders in früheren Zeiten ist viel und oft von den Leiden Christi geredet worden: wie er verspottet, gegeißelt und gekreuzigt wurde. Darüber aber scheint man eine ganz andere Art von Leiden vergessen zu haben, das Leiden der Innerlichkeit, das Seelenleiden, oder das, was man sein geheimes Leiden nennen könnte.[74]

Denn das Leiden Jesu, so verdeutlicht Kierkegaard diese überraschende These, beschränke sich nicht auf das, was einem Menschen an Bitterkeiten und Schmerzen aufgebürdet werden könne; wenn über ihn Hohn, Verachtung, Verlassenheit und Verrat komme, sei der ihm zumutbare Leidenskelch geleert:

Ihm dagegen wird er noch einmal gefüllt, der allerbitterste Kelch: er leidet, weil dies sein Leiden für die wenigen Glaubenden zum Ärgernis werden könnte und auch tatsächlich wird.[75]

Und Kierkegaard besteht darauf, daß dieser Unterton nicht nur dort vernommen werden müsse, wo die Liebe Jesu auf den unfaßlichen Widerspruch der Verweigerung und Ablehnung stößt, sondern auch dort, wo ihr, wenn auch selten genug, die Beseligung des Verstandenseins zuteil wird:

Deshalb spürt man dieses Leiden noch in den freudigsten Worten, wie er sie an Petrus richtet: selig bist du, Simon, Jona-Sohn!

Damit ist auch schon angedeutet, was von dieser ersten Komponente zu erwarten ist. Da es sich dabei um einen Vorstoß in das Ungesagte der Texte handelt, kann sich diese Erwartung nicht auf inhaltliche Daten beziehen, wohl aber auf die Zuordnung scheinbar disparater Szenen und Logien, die nun auf einmal in ihrer »Übereinstimmung« mit dem dunklen Unterton hörbar werden. Da Kierkegaard das Leben Jesu als eine einzige Leidensgeschichte begreift, ist überdies anzunehmen, daß sich von daher auch Einblicke in den inneren Zusammenhang des Lebens Jesu und seiner Stationen ergeben.

Die Ermächtigung

Die Vorstellung von einem in den Texten mitschwingenden und sie zusammenstimmenden »Unterton« berührt sich erstaunlich eng mit einer sprachtheoretischen Nachlaßnotiz *Nietzsches*, die der Tiefenschichtung des Sprechakts nachgeht:

Das Verständlichste an der Sprache ist nicht das Wort selber, sondern Ton, Stärke, Modulation, Tempo, mit denen eine Reihe von Worten gesprochen werden – kurz die Musik hinter den Worten, die Leidenschaft hinter dieser Musik, die Person hinter dieser Leidenschaft: alles das also, was nicht geschrieben werden kann.[76]

Wenn man von der »Musik« auf die von Nietzsche in den Texten gefühlte »Leidenschaft« zurückgeht, stößt man auf eine zweite Komponente, die mit der evidenz- und empirievermittelnden Funktion des Sprechakts gegeben ist. Ihr entspricht in den biblischen Berichten der Eindruck der »Vollmacht«, der sich für die Hörer Jesu mit seinen Worten verbindet (Mk 1,22) und die sich nicht zuletzt auf ihre angstüberwindende Wirkung bezieht. Wenn Jesus dem um das Leben seines Kindes bangenden Vaters zuruft: »Keine Angst, glaube nur!« (Lk 8,50), ist das mehr als nur ein auf die augenblickliche Situation abgestimmter Zuspruch. Vielmehr handelt es sich dabei um einen Akt der Weitergabe jener unerschütterlichen »Sicherheit«, die Guillet im Gesamtverhalten Jesu wahrnimmt. Das aber bildet bereits die Brücke zu der Erkenntnis, daß es dem Evangelium über die Mitteilung lehrhafter Inhalte hinaus um Evidenz- und Empirievermittlung zu tun ist. In suggestiver Bildhaftigkeit bringt das der gleichnishafte Schluß der Bergpredigt zum Ausdruck, wenn Jesus versichert:

Wer diese meine Worte hört und danach handelt, gleicht einem klugen Mann, der sein Haus auf Fels baute. Als nun ein Wolkenbruch kam und die Wassermassen heranfluteten, als die Stürme tobten und an dem Haus rüttelten, stürzte es nicht ein; denn es war auf Felsengrund gebaut (Mt 7,24 f.).

Was diese bildsprachlichen Wendungen zum Ausdruck bringen, steigert sich bei Paulus zu einer regelrechten Sprachsuggestion, die den Leser in die Heilsgewißheit des Apostels mit hineinreißt, wenn er fragt:

Wer wird uns trennen von der Liebe Christi? Not oder Bedrängnis, Verfolgung oder Hunger, Blöße, Gefahr oder Schwert? Ich bin gewiß, daß weder Tod noch Leben, weder Engel noch Mächte, weder Gegenwärtiges noch Künftiges, weder Gewalten der Höhe noch der Tiefe noch irgendein anderes Geschöpf uns werden trennen können von der Liebe Gottes, die in Christus Jesus ist, unserem Herrn (Röm 8,35.38).[77]

Kaum braucht dem hinzugefügt zu werden, daß der Hymnus, der als der vollgültige Hochgesang des Apostels auf die Liebe zu gelten hat, zusammen mit der von ihm suggerierten Gewißheit auch Erfahrungswerte vermittelt, da er im gleichen Maß, wie er die Unverlierbarkeit der »Liebe Christi« betont, auch das Umfangensein durch sie fühlbar macht. Nicht umsonst durchstößt er alle Ordnungen und Kategorien, um schließlich zu jenem Liebesgeheimnis Gottes vorzudringen, das ihm in seiner Damaskusstunde ins Herz gesprochen worden war und das er seither als den Inbegriff religiöser Identität und Sinnerfüllung begreift. Um so wichtiger ist es, die Quelle zu finden, der diese Liebesgewißheit entströmt.

Die Gottesgewißheit

Im Übergang dazu muß jedoch zunächst eine dritte Komponente angesprochen werden, die *Karl Rahner* mit einer Beobachtung hervorhob und die zu den wichtigsten Entdeckungen der neueren Theologie zählt. In einer Reflexion über den Gottesbegriff der neu-

testamentlichen Schriften vermerkt er die »auffällige« Selbstver-
ständlichkeit des Gottesbewußtseins ihrer Autoren: »Eine Qual,
erst nach Gott fragen zu müssen, sich erst langsam und besinnend
überhaupt den Boden schaffen zu müssen, von dem aus so etwas wie
ein Ahnen, Erfühlen oder Erkennen Gottes erst möglich wird, ein
Gefühl, daß Gott sich dem fragenden Zugriff des Menschen eigentlich immer wieder entziehe«, kurz, »ein Leiden an der Gottesfrage«
sei ihnen völlig unbekannt.[78] Den Erklärungsgrund findet Rahner in
dem exzeptionellen Gottesbewußtsein dieser Autoren, das dann
voll auf das von ihnen geschaffene Werk, das Kompendium der neutestamentlichen Schriften, durchschlägt:

*Gott ist zunächst einfach da. Er ist für sie eigentlich bei all seiner
Unbegreiflichkeit und Erhabenheit, bei all der Furcht und dem
Zittern und dem erschütternden Glück, das ihnen diese Gotteswirklichkeit bereiten mag, zunächst einfach einmal als die selbstverständlichste, eines Beweises und einer Erklärung nicht bedürfende
Tatsache da... Nicht sie, die unmittelbare Wirklichkeit der Welt,
und ihre offenbare Größe sind es, von denen als einem endgültigen
und fixen Posten aus Gott gleichsam nachträglich noch erreichbar
wird, sondern umgekehrt: ihre eigene und der Welt Wirklichkeit
wird den Männern des Neuen Testaments erst von Gott her wirklich
klar und verständlich.[79]*

Dieser erregende Tatbestand wirft die Frage nach der Herkunft des
einzigartigen Gottesbewußtseins auf. Da sich weder Ansätze zu
einer »metaphysischen Reflexion« noch gar zur Ausarbeitung eines
Gottesbeweises finden, da sich der Datenstand aber auch nicht auf
die Genialität der Autoren oder auf eine besonders an sie ergangene
Inspiration zurückführen läßt, läßt sich ihr Gottesbewußtsein letztlich nur auf ihr Verhältnis zu Jesus und auf den nachwirkenden Umgang mit ihm zurückführen. Er muß jene Umschichtung ihres Denkens nach sich gezogen haben, durch die Gott für sie – wie für ihren
Meister – zum Erstgegebenen und Erstgewissen ihres Denkens
wurde, sosehr sie dabei dem Alltag und seinen Anforderungen ver-
haftet blieben. In diese Richtung stößt auch *Wilhelm Thüsing* mit
der Frage vor:

Wenn Jesus primär auf Gott bezogen ist – empfangend und antwortend und von daher die Liebe Gottes weitergebend –, muß da nicht auch derjenige, der in Kontakt mit Jesus kommt, in diese Relation zu Gott hineingezogen werden, auch abgesehen davon, ob sie von seinem Bewußtsein her naheliegt oder nicht?[80]

Es war somit in letzter Hinsicht die Einbeziehung in das Gottesbewußtsein Jesu, was die Fraglosigkeit Gottes für das Denken der neutestamentlichen Autoren bedingte und die auffällige Tatsache erklärt, daß ihr Werk zwar ständig von Gott redet, aber kaum einmal Tendenzen entwickelt, seine Existenz zu beweisen oder auch nur gegen Zweifel abzusichern. An der textualen Oberfläche der neutestamentlichen Schriften kommt das allenfalls in Form vermeintlicher ›Ausfallserscheinungen‹ zum Vorschein, also in der auffälligen Tatsache, daß ihre Autoren von der Not der Gottesfrage kaum, allenfalls vom Rand her berührt sind. Der analytische Zugriff der historischen Kritik wird das nur in Form eines Defizits registrieren können. Anders eine Lesart, die sich auf das in den Texten Ungesagte und dessen Hintergründe einstimmt. Ihr wird klar, daß hier kein Mangel, sondern ein Überfluß am Werk ist, weil diese Texte neben allem, was sie inhaltlich bieten, die Absicht verfolgen, im Leser jenen Bewußtseinsumbruch zu bewirken, in dem ihm Gott zur fraglosen Erstgewißheit seines Denkens wird.

Das Machtwort

Doch mit dem »Umgang mit Jesus« hat es eine schwierigere Bewandtnis, als der Ausdruck zunächst erkennen läßt. So sehr sich diejenigen, »bei denen der Herr Jesus ein- und ausgegangen war« (Apg 1,21), seiner erfreuten, kann er doch von den Autoren der Schriften nicht gleichsinnig ausgesagt werden. So mag sich bei einem Teil von ihnen die Tradition in diesem Sinn ausgewirkt haben; nicht aber bei denen, die sich wie die Referenten und Verfasser der johanneischen Texte »von oben her« autorisiert fühlen. Doch gerade auf sie geht die Masse jener Redestücke zurück, die durch den Raster der historisch-kritischen Methode fallen, weil sie schon aus sprachlichen, stilistischen und theologischen Gründen nicht als Worte des historischen Jesus gelten können. So sehr sich die neutestamentliche Forschung um die redaktions- und quellenkritische Klärung dieses Tatbestands verdient machte, scheint sie doch über die Lösung dieser Aufgabe das Gefühl für die Ungeheuerlichkeit verloren zu haben, daß ein Evangelist oder gar seine Schule es wagen konnte, Redestücke im Stil von Jesusworten, wenngleich nicht selten unter Verwendung vorgegebener Bausteine, zu schaffen, sie Jesus in den Mund zu legen und sie mit einem ausgesprochenen Offenbarungsanspruch zu verbinden.[81] Eine Art »Brückenpfeiler« bildet in dieser Frage Paulus, der zwar aus dem Bewußtsein lebt, von der Geistmacht des Erhöhten ergriffen (Phil 3,12), gestärkt (2 Kor 12,9; Phil 4,13) und ermächtigt zu sein, so daß er, der Erhöhte, in seiner Verkündigung zu Wort kommt (1 Thess 2,13; 2 Kor 5,20), der aber doch nur mit großer Zurückhaltung von dieser Autorisierung Gebrauch macht.[82]

Vermutlich führt kein Text so nah an den Kern des Problems heran wie das unter dem Titel ›Hohepriesterliches Gebet‹ bekannte Abschiedsgebet Jesu (Joh 17,1–26), zumal dieses ausdrücklich auf die Situation der »späteren Verkündiger« Bezug nimmt.[83] Denn hier macht sich der Verfasser nicht nur nach Prophetenart zum »Mund« des Offenbarers; vielmehr geht er auch in dessen Rolle als »Fürsprecher« beim Vater ein. Die besondere Dynamik dieses Vorgangs besteht darin, daß er Jesus nicht nur an der Schwelle zum »Ort seiner Herrlichkeit« beten, sondern ihn auf dem Höhepunkt seines Gebets diese Schwelle überschreiten läßt. Das geschieht in dem erregenden Augenblick, in dem er das Knechtsgewand des Bittstellers abwirft, um sich aus der Position des gleichrangigen Sohnes an den Vater zu wenden:

Vater, ich will, daß die, die du mir gegeben hast, dort bei mir seien, wo ich bin, damit sie die Herrlichkeit schauen, die du mir gegeben hast; denn du hast mich geliebt vor Grundlegung der Welt (Joh 17,24).[84]

Wenn das Bild nicht unglücklich gewählt wäre, könnte man mit *Käsemann* sagen, daß hier alles in den Schatten dieses »majestätischen ›Ich will‹« rücke, wobei sich das »alles« über den Gebetstext hinaus auf das ganze Evangelium bezieht. In diesem Stellenwert wird die Aussage ersichtlich, wenn man auf der Suche nach dem ursprünglichen Ort des Abschiedsgebets dieses nach dem Vorschlag *Bult-*

manns an die Szene von der Fußwaschung und der Entlarvung des Verräters anschließt oder, besser noch, nach dem Jesuswort einfügt, das als das johanneische Äquivalent zur synoptischen Getsemaniperikope gelten kann.[85] Erschüttert vom Vorgefühl des nahen Todes, aber auch von der Gewißheit, daß die ihm bisher gezogenen Schranken wegsinken, erklärt Jesus an dieser Stelle:

Jetzt ist meine Seele erschüttert. Was soll ich sagen: Vater, rette mich aus dieser Stunde? Deshalb bin ich aber doch in diese Stunde eingetreten. Vater, verherrliche deinen Namen! (Joh 12,27f.).[86]

Wenn man sich vergegenwärtigt, daß das Abschiedsgebet mit der Bitte einsetzt: »Vater, die Stunde ist gekommen; verherrliche deinen Sohn, damit der Sohn dich verherrlicht« (Joh 17,1), ergibt sich nicht nur ein überzeugender Zusammenhang; vielmehr wirkt nun das Wort der Himmelsstimme, von der im Anschluß an den Ausruf Jesu die Rede ist, wie die göttliche Beantwortung – und Bestätigung – seines Abschiedsgebets: »Ich habe verherrlicht und werde wieder verherrlichen« (12,28).

Der neue Stellenwert, den das Abschiedsgebet durch diese Vorverlegung gewinnt, springt in die Augen: es rückt in die Mitte des Evangeliums und wird damit zu seiner geheimen »Achse«. Dadurch tritt seine Zweckbestimmung: »damit ihr durch den Glauben das Leben habt in seinem Namen« (20,31) in einen unvermuteten Zusammenhang, der nicht besser als mit dem Jesuswort an Petrus aus dem lukanischen Abendmahlbericht umschrieben werden kann:

Simon, Simon, der Satan hat verlangt, euch wie Weizen sieben zu dürfen. Ich aber habe für dich gebetet, daß dein Glaube nicht wanke (22,31f.).[87]

Was hier einem, wenn freilich herausragenden Einzelnen zugesichert wird, kommt in dem als Achse des Evangeliums begriffenen Abschiedsgebet dem gesamten Hörer- und Leserkreis zugute. Der Zusammenhang von Gebet und Glaube, der heute erst leidvoll wiederentdeckt werden mußte, tritt dann in der Komposition des Evangeliums offen zutage.[88] In der Sicht des Evangeliums ist es aber nicht so sehr das menschliche Gebet als vielmehr das Gebet Jesu, das den Glauben der Seinen trägt. Betend nimmt er sie in sein eigenes Gottesverhältnis hinein; und damit klärt sich dann auch definitiv, worin die von den neutestamentlichen Schriften insinuierte Gottesgewißheit ihren innersten Ursprung hat.

Der Urheber

Um so dringlicher stellt sich nun die Frage nach dem Urheber des Gebets, der nicht nur – wie der Verfasser der »Vorstufen« dazu – die Kühnheit besaß, im Namen Jesu Recht zu sprechen, Anweisungen zu geben, frei improvisierte Jesusworte zu schaffen und schließlich sogar im emphatischen Ich-bin-Stil aus geistgewirkter Verbundenheit mit ihm zu sprechen, sondern das in dem machtvollen Ich-will gipfelnde Abschiedsgebet zu gestalten. Es wäre seltsam, wenn er nicht auch die Kühnheit besessen hätte, sich im Evangelium zu zeigen, wenn freilich nicht in voller Offenheit, sondern in einer ihn zugleich überhöhenden Verhüllung: in Gestalt des ungenannten Vorzugsjüngers, der anstatt mit dem Namen mit der Auszeichnung eingeführt wird, daß Jesus ihn liebte und der als eine der subtilsten – und ergreifendsten – Intuitionen des johanneischen Kreises zu gelten hat.

Es fügt sich eigenartig, daß er erstmals nach dem Abschiedsgebet Jesu in Erscheinung tritt, sofern es an der Stelle des 12. Kapitels gelesen wird, die aus inhaltlichen wie kompositionellen Gründen als sein ursprünglicher Ort erscheint. Mit jeder weiteren Erwähnung wächst seine Bedeutung, ohne daß er an persönlichem Profil gewinnt: wie Jesus am Herzen des Vaters geborgen ist (Joh 1,18), ruht er beim Letzten Mahl an der Brust Jesu (13,23); ihm übergibt der Gekreuzigte die Mutter, die ihn dafür zum »Sohn« gewinnt (19,26 f.); er kommt schon durch den Anblick der im leeren Grab liegenden Linnentücher zum Glauben an die Auferstehung Jesu (20,6 ff.); er erkennt als erster den »Herrn« bei der Erscheinung am See von Tiberias (21,7), und er wird schließlich von Jesus mit der hypothetischen Verheißung bedacht, daß er »bleiben« werde bis zu seiner Wiederkunft (21,22). Doch so undeutlich er als Gestalt auch bleiben mag: unüberhörbar ist der mit diesen Szenen erhobene Anspruch, der bevorzugte Mitwisser und eingeweihte »Busenfreund« Jesu, aber auch der mit einer besonderen Sensibilität für seine Anwesenheit Begabte zu sein. Das aber reicht schon hin, in ihm den zur Idealfigur überhöhten Autor der »Reflexionsteile« des Johannesevangeliums und zumal des Schlußgebets wiederzuerkennen, dessen kühnes Vorgehen nicht besser als durch diese Präsentation legitimiert werden konnte. Daraus läßt sich folgern: auch wenn die im Hochgebet Jesu gipfelnde zweite Abschiedsrede, wie im Sinne *Schnackenburgs* anzunehmen ist, aus einer »relecture« der ersten hervorging, kann sie substantiell nur das Werk eines »Mystikers« sein, der sich mit dem erhöhten Herrn »geeint«, zum Sprecher seiner Anliegen erwählt und zur verbalen Umsetzung dieser »Sinnesgemeinschaft« inspiriert wußte.

Der Figur des Vorzugsjüngers ist sogar das Modell zu entnehmen, nach welchem die nachgestalteten Jesusworte zustande kamen. Am Anfang standen Erfahrungen nach Art dessen, der Jesus in der Nacht des Verrats nahe ist, der mit Maria unter dem Kreuz steht, der auf bloße Zeichen hin zum Osterglauben gelangt und den Auferstandenen als erster erkennt. Wichtig ist für diesen Zusammenhang vor allem aber, daß der Vorzugsjünger als der Empfänger der Antwort Jesu auf die durch Petrus – stellvertretend für die nach Klärung verlangende Jüngergemeinde – gestellte Frage erscheint; denn von dieser Mitwisserschaft führt dann schon ein Schritt zu deren Umsetzung in spontan gestaltete Jesusworte, die den Anspruch erheben, das zum Ausdruck zu bringen, was Jesus der Gemeinde unter den veränderten Bedingungen und Problemstellungen späterer Generationen gesagt haben würde.

Das Vorspiel

Helleres Licht fällt auf den rätselhaften Entstehungsgrund der nachgestalteten Herrenworte, wenn man auch diesen Komplex – wie dies bereits für den umfassenderen Prozeß der Neuentdeckung Jesu geschehen ist[90] – auf die Geburt des Weisheitsgedankens in der Geschichtsreflexion des nachexilischen Judentums zurückbezieht. Wie Israel damals nach der Klage des 74. Psalms unter dem Ausbleiben der prophetischen Stimmen und wegweisenden Zeichen litt, sah sich nun auch die junge Christenheit angesichts des großen Grabenbruchs, der durch den Tod der Altapostel (Joh 21,18–23) und die Verzögerung der Parusie (2 Petr 3,3–9) eingetreten war, in eine defizitäre Lage versetzt. Gewiß, sie lebte im vertrauenden Aufblick zu dem erhöhten Herrn, wie ihn der todgeweihte Stephanus (nach

Apg 7,56) zur Rechten Gottes geschaut hatte, und zudem in der Zusicherung seiner Anwesenheit bis ans Ende der Welt (Mt 28,20). Doch fehlte ihr der Klang der Worte, die der Erhöhte, der ihre Sache vor Gott vertrat, in ihrem Sinn und Interesse an den Vater richtete.[91]

Hier setzte nun offensichtlich ein Prozeß analog zur Weisheitskreation des Spätjudentums ein, nur in dem Unterschied, daß im Zentrum des Entwurfs von vornherein der von Gott gerechtfertigte und zu seiner Rechten Erhöhte stand. Wie die Weisheit erschien er als der »Abglanz« und das »Ebenbild« des unsichtbaren Gottes (2 Kor 4,4; Kol 1,15); mit ihr gleichgesetzt gewann er eine hörbare Stimme, die den Bedrückten und Bedrängten Ruhe (Mt 11,28) und den Dürstenden Sättigung verhieß (Joh 7,37 f.).[92] Damit war das Medium gefunden, mit Hilfe dessen nicht nur die Gestalt des Erhöhten schaubar, sondern auch seine Worte hörbar gemacht werden konnten: Worte der Weisheit zunächst, wie es den nach alttestamentlichen Modellaussagen gestalteten Heilandsrufen entsprach; Worte »heiligen Rechts« (Käsemann) sodann, die das Gemeindeleben regelten; des weiteren Worte des Zuspruchs, wie sie sich insbesondere in den johanneischen Abschiedsreden niederschlugen; und schließlich Worte des Gebets, wie es der scheidende Herr (in Joh 17) an den Vater richtet. Als »Konkretisierungshilfe« mochte dabei das Traumgesicht mit der Erscheinung des Propheten Jeremia ins Spiel gekommen sein, das von Judas dem Makkabäer mit den Worten gedeutet wird: »Das ist der Freund seiner Brüder, der soviel für das Volk und die heilige Stadt betet, Jeremia, der Prophet Gottes« (2 Makk 15,14). Zudem könnte die Vorstellung von dem für die Seinen betenden Herrn durch die Erinnerung an das an Petrus gerichtete Jesuswort bestärkt worden sein: »Ich habe für dich gebetet, daß dein Glaube nicht wanke« (Lk 22,31). Was der geschichtliche Jesus einem einzelnen, dazu noch dem für seine »Brüder« Verantwortlichen zusicherte, galt zweifellos auch vom Einsatz des Erhöhten für die Seinen insgesamt. Ihr Glaube konnte nicht machtvoller »gefestigt« werden als durch die Fürsprache ihres himmlischen Herrn. Von da führte schon ein weiterer Schritt zur vermutlichen Gestaltung des Abschiedsgebets.

In diesem Zusammenhang fällt auch das in diesem Gebet vorherrschende Motivwort »bewahren« ins Gewicht, das sein volles Profil durch den Hinweis des Beters auf das Alleingelassensein der Jünger nach seinem Weggang gewinnt. Womit hätte sich die durch die Parusieverzögerung verwirrte Jüngergemeinde besser trösten können als durch den Versuch, sich im Gefühl ihrer Preisgegebenheit in die Vorstellung von dem für sie betenden und betend für sie eintretenden Herrn hineinzuretten? Das Gebetswort Jesu erwiese sich dann als der rettende Reflex ihrer Not.

Die Anwendung

Die sich daraus ergebende Konsequenz drängt sich geradezu auf. Auch wenn das charismatische Reden aus der Position des erhöhten Christus das unwiederholbare Privileg der neutestamentlichen Autoren bleibt, so daß sich jeder Imitationsversuch als schwarmgeistige Anmaßung demaskiert, geht von diesen Passagen doch ein Impuls auf den Leser aus, der ihn zu einem kreativen Mitvollzug bewegt und als solcher gerade heute aufgenommen werden muß. Die Aktualität ergibt sich aus der glaubensgeschichtlichen Situation, die alle Anzeichen einer Wiedergeburt der Mystik aufweist. Kein Wunder, daß sich für das gebieterische »Ich-will« des Abschiedsgebets Jesu erst heute ein volles Gespür entwickelte, am deutlichsten bei *Ernst Käsemann*, für den der Text »letztlich kein Bittgebet« darstellt, da alles »in den Schatten eines majestätischen Ich-will« trete.[93] Indessen liegt es eindeutig in der Absicht dieses krönenden »Ich-will«, daß man bei der Bewunderung seiner Majestät nicht stehenbleibt, sondern ihm, wenn schon nicht nachahmend, so doch nachvollziehend folgt. Und das kommt der Forderung nach einem angemessenen Leseverhalten gleich. Worin besteht es?

Formal könnte die Antwort lauten: in einem ebenso sinntreuen wie souveränen Umgang mit dem Text! Dabei ist mit »souverän« die Aufhebung einer dreifachen Differenz angesprochen: der kerygmatischen, die mit der Entstehungsgeschichte der neutestamentlichen Schriften gegeben ist; der medialen, die sich aus dem Einfluß des Verschriftungsprozesses ergibt, und der rezeptionalen, die sich auf die Kompetenz des Lesers bezieht. Was die kerygmatische betrifft, so geht gerade das johanneische Denken davon aus, daß die »Zufälligkeit« der sich im neutestamentlichen Textverbund spiegelnden Entstehungsverhältnisse einer Gegensteuerung bedarf. Deshalb ergänzte die Redaktion das Corpus des Johannesevangeliums um den

Prolog, der offensichtlich als Vorhalle zum Ganzen des Neuen Testaments gedacht ist.[94] In der von den johanneischen Texten inspirierten und gestützten Tradition spitzt sich das bei *Origenes* zur Suche nach der »Mitte der Schrift« zu, die in der Folge so vehement auf Christus bezogen wurde, daß nun rückläufig die gesamte Schrift als dessen vielstimmige Selbstauslegung erschien.[95] Das aber liegt ganz auf der Linie des Vorschlags, das Neue Testament insgesamt einer »akustischen Lektüre« zu unterziehen und seine Aussagen als Nach- und Widerhall des gebieterischen »Ich will« zu begreifen, mit dem Jesus sein Eigentum für die an ihn Glaubenden einfordert.[96]

Die Entstehungsverhältnisse brachten aber nicht nur eine mehr oder minder große Nähe der einzelnen Texte zu dieser »Mitte« mit sich, sondern auch die Tatsache, daß die genuine Botschaft Jesu von ihnen in unterschiedlichen Deutlichkeitsgraden gespiegelt wird. Neben den Passagen, die sich selbst als Wiedergabe der Heilsverkündigung des historischen Jesus verstehen und in diesem Anspruch auch von der kritischen Forschung anerkannt werden, stehen Redestücke, hauptsächlich des Johannesevangeliums, die unverkennbar aus der Position des Erhöhten gesprochen sind; neben Texten, die Geist und Wortlaut der Sprache Jesu atmen, andere, die im Medium von Jesusüberlieferungen Probleme der Urgemeinde verhandeln; neben dem, was als authentische Botschaft zu gelten hat, Relikte einer von ihr überwundenen Religiosität. Aber das Neue Testament ist nun einmal, mit Luther gesprochen, kein »Gesetzbuch«, das kodifizierte Handlungsanweisungen erteilt, und ebensowenig ein »Lehrbuch«, das seine Inhalte in systematischer Ausarbeitung darbietet. Es ist weit eher ein »Kampfplatz«, Dokument des dramatischen Prozesses, in dem sich die religiöse Innovation Jesu gegen den Zug einer darauf nur partiell eingestimmten Zeit durchsetzte; und diese Auffassung tut, wie kaum hinzugefügt zu werden braucht, seiner Würde als inspiriertem Gotteswort nicht im mindesten Abbruch, auch wenn sie faktisch für ein im Vergleich zur traditionellen Auffassung dynamischeres Inspirationsverständnis plädiert.

Dies vorausgesetzt, wird man dem Interesse einer sachgerechten Rezeption nur dann gerecht, wenn man die neutestamentlichen Zeugnisse auf den Kern der Jesusbotschaft zurückzuführen und sie von dorther verständlich zu machen sucht. Auch das ist bereits bei Origenes vorgebildet, sofern er den von ihm angegriffenen Gnostikern vorwirft, nicht oder nur ungenügend auf den Gesamtzusammenhang der von ihnen willkürlich herausgegriffenen Texte geachtet zu haben.[97] Doch worin besteht dieser Kern? Wenn man sich, anstatt nach einer theoretischen Antwort zu suchen, der Direktive des machtvollen »Ich-will« überläßt, gelangt man unvermittelt zum Geheimnis des bedingungslos liebenden Gottes. Denn mit seiner Forderung verlangt der Sprecher des Abschiedsgebets für die Seinen das, was ihm aus seiner ewigen Liebesverbundenheit mit dem Vater zukommt. Mit seinem »Ich-will« besiegelt und vollendet er das Werk der Selbstmitteilung, durch das er sie zu seinen Freunden erkor. In theoretischer Sicht aber besagt das, mit der johanneischen Schule gesprochen:

Furcht ist nicht in der Liebe; vielmehr treibt die vollkommene Liebe die Furcht aus (1 Joh 4,18).[98]

Die Grunddifferenz

Was schließlich die mediale Differenz anlangt, so muß der Versuch ihrer Überwindung von der Erkenntnis ausgehen, daß der verschriftete Text die »Botschaft« nicht in linearer Entsprechung sondern »verkürzt« und »verzerrt« wiedergibt, wie im Sinne einer auf die Patristik zurückgehenden Tradition zu sagen ist. Sie spricht einerseits von der »Abbreviatur« des ewigen Wortes, das nur in »Kurzformen« innerweltlich in Erscheinung zu treten vermag; sie weiß aber auch um seine »Extension«, also um die Dehnung, die es bei seinem Eintritt in die weltliche Sphäre erleidet.[99] Die dogmatische Reflexion brachte damit das Geheimnis der Menschwerdung und der Passion in Zusammenhang. Und es trifft sich seltsam, daß das Apostolische Glaubensbekenntnis, das als die ursprünglichste Dokumentation des Glaubens in Satzgestalt zu gelten hat, gerade diese beiden Stationen aus der Lebensgeschichte Jesu herausgreift, während es die Vorzugsinhalte einer narrativen Weitergabe, also die Redetätigkeit und die Wundertaten, mit Schweigen übergeht. Zwar verfahren die Evangelien in dieser Hinsicht weit weniger radikal; vielmehr berichten sie von beidem in beträchtlicher Ausführlichkeit. Doch entkräftete das die Beobachtung Martin Kählers nicht, der sie als »Passionsgeschichten mit ausführlicher Einleitung« bezeichnete.[100]

Sosehr die Evangelien und mit ihnen zusammen das Ganze der neutestamentlichen Schriften somit der Verkündigung dienen und (nach Joh 20,30f.) von dieser Zwecksetzung her verstanden sein wollen, »leiden« sie eben doch zugleich unter den Zwängen der Verschriftung, paulinisch ausgedrückt, des »toten Buchstabens« (2 Kor 3,6). Die Überwindung der damit gegebenen Differenz, um nicht zu sagen, des damit entstandenen Defizits, kann dann aber nur in dem ebenso demütigen wie insistenten Versuch bestehen, den lebendigen Wortlaut aus der »Gruft« der Schriftlichkeit zu erwecken. In diesem Zusammenhang wird man sich mit *Martin Buber* daran erinnern müssen, daß die biblischen Schriften nach jüdischer Tradition dazu bestimmt sind,

vorgetragen zu werden; das sogenannte Akzentsystem, das Wort um Wort des Textes begleitet, dient dem rechtmäßigen Zurückgehen auf seine Gesprochenheit; schon die hebräische Bezeichnung für ›lesen‹ bedeutet: ausrufen, der traditionelle Name der Bibel ist: ›die Lesung‹, eigentlich also: die Ausrufung; und Gott sagt zu Josua nicht, das Buch der Thora solle ihm nicht aus den Augen, sondern, es solle ihm nicht ›aus dem Munde‹ weichen.[101]

Wenn es sich aber so verhält, gewinnt das von den Texten geforderte Leseverhalten dramatisches Profil. Dann wird der achtsame Rezipient im Medium der Texte zum hörenden Zeugen jenes Prozesses, in dem sich die Heilsbotschaft der vorangegebenen Erwartungshaltung verständlich machte und gegen die ihr entgegentretenden Widerstände durchsetzte. Und das heißt für ihn, daß er letztlich vor der Aufgabe steht, sich gegen die ihm aus seiner Biographie und dem Zeitgeist erwachsenden, aber auch gegen die in den Texten dokumentierten Widerstände zur Zentralaussage der Heilsbotschaft durchzukämpfen. Denn die Lektüre der Bibel ist kein Genuß, sondern ein Kampf, auf den das Herrenwort von dem »vergewaltigten« Gottesreich bezogen werden kann, das (nach Mt 11,12) nur »Gewalttäter an sich reißen«[102]. In einer »friedlicheren« Ausdrucksweise könnte man die Aufgabe des Lesers auch mit dem Satz umschreiben, er müsse sich auf das »Ich will« im Zentrum des

Evangeliums einstimmen, um es, getragen von diesem Impuls, stets neu verstehen zu lernen.

Vor dem Portal des Bibeltextes steht nicht die furchterregende Gestalt des von Kafka beschriebenen »Türhüters«, der dem um Einlaß zu dem »Gesetz« Bittenden, wenn überhaupt, dann nur unter »Furcht und Zittern« Zutritt gewährt.[103] Vor ihm steht vielmehr derjenige, der nicht nur einlädt, sondern sich geradezu »die Tür« und »den Weg« nennt. Ihm genügt nicht der Knecht, der sich sklavisch an den Buchstaben der Texte klammert und der (nach 2 Kor 3,12 ff.) eine Binde vor den Augen hat, wenn das Schriftwort verlesen wird. Deshalb kommt ihm der im Schriftwort Gemeinte selbst zu Hilfe, um ihm, wie dies exemplarisch in der Emmausszene geschieht, als Hermeneut in eigener Sache den »Sinn der Schrift« (Lk 24,32) zu erschließen.

Im Augenblick der aufblitzenden Erkenntnis fällt die Binde von seinen Augen, erhebt er sich aus dem Stand des unwissenden Knechts zu dem des einsichtigen Freundes, wird er zum verstehenden Mitwisser des Gottesgeheimnisses, begreift er, daß er von diesem Geheimnis zwar ewig überfordert, zugleich aber unmittelbar gemeint und angesprochen ist. Da sind die vom Schriftwort selbst gebrauchten Wendungen: Bilder, die für sich selbst sprechen und deshalb klarer als Theorien zum richtigen Umgang mit den Texten anleiten und wirksamer als Postulate zur dialogischen Auseinandersetzung mit ihnen ermutigen.

Der Ansatz

Erst jetzt kann der methodische Ansatz vollends verdeutlicht werden. Er ist, was die theologiegeschichtliche Herkunft anlangt, der »existentialen Interpretation« Rudolf Bultmanns und der darauf aufbauenden Gleichnisdeutung seines Nachfolgers Ernst Fuchs verpflichtet, der er jedoch eine rezeptionstheoretische Wendung gibt.[104] Danach ist der Leser vom biblischen Text nicht nur gemeint und angerufen, sondern ebenso zu seiner Mitgestaltung aufgefordert. Er selbst muß sich zusprechen lernen, was ihm die Texte sagen. Und im Maß, wie ihm dies gelingt, gewinnt er Zugang zu dem inneren Vorgang, der das »Leben«, insbesondere der neutestamentlichen Schriften ausmacht und als solcher vermutlich auch der zu ihrer Sammlung führenden Kanonbildung zugrunde liegt. In mystischer Sicht spiegelt sich darin aber letztlich der Weg, den Jesus im Prozeß der Aneignung seiner Gottessohnschaft durchmißt, dramatischer ausgedrückt, den Weg, auf dem sich Jesus zu seinem Gott, gegen äußere Anfechtung und innere Verlassenheit, durchkämpft.

In dieser Sicht steht Jesus ganz auf seiten des Lesers, der im Umgang mit den Texten auf der Suche nach sich selbst begriffen ist. Doch steht er ihm gleichzeitig radikal gegenüber. Sein Weg führt von Gott zu Gott, weil seine wesensgleiche Gottessohnschaft dazu nötigt, den Prozeß seiner Bewußtseinsgeschichte so zu denken, daß er durch ihn das, was er in der Wesenseinheit mit dem Vater von Ewigkeit her ist, lernend und gehorchend, wie sich der Hebräerbrief (5,8) ausdrückt, einholt. Deshalb ist er, demselben Brief (12,2) zufolge, ebenso das Ziel (»Der Vollender«) wie die Anbahnung (»Der Wegbereiter«) des Glaubens, ebenso der Begleiter wie die Erfüllung der Sinnsuche, zu der sich der wache Bibelleser angetrieben fühlt. Wer die Bibel dem Ansinnen der Texte entsprechend liest, begibt sich somit auf einen zweistrahligen und letztlich doch einsinnigen Weg. In seiner Bemühung um ein sachgerechtes Verständnis der Texte sucht er zunächst Anschluß an den, den sie bezeugen und durch die er spricht. Und im Maß, wie er diesen Anschluß gewinnt, findet er zugleich zu sich selbst. So sind sie für ihn ebenso »Türen« wie »Spiegel« und in beidem »Wege« zu religiöser Selbstaneignung.

Von der historischen Kritik unterscheidet sich dieser Ansatz durch die schon von *Johann Albrecht Bengel* geforderte »Selbsteintragung« des Lesers in den Text – te totum applica ad textum –, da dessen Vergegenständlichung durch die kritische Distanz, soviel durch sie auch in analytischer Hinsicht geklärt wird, die »Begegnung« mit ihm, auf die es entscheidend ankommt, verhindert. Er unterscheidet sich aber nicht weniger auch von *Bultmanns* existentialer Interpretation, da er, wiederum mit Bengel, zugleich allen Wert auf die objektiven Inhalte der Texte legt: rem totam applica ad te.[105] Gefordert ist somit vom Leser ein Balanceakt, den er nur, mit *Buber* gesprochen, in »Furcht und Zittern« durchzuhalten vermag.[106]. Doch bleibt diesem keinesfalls das letzte Wort. Denn aus den biblischen Texten spricht immerfort der, der nicht den unterwürfigen Knecht, sondern den mitwissenden Freund sucht und den Leser durch sein Wort zu verstehender Gottesfreundschaft einlädt.

Der innere Weg

Die neue Lesart wirkt selektiv. Sie hebt einzelne Züge hervor und läßt dafür andere in den Hintergrund treten. Denn ihr Hauptinteresse gilt den Stellen, an denen die Texte aus der bloßen Berichterstattung hervortreten, um den Leser in das Geschehen einzubeziehen. Angesichts dieser Sachlage erhebt sich die Frage, ob es denn kein Medium gibt, das die Lebensgeschichte Jesu und seine Botschaft von vornherein auf die Gegenwart bezieht, weil in seiner Perspektive der Zeitabstand gar nicht besteht, oder richtiger, weil er in der Kraft dieses Mediums immer schon aufgehoben ist. Dieses Medium ist das Gebet. Denn eine betende Anrufung richtet sich niemals an einen Gewesenen. Im Gebet ist Jesus, ungeachtet seiner Historizität, dialogisch präsent und anrufbar, auch dann, wenn es von Erfahrungen der Distanz, der Ferne oder gar des Entzugs ausgeht. Bestünde auch nur der leiseste Zweifel an der aktuellen Erreichbarkeit des Angerufenen, so bräche das Gebet schon im Ansatz in sich zusammen. Doch was·ist das Gebet für Jesus?

Der Anschluß

Wenn so gefragt wird und wenn die Frage überdies den größten Interpreten Jesu, den Apostel Paulus, einbezieht, ergibt sich eine überraschende Konstellation. Dann ist für Jesus das Gebet nicht nur ein Vorgang zwischen ihm und Gott, sondern wie sich aus seinem machtvollen »Ich will« ergibt, ein Vorgang zwischen Gott und uns! Denn auf dem Höhepunkt seines Abschiedsgebets fordert er das, was ihm, dem von Grundlegung der Welt an Geliebten, zusteht, für die Seinen, die er damit in seinen Dialog mit dem Vater einbezieht. Sosehr sein Gebet durch das Moment der Ausschließlichkeit gekennzeichnet ist, gewinnt es doch gerade auf seinen Höhepunkten universale Weite. Und dies nicht nur in dem Sinn, daß er vor dem Antlitz des Vaters »für uns« eintritt, sondern so, daß er sein Wort ebenso an den Vater wie an uns richtet, so daß wir zugleich zu Sprechern und Adressaten seines Gebetes werden.

Umgekehrt ist für Paulus, der sich dabei im Einklang mit dem Geist Jesu weiß, das Gebet des Christen, sosehr es dessen Bitte an den göttlichen Adressaten bleibt, letztlich ein Vorgang zwischen Gott und Gott. Wenn sich das nicht schon klar genug aus dem Geist-Kapitel des Römerbriefs ergäbe, würde er doch endgültig durch die unvergleichlich kühne Bach-Motette ›Der Geist hilft unsrer Schwachheit auf‹ (von 1729) geklärt.[107] Denn in der Not, daß wir »nicht wissen, um was wir beten sollen‹ tritt der Geist selbst für uns ein mit unaussprechlichem Seufzen« (Röm 8,26). Damit erfolgt aber, bildlich gesprochen, eine geheimnisvolle Verdoppelung in Gott. Ohne aufzuhören, der Adressat unsres Gebets zu sein, tritt er in Gestalt des in unsere Herzen ausgegossenen Geistes zugleich auf unsre, der Beter, Seite. Doch nicht genug damit; vielmehr geht er derart auf unsere stammelnde Unzulänglichkeit ein, daß sich seine Fürbitte in ein wortloses Seufzen verwandelt. Paulus weiß indessen, daß keiner Gott kennt, es sei denn der Gottesgeist (1Kor 2,11). Das gilt für ihn aber auch umgekehrt. Und so kann er sagen, daß er, der die Herzen erforscht, der Adressat des Gebets also, das »Ansinnen des Geistes kennt«, der in seinem Sinn »für die Heiligen eintritt« (Röm 8,27).[108] Für ihn gibt es eine mystische Dimension des Gebets, in welcher dem Beter die Sache, die er vor Gott auszutragen sucht, aus der Hand genommen und zwischen Gott und Gott verhandelt wird.[109]

Mit dem ›Ansatz‹ verglichen, ergibt sich damit ein (seitenverkehrtes) Spiegelbild. Denn das Gebet stellt sich so dar, wie es dem Vorgang der Selbstaneignung Jesu galt: als ein Verhältnis von Gott zu Gott, während dort, wo sich Jesus betend an seinen Gott wendet, das Verhältnis zu uns in den Vordergrund rückt. Deutlicher könnte der Christ nicht mehr aufgefordert sein, sich in das Gebet Jesu »einzumischen«. Zwei Wege stehen ihm dafür offen: einmal die Beteiligung am Gebet Jesu zum Vater und dann das Gebet zu Jesus, nach dem jetzt gefragt ist.

Die Urform

Gebete zu Jesus gibt es von Anfang an, genauer gesagt, seit dem Zeitpunkt, an welchem sich der Christenglaube zu seiner Vollgestalt ausformte. In aller Ausdrücklichkeit berichtet davon die Thomas-Perikope des Johannesevangeliums, in deren Titelfigur *Martin Buber* den ersten Christen im Sinn des christlichen Dogmas erblickte.[110] Denn er beantwortet die seine Zweifel beseitigende Aufforderung des Auferstandenen, seine Wundmale zu berühren, mit dem Ausruf, der erstmals den Tatbestand eines an Jesus gerichteten Gebets erfüllt: »Mein Herr und mein Gott!« (Joh 20,28).[111] Für den Zweifler ist Jesus nicht nur Helfer zum Glauben, sondern dessen Inbegriff und Inhalt geworden, mit der Formel des Hebräerbriefs ausgedrückt: sein »Wegbereiter« und sein »Vollender« (12,2). Als solcher nimmt er für ihn den ganzen Raum des Göttlichen ein; in ihm leuchtet ihm das Gottesgeheimnis auf. Deshalb wendet er sich mit einem Wort der Huldigung und Anbetung, wie es auch der römische Kaiserkult kannte, an ihn.

Auf derselben Linie liegt die Bitte, mit welcher der erste Blutzeuge der Christenheit, Stephanus, den dem Sterben Jesu angestalteten Tod erleidet: »Herr Jesus, nimm meinen Geist auf!« (Apg 7,59).[112] Auch ihm war Ähnliches wie dem Zweifler widerfahren, als er auf dem Höhepunkt der tumultuarischen Gerichtsszene den Himmel offen und Jesus »zur Rechten Gottes stehen« sah (7,56). Empfänger einer Schau, die ihn in Jesus, wie immer sein »Stehen« zu deuten ist, das ihm rettend zugewandte Antlitz Gottes erblicken ließ.[113] Doch gilt dasselbe nicht schon von dem Aufschrei des verzweifelten Vaters, den Jesus durch seinen Zuspruch »Keine Angst, glaube nur!« zu einem »beispiellosen Glaubenssprung« (Schürmann) aufgefordert hatte: »Ich glaube, hilf meinem Unglauben!« (Lk 8,50)?[114] Wird nicht schon hier die Sache des Glaubens so auf Jesus bezogen, daß er wie sein Vermittler so auch sein Inhalt und als solcher der Adressat gläubiger Anrufung ist? Doch so eindrucksvoll sich diese frühen Beispiele ausnehmen, die als die »Urform« der an Jesus gerichteten Gebete zu gelten haben, läge im Sinn der Gesamtkonzeption doch noch mehr an Belegen aus der Gegenwart, besonders an solchen, die im Heute das Damals, um nicht zu sagen, das Heute im Damals aufscheinen lassen.

Die Gegenwart

Als prototypisch könnte dafür das Gedicht ›Heute noch‹ des ungarischen Lyrikers *Gabor Görgey* gelten, das nach einer fast ermüdenden Reihe von Verneinungen plötzlich mit der Wendung schließt:

Nicht im kommenden Jahr, auch nicht morgen, nein
Heute noch wirst du mit mir im Paradiese sein.[117]

Unversehens bricht in der Schlußwendung die zunächst ganz unersichtliche Gebetsform durch, die dadurch eine äußerste Steigerung erfährt, daß das Wort an Jesus in ein Jesuswort aufgeht, so daß anstelle der Anrufung die Stimme des Angerufenen hörbar wird. Erstaunlich nah kommt dem ein Gedicht von *Marie Luise Kaschnitz*, das die Eingangsfrage nach Jesus abschließend mit demselben »Heute noch« beantwortet:

> Jesus wer soll das sein?
> Ein Galiläer
> Ein armer Mann
> Aufsässig
> Eine Großmacht
> Und eine Ohnmacht
> Immer
> Heute noch.[118]

Derselben Grundfigur, die aus Erfahrungen der Fragwürdigkeit und Ferne, vermittelt durch das Bild des Gekreuzigten, den Durchbruch zu offener Präsenz vollzieht, folgt auch das Gedicht ›Ecce Homo‹ von *Hilde Domin*, das insgeheim im Zeichen der paulinischen Kreuzesmystik steht: »Nur der Gekreuzigte« ist, in seiner Zerschlagenheit, »der Mensch«, mit dem verglichen der Mensch des Normalfalls wie ein »einarmiger« Krüppel wirkt. Und nur am Kreuz wiederholt sich stets neu das Wunder des brennenden Dornbuschs, aus dem Gott sein »Hier bin ich« spricht:

> Weniger als die Hoffnung auf ihn
>
> das ist der Mensch
> einarmig
> immer
>
> Nur der Gekreuzigte
> beide Arme
> weit offen
> der Hier-Bin-Ich.[119]

In ihrem Passionsgedicht ›Golgatha‹ geht *Eva Zeller* noch einen Schritt weiter, wenn sie das Moment der Vergegenwärtigung in das der Selbsterkenntnis und Selbstfindung im Gekreuzigten umwendet. Im schrecklichen Augenblick seines Todesschreis »sind wir ihm wie aus dem Gesicht geschnitten«; und sein Schrei setzt sich, zur Vielstimmigkeit verstärkt, fort »in aller Munde«. In seiner Passion erreicht Jesus danach die höchste Annäherung an die Gegenwart; und diese erfährt, wie schon Gertrud von le Fort in ihren Passionsnovellen ›Die Letzte am Schafott‹ (von 1931) und ›Die Abberufung der Jungfrau von Barby‹ (von 1940) versichert hatte, ihre tiefste Sinndeutung im mystischen Mitvollzug seines Sterbens:

> Wann
> wenn nicht
> um die neunte Stunde
> als er schrie
> sind wir ihm
> wie aus dem Gesicht geschnitten
>
> Nur seinen Schrei
> nehmen wir ihm noch ab
> und verstärken ihn
> in aller Munde.[120]

In einem von Erfahrungen der Kriegsnot geprägten Gebetswort hatte sich *Erich Przywara* zum gleichen Gedanken durchgerungen, nur daß bei ihm die Erfahrung des Mitgekreuzigtseins Gegenstand einer expressiven Bitte bleibt:

O Herr, wir hängen am Kreuz zwischen Himmel und Erde in der Finsternis der Wüste, zu der die ganze Welt ward! Wir wissen nicht, daß es dein Kreuz ist, darum möchten wir dir, wie dem Gott im Alten Bund, fluchen, weil wir dich für ungerecht, weil wir dich für böse halten möchten: weil wir an deinem Kreuze hangen!

O Herr, öffne unsere Augen, laß uns spüren, daß es dein Kreuz ist! Daß wir darum dich nicht hören, dich nicht sehen, dich nicht spüren, weil du in uns, mit uns gekreuzigt bist, weil wir in dir und mit dir ein einziger Aussatz des Gekreuzigtseins sind, ausgestoßen aus der Herde, ausgestoßen aus dem Himmel![121]

Das wirkt wie eine mystische Aneignung des vielzitierten Gebetswortes von *John Henry Newman*, für den das Zeitgeschehen, wie schon für Pascal, ebenfalls im Zeichen des »Todeskampfes« Christi steht, der aber gleichzeitig auch um den geheimnisvollen Sieg des Erliegenden weiß:

> O Gott, die Zeit ist voller Bedrängnis.
> Die Sache Christi liegt wie im Todeskampf.
> Und doch – nie schritt Christus mächtiger durch
> die Erdenzeit,
> nie war sein Kommen deutlicher, nie seine Nähe
> spürbarer,
> nie sein Dienst köstlicher als jetzt.[122]

Die Romantik

In noch stärkerer Brechung taucht derselbe Gebetsgedanke in einem Schlüsseltext der romantischen Dichtung, in *Jean Pauls* ›Rede des toten Christus vom Weltgebäude herab, daß kein Gott sei‹ (von 1795) auf, wenn der zum beschwörenden Schattenwurf seiner selbst gewordene Christus in Worte ausbricht, die wie eine Paraphrase seiner Kreuzesklage klingen:

Starres, stummes Nichts! Kalte, ewige Notwendigkeit! Wahnsinniger Zufall! Kennt ihr das unter euch? Wann zerschlagt ihr das Gebäude und mich? – Zufall, weißt du selber, wenn du mit Orkanen durch das Sternen-Schneegestöber schreitest und eine Sonne um die andere auswehest, und wenn der funkelnde Tau der Gestirne ausblinkt, indem du vorübergehest? – Wie ist jeder so allein in der weiten Leichengruft des Alls! Ich bin nur neben mir – O Vater! o Vater! wo ist deine unendliche Brust, daß ich an ihr ruhe? – Ach wenn jedes Ich sein eigner Vater und Schöpfer ist, warum kann es nicht auch sein eigner Würgengel sein?[123]

Während sich Jean Paul die Erweckung des Glaubens und Festigung der Gottesbeziehung von diesem kunstvoll inszenierten Schock verspricht, setzt *Kierkegaard*, dieser große Zeuge der »Gleichzeitigkeit« mit Christus, sein ganzes Vertrauen auf dessen die ganze Menschheitsgeschichte durchwirkende »Anziehungskraft«. Dazu bekennt sich das Gebet zu Beginn des dritten Teils seiner ›Einübung im Christentum‹ (von 1850):

Herr Jesus Christus, so vieles will uns von dir abziehen; leere Beschäftigungen, unbedeutende Freuden, unwürdige Sorgen; so vieles will uns zurückschrecken: Stolz, der zu feige ist, sich helfen zu lassen, feige Furchtsamkeit, die sich zu eignem Verderben zurückzieht, Sündenangst, die vor der Reinheit des Heiligen zurückschreckt wie die Krankheit vor dem Heilmittel. Du aber bist doch stärker: zieh uns deshalb – und zieh uns noch stärker an dich! Wir nennen dich unsern Heiland und Erlöser; denn du kamst in die Welt, um uns von den Fesseln zu lösen, durch die wir gebunden waren, oder durch die wir uns selbst gebunden hatten, und um den Erlösten das Heil zu bringen. Das war dein Werk, das du vollbracht hast, und das du bis ans Ende der Tage vollbringen willst; denn wie du selbst gesagt hast, willst du es bewirken: Von der Erde erhöht willst du alle an dich ziehen.[124]

Während Jean Paul und Kierkegaard das Bild des Angerufenen aus seiner inneren Lebensbewegung zu erheben suchen, gewinnt es *Clemens Brentano* in imponierender Kontrastierung aus seiner Gegenüberstellung mit dem »Feind«, der ihm (nach 1 Kor 15,26) »als letzter« zu Füßen gelegt werden muß. Und in der Konsequenz dieser Gegenüberstellung ruft er ihn dann auch ausdrücklich mit dem Freundesnamen an:

Der Feind

Einen kenn ich,
wir lieben ihn nicht;
einen nenne ich,
der die Kronen zerbricht.
Weh! sein Haupt steht in der Mitternacht,
sein Fuß in der Erde Staub,
vor ihm wehet das Laub
zur dunklen Erde hernieder;
Ohne Erbarmen
in den Armen
trägt er die kindische,
taumelnde Welt!

Tod – so heißt er!
und die Geister
beben vor ihm, dem schrecklichen Held.

Der Freund

Einen kenne ich
wer liebt ihn genug?
Einen nenne ich
der die Dornenkrone trug.
Heil! Sein Fuß stehet im Licht
sein Haupt in der Glorie,
wo er gehet, zerbricht
des Todes eiserner Riegel.
Voll Erbarmen
in den Armen
trägt er die sterbliche liebende Welt.
Jesus heißt er
und die Geister
beten dich an,
du ewiger Held![125]

Der Subjektivismus

Die Brücke zu den großen Meistern der neuzeitlichen Mystik, von
denen nur Pascal und Fénelon genannt seien, schlägt eine Stelle aus
Nikolaus Gogols ›Betrachtungen über die göttliche Liturgie‹, die
sich wieder voll auf den »Passionston« einstimmt, der in den ersten
Beispielen vorgeherrscht hatte:

Gewähre, Sohn Gottes, daß ich teilhaft werde deines Abendmahles;
denn deine Geheimnisse werde ich nicht den Feinden verraten.
Nicht will ich dir den Judaskuß geben, sondern mit dem Schächer
bekennen: Denk an mich Herr, wenn du in deinem Reich
kommst![126]

In bewußtem Rückgriff auf die paulinische Kreuzesmystik sprechen
sich in diesem Sinn dann aber vor allem die beiden Kronzeugen der
sensualistischen Spiritualität aus: *Fénelon*, dem gerade das zum Vor-

wurf gemacht wurde, was ihn der heutigen Denkweise nahebringt: daß er »mehr von den Kreuzen als vom Kreuz spreche« und insofern mehr die mit Christus ans Kreuz geschlagenen Opfer der inneren Not und äußeren Gewalt als den Gekreuzigten selbst vor Augen habe. Sofern an diesem Vorwurf etwas zutrifft, bezieht er sich auf jene mystische »Mitleidenschaft«, die Fénelon die Passion Jesu, so sehr sie für ihn historisches Faktum ist, als ein weltweites Geschehen begreifen läßt und ihn zu der Überzeugung führt, daß mit der Himmelfahrt Christi der sich durch die ganze Geschichte fortsetzende Kreuzweg der Christenheit beginnt.[127] In diesem Sinn sagt er in seiner Erwägung für den Karsamstag:

O Heiland, ich bete dich an, – ich liebe dich in deinem Grab, worin ich mit dir begraben sein will. Die Welt soll mich nicht mehr schauen, und ich will mich selbst nicht mehr sehen. Ich steige hinab in das Dunkel, hinab bis in den Staub. Ich gehöre nicht mehr zu den Lebenden. Welt und Menschen, vergeßt mich, tretet mich mit Füßen, denn ich bin tot, und das mir bereitete Leben ist mit Christus in Gott verborgen.[128]

Kronzeuge der die ganze Geschichte hindurch währenden Passion Jesu aber ist *Pascal* in seiner Betrachtung über das ›Mysterium Jesu‹, die Guardini vor dem darin bekundeten exklusiven Anspruch zurückschrecken und gleichzeitig doch von »Sätzen von wunderbarer Innigkeit« sprechen ließ. Die Betrachtung gipfelt in dem Satz, der wie kaum ein anderer die christliche Dichtung der Gegenwart inspiriert hat: »Bis ans Ende der Welt wird die Agonie Jesu dauern; solange darf man nicht schlafen!« Und sie erreicht einen neuen Höhepunkt, wenn sich Jesus mit der Zusicherung an den Beter wendet:

Tröste dich; denn du würdest mich nicht suchen, wenn du mich nicht gefunden hättest. An dich dachte ich in meiner Agonie, Jene Tropfen Blut habe ich für dich vergossen... Ein besserer Freund bin ich für dich als dieser und jener; denn ich habe mehr für dich als sie getan. Sie würden nicht leiden, was ich für dich gelitten habe, und sie würden nicht, während du treulos und grausam bist, für dich sterben, wie ich es getan habe und wie ich bereit bin, es weiterhin zu tun in meinen Erwählten und in den heiligen Sakramenten.[129]

Unverkennbar lebt in Pascal noch einmal die Glut der spanischen Mystik auf, die in *Johannes vom Kreuz* ihren reinsten Ausdruck erlangte. In seiner Dichtung ›Lebendige Liebesflamme‹ bekennt er:

O Liebesflamme, lebendige, die du zuinnerst
mir in die Seele drangst!
Hörst du endlich auf zu grollen? Vollende denn,
vollende dein Werk!
Zerreiß das morsche Gewebe, das letzte, das zwischen ihn
und mich sich drängt.
Das Feuer läutert, das Schwert scheidet! Gewünschter Brand!
Ersehnte Wunde! Wer ist diese sanfte Hand,
die alle Schmerzen sänftigt...?
Ich spüre ihn sich regen in meinem Innern, den Sanften,
den Freundlichen, der nimmer von mir wich.
Ich spüre ihn, ich schmecke ihn, ich fühle seines Odems Wehen!
Glorie umstrahlt mich; Seligkeit umfängt mich –
Selig geh' ich unter in Liebe![130]

Über Recht und Sinn solchen Betens hatte sich lange zuvor schon die als Vertreterin einer quietistischen Spiritualität verdächtigte *Jeanne Marie Bouvier de la Mothe-Guyon* Rechenschaft gegeben, indem sie das Gebet zum Gegenstand betenden Meditierens erhob:

O mein Herr Jesus, der du mir befiehlst, ohne Unterlaß zu beten, gib mir die Gnade dazu und gewähre es mir auch für die Seelen, die du mir anvertraut hast. Denn du, o göttliches Wort, bist selbst in uns dieses immerwährende und unablässige Gebet. Du, o göttliches Lamm, bist das Licht, das den ganzen Himmel unserer Seele erleuchtet. Ach, daß wir ja nie ein andres Gebet als dein Gebet, ein andres Licht als dein Licht, eine andre Liebe als deine Liebe haben möchten! Laß mich so vollkommen und innig zu dir beten, daß ich mich selbst vergesse und nicht weiß, daß ich bete, weil nur du in mir bist![131]

Zur selben Überzeugung bekennt sich, nur mit einer stärkeren Betonung der Stellvertreterrolle Jesu, der als einer der großen Vergessenen der Christenheit geltende *Johann Baptist Noulleau*, wenn er auf die restlose Aufhebung der Differenz zwischen Jesus und dem Betenden drängt:

Wir sind unzertrennbar, Christus und ich. Er ist mein Alles, ich bin ein Teil von ihm; er ist ich selbst in ihm. Wenn ich also, o Gott, mich dir darbringe, so bringe ich mit mir ihn dar. Nie erscheine ich ohne ihn vor dir. Nie spreche ich zu dir ohne ihn, der dein ›Wort‹ ist. So sieh denn nicht mich als vor dir stehend an, o großer Gott, sieh mich vielmehr an als Glied Christi, und so mich sehend, verweigere nicht das Opfer anzunehmen, als das ich mich dir anbiete, das in Wahrheit dein Sohn dir darbringt. Ich bin nur der Mund, der seine Rede formt, das Echo seiner Gebete, die er während der Tage seines Erdenlebens für mich dir dargebracht hat.[132]

Die Zeitenwende

Daß sich der mystische Impuls auch im Übergang vom Mittelalter zur Neuzeit, in dieser Epoche des Umbruchs und der großen Entdeckungen, Ausdruck schuf, beweisen zwei Zeugnisse, die bei allem Unterschied doch im Verlangen nach Selbstübereignung an die Gnadenmacht Christi übereinkommen. Von *Christoph Kolumbus* stammt das Gebet, das Einblick in seinen Entschluß zur Entdeckungsfahrt gewährt:

Unser Herr ist es, der mir den rechten Gedanken eingegeben, der auch seinen Beistand mir gewährt, das Werk zu gutem Ende zu vollbringen. Denn ich weiß es wohl, ich bin fest davon überzeugt und nicht der Hauch eines Zweifels mischt sich in diese Überzeugung, daß die Hohe Majestät alles wirkt, was gut ist ... Als Petrus ins Meer gesprungen war, ging er auf den Wassern, solange sein Glaube fest blieb; die Berge werden dem gehorchen, der Glauben hat, und wäre er nicht größer als ein Hirsekorn; wer glaubt, möge bitten und alles wird ihm gegeben werden; er klopft an, und es wird ihm aufgetan. Auch heute braucht niemand sich zu fürchten, mit reiner Hand im Namen unseres Erlösers ein Unternehmen zu beginnen, das gerecht ist und mit edler Absicht in seinem Dienst vollbracht wird ... O wie über alles gut ist der Herr, der will, daß die Menschen tätig seien und der sich aufmacht, ihnen auch die Mittel an die Hand zu geben![133]

Demgegenüber suchte *Nikolaus von Kues*, der Entdecker geistigen Neulands, für den durch den Umbruch »ortlos« gewordenen Menschen den Ort der wahren Zugehörigkeit, den er nach einer Bestimmung, die bereits das moderne Lebensgefühl atmet, am »abgelegenen Platz« der Todesangst Jesu findet:

Blicke auf den Ölberg, denn was du Christus dort tun siehst, wird dich lehren, was zu tun ist… Wenn du an diesem abgelegenen Platz nicht Christus mit seinen Aposteln anwesend findest, bist du nicht dort, wo du hingehörst. Denn an jedem Ort, wo Christus abwesend ist, ist Satan anwesend. Es kommt also darauf an, daß du auf Christus hinblickst…; denn niemand hatte jemals ein solches Wissen vom Tod und seinen Schmerzen, wie es Christus besaß. Daher ist sein Tod der vollendete Tod; weil er in seiner Bitterkeit den Schmerz der einzelnen Sterbenden übertrifft und weil Christus ihn für all die Seinen erlitten hat, gibt er allen das Leben. Das ist der Lohn Christi, des Heilands aller Menschen, für diesen Tod der Tode.[134]

Da für den Kusaner aufgrund einer unvordenklichen Tradition Gott mehr noch durch Leiden als durch Forschen erkannt wird, führt diese Leidensgemeinschaft mit Jesus zur Geistesgemeinschaft mit ihm, die ihrerseits in der Glaubenseinheit mit ihm gründet. Zur Geistesgemeinschaft bemerkt er, daß dem, der in Christus eindringe, jeder intellektuelle Widerstand weichen müsse; und von der Glaubenseinheit versichert er, daß sie nach dem Beispiel Jesu jetzt schon, im Stand der Pilgerschaft, die Vollendung des Ziels vorwegnehme. Beides faßt das Schlußwort der ›Docta ignorantia‹ zu einer bekenntnishaften Aussage zusammen:

Durch das Wachstum im Glauben ist mir der Herr Jesus im Geist und Gemüt ständig größer geworden. Denn niemand, der an Christus glaubt, kann leugnen, auf diesem Weg nicht ständig zu größerem Verlangen entflammt zu werden… Freudig verläßt er alles und umarmt ihn als das wahre Leben und die immerwährende Freude. Wer so in Jesus eindringt, vor dem weicht alles zurück und weder Schriften noch diese Welt können ihm Schwierigkeiten bereiten, weil er durch den Geist Christi, der in ihm wohnt und das Ziel geistigen Verlangens ist, Jesus jetzt schon anverwandelt wird.[135]

Auf den existentiellen Anschluß an Jesus drängt auch ein Wort des bekanntesten Zeugnisses der spätmittelalterlichen Mystik, der ›Nachfolge Christi‹ des *Thomas von Kempen*, das vom Geist liebender Ausschließlichkeit getragen ist:

Halte dich fest an Jesus im Leben und im Sterben, überlaß dich ganz der Treue dessen, der allein noch helfen kann, wenn jede andere Hilfe bricht. Es entspricht der Natur deines Geliebten, daß er sich mit keinem Fremden teilt; dein Herz will er allein besitzen und darin herrschen wie ein König auf seinem Thron. Wenn du jedem andern Geschöpf entsagen könntest, würde Jesus gern bei dir wohnen... Wo er anwesend ist, wird alles gut und leicht; wenn er fehlt, wird alles schwer. Wenn Jesus nicht in dir spricht, ist alle andere Tröstung schal. Doch ein einziges Wort aus seinem Mund bringt dir die Fülle des Trostes... Ohne Jesus sein, das ist eine finstere Hölle, mit ihm sein – ein seliges Paradies. Wenn Jesus mit dir ist, kann kein Feind dir schaden. Wer ihn findet, gewinnt einen kostbaren Schatz, ein Gut über jedem anderen Gut... O du mein heiliger Freund! Kämest du doch in mein Herz; mein Innerstes strebt dir entgegen! Du bist mein Ruhm, meine Herzensfreude, meine Hoffnung, meine Zuflucht am Tag der Bedrängnis![136]

Die Hochmystik

Beim Rückgang zu den großen Mystikern des Mittelalters steigert sich die vom Kusaner wie von der ›Nachfolge Christi‹ angeratene Versenkung in das Mysterium Jesu zu einer förmlichen Zwiesprache mit ihm, in der er bei *Johannes Tauler* sogar selbst zu Wort kommt, wenn er mahnt:

Halte dir den makellosen Spiegel vor, den mein Leben bildet; danach sollst du dich inwendig und auswendig ausrichten und dir mich vor die Augen deines Herzens halten zur Betrachtung des qualvollen, bitteren Leidens, das ich aus freier Liebe deinetwegen erlitten habe. Bedenke mit Ernst und Andacht, wie mein liebliches Antlitz schmachvoll verunstaltet, wie mein gnadenreicher Leib von grimmigen Schlägen zerschlagen wurde, wie meine klare Leibesfarbe in der bitteren Not des Todes verging, wie mir in meiner grenzenlosen Qual alle meine Glieder erstarben und wie ich in meiner Not so völlig verlassen war, daß ich mit lauter Stimme zu meinem Vater schrie: Mein Gott, mein Gott, warum hast du mich verlassen?[137]

Von Tauler stammt auch die Anrufung Jesu, die, sosehr sie vom Selbstverständnis der mittelalterlichen »Gottesfreunde« eingegeben ist, wie keine andere das aktuelle Verhältnis zu ihm vorwegnimmt:

Nicht nur weil ich in meiner Not deiner Hilfe bedarf, komme ich zu dir, o guter Jesus, sondern weil die Liebe mich drängt und die innige Sehnsucht nach dir, meinem einzigen Herrn und Heiland und wahren Freund. Deine zuvorkommende Liebe ist es, die mein Herz zu gläubiger, hoffender Liebe anregt. Ich habe nun nicht mehr Angst und brauche nicht mehr zu fliehen vor dir wie vor dem schrecklichen Richter: Ich darf dir entgegengehen und dich umfangen als meinen wahrhaften Freund und darf dir vertrauen wie einem gütigen Vater. Deine Güte ist ja so groß und deine Freigibigkeit so reich, deine Nähe so süß und all dein Wesen so mild; denn du bist ganz Gnade und Trost, ganz Liebe! O gütiger Gott, wenn auch die Himmel deine Größe nicht fassen und ich nur ein armer Erdenwurm bin, unwert der geringsten deiner Wohltaten, so können doch all deine Gaben mein Herz nicht stillen und meiner Sehnsucht nicht Schweigen gebieten; denn das kannst nur du allein. O gib dich mir![138]

Hier wird die Versenkung in das Lebens- und Leidensgeheimnis Jesu, mit *Heinrich Seuse* gesprochen, zu einer förmlichen »Lektüre« in dem weit aufgeschlagenen, zerdehnten Buch seines gekreuzigten Leibes.[139] Auf den Ton eines Minneliedes ist demgegenüber der berühmte Hymnus auf Jesu Namensfest gestimmt, der früher *Bernhard von Clairvaux* zugeschrieben wurde:

> Jesu, dein süß Gedächtnis macht,
> Daß mir das Herz vor Freuden lacht:
> Doch süßer über alles ist,
> Wo du, o Jesus, selber bist.
> Jesu, Hoffnung der Freuenden,
> Wie hold bist du den Bittenden,
> Wie gnadevoll den Suchenden,
> Was wirst du sein den Findenden?[140]

Was hier bei allem Verlangen nach mystischer Einung doch Dialog bleibt, steigert sich auf der Höhe des Mittelalters zu stellvertretender Angestaltung, mit Buber gesprochen, zur »Einverleibung des Du« und zur »Einselbstung« in ihm, wenn Franz von Assisi kurz vor seinem Tod in der Schau eines gekreuzigten Seraphs die Wundmale Christi empfängt.[141] Das umschreibt *Bonaventura* in seinem ›Itinerarium mentis in Deum‹ mit Worten, die am Modell der Vision seines Ordensvaters »abgelesen« sind und zum mystischen Nachvollzug zu bewegen suchen:

Wer sein volles Seelenauge der göttlichen Gnadengabe zuwendet und Christus in Glaube, Hoffnung und Liebe, in Ehrfurcht, Bewunderung und Erhebung, in Preis, Lob und Verzückung am Kreuz hängen sieht, der feiert wirklich Passah, und das besagt Vorübergang. Er schreitet, auf den Stab des Kreuzes gestützt, durchs Rote Meer, er verläßt Ägypten und betritt die Wüste, wo er das verborgene Manna kostet und mit dem Herrn im Grabe ruht. Der äußeren Erscheinung nach tot, vernimmt er…, was dem mit Christus gekreuzigten Räuber zugesichert wurde: Heute noch wirst du mit mir im Paradies sein!

So wurde es dem heiligen Franziskus geoffenbart, als ihm in mystischer Schau auf jenem hochragenden Berg, wo ich diese Schrift überdachte, ein ans Kreuz geschlagener Seraph mit sechs Flügeln erschien… Da versenkte er sich in Gott in visionärer Entrückung und wurde so zu einem Vorbild vollkommener Beschauung, wie er vorher ein Vorbild der Tat gewesen war: ein zweiter Jakob und Israel. Durch ihn regt Gott mehr noch durch sein Beispiel als durch sein Wort alle wahrhaft geistlich Gesinnten zu gleicher Erhebung und Geistesentrückung an.[142]

Von der Frucht dieser Geistesentrückung spricht sodann die mystische Schrift des *Hugo von Sankt Viktor* ›De laude charitatis‹, die den vom leidenden Christus ebenso über Gott wie über den rebellischen Menschen errungenen »Doppelsieg« würdigt:

Verwundet hast du den Leidensunfähigen, gefesselt den Unüberwindlichen, gezogen den Unveränderlichen, sterblich gemacht hast du den Ewigen. Das alles hast du getan, um unsere harten Herzen zu erweichen, unsere stumpfen Gemüter aufzubrechen, damit sie sich lösen aus ihrer Erstarrung und von deinen Pfeilen durchbohrt werden. Nicht umsonst hast du das getan; denn viele sind schon durch dich überwunden, viele haben schon deine Hand ergriffen; viele sind schon in ihrem Innern von deinen Pfeilen getroffen und sehnen

sich danach, noch mehr von ihnen durchbohrt zu werden. In Selig-
keit und Freude haben sie sich verwunden lassen, und weder
schmerzt noch kränkt es sie, deine Wunden empfangen zu haben. O
Liebe, wie groß ist dein Sieg! Einen hast du zuerst verwundet und
darauf durch ihn alle überwunden.[143]

Das ist für den Mystiker Anlaß, sogar seine Schuld seligzupreisen,
die, wie er in Anlehnung an das liturgische Wort von der »felix
culpa« sagt, die erbarmende Liebeszuwendung Gottes auf sich zog:

O wie selig bin ich gefallen, um nach dem Fall um so seliger aufzuer-
stehen! Keine Liebe ist größer, kein Lieben aufrichtiger, keine Lie-
besschuld heiliger, kein Liebesverlangen glühender! Er starb für
mich unschuldig und fand dabei doch nichts an mir, was er hätte
lieben können. Was also, Herr, hast du an mir geliebt und so sehr
geliebt, daß du für mich gestorben bist? Was hast du an mir gefun-
den, um dafür so Großes und Schweres zu erdulden?[144]

Weit aus dem Rahmen dieser fast einhelligen Tradition fällt dagegen
das nach verbreiteter Ansicht von dem Franziskusbiographen *Tho-*
mas von Celano aufgrund mehrerer Vorstufen verfaßte ›Dies irae‹,
das Jesus in krassem Gegensatz zu seiner neutestamentlichen Selbstdarstellung als ›Rex tremendae majestatis‹ anruft, um sich dann freilich vor seinem Zorn in die Hoffnung auf seine vergebende Erbarmung zu retten.[145]

Das Übergangsfeld

Dagegen ist eine Betrachtung des *Anselm von Canterbury*, der nicht
nur als Vater der Scholastik zu gelten hat, sondern auch am Anfang
der mittelalterlichen Christusfrömmigkeit steht, wieder ganz auf
den Ton mystischer Verbundenheit gestimmt. Während er in seinem
›Proslogion‹ auf dem Weg der »Geisteserhebung« einen Gottesbe-
weis zu führen sucht, führt hier der gleiche Weg zur angestalten den
Einsicht in das Mysterium des heilbringenden Kreuzes:

Christliche, von schwerem Todesschlaf erweckte Seele: von welch
schmachvoller Knechtschaft bist du durch Gottes Blut erlöst und be-
freit worden! Erhebe nun deinen Geist und bedenke, daß du aufer-
weckt bist, betrachte das Werk deiner Erlösung und Befreiung! Chri-

stus hat dich auferweckt; er hat dich als guter Samariter geheilt, als guter Freund dich mit seinem eigenen Leben erlöst und befreit. Die Kraft Christi ist somit die Kraft deines Heils. Wo aber liegt die Kraft Christi? Sie liegt in seinen Händen, die an den Kreuzesbalken genagelt sind. Welche Kraft liegt doch in dieser Schwachheit, welche Größe in dieser Niedrigkeit, welche Erhabenheit in seiner Schmach...! Der am Kreuz hängt, überwindet den ewigen Tod, der das Menschengeschlecht bedrückt. Der ans Kreuz geschlagen ist, befreit die Welt, die dem ewigen Tod verfallen war. O verhüllte Macht! Der mit Verbrechern hingerichtet wird, rettet die Menschen, die mit dem Teufel verdammt waren. Der am Kreuzesholz ausgestreckt ist, zieht alles an sich![146]

Aus der westlichen Welt des Hörens in die östliche des Bildes und der Schau führt demgegenüber eine Stelle aus den von *Symeon dem neuen Theologen* verfaßten ›Hymnen an Gott‹, die ebenso für seinen spirituellen Enthusiasmus wie für seine bildstarke, in der paulinischen Denkwelt wurzelnde Ausdruckskraft spricht:

Dein Licht, das mich umstrahlt, o Christus, erweckt mich zum Leben. Denn dich sehen heißt ins Leben zurückkehren, heißt von den Toten auferstehen. Was dein Bild bewirkt, kann ich nicht sagen. Doch dies weiß ich wirklich und erkenne ich: Ob mich nun Krankheit, ob Schmerz, ob Trauer, ob Bande, Hunger und Gefängnis fesseln oder Bedrängnisse mich beschweren – stets erstrahlt dein Licht, wird all meine Finsternis vertrieben, und unversehens sehe ich mich in Ruhe und Licht versetzt durch deinen Gottesgeist... Wie eine Sonne schaut man dich. Wenn die Finsternis flieht, fühle ich, daß du kommst und allenthalben gegenwärtig bist. Sobald du mich umgibst und mit deinen Armen umschlingst, bin ich befreit von allen Übeln, Finsternissen, Prüfungen und allen bösen Regungen. Statt dessen werde ich mit Güte, Jubel, Freude und unfaßlicher Geisteswonne erfüllt, wenn ich die furchtbaren Mysterien betrachte und immer neue Wunder schaue. Dann sehe ich, was kein Menschenauge sah noch sehen kann, was kein Ohr jemals vernahm, was in keines Menschen Herz gedrungen ist. Darüber staune ich; daran vergeht meine Kraft und werde ich der Erdendinge entfremdet; beständig aber geht mein Lob zu dir.[147]

Doch auch bei ihm, diesem wortgewaltigen Vollender der östlichen Mystik, wird die letzte Beruhigung dann erreicht, wenn sich im Glück der Einung die antwortende Stimme des Geliebten vernehmen läßt. Das geschieht in der 27. Hymne, die als Wechselrede zwischen dem Mystiker und Christus aufgebaut ist:

Wieder leuchtet mir das Licht. Wieder schaue ich es in seiner Klarheit. Wieder schließt es mir den Himmel auf und verscheucht es die Nacht. Wieder deckt es mir alles auf und bringt mir alles an den Tag. Wieder weilt, der über allen Himmeln ist, den kein Mensch je gesehen hat, in mir. Nicht entriegelt er die Himmelstür, nicht bricht er sich Bahn durch die Nacht, nicht durchschlägt er das Dach des Hauses, nein, ohne irgend etwas zu durchdringen, weilt er bei mir, dem Armen, mitten in meinem Geist, mitten in meinem Herzen. Und ich, der ich inmitten all dieser Dinge weile, bin nun alledem entrückt, selbst meinem Leib. Hier bin ich nun ganz und in Wahrheit ich, wo nur noch Licht um mich ist. Das sind, o Christus, die Wunder deiner staunenswerten Taten, das Werk deiner Macht und Güte.

    Höre, was du tun mußt, wenn du gerettet werden willst, du vor allem, der du mich fragst. Schon heute mußt du dich als tot erachten, heute schon mußt du wissen, daß du allem aufgekündigt und die ganze Welt verlassen hast. Nimm die Mühen deiner Prüfungen, die Schmerzen der Bedrängnisse, nimm sie lustvoll als Ruhmeskranz hin! Wenn du dich von den Speeren der Ungerechtigkeit durchbohren und von Schmähungen aller Art steinigen läßt, wirst du ein Leidensheld sein und ein Genosse meiner göttlichen Herrlichkeit. Wenn du dich selbst als den Letzten ansiehst und als den Knecht und Diener aller, so werde ich dich, wie ich verheißen habe, zum Allerersten machen. Wenn du deine Feinde und Hasser liebst und für deine Verfolger betest, bist du in Wahrheit deinem höchsten Vater ähnlich geworden. So wird dein Herz rein, und du wirst Gott, den niemand je gesehen hat, in deinem Herzen schauen. Und wenn es dir beschieden ist, für die Gerechtigkeit Verfolgung zu leiden, dann jauchze auf, denn dann gehört dir jetzt schon das Reich der Himmel. Was kann es Größeres als dieses geben?[148]

Die Patristik

Vom Geist vertrauender Hingabe und mystischer Verbundenheit mit Christus sind auch die Gebete der Kirchenväter getragen, so etwa die Anrufung des wegen seiner Glaubenstreue grausam gefolterten *Maximus Confessor*, für Symeon der Kronzeuge und Vermittler des spirituellen Vermächtnisses seiner Vorzeit. In Gedanken an das Schlußereignis der Bergpredigt bittet dieser:

Christus, mein Erlöser, sei mir gnädig, damit ich das Ziel erreiche. Das ist die große und heilbringende Aufgabe für mich. Weder der strömende Regen noch die wilden Flüsse und nicht das furchtbarste Unwetter werden mein Haus erschüttern können; denn mein Erlöser ist die Grundfeste, auf der alles errichtet wurde. Reiche mir die Hand und sei meine Hilfe; führe meine Sache zum guten Ende, damit ich dich preisen kann als den Geber der wahren Gaben... Als ich fiel, hast du mich aufgerichtet und mir den Weg zum Himmel gewiesen. Ich bin ohne Verdienst; doch du wirst mich führen in dein Reich, wo ewiges Leben herrscht, wo ich mit den reinen Geistern und allen Gerechten das Loblied deiner Herrlichkeit anstimmen werde.[149]

Mit einer inspirierten und bis in die jüngsten Zeugnisse (Sophie Scholl) nachwirkenden Anrufung Jesu schließt der – nach Auskunft seines Verfassers »in wenigen Tagen« niedergeschriebene – Traktat *Cassiodors* ›Über die Seele‹, der seine »Konversion« vom Hofschriftsteller des Gotenkönigs Theoderich zum Gestalter des abendländischen Mönchtums besiegelt:

Für uns alle hast du dich, Herr Jesus Christus, niedergebeugt, um Mensch zu werden: laß in uns das nicht zugrunde gehen, was du voller Erbarmen angenommen hast. Unser Verdienst ist deine Verzeihung, schenke mir, was ich dir opfern kann, und bewahre, was du von mir verlangst. Du willst ja das krönen, was du gewährst... Denn in uns, Herr, ist nichts, was du belohnen könntest; aber in dir geht das Schenkbare nie aus. Entreiße mich mir selbst und bewahre mich in dir! Bekämpfe, was mein Werk ist, und erobere dir dein eigenes Werk zurück! Denn mein bin ich nur, wenn ich dir gehöre...

Dich lieben heißt zum Heil gelangen, dich fürchten heißt sich freuen, dich finden heißt wachsen, dich verlieren jedoch zugrunde-

gehen. Dir dienen ist vornehmer, als die Reiche der Welt erraffen, und das zu Recht; denn aus Knechten werden wir Söhne, aus Frevlern Gerechte, aus Gefangenen Erlöste.[150]

Wie ein Vorklang der modernen Jesuslyrik, der Jesus vorkommt, als sei er uns »wie aus dem Gesicht geschnitten« (Zeller), mutet auch der Kreuzeshymnus des *Venantius Fortunatus* an, der auf seinem Höhepunkt das starre Kreuz um Erbarmen mit seinem Opfer bittet und so zwischen beiden eine bewegende Wechselbeziehung herstellt:

> Kreuz, du treuer, edler Baum,
> Wie es keinen zweiten gibt!
> Denn kein Wald bringt seinesgleichen,
> Nicht an Blüte, Krone, Frucht.
> Liebes Holz, an liebem Nagel
> Hält es hoch die liebe Last.
> Hoher Baum, beug deine Äste,
> Lockre den gespannten Kern,
> Und es löse sich die Härte,
> Die der Ursprung dir verlieh,
> Daß des höchsten Königs Glieder
> Du an weichem Stamme spannst![151]

Um den mit Christus ins Werk gesetzten »heiligen Tausch«, der die Schwäche des Menschen zum Gefäß der göttlichen Gnadenkraft werden läßt, weiß auch ein Gebet des Syrers *Romanus der Melode*, der mit diesem Beinamen für sein dichterisches Lebenswerk ausgezeichnet wurde:

Mein Erlöser, du hast menschliche Gestalt angenommen, damit ich dir ähnlich werden kann. Du hast freilich die Leiden erduldet, um mir zu helfen, meine Leiden zu überwinden. Dein Tod schenkt mir das Leben. Du wurdest ins Grab gelegt und hast mir das Paradies als Ruhestätte erworben. Du bist hinabgestiegen in das Reich des Todes, um mich aufzurichten. Die Pforten der Hölle hast du vernichtet, um mir die Tore des Himmels zu öffnen.[152]

Litaneiartig aufgereiht wirkt demgegenüber das Christusgebet des gleichfalls dem syrischen Kulturkreis entstammenden Kirchenvaters *Ephräm*:

Christus, einziger Sohn und Herr über alle Dinge. Du allein bist ohne Sünde; für mich armen Sünder bist du in den Tod gegangen, in den Tod am Kreuz. So hast du die Menschen von den Nachstellungen des Bösen befreit. Wie kann ich dir, Herr, so viel Güte vergelten?

> *Ehre sei dir, du Freund der Menschen!*
> *Ehre sei dir, du Gott der Barmherzigkeit!*
> *Ehre sei dir, du Gott der Geduld!*
> *Ehre sei dir, der du kamst, um uns zu erlösen!*
> *Ehre sei dir, der du gefangengenommen wurdest!*
> *Ehre sei dir, der du verhöhnt wurdest!*
> *Ehre sei dir, der du ans Kreuz geschlagen wurdest!*
> *Ehre sei dir, der du begraben wurdest*
> *und der du von den Toten auferstanden bist!*
> *Ehre sei dir, der den Menschen verkündigt wurde:*
> *Sie haben an dich geglaubt!*[153]

Theologengebete

Verglichen mit diesem Ausdruck schlichter Frömmigkeit überrascht ein Gebet des größten Denkers der alten Kirche *Origenes* durch seine theologische Kühnheit:

> Komm, Herr Jesus,
> und sieh den Staub auf meinen Füßen;
> werde du mir zum Diener,
> und fülle deine Schüssel mit Wasser.
> Komm und wasche mir die Füße.
> Ich weiß, wie vermessen es ist, was ich sage,
> aber ich fürchte dein Wort:
> »Wenn ich dir nicht die Füße wasche,
> hast du keine Gemeinschaft mit mir«.
> Wasche mir also die Füße,
> damit ich Gemeinschaft mit dir habe.[154]

Demgegenüber ergeht sich sein Vorgänger in der Leitung der Alexandrinischen Katechetenschule *Klemens von Alexandrien* in einer Fülle biblischer Bildworte, wenn er die Macht Jesu über sich und die Gemeinschaft der Erlösten herabruft:

König der Heiligen,
unbesiegbares Wort des himmlischen Vaters,
Herr der Weisheit,
Labung in der Mühsal, ewige Freude.
Jesus, Erlöser der Menschheit,
Hirte, Sämann, Steuermann und Lenker,
wie auf Flügeln trägst du
die heilige Herde zum Himmel...
Du bist der heilige Hirt:
Leite du die Herde der menschlichen Geschöpfe,
regiere als König über die makellosen Söhne.
Auf deinen Spuren, Christus,
führt der Weg zum Himmel.
Du bist das von Ewigkeit her lebendige Wort,
Zeit ohne Ende, unsterbliches Licht,
Quelle der Barmherzigkeit,
Lehrmeister der Tugend.
In der Schlichtheit des Herzens zählen wir uns
zur Schar des Sohnes, des Allmächtigen.
In Christus neugeboren, bilden wir
den Chor des Friedens, ein weises Volk.
Vereint singen wir dem Gott des Friedens.[155]

Im Übergang zur Frühzeit der Apostolischen Väter sei noch ein altchristlicher Abendhymnus angeführt, der die Beter bei allem Wissen um den ständigen Wandel der Zeit in der zeitüberhobenen Verbundenheit mit Christus zu verankern sucht:

Jesus Christus,
du strahlendes Licht der Heiligkeit,
du Herrlichkeit des ewigen Vaters:
Die Sonne geht nun unter,
und der Abendstern tritt auf seine Bahn.
Wir preisen Gott, den Vater, den Sohn
und den Heiligen Geist.
Es ist würdig und recht, dich zu jeder Zeit
mit heiligen Liedern zu preisen,
Sohn Gottes, der du uns das Leben schenkst:
dich rühmt die Welt.[156]

Apostolische Väter

Die eindrucksvollsten Zeugnisse aus den Werken der ersten Väter-
generation sind eher indirekter Art: Anstelle von Anrufungen Jesu
hymnische Aussagen über ihn, die jedoch leicht auf ihren spirituellen Gehalt hin abgehört werden können. Ausnahmen sind Gebete
aus den Märtyrerakten dieser Frühzeit, aber auch ein anonym über-
lieferter Christus-Hymnus, der Jesus im Rückgriff auf mythische
und biblische Motive unter leuchtstarken Bildnamen anruft:

> Du bist unser Wahrzeichen,
> bist Führer und Fährmann,
> unser Wegbereiter und Leiter,
> unsre leuchtende Tür und der Weg der Gerechtigkeit.
> Du bist unser Stern und ewiger Blitz,
> wir danken dir und preisen dich...
> Wenn deine Strahlen aufleuchten
> in den umherirrenden Kreaturen,
> verblassen vor dir die Mächte,
> die Engel und die Walter des Tierkreises,
> die leuchtenden Sterne und kreisenden Mächte
> gehen unter vor dem Anblick deines Lichts
> und der Größe deiner Macht.
> Du allein offenbarst das Bild deines Vaters,
> daß erkannt werde die Herrlichkeit
> des Vaters und des Sohnes,
> denn wie die Herrlichkeit des Vaters
> in den allerheiligsten Welten,
> bist auch du, sein Sohn, in diesen Welten,
> erster und oberster Herr aller Mächte.[157]

Aus der Reihe der ältesten Väterzeugnisse sei ein Mahnwort des
Martyrerbischofs *Ignatius von Antiochien* angeführt, mit dem er
sich auf seiner Todesreise nach Rom an die Gemeinde von Tralles
wendet:

*Verstopft eure Ohren, wenn einer euch Lehren bringt ohne Jesus
Christus, der aus dem Geschlecht Davids und aus Maria stammt, der
wirklich geboren wurde, der aß und trank, der wirklich verfolgt*

wurde unter Pontius Pilatus, wirklich gekreuzigt wurde und vor den
Augen derer starb, die im Himmel, auf der Erde und unter der Erde
sind; der auch wirklich von den Toten auferweckt worden ist, da ihn
sein Vater auferweckte; denn nach seinem Vorbild wird sein Vater
auch uns, die wir an ihn glauben, ebenso auferwecken in Christus
Jesus, ohne den wir das wahre Leben nicht erlangen. [158]

Als vorignatianisch hat demgegenüber der schöne Hymnus zu gelten, den der Brief an die Gemeinde von Ephesus überliefert:

> Ein Stern erstrahlte am Himmel,
> heller als alle Sterne,
> sein Licht war unaussprechlich,
> und seine Neuheit erregte Befremden.
> Alle andern Sterne samt Sonne und Mond
> umgaben ihn im Reigen,
> doch er übertraf sie durch sein Licht.
> Alles geriet in Verwirrung, woher die neue,
> so ungleichartige Erscheinung käme.
> Da wurde alle Magie aufgelöst,
> und jede Fessel der Bosheit verschwand,
> die Unwissenheit wurde beseitigt,
> die alte Herrschaft zerstört,
> als Gott sich in Menschengestalt offenbarte
> zu neuem ewigen Leben (19,2f.). [159]

In die Zeit vor der ersten Jahrhundertwende führt schließlich der
Klemensbrief zurück, der sich mit Wegweisungen und Mahnungen
an die von Spaltungen bedrohte Gemeinde von Korinth wendet; in
diesem Zusammenhang versichert er:

Das ist der Weg, Geliebte, auf dem wir unser Heil finden, Jesus Chri-
stus, den Hohepriester unserer Opfergaben, den Anwalt und Helfer
in unseren Schwächen. Durch ihn blicken wir auf zu den Höhen des
Himmels, durch ihn schauen wir wie in einem Spiegel das untadelige
und allerhöchste Antlitz, durch ihn werden die Augen unseres Her-
zens geöffnet, durch ihn strebt unser unverständiger und verdunkel-
ter Sinn ins Licht, durch ihn wollte der Herr uns von dem unsterb-
lichen Wissen kosten lassen, da er der Abglanz seiner Herrlichkeit
ist... Wer aber kann das Band der Liebe Gottes beschreiben? Wer ist

imstande, ihre erhabene Schönheit zu schildern? Die Höhe, zu der die Liebe emporführt, ist unbeschreiblich. Liebe verbindet uns mit Gott; Liebe deckt die Menge der Sünden zu; Liebe erträgt alles, Liebe erduldet alles; nichts Niedriges und Überhebliches ist in der Liebe; Liebe kennt keine Spaltung; Liebe lehnt sich nicht auf; Liebe wirkt alles in Eintracht; durch die Liebe erlangen die Auserwählten Gottes die Vollendung; ohne Liebe ist Gott nichts wohlgefällig. In Liebe hat uns der Herr angenommen; wegen der Liebe, die er zu uns hegte, hat unser Herr Jesus Christus nach Gottes Willen sein Blut für uns hingegeben, sein Fleisch für unser Fleisch, seine Seele für unsere Seele.[160]

Die Anfänge

Kurz vor Ende des ersten Jahrhunderts entstanden, führt der Klemens-Brief zurück in die Zeit, in der auch die Johannes-Apokalypse verfaßt worden ist und mit ihr das Buch, das die altchristliche Naherwartung – wie zuvor schon der Erste Korintherbrief (16,22) – in den Ruf zusammenfaßt: »Komm, Herr Jesus!« (Apk 22,20) Damit stimmt sich die junge Kirche auf das Gebetswort des sterbenden Stephanus »Herr Jesus, nimm meinen Geist auf!« (Apg 7,59) ein, das seinerseits auf das erste Gebet zurückweist, das sich unmittelbar an Jesus richtet. Es ist die Antwort des Zweiflers Thomas auf die Erscheinung des auferstandenen, ihm gegenwärtig und tastbar gewordenen Herrn, die Antwort des »ersten Christen im Sinn des christlichen Dogmas«, wie Buber ihn nannte: »Mein Herr und mein Gott!« (Joh 20,28)[161]

So schließt sich der Ring von den modernen Gebetsrufen zur ersten Anrufung Jesu, die literarisch überliefert ist. Dieser Rückverweis ist nicht nur formal, sondern auch inhaltlich bedeutsam. Denn in ihrer Vielstimmigkeit bringen die Jesus-Gebete der Jahrhunderte immer nur das zum Ausdruck, was bereits in der ersten Anrufung enthalten war. Nicht anders als dem überwundenen Zweifler steht auch ihnen ein »Bild« vor Augen, das Bubers feinsinnig-polemischer Ausdeutung zufolge den ganzen Abgrund des Gottesgeheimnisses überspannt und ihn in eine anrufbare Eindeutigkeit übersetzt. Es ist das Bild, in dem der in eine unfaßliche Andersheit entrückte, unausdenkliche Gott dem Beter in einer alle Erwartungen überbietenden Weise nahekommt, indem er ihm ein Menschengesicht, das Antlitz Jesu, zuwendet.[162]

In sensibler Wahrnehmung dieses Zusammenhangs hat die religiöse Malerei des Mittelalters und des Frühbarock vielfach das Motiv gestaltet, das von *Gertrud von le Fort* als Titel für ihr Hauptwerk ›Das Schweißtuch der Veronika‹ gewählt wurde und das, religionsgeschichtlich gesehen, wie die christliche Alternative zur islamischen Legende von der Entstehung des Koran anmutet. Danach preßt der Erzengel Gabriel dem Offenbarungsempfänger Mohammed den auf ein Seidentuch geschriebenen himmlischen Koran solange auf das Gesicht, bis er sich, als ihm schon die Sinne zu vergehen drohen, plötzlich befähigt fühlt, den gottentstammten Text zu lesen.[163] Das Tuch der Veronika will im Unterschied zu diesem förmlich »erpreßten« Rezeptionsakt aus freier Zuwendung »betrachtet« werden. Und anders als im Fall Mohammeds erfolgt hier die göttliche Mitteilung nicht in einem Text, sondern in einem menschlichen Antlitz. Denn der Gott Jesu Christi hat dem Menschen nichts Wesentlicheres zu sagen als – sich selbst, wobei dieses »sich« gleicherweise das Geheimnis Gottes wie den Sinn des Menschseins besagt. Es ergeht dem Offenbarungsempfänger somit wie dem ans Ziel seiner Jenseitsreise angelangten *Dante*, der inmitten der das Mysterium der Trinität symbolisierenden drei Kreise »unser Ebenbild« erkennt und dem in der Ratlosigkeit, wie das geometrische Symbol mit der menschlichen Erscheinung zu vereinbaren sei, zuletzt eine aufblitzende Illumination zu Hilfe kommt, in der er den Einheitssinn von beiden, von Bild und Kreis, begreift:

> So stand ich vor der plötzlichen Erscheinung:
> Ich wollte, wie sich Kreis und Bild bedingen,
> Erkennen, und die Bild- und Kreis-Vereinung.
> Doch dazu reichten nicht die eigenen Schwingen,
> Wenn nicht ein Blitzstrahl meinen Geist durchdrungen,
> Um darin die Erfüllung ihm zu bringen
> (XXXIII, 136–141).

Das Ergebnis

Die Auskunft der Jesus-Gebete beschränkt sich aber keineswegs auf das »Bild« des Angerufenen; sie bezieht sich vielmehr auch auf die Methodenfrage. Denn das Zeugnis des Gebets, insbesondere des an Jesus gerichteten, widersetzt sich insgeheim dem Zugriff der historischen Kritik. Geht es dieser um das unwiederbringlich-geschichtliche Faktum, so besteht das Gebetszeugnis auf aktueller Präsenz. Für das Gebet gilt noch mehr als für den im zwischenmenschlichen Bereich geführten Dialog, daß es sich so wenig an einen illusionären Adressaten wenden kann, wie sich dieser mit einem fiktiven Partner aufnehmen läßt. Bestünde an der Existenz des Gegenüber auch nur der leiseste Zweifel, so müßte das an ihn gerichtete Wort schon im Ansatz in sich zusammenbrechen. Demgemäß meint die betende Anrufung Jesu eine gegenwärtige, unmittelbar ansprechbare und im Grenzfall auch antwortende Wirklichkeit: die Realität des Christus »gestern und heute« (Hebr 13,8), dessen unbezweifelbare Historizität sich durch die Geschichte fortsetzt, so daß von ihm gesagt werden kann, daß er bis ans Ende der Zeiten im Todeskampf liegt, daraus aber auch jederzeit neu aufersteht.

Inhaltlich gesehen ist Jesus für die Gebetszeugnisse mit der einen Ausnahme des ›Dies irae‹ so sehr der Anwalt der göttlichen Liebe, daß er mit dieser geradezu verschmilzt und zu ihrer offenbarungsgeschichtlichen Erscheinung wird. Selbst dort, wo er die Beter bis zur Einprägung seiner Wundmale in seine Passion hineinnimmt, geschieht dies nur, um sie noch tiefer, als Trost und Beseligung es je vermöchten, in das Geheimnis seiner Liebe einzuweihen. Damit bieten die Gebetszeugnisse eine Lesehilfe erster Ordnung, die bei der Suche nach der Zentralaussage der neutestamentlichen Schriften nicht länger außer acht gelassen werden darf. In der durch sie ermöglichten »Lektüre« treten die Hinweise auf Gottes Zorn und Gericht in einen funktionalen Zusammenhang mit der Selbstbekundung der göttlichen Liebe, der es nicht mehr erlaubt, daß sie gleichgewichtig mit dieser angesetzt oder gar gegen sie ausgespielt werden können.

Ein letztes Ergebnis betrifft den auf dem Gebetsweg gefundenen Zugang zur Lebenswirklichkeit Jesu. Sosehr die Gebete Geburt, Passion und Auferstehung hervorheben, beziehen sie sich doch nie auf die Faktizität dieser Daten und Vorkommnisse. Auf der Basis der Jesusgebete kann somit kein »Leben Jesu« erzählt werden. Um so mehr sieht sich das Vorhaben einer Rekonstruktion dafür auf den Weg einer »inneren Biographie« verwiesen, bei der sich die Geschichte Jesu jedoch stets in der Geschichte des Beters mit ihm spiegelt, so daß jene gerade auf ihren Höhe- und Wendepunkten auf den Gang der menschlichen Sinnsuche durchsichtig wird. Das aber könnte man im Anschluß an das ironische Wort Karl Barths abschließend in das Urteil zusammenfassen: Was mit Schwertern und Stangen nicht zu erreichen ist, das bewirken die Jesus im Gebet entgegengestreckten Hände; denn so hoch die Leistung des kritischen Ingeniums zu veranschlagen ist, so vermag doch noch Größeres das Zeugnis der betenden Seele.[164]

II.

DIE WAHRNEHMUNG

Anruf und Anspruch

Gott, der Herr allein wird wissen, warum
und wozu es in dieser Zeit und unter den zeit-
lichen Weltumständen notwendig ist, daß
Christus noch immer so umschlossen, so um-
schleiert, mit soviel Fremdartigem und sogar
Verbergendem umgeben ist; als ob die Welt,
die Menschheit, den unmittelbaren Verkehr
mit ihm, dem unverhüllten Christus, nicht
würde vertragen können (SCHELLING).

Wer sich der Lebensgestalt Jesu im Bewußtsein der zwiespältigen
Methodenlage anzunähern sucht, gleicht, ob es ihm bewußt ist oder
nicht, Kafkas »Mann vom Lande«, der Zugang zum »Gesetz«, dem
Inbegriff der Gottesoffenbarung, sucht, jedoch angesichts der
furchterregenden Erscheinung des Türhüters vor dem Eintritt zurückschreckt, um dann in seiner Todesstunde zu erfahren, daß der
Eingang ausschließlich für ihn bestimmt war. Was die Annäherung
behindert, ist, ohne Bild gesprochen, die durch die Methodenlage
gegebene Aporie: einerseits die vom Zeugnis der Gebete ausgehende Gewißheit, daß das Ziel der Suche tatsächlich erreicht ist,
andrerseits aber die von der historischen Kritik ausgehende Fixierung auf die gewesenen Fakten, von denen schon Lessing wußte,
daß sich die Sache des Glaubens nicht auf sie begründen könne.

Heute bräuchte der »Mann vom Lande« sein Leben nicht mehr
untätig vor dem Portal zu verbringen. Denn die Aporie ist lösbar,
vorausgesetzt, daß man den Zwang der historischen Kritik nicht als
das Werk des »Geistes«, sondern des »toten Buchstabens« im paulinischen Sinn des Begriffspaares begreift. Zwar wurde die historisch-
kritische Methode von Lessing gegen die Verfechter einer starren
Buchstabenreligion ins Feld geführt; doch verfiel sie im Maß ihrer
sich ständig verfeinernden Instrumentalisierung zunehmend dem
eigenen Methodenzwang, so daß sie den Zugang zur »Sache Jesu«
(Marxsen), den sie doch ihrer ganzen Zielsetzung nach aufzubrechen suchte, zugleich wieder vermauerte. Hervorgegangen aus
einem intellektuellen Monismus, der keine andere Erkenntnisquelle

als die der Vernunft zuließ, engte sie die »Wahrheit« der Texte auf das ein, was ihnen im Sinn des rationalen Weltentwurfs entnommen werden konnte. Das Geheimnis dessen, der sich als voller Mensch zugleich in der Seinsgemeinschaft mit seinem Gott wußte, blieb ausgeblendet und damit auch das geheimnisvolle Leuchten, das der »Mann vom Lande« inmitten des »Gesetzes« wahrnahm.

Die Befreiung von dieser Blickverengung kann nur mit der Einsicht in den von der historischen Kritik ausgehenden Zwang beginnen. Soviel sie, insbesondere in ihrer differenzierten Gestalt, zur Erschließung der Texte beitrug, verschüttete sie doch zugleich den Sinn für das von ihnen erstattete Zeugnis. Während die Texte vom historischen Geschehen nur berichteten, um den Gegenwärtigen glaubhaft zu machen, drängte sie den allzeit Gegenwärtigen auf sein geschichtliches Gewesensein zurück. Aus diesem »tötenden« Zwang führen die Gebete heraus, die sich von der Betrachtung der Fakten immerfort zur Gewißheit der lebendigen Präsenz des von ihnen Gemeinten und Angerufenen erheben. Es gilt nur, das von ihnen ausgehende Leuchten wahrzunehmen; denn es kommt der Ermutigung gleich, die enge Pforte des Methodenzwangs in Richtung auf den zu durchschreiten, der in den Zeugnissen von seinem Leben und seiner Lebensleistung nicht nur »festgestellt«, sondern gefunden werden will.

Der Einstieg

Die Annäherung an einen Menschen erfolgt im Normalfall in zwei Etappen: Man sieht ihn zunächst von ferne; dann hört man ihn, sobald er in Rufnähe gekommen ist; und schließlich kann man sich im Gespräch mit ihm seiner vergewissern. Im Falle Jesu entfällt zum Leidwesen aller Suchenden der visuelle Kontakt. Wie schmerzlich das christliche Empfinden davon betroffen ist, zeigt das heftige Verlangen nach einem »wahren Bild« von ihm, das sich von den Bemühungen, die gesuchten Gesichtszüge auf seinem angeblichen Grablinnen zu identifizieren, über die Christusvisionen der mittelalterlichen Mystik bis auf den apokryphen Briefwechsel mit dem erkrankten König *Abgar von Edessa* zurückverfolgen läßt, der von Jesus als Dank für die großmütige Einladung sein Bildnis empfängt.[1]

Um so mehr drängt sich angesichts dieser Notlage die Ersatzlösung auf, die sich eine Spracherfahrung zunutze macht, um das optische Defizit auszugleichen. Sie geht von der Beobachtung aus, daß wir einen Menschen, auch wenn wir ihn vor Augen haben, erst von dem Augenblick an voll zu Gesicht bekommen, wenn er zu uns redet. Diese Beobachtung wird ihrerseits von der Erkenntnis gestützt, daß sich mit jedem wesentlich gesprochenen Wort eine sprachliche Selbstanzeige verbindet. Selbst wenn sich eine Aussage auf neutrale Gegenstände bezieht, schwingt in ihr doch stets so viel an persönlicher Betroffenheit und an Mitteilungswillen mit, daß es zugleich die Umrisse der Sprecherpersönlichkeit erkennen läßt. In noch weit höherem Maß gilt das im Fall des konfessorischen Redens, also dann, wenn der Sprecher von der Möglichkeit Gebrauch macht, die im Grunde der »Weltorientierung« (Jaspers) dienenden Worte als Medium der Selbstmitteilung zu verwenden. Das faßte *Johann Georg Hamann* in den berühmten Imperativ: »Rede, daß ich dich sehe!«[2]

An Jesus braucht diese Aufforderung nicht erst gerichtet zu werden, da er ihr mit seiner Lebenstat immer schon zuvorkommt. Wie die Gewichtung der Evangelien erkennen läßt, in welcher der Wundertäter weit hinter der Redetätigkeit zurücktritt, besteht diese in seinem unermüdlichen Einsatz als Botschafter des Gottesreichs, also in seinem Wort. Bei ihm kommt das Wort nicht alternativisch zu anderen Formen der Selbstdarstellung hinzu; vielmehr ist es so sehr seine »Lebenstat«, daß er sogar die Wundertaten worthaft, als eine Art »Tatsprache«, begreift. »Wenn ich aber durch den Finger Gottes die Dämonen austreibe«, entgegnet er seinen erbitterten Widersachern, die ihn sogar des Satansbundes bezichtigen, »dann ist das Reich Gottes in Wahrheit schon zu euch gekommen« (Lk 11,20). Somit »antwortet« Jesus auf die Hamannsche Aufforderung schon mit der »Tatsprache« seiner Wunderzeichen, erst recht aber mit der Fülle der Aufrufe und Forderungen, der Seligpreisung, der Bildreden und Gleichnisse und zumal auch der offenbarenden Selbstaussagen, mit denen er seine Hörer dem Alltagsleben in Gier und Sorge zu entreißen, auf die Nähe des von ihm angesagten Gottesreiches einzustimmen und zur Hoffnung auf die damit in Aussicht gestellte Neuordnung aller Dinge zu bewegen sucht. Und nicht weniger »antwortet« er darauf mit der ebenso stummen wie eindringlichen

Sprache seines Verhaltens und Seins. Wenn Markus die Zeugen seines ersten Auftretens betroffen und verwundert fragen läßt: »Was bedeutet das? Eine neue, eine vollmächtige Lehre!« (Mk 1,27), hat sich darin eine Spur von diesem Eindruck erhalten.

Wer Jesus wahrnehmen will, muß somit auf ihn hören und, um zu hören, hinter den fixierten Wortlaut der Texte zurückgehen. Im Sinn der erarbeiteten Lesart muß er auf jene »Begleitmusik« seiner Wort und Äußerungen achten, von der Nietzsche meint, daß sie die Resonanz der sich im Sprechakt bekundenden Leidenschaft sei, so wie diese auf die Person des Sprechenden zurückweise.[3] Sie erklingt gewiß nicht in jedem seiner Wort mit gleicher Deutlichkeit. Es ist sogar denkbar, daß sie in dem einen oder andern der nachgestalteten Jesusworte vernehmbarer ist als in manchen der authentischen, vorausgesetzt, daß sie aus wahrhaft inspirierter Einfühlung in sein Selbst- und Sendungsbewußtsein gestaltet wurden. Immerhin war ein so Kundiger wie *Kierkegaard* der Ansicht, daß kein Wort des Evangeliums aus größerer »Übereinstimmung« mit der Gesinnung Jesu gesprochen sei als die Große Einladung an die Bedrückten und Bedrängten, auch wenn diese dem historischen Jesus nie über die Lippen gekommen sei:

So spricht er, und die mit ihm lebten, sahen und sehen, daß es auch nicht das Mindeste in seiner Lebensweise gibt, was dem widerspräche. Mit der stillen und aufrichtigen Beredtsamkeit der Tat drückt es sein Leben aus, auch wenn er dieses Wort nie gesprochen hätte: Kommt her zu mir alle, die ihr mühselig und beladen seid. Er steht zu seinem Wort, oder vielmehr: er ist selber sein Wort, ist, was er spricht – auch in diesem Sinne ist er das Wort.[4]

Erst recht gilt das für die Worte, in denen so etwas wie die »Leidenschaft« des in eine drangvolle Situation gestellten Gottesboten hörbar wird, so in dem von Lukas im Kontext polarisierender Aussagen überlieferten Ausspruch:

Feuer auf die Erde zu werfen, bin ich gekommen; und wie sehr möchte ich es schon brennen sehen (Lk 12,49),

oder in der fast fatalistisch klingenden Botschaft an den Landesherrn Herodes, der ihn mit dem Tod bedroht:

Geht hin und sagt diesem Fuchs: Ich treibe Dämonen aus und heile
Kranke heute und morgen, und am dritten Tag bin ich am Ziel. Doch
heute und morgen und am folgenden Tag muß ich wandern; denn
ein Prophet darf nirgendwo anders umkommen als in Jerusalem (Lk
13,32 f.).

Und nicht weniger spricht die Leidenschaft des in letzter Stunde
gesandten Gottesboten aus dem Drohwort gegen Jerusalem, in dem
sich richterliche Strenge und erbarmende Zärtlichkeit die Waage
halten:

Jerusalem, Jerusalem, du mordest die Propheten und steinigst die
Boten, die zu dir gesandt sind. Wie oft wollte ich deine Kinder um
mich sammeln, so wie eine Henne ihre Jungen unter ihre Flügel
nimmt; ihr aber habt nicht gewollt (Lk 13,34).

Spricht aus dem vorangehenden Logion die Einsamkeit des zum
Prophetenschicksal Bestimmten, so hier eine Liebe, die fast verzweifelt ihre Flügel über diejenigen ausbreitet, die sich ihr verweigern. Trotz dieses visuellen Eindrucks, in dem etwas von den alttestamentlichen »Adlerbild« Gottes (Dt 32,11)[5] nachklingt, wird aber
hier schon klar, daß sich aus den angeführten Worten keine »Gestalt« erheben läßt – sowenig wie im Fall des alltäglichen Gesprächs,
dem gleichfalls kein »Bild« des jeweiligen Partners, wohl aber eine
symbolhafte Impression von ihm zu entnehmen ist, die vom Augenblick der Entstehung an jede seiner Äußerungen als »sprechende«
Verstehenshilfe begleitet.[6]

Der Angerufene

Anders als im Lebensweg der alttestamentlichen Propheten steht am
Anfang der Tätigkeit Jesu kein Erlebnis nach Art einer Berufungs-
vision. Was als solche gelten könnte und in diesem Sinn auch wiederholt aufgefaßt wurde, die Taufszene, hat vom Wortlaut der
Himmelsstimme her den Charakter einer Bestätigung und, im lebensgeschichtlichen Kontext gesehen, den einer authentischen Antwort auf die weniger mit Worten als mit der ganzen Existenz gestellten Frage: Wer bin ich? Wenn das zutrifft, muß auf ein existentielles
Frageverhalten Jesu zurückgeschlossen und nach dessen Veranlas-

sung gesucht werden. Obwohl die lukanische Kindheitsgeschichte dazu einen – in der Folge noch genauer zu bedenkenden – Fingerzeig gibt, kann die grundsätzliche Auskunft doch nur mit dem Satz gegeben werden, daß Jesus von Anfang an »im Anruf Gottes« lebt. Denn erst diese Hypothese bietet den Schlüssel zum »responsorischen« Unterton, der auch noch in den machtvollsten Jesusworten zu vernehmen ist. Auch dort, wo er gebietet, »gehorcht« er einem vorgängigen »Geheiß«, das seinen Äußerungen die unbeirrte Sicherheit verleiht und ihnen zugleich die dem gewohnten Befehlston eigene Schärfe nimmt. Auch in diesem Sinn gilt von ihm der Satz Pascals, wonach man sich ihm »ohne Dünkel nähert und ohne Verzweiflung beugt«.[7] Eine Struktur zeichnet sich ab, die in drastischer Verstärkung bei Paulus wiederkehrt, wenn er gesteht:

Ein Zwang liegt auf mir: weh mir, wenn ich das Evangelium nicht verkünde! (1 Kor 9,16)

Nur ist es im Fall Jesu kein drückender Zwang, sondern eine sanfte Nötigung, die ihn reden und, bevor er spricht, nach sich und seinem Lebenssinn fragen läßt. Er fragt, weil er sich – im »evozierenden« Sinn des Ausdrucks – »in Frage gestellt« und in Anspruch genommen weiß. Auf die früheste Spur führt der dramatische Höhepunkt der Erzählung von Jesu erstem Tempelbesuch, wenn der Zwölfjährige im Zwiespalt seiner zweifachen Zugehörigkeit – der familiären und der ihn neu überkommenden zu seinem Gott – auf die Frage nach dem Grund seines Zurückbleibens antwortet: »Warum habt ihr mich gesucht? Wußtet ihr nicht, daß ich dorthin gehöre, wo mein Vater ist?« (Lk 2,49)[8]

Manches spricht dafür, daß sich Jesus unter dem damit einsetzenden und in der Folge ständig wachsenden Fragedruck schließlich den Taufwilligen anschließt, die sich am Jordan einfinden, um von Johannes (nach Lk 3,10–14) Rat und Wegweisung zu erbitten. Wie ein Blitz bricht in diese Erwartung – zumindest nach der Markusversion, die von einer »Spaltung« des Himmels spricht (Mk 1,10) – die Himmelsstimme mit der Zusage ein:

Du bist mein geliebter Sohn; dir gilt mein Wohlgefallen (Mk 1,11; Lk 3,22).[9]

Das ist ebenso Zusage wie Antwort und Bestätigung. Zusage, mit der sich Gott so ins Herz des Angerufenen hineinspricht, wie er sich bei der Selbstoffenbarung am brennenden Dornbusch in die Hand des von ihm berufenen Mose gelegt hatte; Antwort an den, dem die Frage »Wer bin ich?« im Herzen brennt, und seine erfüllende Bestätigung in dem nun definitiv gewonnenen Selbstsein. Ihm ist nun, wie er in seinem Jubelruf (Lk 10,22) enthusiastisch bezeugen wird, »alles übergeben«, so daß Gott, anstatt im Exzeß des Geistes, im gläubigen Anschluß an ihn gefunden werden kann. Zuvor aber noch macht er sich den Zuspruch von oben dadurch zu eigen, daß er zu Gott nicht mehr »Herr«, sondern »Abba, Vater,« sagt.

Davon ist die sprachliche Lebensleistung Jesu bestimmt. Er redet, weil er nicht nur in Stunden der Ausnahme, sondern zuständlich von seinem Gott angesprochen und ins Einvernehmen gezogen ist. Das gibt seinem Sprachverhalten eine über das gewohnte Maß hinausgehende Qualität. Er äußert sich nicht nur in seinem Wort, er lebt in ihm; mehr noch: er ist sein Wort. Was die Urgemeinde auf der höchsten Reflexionsstufe ihrer Besinnung auf ihn sagte, als sie ihn das uranfängliche Wort Gottes nannte, ist grundsätzlich schon beim Eintritt in seine Sprachwelt spürbar.[10]. Darum liegt in seinem Reden auch stets ein Überschuß gegenüber dem, was er inhaltlich zu sagen hat. Er redet nicht nur, um sich zu äußern, sondern um sich zu vergegenwärtigen und präsent zu sein. Und es ist gewiß kein Zufall, daß es der Umgang mit den an ihn gerichteten Gebeten ist, der den Sinn für diese »Absicht« seines Redens weckt.

In diese Richtung deutet bereits die auffällige »Geistesgegenwart«, die nie nach Worten zu suchen braucht, und seine nicht minder ausgeprägte Reaktionsfähigkeit: zwei durchgängige Eigentümlichkeiten, denen nur spärliche – und keineswegs beweiskräftige – Kontrastmotive entgegenstehen. Im ersten Fall die von Markus überlieferte Frage: »Womit sollen wir das Reich Gottes vergleichen, in welchem Gleichbild es darstellen?« (Mk 4,30), die jedoch im Kontext gesehen auf keine Unsicherheit schließen läßt, sondern eher eine Spur in Richtung auf die hinter den Gleichnissen zu vermutende Sprachleistung auszulegen scheint. Im zweiten Fall ist es die verblüffende Antwort der nach den Ehrenplätzen im Gottesreich drängenden Zebedäussöhne, auf die sie zur Selbstbesinnung rufende Frage Jesu nach ihrer Opferbereitschaft: dieses verwegene

»Wir können es«, das Jesus für einen Augenblick aus dem Konzept zu bringen scheint, tatsächlich aber nur zur Vertiefung des von ihm beabsichtigten Effekts verhilft:

Jesus antwortete ihnen: Ihr wißt nicht, um was ihr bittet. Könnt ihr den Kelch trinken, den ich trinken werde? Sie sagten zu ihm: Wir können es. Da sagte er zu ihnen: Meinen Kelch werdet ihr zwar trinken; aber die Sitze zu meiner Rechten und zu meiner Linken habe nicht ich zu vergeben; vielmehr stehen sie denen zu, denen es von meinem Vater zubestimmt ist (Mt 20,22f.). [11]

Doch überall sonst herrscht der Eindruck vor, daß es auf seiten Jesu keiner Besinnung bedarf, weil er in seinen Äußerungen nicht »Stellung bezieht«, sondern lediglich die von ihm lebenslang gegebene Antwort auf den an ihn ergangenen Gottesruf auf die jeweilige Gesprächssituation abstimmt. Aus innerer Konsequenz formt sich das zu einer ganz ungewöhnlichen Vorstellung aus. Sosehr Jesus mit seinen Äußerungen auf die wechselnden Partner, Freunde und Feinde, Fragende und Bittende, Gläubige und Skeptiker, geistesgegenwärtig, genau und kraftvoll eingeht, gilt die in alledem gegebene Antwort doch letztlich dem, von dem er sich gerufen und in ein zuständliches Gespräch gezogen weiß. So baut sich um ihn eine Zitadelle der stets fühlbaren Sicherheit auf, die selbst den härtesten Angriffen und Herausforderungen widersteht; doch bedingt das ebensosehr seine abgründige Einsamkeit, die kaum zutreffender kommentiert werden kann als mit dem *Nietzsche*-Wort:

Licht bin ich: ach, daß ich Nacht wäre! Aber dies ist meine Einsamkeit, daß ich von Licht umgürtet bin. [12]

Aus später Erinnerung bestätigt das die johanneische Stelle, die selbst Guardini bewog, die von ihm stets eingehaltene Grenze zu einer Psychologie Jesu zu überschreiten:

Jesus selbst vertraute sich ihnen nicht an, weil er alle kannte und nicht nötig hatte, daß jemand ihn über den Menschen belehrte; denn er wußte, was im Menschen war (Joh 2,24f.). [13]

Die Faszination

Daß Jesus im Anruf Gottes lebt, heißt aber nicht nur, daß er sein Schwergewicht in Gott hat und deshalb zugleich den menschlich-gesellschaftlichen Verhältnissen bei aller Betroffenheit durch sie entrückt ist; es heißt auch, daß er für seine Umgebung auf Gott hin – im optischen wie im akustischen Sinn – »transparent« wurde. Was das im optischen Sinn besagt, bringt die Verklärungsperikope mit szenischer Eindringlichkeit zum Ausdruck, kaum weniger aber auch das Jesuswort der johanneischen Abschiedsreden, das dem noch uneinsichtigen Bittsteller zu bedenken gibt: »Wer mich gesehen hat, hat auch den Vater gesehen; wie kannst du da sagen: zeig uns den Vater?« (Joh 14,9). Gleiches gilt jedoch in akustischer Hinsicht; und hierin ist, wenn man der von Rahner ausgelegten Spur folgt, der eigentliche Schlüssel zu der von Jesus bis heute ausgehenden Faszination zu suchen.[14]

Wenn man sich nämlich mit *Machovec* fragt, wodurch es Jesus gelang, die Welt in Brand zu setzen, und wenn man die nicht weniger emphatische Zusatzfrage stellt, wodurch er den in mehr als einer Hinsicht frustrierten Jüngerkreis an sich fesselte, wird man angesichts der Tatsache, daß er weder materielle noch soziale Vorteile zu bieten vermochte und die in ihn gesetzten politischen Erwartungen mit Entschiedenheit zurückwies, mit dem Erklärungsversuch denkbar hoch ansetzen müssen. Wenigstens so hoch wie Machovec, der dafür mit seinem Hinweis auf die Identität von Person und Werk die Marke setzte. Dann ist es weder mit der Erinnerung an seine Utopie vom Gottesreich noch mit dem Hinweis auf seine persönliche Ausstrahlung getan. Vielmehr wird man im Gedanken an die Entdeckung Rahners mit einer Wirkung Jesu rechnen müssen, die bei seiner Umgebung eine Umstrukturierung des Bewußtseins nach sich zog.

Im Umgang mit dem, der seinen Sinn- und Erkenntnisgrund im Gottesgeheimnis hatte, mußte Gott auch für sie zum Erstgewissen, Erstgegebenen und Erstwirklichen werden. Das machte die Bitte um Unterweisung im Gebet durchaus nicht gegenstandslos. Wohl aber erweckt die Erfüllung dieser Bitte in Gestalt des ihnen von Jesus in den Mund gelegten Vater-Gebets den Eindruck, daß sie nicht so sehr in etwas Neuem unterwiesen als vielmehr in einer bereits bestehenden Gebetsbeziehung bestätigt wurden. Ihr Umgang mit Jesus erfüllte bereits den Tatbestand eines zuständlichen Gebets; indem er sie Gott mit dem Vaternamen anrufen läßt, nimmt er sie gleichzeitig in sein eigenes Gottesverhältnis hinein. Dahin sind die beiden auf den ersten Blick nicht leicht zu vereinbarenden Mahnworte zu verstehen, daß man allezeit beten müsse (Lk 18,1), dabei aber im Unterschied zu den Heiden nicht viele Worte machen dürfe (Mt 6,7). Es bedarf der vielen Worte nicht, weil der Umgang mit Jesus einer betenden Einweihung ins Gottesgeheimnis gleichkommt.

Doch der Gott, in dessen Anruf Jesus lebt, ist nicht nur der Inbegriff der Wirklichkeit; er ist auch beredt. Seine Wirklichkeit wird dadurch erfahren, daß er sein ewiges Schweigen bricht und sich zu verstehen gibt. Der Modus ihres Gegebenseins ist somit der des Zugesprochenseins.[15] Tatsächlich beruft sich Jesus kaum einmal, wenn es ihm um die Vergegenwärtigung Gottes zu tun ist, auf dessen Machtfülle, um so häufiger jedoch auf sein Offenbarertum und die dadurch gestiftete Lebensbeziehung; so etwa, wenn er seinen skeptischen Gegnern zu bedenken gibt:

Daß die Toten auferweckt werden, hat euch Mose durch die Erzählung vom Dornbusch wissen lassen, wenn er den Herrn den Gott Abrahams, den Gott Isaaks und den Gott Jakobs nennt. Denn Gott ist kein Gott der Toten, sondern der Lebendigen: ihm leben alle (Lk 20,27 f.).

Die Gottesgewißheit, die jeden argumentativen Ausweis erübrigt, entstammt somit der Tatsache, daß der Gott Jesu Christi redet. Das gilt sowohl für den, der wesenhaft aus seinem Anruf lebt, als auch für die, die er durch sein Wort und Tun in dieses Verhältnis mit hineinnimmt.

Wenn das einsichtig werden soll, müssen die Bemerkungen über Wort und Sprache deutlicher als bisher durch eine korrespondierende Verstehenstheorie ergänzt werden. Wenn Sprache eine Form der Liebe ist, gilt vom Verstehen, daß es der – als geistiges Initiationserlebnis begriffenen – Dankbarkeit entspringt. Denn Danken ist früher und tiefer als Staunen. Staunend gewahren wir, betroffen und verwundert, daß Seiendes ist und nicht nichts. Dem Dankenden aber wird klar, daß seine Wesenssehnsucht nicht leer ausgeht, daß ihr vielmehr in allem, was ihm begegnet, etwas entgegenkommt und ent-spricht. Er fühlt sich von der Wirklichkeit nicht nur – wie der Staunende – betroffen, sondern »angesprochen« und gemeint. So ist er darauf gefaßt, vom anderen das Ursignal liebender Zuwendung, das Wort, zu empfangen und angesprochen zu werden. Wenn aber das geschieht, wird er nicht nur zum Empfänger einer »Botschaft«, sondern zum Zeugen einer elementaren Realitätserfahrung. Im Dialog mit ihm ist ihm zunächst das Faktum seines Redens und damit das ihm augenblicklich zugewandte Antlitz der Welt und ihre Wirklichkeit unzweifelhaft gewiß. Da aber mit Phantomen nicht gesprochen werden kann, gilt dasselbe auch von der Existenz des zu ihm Redenden. Im Zug dieser dialogischen Welterfahrung ist er überdies seines eigenen Daseins unmittelbar vergewissert.

Davon ist auch das durch Jesus vermittelte und gewonnene Gottesverhältnis bestimmt. Im Umgang mit ihm sahen sich die Jünger fürs erste der Existenz seines Gottes auf unzweifelhafte, nicht hinterfragbare Weise vergewissert. Weil diese Gewißheit jedoch dem Anruf entstammte, aus dem ihr Meister lebte, gewann die Gottesoffenbarung für sie eine bewußtseins- und lebensbestimmende Macht. Daß sie von Jesus in die Nachfolge berufen wurden, ging für sie letztlich auf den Ruf zurück, der an ihn immer schon ergangen war und immer wieder erging. Darin war ihr Jüngerberuf zutiefst begründet und verankert. Dadurch gewann aber auch ihr Verhältnis zu Jesus eine einzigartige Transparenz und »Durchlässigkeit«. In seinen Worten fühlten sie sich zugleich von Gott angesprochen und in seinen Taten von ihm berührt. Und im Maß, wie sich dieser Eindruck verfestigte, wurde Jesus schließlich selbst für sie zu einer »akustischen Metapher«, modern ausgedrückt, zu dem für ihr Denken und Sein bestimmenden »Sprachereignis«. Das bestätigte ihnen sein Zuspruch:

Wer euch hört, der hört mich, und wer euch verwirft, verwirft mich; wer aber mich verwirft, verwirft den, der mich gesandt hat (Lk 10,16).

Vermutlich greift man nicht fehl, wenn man hier, in diesem Eindruck eines numinosen Angesprochenseins, das Jesus in der Totalität seiner Lebenswirklichkeit als die leibhaftige Selbstverlautbarung Gottes erscheinen ließ, die Wurzel für das zweifellos kühnste Wort des Neuen Testaments vermutet, das lange vor der modernen Medientheorie das Wort zu seiner eigenen Botschaft erklärte: »Im Anfang war das Wort« (Joh 1,1).[16]

Der Anspruch

Dem Anruf, aus welchem Jesus lebt, entspricht der Anspruch, den er, getragen von dem sich in ihm entbergenden Gottesgeheimnis und damit aus letzter Autorität, erhebt. Er hat sich naturgemäß in den literarischen Zeugnissen deutlicher als der ihn begründende Anruf erhalten, und dies sogar in einem überraschenden Nuancenreichtum, der die ganze Breite möglicher Spielarten, angefangen von werbender Einladung bis zum entschiedenen Befehl – und zu unverhohlener Drohung – umfaßt. An die ersten Jünger ergeht die Aufforderung: »Kommt, folgt mir nach! Ich will euch zu Menschenfischern machen« (Mk 1,17); der Zögernde, der sich um die Jüngerschaft bewirbt, aber zunächst noch seiner Pietätspflicht gegenüber dem toten Vater nachkommen möchte, bekommt das kompromißlose-harte Wort zu hören: »Laßt die Toten ihre Toten begraben; aber geht und kündet das Reich Gottes!« (Lk 9,16). Und die Unentschiedenen stellt Jesus vor die Alternative:

Wer nicht mit mir ist, ist gegen mich; und wer nicht mit mir sammelt, der zerstreut (Lk 11,23).

Wenn man sich jedoch das Kontrastwort dazu – »Wer nicht gegen uns ist, ist für uns« (Mk 9,40) – vor Augen hält, wird klar, daß in alledem nicht so sehr die Person Jesu als vielmehr die von ihm vertretene Sache im Vordergrund steht. Sie duldet kein Zögern, kein Abwarten, keinen Aufschub, vor allem aber keine Unschlüssigkeit. Sie ist der »Schatz«, der gehoben (Mt 13,44) und dem das Menschenherz zugewendet werden muß (Mt 6,21); sie ist das »Feuer« in Jesu Händen, mit dem er die ganze Welt, je rascher desto lieber, in Brand setzen möchte (Lk 12,49). An ihm und der von ihm vertretenen Sache entscheidet sich darum Heil oder Unheil, Sinn oder Sinnverlust des Menschen. Wer ihn und seine Worte mißachtet, zieht sich (nach Mk 8,38) die Verachtung des Menschensohnes zu, der stellvertretend vor Gottes Antlitz steht.[17]

Um so stärker muß es auffallen, daß Jesus seinem Anspruch nirgendwo durch Drohungen Nachdruck verleiht. Denn das Drohwort an das sich ihm verweigernde Kafarnaum, dem er den Sturz in die Hölle ansagt (Lk 10,15), gilt der neueren Forschung als nachgestaltetes Jesuswort, in dem sich die enttäuschende Missionserfah-

rung der Urgemeinde spiegelt.[18] Und die Warnung vor dem, der
»Seele und Leib in der Hölle verderben kann« (Mt 10,28), bezieht
sich nach *Walter Grundmann* auf das Zerstörungswerk Satans, nicht
jedoch auf den Gott Jesu Christi, der in einer unaufhebbaren Lebensbeziehung zu allen seinen Geschöpfen, insbesondere aber zum
Menschen steht.[19] Doch selbst wenn sich die alttestamentlich getönte Stelle auf den (nach Jes 8,13) allein zu fürchtenden Gott beziehen sollte, darf nicht übersehen werden, daß im unmittelbaren Anschluß daran von seiner väterlichen Fürsorge die Rede ist, der noch
nicht einmal ein Haar auf dem Kopf seiner Kinder entgeht (Mt
10,30), und daß die Lukasparallele zu den seltenen Stellen gehört, an
denen Jesus seine Jünger als Freunde anredet:

*Doch euch, meinen Freunden, sage ich: Fürchtet euch nicht vor de-
nen, die den Leib töten, sonst aber nichts anhaben können! (Lk
12,4)* [20]

Der Gebieter

Was der Erste Petrusbrief vom Leidenden sagt, der nicht schmähte,
als er geschmäht, und der nicht drohte, als er gepeinigt wurde (1 Petr
2,23), kann somit auf das Gesamtverhalten Jesu übertragen werden.
Für ihn ist die Drohung kein Mittel, seinem Anspruch Geltung zu
verschaffen. Wohl aber verleiht er ihm in der Form Nachdruck, daß
er mit gebieterischem Gestus Forderungen erhebt, ja geradezu in
der Rolle des Gesetzgebers auftritt. Und diese Rolle erfüllt er mit
absoluter, ja mit göttlicher Autorität. Nie lassen die in diesem Zusammenhang gesprochenen Jesusworte einen Zweifel daran, daß die
menschliche Stellungnahme dazu über das Verhältnis zu Gott und
damit über Heil oder Unheil entscheidet. So ergibt es sich wiederum
aus dem göttlichen Anruf, aus dem Jesus denkt und lebt. Wenn ihm
in der Stunde seiner Taufe die Himmelsstimme versichert: »Du bist
mein geliebter Sohn; dich habe ich erwählt« (Lk 3,22), ist er damit in
eine Ausschließlichkeit zu Gott gezogen, die, so paradox es klingt,
zugleich alle umfängt und einschließt. Daß die Antwort des Himmels tatsächlich die ganze Fülle des Lebens- und Wissenswichtigen
umfaßt, wird spätestens durch die Stelle verdeutlicht, die sich wie
die zustimmende Replik auf die göttliche Zusage anhört:

Alles ist mir von meinem Vater übergeben; denn niemand kennt den
Sohn als nur der Vater, und niemand kennt den Vater als nur der
Sohn und der, dem es der Sohn offenbaren will (Lk 10,22).[21]

Wenn ihm aber »alles übergeben ist«, handelt Jesus nur konsequent,
wenn er in den großen Antithesen der Bergpredigt Forderungen erhebt, die das im alttestamentlichen Gesetz Gebotene noch überstei-
gen, weil für ihn die Verpflichtung des Menschen Gott gegenüber im
selben Maße wächst, wie er Einblick in sein Geheimnis gewinnt.
Deshalb behält das »Ich aber sage euch« auch seine hoheitliche
Machtfülle, wenn *Buber* mit seiner Ansicht recht behalten sollte,
daß sich die Antithesen Jesu mit ihrer vollen Wucht gegen volkstüm-
liche Konventionen – vorab in der Frage der Ehescheidung, der
Wiedervergeltung und der Nächstenliebe – richten, nicht jedoch gegen die Anordnungen des Dekalogs.[22] Auch wenn dies zutrifft,
drückt sich in ihnen ein Anspruch aus, der es mit dem Gewicht einer
unvordenklichen Tradition aufnimmt und sich ihr im Namen Gottes entgegenstellt. Doch auch vom Umgang Jesu mit der Thora weiß
Buber, daß er ebenso auf ihre erfüllende Erschließung wie auf ihre
Überbietung abzielt, und er verdeutlicht das mit dem schönen Bild,
wie Jesus einmal auf dem Sinai steht und sich dann »in den Wolken-
raum der Offenbarungsintention« erhebt:

Jesus spricht überall als der berufene Dolmetscher: wo er dabei auf
dem Sinai stehenbleibt, lehrt er, was die Pharisäer lehren, dann je-
doch kann ihm der Sinai nicht Genüge tun, er muß in den Wolken-
raum der Offenbarungsintention vordringen, denn nun erst steht
sein »Ich aber sage euch« oder »Und ich sage euch« der Überliefe-
rung der Geschlechter entgegen.[23]

Man könnte im Sinne Bubers auch sagen, die »Ethik« Jesu gehe davon aus, daß er Gott für die Menschheit als den Beweggrund radikaler Veränderung aller menschlichen und sozialen Verhältnisse entdeckte, daß er also bis in jene Herzmitte Gottes vordrang, wo sich
ihm diese als das unausweichliche »Geheiß« der Angestaltung an sie
enthüllte. Deshalb steht im Zentrum dieser Ethik, wie auch Buber
hervorhebt, der Satz der Bergpredigt, der als die lebendige Über-
holung aller Satzungen und Konventionen, und seien sie so sakro-
sankt wie der Dekalog, vernommen sein will: »Seid vollkommen,

wie euer himmlischer Vater vollkommen ist!« (Mt 5,48). Insofern sind Jesu »Gebote« die Signale, die den von ihm zu Gott gebahnten Weg markieren: Wegzeichen der mit dem Einsatz aller Kräfte versuchten Angestaltung an ihn, den allein Vollkommenen. Denn wer mit Jesus den Schwerpunkt in Gott gewonnen hat, muß sich anders, gottförmiger, verhalten als derjenige, dessen Position durch innerweltliche Verhältnisse bestimmt wird. Weil er in Gott die alles überbietende Antwort auf seine Sinnfrage gefunden hat und weil er sich darin von Gott geliebt weiß, muß er vergeben können; wo andere unerbittlich auf Genugtuung bestehen, muß er schenken können, auch wenn er dafür keinen menschlichen Dank erfährt. Wer sich von Gott angenommen weiß, hat in ihm den Maßstab und das »Gesetz« seines Lebens gefunden.

Die Absage

Nicht weniger oft als in gebietender Form erhebt Jesus seinen Anspruch verneinend, so daß er sein volles Profil erst in Gestalt von Absagen und Zurückweisungen erlangt. Nicht umsonst steht antithetisch zu den Sätzen, mit denen er das Wozu seines Gekommenseins umschreibt, die Gruppe jener abgrenzenden und verwerfenden Logien, die mit aller Schärfe anzeigen, wozu er sich nicht gesandt und befugt weiß. Dazu gehört etwa die Abfuhr, die er einem Bittsteller in Erbschaftsangelegenheiten erteilt: »Mensch, wer hat mich zum Richter oder Schlichter bei euch eingesetzt?« (Lk 12,14), vor allem aber auch seine wiederholte Absage an die auf ihn gesetzten politischen Erwartungen. Im einzelnen versichert er, daß er nicht gekommen sei, »um aufzulösen, sondern um zu erfüllen« (Mt 5,17), »um Menschenleben zu vernichten, sondern zu retten« (Lk 9,55), »um den Frieden zu bringen, sondern das Schwert« (Mt 10,34). Was er damit ablehnt, ist auf der einen Seite der Weg der Permissivität und des faulen Kompromisses, auf der andern Seite aber auch jener Rigorismus, der die Stimmigkeit der Ideologie und die Funktionstüchtigkeit der Institution über das menschliche Interesse stellt. Das verdeutlichen zwei Logien von programmatischer Bedeutung: das eine, das im Blick auf den Rangstreit der Jünger jede gesellschaftliche Über- und Unterordnung mit unerhörter Radikalität verwirft und zweifellos mit seiner Sinnspitze die ge-

samte seit Beginn der Menschheitsgeschichte eingespielte Gesell-
schaftsordnung in Frage stellt, während es gleichzeitig einer auf
Brüderlichkeit und Solidarität gegründeten Lebensgemeinschaft das
Wort redet:

*Ihr wißt, daß die Herrscher ihre Völker unterjochen und daß die
Mächtigen ihre Macht über die Menschen mißbrauchen. Bei euch
soll es nicht so sein; vielmehr soll, wer bei euch groß sein will, euer
Diener sein, und wer bei euch der erste sein will, der letzte von allen
(Mk 10,42ff.).*[24]

Das zweite Wort, das diesem an kritischer Energie nicht nachsteht,
stilisiert die repressive Verhaltensweise der pharisäischen Gegner
Jesu in einer Weise, daß sich ihm – wie einer Hohlform – seine eigene
hilfreich-rettende Mitmenschlichkeit entnehmen läßt:

*Sie schnüren schwere Lasten zusammen und legen sie den Menschen
auf die Schulter; selbst aber rühren sie keinen Finger, um diese Lasten zu erleichtern (Mt 23,4).*[25]

Tatsächlich ergibt die Große Einladung an die Bedrückten und Bedrängten, denen Jesus seine »Ruhe« zusichert (Mt 11,28), das per-
fekte Gegenbild dazu. Trotz seiner offenkundigen Schwere wirkt
das von ihm den Seinen auferlegte Joch »sanft und leicht«, weil er,
anders als die Gegner, in eine Jochgemeinschaft mit seinen Jüngern
eintritt, um ihnen die von ihm aufgebürdete »Last« tragen zu helfen.

In diesem Zusammenhang darf der Akzent nicht überhört werden, den die Antithesen mit der Formel »den Alten ist gesagt worden, ich aber sage euch« setzen. Unüberhörbar stellt sich ihr Sprecher damit gegen die Macht der in Jahrhunderten verfestigten
Traditionen, denen er die neue Botschaft vom Gottesreich und sein
Wort von der die bestehenden Verhältnisse überholenden und den
gefundenen Lösungen zuvorkommenden Liebe Gottes entgegen-
setzt. Sein Wort ist der »neue Flicken«, der nicht auf den alten Stoff
aufgenäht werden darf, wenn dieser nicht zerreißen soll (Mk 2,21), es
ist der »neue Wein«, der in neue Schläuche gefüllt werden muß, weil
er die alten sprengen würde (2,22).[26] Bei aller Treue zum göttlich-
gültigen Kern der Überlieferung, vom dem »kein Jota und kein Häk-
chen« abgebrochen werden darf (Mt 5,18), ist Jesus doch ganz dem
Kommenden zugewandt, dem er mit seiner Botschaft Bahn bricht,

in der Gesamtgewichtung somit ein »Progressist«, kein Befürworter des Bestehenden, dessen niederzwingende Macht zu seinen bittersten Leiderfahrungen gehört.

Der Widerspruch

Richtet sich der Einspruch Jesu in der Regel gegen eine zum Selbstzweck erhobene und ohne Rücksicht auf die menschliche Verfassung verfügte Gesetzesreligion, so im Fall seiner gesellschaftskritischen Äußerung (Mk 10,42 ff.) gegen eine auf das Herrschaftsprinzip gegründete Lebensordnung, die, wie es der Sabbatspruch rügt, das Verhältnis von Mensch und Institution auf den Kopf stellt und dadurch den Menschen, dem sie zu dienen vorgibt, tatsächlich manipuliert und versklavt; denn:

Der Sabbat ist für den Menschen da und nicht der Mensch für den Sabbat (Mk 1,27).[27]

Dem hält Jesus mit seinem Gegenbild einer repressionsfreien Gesellschaft keineswegs eine alternative Utopie entgegen, sondern das Modell einer konkreten, auf Solidarität und mitmenschlicher Verbundenheit gegründeten Gemeinschaft, die ihr Prinzip in der von ihm vorgelebten Liebe hat. In der Gesprächs- und Mahlgemeinschaft mit seinen Jüngern, in die er bisweilen auch ausgesprochene Rand- und Grenzfiguren der damaligen Gesellschaft einbezieht, macht er damit bewußt den Anfang. Zwar gibt es in seiner Nachfolge, anders als im rabbinischen Jüngerverhältnis, kein Nachrükken in die Meisterschaft; vielmehr gilt von ihr: »Einer ist euer Meister, ihr alle aber seid Brüder« (Mt 23,8). Durch die Uneinholbarkeit des einen Meisters und Lehrers sind jedoch alle anderen, die »Diener des Wortes« durchaus eingeschlossen, in eine völlige Ranggleichheit verwiesen. Dennoch herrscht unter ihnen keine Anarchie, weil diese verbindende Liebe im Sinne eines »ordo caritatis« geordnet ist. Sie wendet sich, wie die von *Kierkegaard* beschriebene Liebe Jesu, zwar allen zu, versteht es aber doch, dem Bedürfnis jedes einzelnen gerecht zu werden.

Jesus widerspricht aber nicht nur mit Worten, sondern, der großen Tradition der Propheten folgend, auch mit Symbolhandlungen. Dazu gehört insbesondere die in ihrem überragenden Stellenwert

117

von der »Christologie von unten« wiederentdeckte Tischgemeinschaft mit den sozial Geächteten – neben der unprätentiösen
Menschlichkeit Jesu (Mk 6,2 ff.; Lk 7,33 f.) zweifellos der Haupt-
grund des von ihm erregten Anstoßes (Mk 2,16 f.) –, die Aufnahme
von Frauen in seine Gefolgschaft (Lk 8,1 ff.) und nicht zuletzt seine
demonstrative Zuwendung zu den Kindern (Mk 9,36 f.).[28] Mit diesem Verhalten unterläuft er die in der Antike weit verbreitete Ab-
wertung der Frau und die Auslieferung des Kindes an die Willkür
des Familienoberhauptes.[29] Denn in der von ihm eher noch provo-
zierten als – in Form eines spezifischen Gründungsaktes – gestifte-
ten Gemeinschaft gibt es, paulinisch ausgedrückt, »weder Juden
noch Griechen, weder Sklaven noch Freie, weder Mann noch
Frau«, weil alle in Christus Jesus »einer«, und das besagt, zu einer
mystischen Lebens- und Seinsgemeinschaft geeint sind (Gal 3,28).
Im Bericht von der liebenden Hinwendung Jesu zu den Kindern
und zu demütiger Kindesgesinnung Gelangten kommt es, am
Schluß einer sich zur Drohung gegen die Verführer zuspitzenden
Sequenz (Mt 18,1–9), zu einer jähen Auflichtung, die, ähnlich dem
Jubelruf Jesu, wie die Vorwegnahme johanneischer Motive wirkt.
In Anspielung auf die spätjüdische Vorstellung von dem »Engel des
Angesichts« warnt Jesus die Hörer seiner Botschaft:

*Hütet euch, eins dieser Kleinen zu verachten; denn ich sage euch;
ihre Engel im Himmel schauen unverwandt das Angesicht meines
himmlischen Vaters (Mt 18,10).*[30]

Wie über dem johanneischen Jesus, in dem sich (nach Joh 1,51) Jakobs Traum von der Himmelstreppe erfüllt, öffnet sich hier über
dem ihm anheimgegebenen und von seiner Macht umschirmten
»Kind« die Herrlichkeit des Himmels, wo er, der mit dem »Engel
des Angesichts« funktionsgleiche Menschensohn, vor Gott für die
Seinen eintritt.

Die Befremdung

Was aber Jesu Absage an die menschenverachtenden Erscheinungsformen der Gesellschaft betrifft, so gehört zu ihrer Vollständigkeit
nicht zuletzt auch die von ihm ausdrücklich geübte Kritik am Lei-
stungsprinzip, wie sie, eindrucksvoller als durch jede Belehrung, in

der von der alten Kirche hochgeschätzten Szene vom Opfer der Witwe (Mk 12,41–44) zum Ausdruck kommt.[31] Ihre dem merkantilen Nennwert nach so gut wie wertlose Gabe überwiegt die der Reichen bei weitem, weil diese nur etwas von ihrem Überfluß abgaben, während sie mit den beiden Kupfermünzen ihren ganzen Lebensunterhalt in den Opferkasten warf, so daß sich mit ihrer Gabe ein wahres Lebensopfer verbinde. Indem Jesus für eine den personalen Einsatz mitberücksichtigende Wertung eintritt, wendet er sich gegen ein auf den bloßen Nutzwert gerichtetes Leistungsdenken. Was auf seine entschiedene Ablehnung stößt, ist die damit verbundene Funktionalisierung des Menschen, die seinen Wert ausschließlich in der von ihm erbrachten Leistung, nicht jedoch in ihm selbst erblickt. Denn wie im Fall Jesu einer nicht weniger grundlegenden Einsicht *Kierkegaards* zufolge die Person mehr ist als das von ihr Bewirkte, bedeutet nach seiner Wertschätzung der Mensch mehr als seine Taten, so daß die Leistung vom Menschen her, nicht aber der Mensch an seiner Leistung bemessen werden muß.

Doch Jesus befremdet nicht nur durch sein Urteil; er befremdet noch ungleich mehr durch sich selbst. Sosehr er die Sehnsucht des Menschen nach Identität, Verbundenheit und Freiheit bestätigt, durchkreuzt er zugleich alle gesellschaftlich ausgelegten Lebensmodelle und die darauf ausgerichtete Sinnerwartung. Das macht die Unangemessenheit der auf ihn übertragenen Hoheitstitel deutlich. Zwar ist er der von Jesaja (53,1–12) angekündigte »Gottesknecht« (Apg 4,27), dies jedoch im ausschließlich auf ihn selbst bezogenen, nicht im kollektiven Verständnis des Titels; ebenso ist er der für die Endzeit zu erwartende »Prophet« (Lk 7,16), dies jedoch in einem alle herkömmlichen Vorstellungen sprengenden Sinn; desgleichen ist er die »in ihren Kindern gerechtfertigte« Weisheit (Lk 7,35), jedoch in einer selbst Salomo überbietenden Form (Mt 12,42); nicht weniger ist er der seinem Stammvater verheißene »Davidssohn« (Lk 1,32 f.), als solcher jedoch zugleich der »Herr« seines Stammvaters (Mk 12,35 ff.); und schließlich ist er der von Daniel geweissagte »Menschensohn«, dies aber wiederum in einer das traditionelle Bild zugleich erfüllenden und überbietenden Weise.[32]

Das Ärgernis

In dieser Krise der Hoheitstitel spiegelt sich bereits jene Sinnkrise, die *Kierkegaard* im Anschluß an die Ausdrucksweise des Evangeliums als das dem Glauben wie ein Schattenwurf begleitende »Ärgernis« erwies.[33] Das Ärgernis ist jener Grenzfall der von Jesus ausgehenden Befremdung, in dem diese nicht nur zur Hingabe an ihn befreit, sondern im Krisenfall auch die Beziehung zu ihm gefährdet. Dafür bieten jedoch die bisher erwähnten Formen der Befremdung keinen hinreichenden Erklärungsgrund. Doch Jesus befremdet nicht nur durch sein irritierendes Urteil, sein provozierendes Verhalten und seine konventionsfremde Mitmenschlichkeit, sondern nicht weniger durch die Radikalität seiner alle Normen durchbrechenden Liebe. Es ist eine Liebe, die nach Kierkegaards hellsichtiger Einfühlung die menschliche Sinnerwartung sowohl in zeitlicher wie in sachlicher Hinsicht überbeitet.

Anstatt dem Rhythmus von Spannung und Entspannung zu folgen und den von ihr Beschenkten auch wieder freizugeben, läßt sie von keinem mehr ab, dem sie sich je einmal zuwandte; obwohl sie alle umfängt, bezieht sie sich doch auf jeden einzelnen immer so, als gäbe es für sie nur ihn in aller Welt.[34] Vor allem aber kennzeichnet es diese Liebe, daß sie stets grenzenlos mehr gibt, als es dem jeweiligen Bedürfnis entspricht, ja, daß sie die ihr entgegengebrachte Heilserwartung nur zu oft frustriert, um den Bedürftigen das zu geben, was keiner von ihr erwartet, was aber ihrem tiefsten Wesenshunger entspricht. So gerät sie in den Anschein ihres eigenen Gegenteils; sie wirkt, wie es die Stilisierung Jesu zum Gewaltherrscher in der Verhöhnungsszene der Passion deutlich macht (Mk 15,16–20), wie despotische Willkür, zumindest aber wie eine unerträgliche Überforderung. Dann aber gilt von dieser Liebe, daß sie an ihrem eigenen Übermaß leidet und dort, wo sie dieses Leiden nicht mehr verheimlichen kann, selbst Anlässe zum Abfall von ihr schafft.

So jedenfalls ist es nach Kierkegaard zu verstehen, daß am Ende der johanneischen Brotrede die Zuhörer nicht etwa auf Jesus eindringen, um ihm das ihnen angebotene »Lebensbrot« aus der Hand zu reißen, sondern davonstürmen, als wären sie von ihm mit Worten härtester Abweisung zurückgeschreckt worden. Wenn der johanneische Jesus diesen Tatbestand der an die Jünger gerichteten Frage

»Wollt auch ihr gehen?« auf die Spitze treibt und Petrus mit der in sein Bekenntnis ausmündenden Gegenfrage antwortet: »Herr, zu wem sollen wir gehen? Wir haben geglaubt und erkannt, daß du der Heilige Gottes bist« (Joh 6,67 ff.), bestätigt sich aber gerade in dieser Szene, daß das Ärgernis der Schattenwurf und, radikaler noch, die Provokation des Glaubens ist. Indem Jesus befremdet und die in ihn gesetzte Sinnerwartung durchkreuzt, räumt er nicht nur die seinem Heilsangebot entgegenstehende Barriere weg, vielmehr gibt er auch schon den Weg zur wahren Lebensgemeinschaft mit ihm frei. Die Befremdung ist nur die härtere Tonart, in der er den von ihm erhobenen Anspruch geltend macht.

Der Freudenbote

In der Frage des von Jesus erhobenen Anspruchs behalten darum weder seine Forderungen noch das von ihm erregte Befremden das letzte Wort; denn dieses gilt der Ankündigung der neuen Heilszeit und der mit ihr geschenkten Freude. Das eine verdeutlicht der bereits erwähnte Doppelspruch vom neuen Flicken und vom jungen Wein, das andere die Antwort Jesu auf die Fastenfrage. Wenn beide Worte in dem vom gnostischen Thomasevangelium (durch Logion 47 und 104) nahegelegten Zusammenhang gelesen werden, heben sie jeweils auf eine evidente Unvereinbarkeit – der neuen Elemente mit den alten Tatbeständen und der messianischen Freude mit dem Ernst des Fastens – ab. So wenig es angeht, den neuen Flicken auf den alten Stoff zu setzen und den noch unausgegorenen Wein in alte Schläuche zu füllen, so wenig kann den zum messianischen Hochzeits- und Freudenmahl geladenen Gästen die »Trauerarbeit« des Fastens zugemutet werden. So gesehen verkürzt sich die Antwort Jesu an die Fragesteller auf die mitreißende Gegenfrage:

Können denn die Hochzeitsgäste fasten, wenn der Bräutigam bei ihnen weilt? Solange sie den Bräutigam bei sich haben, können sie doch nicht fasten! (Mk 2,19f.)[35]

Demgegenüber betonen die Bilder von der Unverträglichkeit des neuen Flickens mit dem alten Stoff und des noch unvergorenen Weins mit den alten Schläuchen mit unüberbietbarer Schärfe, daß es Jesus bei aller Bereitschaft, das geistige Erbe seines Volkes zu wahren, um einen revolutionären Bruch zu tun ist, der sogar die bisherigen Strukturen erfaßt und deshalb nur in neuen Denk- und Sprachformen zur Geltung gebracht werden kann.

Das Reich im Wort

Indessen ist Jesus in letzter Hinsicht ebensowenig »Gesetzgeber«, wie er »Lehrer« oder gar »Provokateur« ist, sooft er auch in diesem Sinne – gerade seit seiner Neuentdeckung – stilisiert worden ist. Zum sozialkritischen Provokateur in den radikalen Richtungen der Befreiungstheologie, zum Lehrer in der titelgleichen Studie von *Rainer Riesner* und zum Gesetzgeber in einem rigorosen Konservativismus, der den Hauptzweck des Christentums in der religiösen Disziplinierung seiner Anhänger erblickt.[36]

Doch Jesus war weder, wie schon Luther warnend betonte, »ein Moses« noch, wie gegen Riesner einzuwenden ist, ein »Gesetzeslehrer« mit einer ausgearbeiteten didaktischen Methode; und den Umbruch der gesellschaftlichen Verhältnisse begriff er nicht etwa als Zweck, sondern als Wirkung und Folge der Botschaft, die er auszurichten hatte, um damit die Welt für Gott zu »entzünden«. Damit konzentriert sich die erfragte Aufgabe Jesu auf seine Rolle als Botschafter, der sein Volk, tendenziell aber mit ihm die ganze Menschheit für die Sache Gottes zu gewinnen sucht. In der resümierenden Fassung des Markus-Evangelisten besagt das:

Nachdem Johannes ins Gefängnis geworfen worden war, durchzog Jesus das galiläische Land, verkündete das Evangelium Gottes und sprach: Die Zeit ist erfüllt, und das Reich Gottes ist nahe. Kehrt um und glaubt an die Heilsbotschaft! (Mk 1,14f.)

Nach *Buber*, der in diesem Wort im Unterschied zur kritischen Forschung eine echte Überlieferung nachklingen sieht, kann Jesus freilich nur die erste Satzhälfte gesprochen haben, nicht jedoch die Schlußwendung, da die zum Glauben rufende Verkündigung der Botschaft noch gar nicht begonnen habe.[37] Doch verbaut er sich damit den Zugang zu dem für ihn wichtigen Gedanken, wonach die Verkündigung Jesu mit der Glaubensforderung beginnt. Was er verlangt, ist ein Glaube, der zu seinem eigenen Inhalt findet, so wie das Wort, das (nach Joh 1,1) im Anfang war, seine eigene Botschaft ist.[38] Nach Bubers einfühlsamer Darstellung verlangt Jesus diesen Glauben auch als Vorbedingung – und nicht, wie es der logischen Konsekution entsprechen würde, als Frucht – seiner Wundertaten. Es ist der Glaube, dessen Fehlen ihn in seinem rettenden Heilswirken lähmt, so daß er sogar in seiner Heimatstadt, wo ihm wachsende Ablehnung entgegenschlägt, »keine Wunder zu tun vermochte« (Mk 6,5).

Wenn man diesem Glauben auf den Grund geht, entspricht er dem, was im Selbstbewußtsein Jesu als Frage der ihm von der Himmelsstimme zugesprochenen Antwort voranging. Für Buber ist das der Glaube, der (nach Mk 9,23) »alles vermag«, weil er sich ganz der Macht Gottes überantwortet, der Glaube, in dem sich Jesus mit den Empfängern seiner Wohltaten verbunden weiß.[39] Insofern ist er gleichbedeutend mit der in der ersten Seligpreisung geforderten »Armut im Geist« (Mt 5,3), also jener Selbstentäußerung, die von vorgefaßten Sinnentwürfen und Erwartungen abläßt, um so die volle Freiheit für die göttliche Selbstzuwendung zu gewinnen. So verstanden, ist dieser »inchoative« Glaube die Lauge, die auf den Kristallisationskern wartet, der den Gestaltungsprozeß in ihr in Gang setzt. Doch worin besteht er?

Das Gottesreich

Er besteht zur Überraschung aller Zeitgenossen und Nachgeborenen gerade nicht in einer religiösen Doktrin! Denn Jesus befremdet auch in dem Sinn, daß er nicht, wie von einem Großen der Religionsgeschichte zu erwarten wäre, von Gott und göttlichen Dingen spricht, sondern den – dazu noch unerklärten – Gedanken vom Gottesreich ins Zentrum seiner Verkündigung stellt.[40]

Indessen löst sich die Schwierigkeit auf, wenn man die Rede vom Gottesreich auf die »Antwort« der Himmelsstimme zurückbezieht und diese aus ihrer Resonanz in Jesu »Jubelruf« (Lk 10,22) begreift. Dann bestand diese Antwort gerade nicht darin, daß Gott ihm mitteilte, wer er in seinem ewigen Geheimnis ist, wohl aber darin, daß er ihn wissen ließ, was er, der Angerufene, für Gott ist: sein geliebter Sohn! Dadurch gewinnt die an Jesus ergangene Gottesoffenbarung, wie es der Ausruf »Alles ist mir von meinem Vater übergeben« (Lk 11,25) bestätigt, eine Kopflastigkeit zu seinen Adressaten hin. Zwar geht es um eine Selbstmitteilung, doch nicht im Sinn einer »Enthüllung«, sondern einer »Inspiration«, die den Angesprochenen zu seinem ewigen Lebenssinn »erweckt«.

Gleiches gilt nun auch vom Zentralbegriff der Botschaft Jesu. Er spricht von Gott, doch so, daß dadurch die menschlichen Verhältnisse auf einen neuen Nenner gebracht und zu ihren größten Möglichkeiten aufgerufen werden. Er meint die Ausrichtung alles Bestehenden auf Gott, aber nicht im Sinn einer Unterwerfung unter seine Macht; er meint eine Ordnung, aber nicht nach Art eines Herrschaftssystems; er meint einen Lebensraum, aber keine Gemeinschaft von Beherrschten. Weil er seine Ordnung der der Welt zugewandten Liebe Gottes verdankt, wird in diesem Lebensraum der andere als Bereicherung, nicht als Begrenzung empfunden, gerät der Freiheitsbereich des einen nicht in Kollision mit dem des andern, ergänzen sich die Interessen, anstatt einander zu widerstreiten, entsteht Verbundenheit und nicht nur Kooperation. Im Blick auf die tatsächlich bestehenden Verhältnisse ist man geneigt, das von Jesus proklamierte Gottesreich eine Utopie zu nennen; doch Jesus spricht von keinem Traum, sondern von einer Wirklichkeit, die hier und heute beginnt, auch wenn sie sich erst in der Endzeit vollendet. Auch entwirft er damit kein abstraktes Orientierungsmodell, sondern den Grundriß einer konkreten, lebendigen Gegenwart, mit der die von ihm angesagte Zukunft bereits beginnt. Und schon gar nicht denkt er an etwas, das auf dem Weg politischer Aktionen heraufgeführt werden sollte, obwohl er sein Programm durchaus auf das Nietzsche-Wort beziehen könnte, daß mit ihm »große Politik« erst wirklich ihren Anfang nimmt.[41] Denn der Anbruch des Reiches Gottes ereignet sich in seinem Wort. In den Hörern seiner Verkündigung gewinnt es Gestalt; und mit der »Tatsprache« seiner Wunder steht er (nach Lk 11,20) dafür ein, daß es bereits angebrochen ist. Doch so sehr es darauf angelegt ist, die Welt zu verwandeln, entzieht es sich dem Versuch einer konkreten Festlegung. Es bricht, schon als Wort, aus der Sphäre der normalen Verständigung aus; es ist, schon als Wort, eine lebendige Überredung zu dem Unerhofften, noch nie Gewesenen. Deshalb antwortet Jesus auf die Frage nach den Anzeichen seines Eintritts:

Das Reich Gottes kommt nicht mit äußerem Aufwand; auch kannst du nicht sagen: es ist hier, oder dort. Das Gottesreich ist vielmehr mitten unter euch (Lk 17,20f.).

Die Konzeption

Wie aber ging der Gottesreich-Gedanke aus Jesu Sendungsbewußtsein hervor? Die Antwort kann nur lauten: durch dessen Brechung in seinem Selbstbewußtsein! Auch wenn die an ihn ergangene Gottesoffenbarung den Charakter einer Antwort hatte, die als solche auf universale Mitteilung drängte, bedurfte es doch der Umsetzung, damit das, was ihm zugesprochen worden war, zum Gegenstand weltweiter Verkündigung werden konnte. Dafür aber reichte keine der verfügbaren Vorstellungen aus, und wären sie so sublim wie der alttestamentliche Weisheitsgedanke und so griffig wie das Bild vom messianischen Friedensreich. Soviel davon in die Reich-Gottes-Konzeption eingeflossen sein mochte, war die notwendige Umsetzung doch ausschließlich das Werk eines mit dem Selbstbewußtsein Jesu gegebenen Datums. Und das bestand in nichts anderem als im Akt seiner Individuation!

Der Vorgang ist häufiger, als es zunächst den Anschein hat. Wenn der Prophet Jeremia sich bei seinem Gott darüber beklagt, von ihm verführt worden zu sein, daß er aber trotz seines Vorsatzes, nicht mehr in seinem Namen zu reden, das in ihm brennende Feuer nicht niederzuhalten vermochte (Jer 20,7ff.), entsteht der Eindruck, daß seine Verkündigung in der »Esse« dieser Noterfahrung geglüht und geformt wurde. Desgleichen wirkt der Römerbrief des Apostels Paulus wie eine Zusammenfassung der in seinem vorangehenden Briefwerk entwickelten Gedanken auf der Folie der eigenen Lebensgeschichte. Und ist es ein Zufall, daß Goethes ›Faust‹ mehr als jedes seiner anderen Werke, ›Dichtung und Wahrheit‹ eingeschlossen, den Tatbestand einer »großen Konfession« erfüllt? Was hier Vermutung bleibt, steigert sich beim späten Nietzsche nahezu zur Gewißheit. Denn im Bestreben, sein Werk über den erreichten Stand hinauszuführen, verfiel er im letzten Schaffensjahr offensichtlich auf den Gedanken, die früheren Schriften einer »relecture« zu unterziehen, wobei er sich der eigenen Person »wie eines starken Vergrößerungsglases« bediente.[42]

Bei Jesus ist der Vorgang von diesen Vergleichsfällen deshalb um eine ganze Ordnung verschieden, weil sich sein Individuationsakt nahezu gegensinnig zum durchschnittlichen vollzieht. Er kam dadurch zu sich selbst, daß ihm das Wissen um die Gottessohnschaft im Anruf der Himmelsstimme ins Herz gesprochen wurde. So besitzt er kein behauptetes, im Akt der Unterscheidung und Abgrenzung gewonnenes, sondern ein »responsorisches«, im Zuspruch von oben empfangenes Selbstbewußtsein. Er braucht nicht »es« und »du« zu sagen, um »ich« sagen zu können; vielmehr findet er die Mitte seiner Identität in der Erfahrung seines Angenommen- und Bestätigtseins. In diesem Prozeß der Selbstfindung ist, wenngleich nachgeordnet, auch seine Mitmenschlichkeit einbezogen. Er kommt, im Unterschied zu allen übrigen, nicht an der Andersheit der andern zu sich selbst, sondern auf dem Weg der Übereignung seines Selbst an sie. Es ist der Weg der liebenden Hingabe, nicht der der distanzierenden Selbstbehauptung. Auch in diesem Sinn gilt von Jesus, daß er nicht gekommen ist, sich bedienen zu lassen, sondern zu dienen und sein Leben hinzugeben für die vielen (Mk 10,45).

Im Medium dieses Selbstbewußtseins gewinnt die Gotteserfahrung Jesu eine neue Dimension. Sie will, gebrochen durch seinen Identifikationsakt, weitergegeben und zum Prinzip einer neuen Mitmenschlichkeit erhoben werden. In dieser Brechung wird Gott definitiv zum »Emmanuel«, dem »Gott-mit-uns«, und als der sich an uns Mitteilende der Quellgrund eines aus den gesellschaftlichen Strukturen gehobenen, zu seinen höchsten Möglichkeiten freigesetzten, gottförmigen Daseins. Freilich ist damit der Begriff dessen, was »Reich Gottes« besagt, erst zur Hälfte ausgeleuchtet. Wenn Gott sein Prinzip, wenn Gottesnähe seine Dynamik und wenn Gottesliebe sein Formgesetz ist – worin hat es dann seine Mitte? Die Antwort darauf ergibt sich, wenn man den Stellenwert des Begriffs im Denken Jesu ins Auge faßt. So gebieterisch er zum Glauben auffordert, so mitreißend er von der Vatersorge Gottes spricht und so ernst er mit den Verführern ins Gericht geht, so kann doch nur vom Begriff des Gottesreichs gesagt werden, daß er mit ihm lebt und stirbt. In seiner Rede vom Gottesreich ist die Distanz von Sprecher und Aussage signifikant verkürzt. So sehr es ihm dabei um eine »Sache« geht, die tendenziell die der ganzen Welt ist, spricht er dabei doch zugleich, und ohne daß er es hindern könnte, von sich! Nur so ist es zu erklären, daß er den Fragestellern, denen es um genauere Auskünfte zu tun ist, jede Präzisierung schuldig bleibt, ja die Möglichkeit einer Angabe von Indizien und Kriterien in Abrede stellt. Er muß die Frage offen lassen, weil der Zentralbegriff seiner Verkündigung sein Recht, seine Wahrheit und seine Glaubwürdigkeit in ihm selber hat. Wer das »Geheimnis des Gottesreichs« (Mk 4,11) enträtseln will, muß auf ihn, seinen Künder und Gründer, achten. Aus seinen Worten leuchtet es auf; durch seine Hände gewinnt es Gestalt. Mit dem Hinweis darauf bringt er die Gegner, die ihn des Teufelsbündnisses bezichtigen, zum Schweigen: »Wenn ich durch die Finger Gottes die Dämonen austreibe, ist das Reich Gottes schon zu euch gekommen« (Lk 11,20); und die Beweiskraft der Stelle gewinnt noch an Gewicht, wenn man bedenkt, daß Jesus hier vom »Kommen« des Gottesreichs wie von der Ankunft einer – lang erwarteten – Person spricht.[43]

Die Umsetzung

Kommentiert durch das Wort der Apostelgeschichte, daß er »Wohltaten spendend das Land durchzog« (Apg 10,38), erweckt die Stelle den Eindruck, als habe das Leben Jesu in erster Linie auf einer fortgesetzten Reihe von Aktivitäten bestanden, die, nach dem Durchgang durch die »Zwischenphase« des Leidens, in der »Tat« seiner Auferstehung gipfelte. Soviel Richtiges an dieser Vorstellung ist, verdunkelt sie doch die ungleich wichtigere Lebensleistung, die seine Redetätigkeit darstellt. Danach besteht die zentrale Aktion, mit der er seine Sache zur Geltung zu bringen sucht, in seinem – Wort. Das bestätigt sich schon dadurch, daß sich einer tieferen Besinnung auf die übrigen Aktvitäten das Wort als eine Art »Generalnenner« auferlegt. So verfolgen seine Wundertaten letztlich eine kerygmatische Absicht: sie wollen als eine Art »Tatsprache« verstanden werden. Nicht weniger richtig ist es, wenn man von einer »Botschaft« des Kreuzesleidens Jesu spricht. Und für das Ereignis seiner Auferstehung hat nicht erst die neueste Forschung glaubhaft gemacht, daß sie von der frühen Christenheit zunächst als »Offenbarung« empfunden und bezeichnet wurde; vielmehr ging ihr darin längst schon Paulus voran, wenn er davon spricht, daß ihm Gott in seiner Damaskusstunde das Geheimnis seines Sohnes »offenbarte« (Gal 1,16).[44] Vor allem aber hängt die dominierende Rolle des Wortes mit der Offenbarertätigkeit Jesu zusammen. Sie bildet den kreativen Aspekt der Tatsache, daß er aus dem Anruf Gottes lebte und daß seine Jünger sich im Umgang mit ihm ins Einvernehmen mit Gott gezogen und von ihm angesprochen fühlten.

Dennoch war die Aufgabe, die sich mit der Notwendigkeit der sprachlichen Umsetzung des Zentralgedankens stellte, denkbar schwer. Denn es galt, einem Gedanken zum Durchbruch zu verhelfen, der sich der rationalen Verdeutlichung weitgehend entzog und der der allgemeinen Erwartungshaltung allenfalls vom Rand her entsprach. Diesem zweifachen Defizit konnte nur durch gegensinnige Strategien abgeholfen werden. Jesus mußte so vom Gottesreich sprechen, daß das, was er damit ansagte, unmittelbar plausibel wurde und daß sich das Menschenherz davon in seiner Bedürfnistiefe angesprochen fühlte. Dabei kamen ihm zwei Modellvorstellungen zu Hilfe. Die eine bestand in der inneren Plausibilität des von ihm gewählten Begriffs, die andere – in ihm selbst. Denn in der Sinnfigur »Reich Gottes« wurde das scheinbar Selbstverständlichste, die menschliche Sozietät, in einer Weise auf Gott zurückbezogen, daß sie sich in sein Geheimnis verlor, während Gott eine unerhörte »Bodennähe« erlangte, da er als das Prinzip der Mitmenschlichkeit ins Spiel gebracht wurde. Ein Begriff, der Bekanntes verrätselt und Mystisches gleichzeitig vergegenwärtigt, ist ein Symbol. Insofern war mit der Wahl des Zentralbegriffs bereits eine Vorentscheidung über seine Versprachlichung getroffen. Sie hätte sich jedoch Jesus nicht so zwingend auferlegt, wenn sie nicht seiner inneren »Disposition« entsprochen hätte.

Sie betrifft sein einzigartiges Verhältnis zur Sprache. Mit der Beobachtung, daß die »Aktion« Jesu vornehmlich in seiner Redetätigkeit besteht, ist erst eine marginale Feststellung getroffen. Tiefer dringt schon die Feststellung, daß die große Inversion im Gang der menschlichen Sprachgeschichte zentral mit ihm zu tun hat. Obwohl sich schon im altägyptischen »Gespräch eines Lebensmüden mit seiner Seele«, vor allem aber in den Konfessionen des Propheten Jeremia die Möglichkeit ankündigt, die Sprache gegen ihren ureigenen –

der Weltorientierung dienenden – Funktionssinn zu verwenden und als Instrument individueller Selbsterfahrung zu nutzen, wird diese – von Paulus ausgearbeitete und von Augustinus literaturfähig gemachte – Möglichkeit doch erst durch Jesus zum epochalen Ereignis.[45] Den Kern berührt jedoch erst die Erkenntnis, daß sein Wort gleichzeitig für ihn und von ihm spricht: für ihn, sofern er, wie nun nochmals zu bedenken ist, mehr als jeder andere in seinem Reden Gestalt gewinnt und sichtbar wird; gleichzeitig aber auch von ihm, sofern er in seinem Reden ganz im Dienst des durch ihn verlautbarten Gottes steht.

In dieser zweifachen »Durchlässigkeit« gründet der metaphorische Zug seines Redens. Das Wort Jesu ist eine in der Sprachgeschichte der Menschheit einzig dastehende Apotheose der Metapher. Unter seinem sprachlichen Zugriff werden Dinge und Verhältnisse auf das hin durchsichtig, wovon sie in seiner Sicht nur Versprechen und Verheißung sind. So entsteht in seinem Sprechen eine »Welt«, in der von nichts anderem als von den Gegebenheiten der Alltagswelt, von Säen und Ernten, von Verlieren und Finden, von Hunger und Überfluß, Raub und Betrug, Hochzeit und Tod, die Rede ist und die er doch nur zu dem einen Zweck aufbaut, das Bestehende aus den Angeln zu heben und in eine höhere Ordnung zu übersetzen. Das aber vermag er, weil er selbst, mit dem an Kierkegaard angelehnten Ausdruck gesprochen, eine »akustische Metapher« ist, weil in seinem Reden Gott selbst zu Wort kommt. So führte ihn ebenso die Art seiner Sprachverwendung wie sein eigenes Wortsein dazu, das Gottesreich vom Himmel der Utopien auf die Erde der menschlichen Sprachverhältnisse herabzuholen, und dies in einer Sprache, die als solche bereits eine Realutopie des Gottesreiches war. Diese Sprach-Welt schuf Jesus in und mit seinen Gleichnissen.

Die Gleichnisrede

Zu dieser Auffassung bekannte sich bereits der aus der Schule von Ernst Fuchs hervorgegangene Systematiker *Eberhard Jüngel*, dessen Gleichnisinterpretation in der Erkenntnis gipfelt, daß das Geheimnis des Gottesreichs deswegen vorzugsweise in parabolischer Sprache vorgetragen wurde, weil die Gleichnisrede der Realutopie des Gottesreichs strukturell entsprach und weil es Jesus zudem darauf ankam, seine Hörer von der anbrechenden Gegenwart des Gottesreichs zu überzeugen.[46] Mit einer von Norman Perrin übernommenen Formulierung Wilders könnte man auch einfacher sagen, daß sich die Gleichnissprache Jesus anbot, weil es ihm darum zu tun war, die Hörer in seine Vision des Gottesreichs hineinzunehmen.[47] Damit ist fürs erste negativ geklärt, weshalb sich die Gleichnisse jedem Versuch einer restlosen Entschlüsselung entziehen. Was in ihrer Weise als »Sprachereignis« inszeniert ist, kann in vergegenständlichenden Denkformen letztlich nicht verhandelt und erklärt werden. So sorgfältig sie von verwandten Sprachformen, wie insbesondere von Allegorie und Parabel, unterschieden werden müssen und sosehr es auf eine exakte Bestimmung ihres Aufbaus und, soweit dies noch angeht, ihrer situativen Einbindung ankommt, kann es dem analytischen Zugriff doch nie gelingen, ihnen ihr Geheimnis vollständig zu entreißen. Dafür »haften« sie zu sehr an der Person ihres Erzählers, und dafür ist der Hörer zu radikal in den Akt der Auslegung einbezogen. Sie sind und bleiben jene einzigartige Form der Selbstmitteilung Jesu, durch die der Hörer nach seinem Gottes- und Weltverhältnis befragt und zur Entscheidung für das Kommende aufgerufen ist. So bewegen sie sich als Sprachform stets diesseits der Grenze, die durch die Ordnung dessen, was vergegenständlicht und analysiert werden kann, gezogen ist. Vom Rand her bestätigt das sogar der Gang der Gleichnisforschung, die in ihrem jüngsten Stadium erneut auf die Position einer allegorisierenden Deutung zurückzufallen droht, die bereits durch ihren Initiator *Adolf Jülicher* ein für allemal überwunden schien und dadurch bei allem, was sie an Einzelergebnissen erzielte, ihr grundsätzliches Scheitern eingesteht.[48]

Der Deutungsweg

Angesichts dieser Sachlage muß jeder Deutungsversuch mit dem Eingeständnis seiner grundsätzlichen Unzulänglichkeit beginnen. Immerhin kann als gesichertes Ergebnis der mit Jülicher einsetzenden und insbesondere von *Joachim Jeremias* und *Ernst Fuchs* geförderten modernen Gleichnisforschung festgehalten werden, daß die Gleichnisse Jesu als sprachgeschichtliche Innovation zu gelten haben, die sich sowohl von der Parabel wie insbesondere von der Allegorie unterscheidet; daß sich ihre Herkunft aus der Reich-Gottes-Verkündigung Jesu auch darin zeigt, daß sie auf die geistige »Kehre« ihrer Hörer ausgehen; daß mit ihrer Erschließung stets dort begonnen werden muß, wo sie sich gegen das Verständnis am stärksten zu versperren scheinen; und daß sie dadurch, daß in ihnen stets das Unerwartete, Unerhoffbare und Unfaßliche geschieht, dem Hörer die vorgefaßten Denk- und Urteilsformen entwinden, dafür aber das Gefühl einer vorher nie erfahrenen Zugehörigkeit vermitteln.[49] Im Anschluß an den französischen Exegeten *Dupont* könnte man auch kürzer sagen, daß sie durch ihre Inszenierung den Hörer blenden, um ihn die Welt mit den Augen Jesu sehen zu lassen.[50] Insofern versetzen sie ihn zunächst in den Zustand einer – an *Hofmannsthals* ›Brief des Lord Chandos‹ erinnernden – »Sprachnot«, die sie jedoch, kaum daß sie ihm bewußt wurde, auch schon überwinden, indem sie ihn in jene neuartige Identitätssprache einweihen, von welcher der fiktive Autor des Briefes meint, daß er sich in ihr wohl erst im Grabe, vor einem unbekannten Richter, verantworten werde. Nur ist es im Fall der Gleichnisreden Jesu eine Sprache, die hier und heute gesprochen sein will, wenn den Dingen und Verhältnissen jene »Seite« abgewonnen werden soll, in der sie für das »Reich Gottes und seine Gerechtigkeit« (Mt 6,33) offenstehen.

Wenn es sich aber so verhält, spricht alles dafür, die theoretische Vorbesinnung möglichst bald in den konkreten Umgang mit den Texten ausmünden zu lassen. Dabei muß freilich ein Zweifaches bedacht werden. Weil es sich um »Texte« handelt, ist in keinem Fall anzunehmen, daß der literarisch überlieferte Wortlaut dem von Jesus tatsächlich gebotenen voll entspricht.[51] Vielmehr ist gerade in diesem Zusammenhang der – von der bisherigen Forschung kaum beachtete – Mediencharakter der biblischen Schriften zu berücksichtigen, der durch zwei gegensinnige Tendenzen gekennzeichnet ist: durch Verknappung und Erweiterung. Davon vermitteln die der Literarkritik längst bekannten Tendenzen nur ein oberflächlich-quantitatives Bild. Mit dem Akt der Verschriftung geschieht vielmehr, wie schon Luther sah und mit aller Schärfe aussprach, auch im qualitativen Sinn »Abbruch« an dem ursprünglich in mündlicher Rede Gesagten. Was das Wort in seiner ebenso informativen wie empirie- und evidenzvermittelnden Bedeutungsfülle zum Ausdruck bringt, kann der Text nur im Modus einer verflachenden »Kurzform« wiedergeben. Und wo das vom Blick und Gestus des Sprechers begleitete und von seinem personalen Einsatz gestützte Wort alles auf einen Punkt bringt, bleibt dem Text nur das »narrative« Nacheinander.

An einzelnen Stellen wirkt der Effekt der Mündlichkeit freilich noch so spürbar nach, daß von der Textgestalt mit einiger Sicherheit auf die Spontanwirkung zurückgeschlossen werden kann. So ist etwa das Verständnis des Gleichnisses von der Aussaat an die Erfassung des Umschwungs gebunden, die sich – unter der Decke des gleichbleibenden Textverlaufs – tatsächlich vollzieht, wenn die Kette der Mißerfolge unversehens in ihr Gegenteil umschlägt: »Und anderes fiel auf guten Boden... und brachte Frucht dreißigfach, sechzigfach, hundertfach!« (Mk 4,8). Ebenso blieben in dem Text des Gleichnisses von den Weinbergarbeitern (Mt 20,1–16) dort, wo der ursprüngliche Wortlaut die Hörer in Bestürzung versetzte, lediglich Elemente der Überraschung und Befremdung. Umgekehrt vermitteln die Gleichnisse vom Schatzgräber (Mt 13,44) und vom wiedergefundenen Schaf (Lk 15,4–7), die in ihrer Urform die Hörer zweifellos in das Glück der Finder hineinnahmen, in ihrer überlieferten Literargestalt lediglich den Eindruck von einer kaum noch zu erhoffenden Wendung zum Guten. Wenn sich damit die Hoffnung auf ein adäquates Verständnis der Gleichnisse auch nicht völlig zerschlägt, erscheint dieses doch an die – kaum einzulösende – Vorbedingung einer Rekonstruktion der mündlichen Urfassung gebunden zu sein. Im Sinne der von *Martin Buber* erhobenen Forderung müßte es somit gelingen, die Texte in die Sprachform der ihnen zugrundeliegenden Mündlichkeit »zurückzuübersetzen«, weil nur so, im Medium dieser Rekonstruktion, noch etwas von ihrer ursprünglichen Sprachgewalt zu vernehmen ist.[52] Da damit ein letztlich uneinholbares Desiderat angemeldet ist, bleibt wiederum nur das Eingeständnis, daß es in der Frage der Gleichniserschließung nur Annäherungswerte an das geben kann, was sie in der Verkündigung Jesu tatsächlich leisteten.

Indessen liegt in dem hochgesteckten Desiderat auch der Anreiz, dem durch die Textualität errichteten Hindernis auf ihrem eigenen Feld zu begegnen. Denn mit der Einsicht in die durch sie bedingte Minderung ist im Grunde bereits der Weg zu einer möglichen Kompensation gewiesen. Er besteht in einem ungleich aktiveren Leseverhalten als des bisher gewohnten, deutlicher gesagt, in der Entdeckung der Kreativität des Rezipienten, dem dadurch geradezu die Rolle eines »nachschaffenden« Autors zugesprochen ist. Zwei gegensinnige Aktivitäten sind von ihm gefordert. Wo die Texte »verkürzen«, muß er durch ein besonders einläßliches, der »Musik« in den Worten und der »Leidenschaft« in der Musik nachspürendes Leseverhalten die Proportionen der Mündlichkeit wieder herzustellen suchen. Dort aber, wo die schriftliche Überlieferung den Kontext »zerdehnt«, muß er versuchen, die gemeinte Sache auf den Punkt zu bringen, wie es dem mündlichen Wort gegeben ist. Damit stellt sich ihm im speziellen Bereich der Gleichnisüberlieferung die Aufgabe aufs neue, vor die sich der Bibelleser insgesamt gestellt sieht. Kommt es bei diesem darauf an, die zentrale Botschaft Jesu in der »Gemengelage« ihrer literarischen Dokumentation ausfindig zu machen, so muß sich der Leser der Gleichnisse darum bemühen, die Absicht ihres Erzählers unter dem Schleier der »literarischen Verfremdung« wiederzuerkennen. Das ist nicht nur eine Frage seines intellektuellen und persönlichen Engagements, sondern vor allem seines Glaubens. Doch kann er anders einer Mitteilung nicht gerecht werden, die bei allem, was sie an Informations- und Gestaltungswert besitzt, letztlich aus der Identität mit ihrem Sprecher lebt. Die symbolische Selbstvergegenwärtigung Jesu in seinen Gleichnissen fordert ein adäquates Leseverhalten.

Was als Zweites zu bedenken ist, hat mit dem Beitrag der Forschung zur sachgerechten Gleichniserschließung zu tun. Weil am Zustandekommen der Texte, wie insbesondere der Einsatz der form- und redaktionsgeschichtlichen Methode zeigte, ganz unterschiedliche Überlieferungsformen beteiligt waren, wird man davon ausgehen müssen, daß sich in der Textgestaltung der Gleichnisse auch die in diesen Traditionen waltenden Erfahrungen und Tendenzen niederschlugen. Ebenso wie die Wundergeschichten boten sie der tradierenden Gemeinde Gelegenheit, ihre Probleme und Lösungsmodelle auf Jesus selbst zurückzuspiegeln. Im Grenzfall, wie er etwa im Gleichnis vom Armen und Reichen (Lk 16,19–31) oder im Gleichnis von den zur Hochzeit bereiten Jungfrauen (Mt 25,1–13) vorliegen dürfte, kam es sogar dazu, daß die Gemeinde Gleichniserzählungen aus eigener Rezeption oder Bildung Jesus in den Mund legte, um sich bei ihren Urteilen und Wertungen seiner Autorität zu versichern.[53] Um so näher lag es dann, auch das zeitbedingte Verständnis einzelner Gleichniserzählungen auf Jesus zurückzubeziehen und es als seine authentische Interpretation auszugeben.[54]

Der Gleichnisdeutung stellt sich damit die Aufgabe eines dreifachen Ausscheidungsverfahrens. Sie muß sich zunächst schon darüber klar werden, was als originäres Gleichnis Jesu, was als einfühlsame Nachgestaltung und was als bloße Sekundärbildung zu gelten hat. Wie schwierig sich die Durchführung dieses Verfahrens im Einzelfall darstellt, zeigt schon die Tendenz der neueren Deutung, das Gleichnis vom Mord im Weinberg (Mk 12,1–11), ungeachtet seiner appellativen Durchschlagskraft, als Sekundärbildung zu erweisen, aber auch die dann kaum noch zu unterdrückende Frage, ob nicht umgekehrt sogar das Gleichnis vom Verlorenen Sohn (Lk 15,11–32) als ein Fall – meisterlicher – Nachgestaltung zu gelten hat. Einfacher gestaltet sich die Klärung der Authentizität im Fall der im Anschluß an die Gleichnisse von der Aussaat (Mk 4,1–8), vom Unkrautacker (Mt 13,24–30) und vom Fischnetz (Mt 13,47f.) gebotenen Deutungen (Mk 4,13–20; Mt 13,36–43; 13,49f.), die, wie schon der Sprachgebrauch, erst recht aber die allegorisierende Tendenz erkennen läßt, eindeutig auf das Konto der tradierenden Gemeinde gehen, die damit unwillkürlich eingesteht, daß sie einzelnen Gleichniserzählungen ratlos gegenüberstand.[55]

Relativ leicht lassen sich schließlich auch jene Partien ausscheiden, die wie die Anspielungen auf bekannte und unbekannte Vorgänge des Zeitgeschehens im Gastmahl- und Talentengleichnis schon deswegen als sekundär zu gelten haben, weil sie dem Aktualitätsbezug zuliebe sogar den Sinnzusammenhang preisgeben.[56] Hier gilt allerdings die Mahnung Jesu, doch keinesfalls mit dem Unkraut zusammen den Weizen auszureißen (Mt 13,29), da eine »Ausscheidungsbeflissenheit« nur der reduktiven Tendenz der Textualität in die Hand arbeiten und dadurch den kostbaren Besitzstand schmälern würde.

Das Gleichnisreich

Von einem »Reich« der Gleichnisse kann schon deswegen gesprochen werden, weil sie sich nach klar unterschiedenen Gesichtspunkten ordnen lassen. So hebt sich von der Gruppe der Natur- und Arbeitsgleichnisse die der Lebens- und Konfliktgleichnisse ab, von der dann wiederum die der Heils- und Gerichtsgleichnisse unterschieden ist. Als vierte Gruppe tritt ihnen diejenige gegenüber, in der die Gestalt ihres Erzählers zum Vorschein kommt und die man demgemäß als Porträt-Gleichnisse bezeichnen könnte. Über dem Eingang zu diesem Reich aber steht fraglos das Wort, das gleichzeitig als Einladung und als Ansporn verstanden sein will:

Bemüht euch nach Kräften, durch die enge Tür einzutreten; denn ich sage euch: Viele werden versuchen hineinzukommen, doch wird es ihnen nicht gelingen (Lk 13,24).

Der Spruch klingt wie eine Vorwegnahme von *Kafkas* Parabel ›Vor dem Gesetz‹ (von 1910), der Geschichte des unglücklichen Mannes »vom Lande«, der nahezu die ganze Lebenszeit vor der Tür zum »Gesetz« verbringt, weil er, zurückgeschreckt vor der Gestalt des Türhüters, nicht einzutreten wagt, bis ihm dieser in seiner Todesstunde die furchtbare Wahrheit in die ertaubenden Ohren schreit: »Dieser Eingang war nur für dich bestimmt; ich gehe jetzt und schließe ihn.« Um so mehr muß der Spruch als Aufforderung verstanden werden, den Eingang zu dem von Jesus erzählten »Reich« dort zu suchen, wo es sich am unzugänglichsten darstellt. Und das ist im Gleichnis von der Aussaat die Stelle, wo der dritte Fehlschlag die Erfolgsaussicht des Sämanns endgültig zunichte zu machen droht und wo es dann doch von dem Ackerboden, als sei dies das Selbstverständlichste von der Welt, heißt: »und er trug Frucht, dreißigfach, sechzigfach, hundertfach!« (Mk 4,8) Und es ist im Gleichnis vom Unkrautacker die Stelle, an der sich der Eigentümer dem begreiflichen Wunsch, das aufsprießende Unkraut auszureißen, mit der Anordnung widersetzt: »Nein, sonst reißt ihr dabei auch den Weizen aus; laßt beides wachsen bis zur Ernte!« (Mt 13,29 f.)

Zu Recht stehen beide Gleichnisse am Anfang des sich mit ihnen erschließenden »Reiches«, weil vom Gottesreich noch kaum und von der in ihm waltenden Gerechtigkeit überhaupt nicht die Rede ist. Um so sorgfältiger erörtern sie die Frage nach dem »Boden«, auf dem es errichtet werden soll. Es ist der Boden einer kontingenten, von vielerlei Rückschlägen bedrohten und zudem von menschlicher Bosheit verunstalteten Welt. Gegenüber der sie verschattenden Vergeblichkeit hilft nur eins: Beharrlichkeit, die sich nicht entmutigen läßt und das einmal in Angriff genommene Werk unbeirrt zu Ende führt. Den durch menschliche Bosheit verursachten Verstörungen muß hingegen mit einer fast grenzenlosen Geduld begegnet werden. Ihr Lohn besteht in der unversehrten Bewahrung des Guten, das auch in der Gemengelage mit seinem Gegenteil mehr noch durch intoleranten Übereifer als durch die Präsenz des Schlechten gefährdet würde. Mit Beharrlichkeit und Geduld aber sind bereits zwei menschliche Vorleistungen für die Heraufkunft des Gottesreiches angesprochen. Zwar haben sie nicht den Charakter von Bedingungen oder gar von Ursachen. Daß das Reich kommt, ist ausschließlich der Initiative Gottes zu verdanken. Dagegen werden durch Beharrlichkeit und Geduld die Widerstände abgebaut, die seine Heraufkunft verzögern. Man könnte auch sagen, daß dadurch, soweit menschliches Zutun dies vermag, ein Gegengewicht zu jenem »Überhang« des Daseins geschaffen werde, der sich in seiner Anfälligkeit für das Nichtige und Böse manifestiert.

Den paradigmatischen Fall für die Lebens- und Konfliktgleichnisse bildet das Gleichnis von den Weinbergarbeitern (Mt 20,1–16), das die Stelle der größten Befremdung zudem ausdrücklich markiert, wenn der Sprecher der Zurückgesetzten seinen Protest so formuliert, daß er damit zugleich den Einwand der in ihrem Gerechtigkeitsgefühl verletzten Hörer zum Ausdruck bringt: »Diese letzten da haben nur eine Stunde gearbeitet, und du hast sie uns gleichgestellt, die wir die Last des Tages getragen haben und diese Hitze!« (20,12) Um so wuchtiger fällt die Antwort des Grundbesitzers auch auf die Hörer zurück: »Freund, ich tue dir kein Unrecht... Darf ich mit meinem Eigentum nicht machen, was ich will?« (20,13.15) Freilich werden sie einen ähnlich weiten Weg durchlaufen müssen wie die Äbtissin in *Gertrud von le Forts* Erzählung ›Die Abberufung der Jungfrau von Barby‹ (von 1940), die erst im Angesicht der tödlichen Abberufung ihrer Schutzbefohlenen begreift, daß sie ihr mit ihren verhängnisvollen Anordnungen »kein Unrecht« zugefügt hatte, weil sie nicht wußte, was sie tat.[57] Ist es im Fall der genau auf den kritischen Punkt des Gleichnisses hinführenden Dichtung die vergebende Liebe, die das durchschnittliche Konzept von Gerechtigkeit außer Kraft setzt, so hier, im Kontext des Gleichnisses, die schenkende Liebe, die für alle reich ist, die sie anrufen, und die einem jeden zumißt, wie sie will. Damit aber kommt nicht nur die »Gerechtigkeit« des Gottesreiches zum Vorschein, sondern mit ihr zusammen auch ihr innerstes Prinzip. Es ist das Reich der als »Sozialstruktur« wirksam gewordenen Liebe, die sich dadurch als die göttliche Alternative zu der auf den Zwiespalt von Solidarität und Angst gegründeten Gesellschaftsordnung erweist. Denn Gesellschaft entsteht, wo der Mitmensch gleichzeitig als Partner gesucht und als potentieller Rivale gefürchtet wird. Wenn er jedoch im Sinne Jesu als Nächster begriffen und angenommen wird, gewinnt inmitten der gesellschaftlichen Verhältnisse jene Neuordnung der Dinge Kontur, die in der Sprache Jesu »Reich Gottes« heißt. Mit dieser Sinnspitze führt das Gleichnis von den Weinbergarbeitern wie kein anderes an jenes große Wort heran, das als Absage an die gewalttätigen Herrschaftsverhältnisse zugleich die Grundzüge einer wahrhaft menschlichen Lebensordnung entwirft, dabei aber auch den »Preis« nicht verschweigt, den ihr Zustandekommen erfordert:

Wer bei euch groß sein will, soll euer Diener sein, und wer bei euch der erste sein will, der letzte von allen (Mk 10,43f.).[58]

Mit Verständnis- und Überlieferungsproblemen befrachtet ist das damit engverwandte Gleichnis vom Betrügerischen Verwalter (Lk 16,1–8), dessen vermutlicher Schluß allem Anschein nach schon in seiner vorliterarischen Überlieferung weggebrochen wurde. Zur »Logik« seines Handlungsablaufs gehört es offensichtlich, daß der sich selbst übertreffende Betrüger von dem Herrn, der ihn auf einem jeden seiner Schritte überwachen ließ, am Ende nicht nur gelobt, sondern auch wieder in seine anfängliche Position eingesetzt wird; denn nur so entspricht es dem Format des Herrn, der ihm an Großmut nicht weniger als an Klugheit überlegen ist.[59] Zu seiner vermutlichen Urgestalt vervollständigt aber ist das Gleichnis das Hohelied auf eine Gerechtigkeit, die alle menschlichen Vorstellungen sprengt, weil ihr Maß im Übermaß der alles wagenden, alles schenkenden und alles verzeihenden Liebe besteht. In dieser Form macht das Gleichnis aber auch nicht weniger als das von den Weinbergarbeitern deutlich, wie sehr Jesus in seinen Gleichnisreden auf die von ihm geforderte Umkehr des Denkens, die Metanoia, hinarbeitet. Um sie zu erreichen, scheut er weder vor drastischen Szenen noch vor schockierenden Wendungen zurück; denn der an die eingespielten Verhältnisse und starren Verhaltensregeln gewöhnte Sinn der Zuhörer muß aufgebrochen werden, wenn sie für die rettende Neuordnung des Daseins gewonnen werden sollen. Vor allem aber legt es Jesus in den beiden Erzählungen darauf an, durch das schokkierende Verhalten des jeweiligen »Herrn« das eingefleischte Proporz- und Vergeltungsdenken seiner Zuhörer außer Kraft zu setzen. Dem Glück des Gottesreiches gegenüber zählt keine Leistung und gilt kein Anspruch, noch nicht einmal der, der sich auf die Leidensgemeinschaft mit Jesus beziehen könnte. Denn auch darauf gibt es nur die den Zebedäussöhnen erteilte Antwort:

Zwar werdet ihr meinen Kelch trinken und meine Taufe empfangen; aber die Sitze zu meiner Rechten oder Linken habe nicht ich zu vergeben, vielmehr stehen sie denen zu, denen es zubestimmt ist (Mk 10,39f.).

Im Unterschied dazu bezieht sich das Problem, mit dem der Leser durch das Schlüsselgleichnis der dritten Gruppe, durch die Erzählung vom Barmherzigen Samariter (Lk 10,30–35), konfrontiert wird, auf die Frage der Einpassung in den Kontext des Evangeliums. Lukas benutzt die auch von Markus und Mattäus, wenngleich in anderem und einleuchtenderem Zusammenhang überlieferte Frage eines Gesetzeslehrers nach dem größten Gebot, um das Gleichnis, auf den ersten Blick sehr geschickt, als Antwort auf die Zusatzfrage »Wer ist denn mein Nächster?« (10,29) einzuführen.[60] Daß es sich um den Fall einer sekundären Einpassung handelt, ergibt sich zwingend aus der Verschiebung des Fragepunkts am Schluß der Rahmenerzählung. Denn unter dem Eindruck der von ihm erzählten Geschichte bezieht sich Jesus nun nicht mehr im Sinn der an ihn gerichteten Frage auf den Adressaten der Nächstenliebe, sondern auf ihren »Täter«, so daß er – und nicht mehr der Hilfsbedürftige – als der wahrhaft »Nächste« erscheint. Auch läßt die Gewundenheit des Ausdrucks noch etwas von der Schwierigkeit erkennen, die bei der Einpassung des Gleichnisses in einen ihm offensichtlich fremden Kontext zu bewältigen war:

Wer von diesen dreien hat sich deiner Meinung nach nun demgegen-
über, der von den Räubern überfallen worden war, als Nächster er-
wiesen? (Lk 10,36)

Damit soll die Möglichkeit einer situativen Veranlassung von
Gleichniserzählungen Jesu keineswegs in Abrede gestellt werden,
zumal sie einer unvordenklichen Tradition entspricht. Im Fall der
alttestamentlichen Vorbildungen waren es in der Regel freilich pre-
käre Situationen, in die gleichnishaft hineingesprochen wurde, um
so eine sprachliche »Pufferzone« zu schaffen, die dem gefährdeten
Erzähler – wie in der Jotam-Fabel – entweder Gelegenheit bot, sich
rechtzeitig aus dem Staub zu machen (Ri 9,21) oder die volle Wirkung seines Wortes – wie in dem an David gerichteten Gleichnis des
Propheten Natan (2Sam 12,1–13) – abzuwarten. [61] Vermutlich verfolgen gerade die situativ bedingten Gleichnisse Jesu denselben
Zweck, gleichviel, ob er wie im Gleichnis von den Ungleichen Be-
tern (Lk 18,9–14) die von ihm mit den »Zöllnern und Sündern«
aufgenommene Tischgemeinschaft rechtfertigt oder sein Verhalten
wie im Gleichnis vom Unkrautacker (Mt 13,24–30) gegen unduld-
sames Eifertum verteidigt.[62] Auf seinen Grundbestand zurückgenommen, erweckt auch das Gleichnis vom Verlorenen Sohn (Lk
15,11–32) den Eindruck, als spiele Jesus hier ein in der »Verlorenheit« gewonnenes Gottesverhältnis gegen die Uneinsichtigkeit der
religiös und gesellschaftlich Etablierten aus.[63]

Der »Nächste«

Mit einer vergleichbaren Gegenüberstellung setzt auch die Gleichniserzählung von der Tat des Barmherzigen ein, wenn sie Priester
und Levit scheinbar achtlos und kalt an der Notlage des Überfalle-
nen vorübergehen läßt und dadurch bewußt die Empörung des Lesers provoziert, der dann aber dadurch, daß an dritter Stelle nicht
der erwartete Laie (Jeremias), sondern der verhaßte Samariter erscheint, auf ungleich nachhaltigere Weise überrascht wird. Mit seinem schnell – allzu schnell – gebildeten Urteil über die beiden Vor-
übergehenden sieht er sich freilich alsbald auf ähnliche Weise ins
Unrecht gesetzt, wie es ihm mit seiner Parteinahme für die scheinbar benachteiligten Arbeiter der ersten Stunde im Weinberggleich-

nis ergangen war. Denn es hätte ihm auffallen müssen, daß Jesus keinerlei Hinweise auf Grund und Motive des kaltherzigen Verhaltens gab; dann wäre es ihm klar geworden, daß keine Motivanalyse geboten zu werden brauchte, weil sich Priester und Levit nur »allgemein menschlich« verhielten, also nur so, wie sich auch der Leser im vergleichbaren Fall verhalten hätte.[64]

Doch kaum hat er sich von diesem ersten Schlag erholt, trifft ihn auch schon ein zweiter, noch ungleich härterer Stoß; denn die erhoffte Hilfe kommt ausgerechnet von dem verhaßten – aus nationalen wie religiösen Gründen verabscheuten – Samariter![65] Und sie erfolgt so spontan und wirkungsvoll, daß die Aktion des Helfers nur uneingeschränkt bewundert werden kann:

Er ging zu ihm hin, verband seine Wunden und goß Öl und Wein darauf; dann hob er ihn auf sein eigenes Lasttier, brachte ihn zur Herberge und versorgte ihn (Lk 10,34).

Man läßt sich einen der feinsten Züge der Erzählung entgehen, wenn man, auf äußere Richtigkeit bedacht, bei der Übersetzung die Handgriffe in umgekehrter Reihenfolge wiedergibt. Denn zweifellos stellt der Erzähler die logische Abfolge nur deshalb auf den Kopf, um einen Eindruck von der Spontaneität und »Unbedachtsamkeit« des Vorgangs zu vermitteln. Schon bei einem flüchtigen Gedanken an die Gefahr, in der er selbst mit seiner Warenladung schwebte, hätte der Samariter zurückschrecken müssen. So aber bestimmt der erschütternde Anblick des Niedergeschlagenen unmittelbar das Gesetz seines Handelns: »Er sah ihn und wurde von Mitleid ergriffen« (10,33).[66] Darin liegt auch schon der Schlüssel zu seinem Motiv. In der Atemlosigkeit seines Verhaltens wird klar, daß er – in seltsamer Verkehrung des äußeren Tatbestandes – wie in Notwehr handelt, ganz so, als sei er selbst zum Opfer des Überfalls geworden. Und das besagt, daß er sich in der Leidensgestalt des andern selbst erblickt hatte. Ihm war aufgegangen, auch wenn er als Landfremder von der Botschaft Jesu noch nie gehört hatte, was dieser mit dem Wort vom »Nächsten« meinte. Die nüchterne Überlegung setzt bei ihm erst wieder ein, wenn es weitere Vorsorge zu treffen gilt. Und der Reiz der Erzählung besteht nicht zuletzt darin, daß nach dem Exzeß der selbstvergessenen agierenden Liebe auch wieder die kalkulierende Erwägung zu ihrem Recht kommt:

*Am andern Tag holte er zwei Denare heraus, gab sie dem Wirt und
sagte: Sorge für ihn, und wenn du mehr brauchst, werde ich es dir
ersetzen, wenn ich zurückkomme (10,35).*

Auch wenn das Gleichnis seinen thematischen Schwerpunkt im Begriff des Nächsten hat, steht es doch ebenso wie die übrigen im Kontext der Reich-Gottes-Verkündigung Jesu. Das klärt sich im Rückblick auf das mit der Rahmenhandlung aufgeworfene Problem. Dort war nach der Jesus selbst in den Mund gelegten Deutung »Nächster« nicht der Hilfsbedürftige, sondern der Helfer. Ein aktiver Begriff von Nächstenliebe war an die Stelle des üblichen passiven Verständnisses getreten. Das leuchtet unter der Voraussetzung ein, daß es Jesus in seiner Erzählung insgeheim um eine Selbstdarstellung zu tun war. In der Fremdgestalt des Samariters war er selbst auf den Plan getreten, um in höchster Not das Wunder der rettenden Liebe zu vollbringen. So wie die Dinge standen, wirkte alles auf Tod und Untergang hin. Dagegen kam nur eine Liebe auf, die selbstvergessen ihrem Lebensgesetz folgte und dem drohenden Verderben einen Akt des bis zur Selbstaufopferung gehenden Wagemuts entgegensetzte. Doch damit bewirkte sie nicht nur die Beseitigung des akuten Notstands; vielmehr überwand sie die drohende Gefahr, indem sie eine neue, auf sie selbst gegründete Lebensordnung stiftete. Diese zeichnet sich, wenngleich nur umrißhaft, in der Handlungsweise des Samariters ab. In seinem Tun scheint die Signatur des Gottesreiches auf und in seiner Mitte die Gestalt dessen, der sich in Wort und Tat als der Rettend-Nächste erwies und so den Anfang mit der Umgestaltung der durch Gewalt und Selbstsucht bestimmten Verhältnisse machte.

Die Umkehr

Im Übergang zur letzten Gruppe will das zweifellos schönste aller Gleichnisse, die Erzählung vom Verlorenen Sohn (Lk 15,11–32), bedacht werden, das einerseits zu perfekt erzählt ist, als daß es unbedenklich den Sprachschöpfungen Jesu zugerechnet werden könnte, andererseits aber zu sehr deren Geist atmet, als daß es ihm, wie es wiederholt geschah, abgesprochen werden dürfte.[67] Für die Autorschaft Jesu spricht außerdem die Verwandtschaft mit dem Gleichnis von den Ungleichen Söhnen (Mt 21,18–32), von denen der eine dem Vater alles verspricht, aber nicht daran denkt, die ihm aufgetragene Feldarbeit auszuführen, während der andere dem Befehl nach einigem Zögern gehorcht, nachdem er sich vorher schroff geweigert hatte.[68] Für die Nachgestaltung spricht dagegen der geradezu artifizielle Aufbau der Erzählung, die wie von einem Rahmenvers durch den Satz gegliedert ist:

Denn er war tot und ist wieder lebendig geworden; er war verloren und ist wiedergefunden worden (Lk 15,24.32).

Wenn die erste Satzhälfte als Anspielung auf Tod und Auferstehung Jesu zu verstehen ist, wachsen die Zweifel an der Authentizität des Textes, die überdies durch eine kompositorische Beobachtung gestützt werden. Denn im Zusammenhang mit den beiden vorangehenden Gleichnissen vom Verlorenen Schaf (Lk 15,3–7) und von der Verlorenen Drachme (15,8 ff.) bildet die Erzählung eine dreigliedrige Steigerungsform, die einer bei Lukas auch sonst begegnenden Darstellungstechnik entspricht. Vor allem gilt das für seine von der Mattäus-Fassung abweichende Anlage der Versuchungsgeschichte (Lk 4,1–33), aber auch von seiner Schilderung der drei Bewerber um die Jüngerschaft, denen Jesus den Ernst der Nachfolge mit drastischen Bildworten vor Augen hält (Lk 9,57–62).[69]

Dennoch ist der Gedanke der Bekehrung am Schweinetrog, dem Ort tiefster Verlorenheit, von derart bestürzender Kühnheit, daß als Urheber doch nur Jesus selbst in Betracht zu kommen scheint, vor allem, wenn man hinzunimmt, daß dieser unvergleichlichen Stelle zufolge erst der Verlorene begreift, wessen Sohn er ist, und was es heißt, der Sohn dieses »einmaligen« Vaters zu sein. Auf Jesus als Urheber zurückbezogen, vermittelt die Stelle dann geradezu den Eindruck, als gewähre sie Einblick in die Werdegeschichte seines Selbstbewußtseins. Die Erniedrigung bis zur Tisch- und Lebensgemeinschaft mit den Sündern – drastisch veranschaulicht durch den Platz am Schweinetrog – war dann nicht nur die Äußerung einer Liebe, die in Jesu Dasein und Lebensvollzug buchstäblich »bis zum Äußersten« (Joh 13,1) ging, sondern gleichzeitig auch der »Ort« seines Durchbruchs zum vollen Sohnesbewußtsein. In Erfahrungen der Leere, der Entbehrung und der Verlassenheit geschah es, daß ihm alles – einschließlich seiner Identität – »vom Vater übergeben«

wurde (Lk 10,22). Im Erleiden seiner Erniedrigung «lernte« er nicht nur, wie der Hebräerbrief (5,8) versichert, »Gehorsam«; vielmehr lernte er darin Gott in jener einzigartigen Weise kennen, die nach dem pseudodionysischen Wort nicht durch Forschen, sondern durch Leiden gewonnen wird.

Demgemäß wirkt das Bekenntnis des Verlorenen wie eine Kurzform der Gottesverkündigung Jesu, gesprochen aus der Position derer, mit denen er sich in stellvertretender Liebe solidarisierte. So gesehen geht es im Grundbestand des Gleichnisses um ein wenngleich stark verschlüsseltes Selbstzeugnis Jesu, der damit ebenso Auskunft über sein Gottesverhältnis wie über den Entstehungsgrund des Reich-Gottes-Gedankens gibt. Daß er dafür die Maskenfigur des »Sünders« wählt, kann den nicht befremden, der das Pauluswort beherzigt, daß Gott den Sündelosen »für uns zur Sünde gemacht hat, damit wir in ihm zur Gerechtigkeit Gottes würden« (2Kor 5,21). Umgekehrt erwiese sich dann, in welch abgründigem Einverständnis der Apostel gerade auch dort mit Jesus steht, wo er mit seinen Aussagen alle religiösen Konventionen durchbricht.

Der Blick auf Paulus zieht in letzter Konsequenz dann aber doch die alternative Vorstellung nach sich, daß der Verfasser des Textes ein gleicherweise von Christus Ergriffener sein könnte, der seine Inspiration nur im Unterschied zu Paulus im engsten Anschluß an das Vermächtnis des historischen Jesus ausgestaltete. Damit ergibt sich eine Konstellation, wie sie sich bereits bei der Suche nach dem Urheber des Hohepriesterlichen Gebets abzeichnete, wie sie aber auch für die aus der Paulusschule hervorgegangenen Schriften anzunehmen ist.[70] Dies vorausgesetzt, geben dann gerade die allegorisierenden Züge der Erzählung nähere Auskünfte. Sie lassen auf eine ungewöhnliche Einfühlung in das Gottes- und Selbstbewußtsein Jesu schließen. Denn der Verfasser stand dann nicht nur ganz im Bann des von Jesus entdeckten und angerufenen Vater-Gottes; vielmehr suchte er dieses neue Gottesbild auch zu ergründen, wenngleich kontrapunktisch zu dem, was Jesus in der Stunde seiner Taufe selbst erfahren hatte. War es dort der Zuspruch der Himmelsstimme, so hier sein Umgang mit den Vater- und Führerlosen, die er um seinen Tisch versammelt hatte. Erst auf dem Tiefpunkt des Elends, das er mit ihnen teilte, war ihm das Glück des Umgriffen- und Angenommenseins durch Gottes Vaterliebe im Vollsinn aufgegangen. Dort, wo jede Sozialbindung abbrach und jede menschliche Reserve aufgezehrt war, ging die Sonne jenes Gottes am leuchtendsten auf, der ohne Vorleistung liebte und sich mit besonderer Zuneigung des Verirrten annahm, vorausgesetzt nur, daß dieser zum Bewußtsein seiner Chance gelangte.

Unter dieser Voraussetzung entfallen dann auch die Schwierigkeiten, die zahlreiche Erklärer angesichts der Schlußszene empfinden und einzelne von ihnen, *Eduard Schweizer* an ihrer Spitze, darin einen sekundären Nachtrag sehen lassen.[71] Das Spannungsmoment wächst noch, wenn man mit *Herbert Poensgen* darauf achtet, daß das Gleichnis den Vater seinen ungleichen Söhnen in ganz unterschiedlichen Kommunikationsformen begegnen läßt: während er die Selbstanklage des jüngeren mit dem väterlichen Kuß zum Schweigen bringt und ihm seine vergebende Liebe in ebenso stummen wie höchst beredten Zeichen – Festgewand, Siegelring und Freudenmahl – zu verstehen gibt, steht die Begegnung mit dem älteren ausschließlich im Zeichen von Rede und Gegenrede.[72] Doch erscheinen die beiden Szenen gerade so in ihrer spiegelbildlichen Wechselbeziehung. Noch in der distanzierenden Behandlung des älteren Sohnes wird deutlich, was ihm der jüngere trotz seines Versagens voraus hat; denn dieser hatte in der Verlorenheit der äußersten Ferne begriffen, wofür ihm, dem »Untadeligen«, der niemals ein väterliches Gebot übertrat, erst die Augen geöffnet werden müssen: »Kind, du bist ständig bei mir, und alles, was mir gehört, gehört auch dir!« (Lk 15,31) Danach gibt es bei noch so großer Legalität eine Befangenheit, der das Wichtigste verborgen bleibt, während dem in die äußerste Grenzsituation Verschlagenen gerade dafür die Augen aufgehen. Wenn man hinzunimmt, daß der ältere Sohn in kaum verhüllten Wendungen als der »Gesetzestreue« beschrieben wird, während das »ferne Land«, in das der jüngere aufbricht, den Makel kultischer Unreinheit (Schweinezucht) aufweist, drängt sich der Gedanke auf, daß das Gleichnis, zumindest beiläufig, auch als Anspielung auf den Gegensatz von Judentum und Heidentum, wenn nicht gar von Judenchristen und Heidenchristen, gelesen sein will. Sofern das zutrifft, spricht dies gleichfalls für die spätere Entstehung.

Nah und fern

Wie sich aus alledem ergibt, ist damit die übliche Deutung des Gleichnisses auf die Sünderliebe Gottes keineswegs in Abrede gestellt. Nur verweist diese dann wiederum auf einen nachgestaltenden Tradenten, der Jesus als den leibhaftigen Selbsterweis dieser erbarmenden Liebe begriff und zudem mit den Verhältnissen vertraut war, wie sie in der jüdischen Diaspora herrschten.[73] Ihre Sinnspitze hätte die Aussage dann in der paradoxen These, daß der Sünder in seiner »Ferne« eine größere Gottesnähe erreichen kann als der im Zustand einer nur legalen Frömmigkeit Verbleibende, der trotz seiner »Nähe« nicht zum Bewußtsein seiner Vergünstigung gelangte. Damit kommt ein Begriffspaar ins Spiel, das mit vergleichbarer Deutlichkeit – wenngleich nicht in kontrastierender, sondern »verbindender« Absicht – nur der Epheserbrief entwickelt, wenn er erklärt:

Erinnert euch…, daß ihr einst von Christus getrennt ward, entfremdet der Gemeinde Israels, fern den Bundesgesetzen mit ihrer Verheißung, ohne Hoffnung und ohne Gott in dieser Welt. Jetzt aber, in Christus Jesus, seid ihr, die einst Fernen zu Nahen geworden im Blut Christi (Eph 2,11ff.).[74]

Mit dem Gedanken, daß Ferne zu Nahen und Nächsten werden, »Hausgenossen« dagegen in innerer Ferne verharren können, wendet sich das Gleichnis ebenso nach außen wie nach innen. Nach außen, sofern die Urgemeinde mit einer Umgebung konfrontiert war, die sich ihr gegenüber im religiösen Besitzstand wußte, ohne es nach ihrem Urteil auch wirklich zu sein. Ihr mußte im Sinn des Gleichnisses klar gemacht werden, daß man sehr wohl »im Haus des Vaters« sein kann, ohne dieses Glück begriffen zu haben. Gleichzeitig richtet sich die Botschaft der Erzählung aber auch nach innen, wo das Salz nur allzu rasch Gefahr läuft, »schal« zu werden, wo der Glaube also nach einer Phase anfänglicher Begeisterung einem Zustand der Selbstentfremdung zu verfallen droht. Ihn beschwört das Gleichnis in Gestalt des älteren Bruders, der im Unterschied zu dem wissend gewordenen Heimkehrer vergaß, vermutlich sogar nie begriff, was es heißt, das Kind dieses Vaterhauses zu sein. Beides setzt ein bereits fortgeschrittenes Stadium der kirchengeschichtlichen

Entwicklung voraus. Damit bestätigt sich der Eindruck, daß das Gleichnis, zumindest in seiner überlieferten Textgestalt, auf eine spätere Ausformung schließen läßt, sosehr es den Geist Jesu atmet.[75]

Das Selbstporträt

Sofern das Gleichnis rückbezüglich auf Jesus gelesen sein will, ist damit zugleich die Frage nach der letzten Gruppe aufgeworfen, die mit der von Jesus ins Werk gesetzten sprachgeschichtlichen Revolution zu tun hat. Sie besteht, wie erinnerlich, in der Verwendung der Sprache gegen ihren natürlichen Funktionssinn, so daß sie nicht mehr der Weltbeschreibung, sondern der Selbstdarstellung dient. Indessen knüpft Jesus mit dieser Funktionsverkehrung an jenes elementare Datum an, auf welches das Hamann-Wort »Rede, daß ich dich sehe« Bezug nimmt.[76] Es liegt auf der Hand, daß dieser Zug um so deutlicher hervortritt, je stärker sich ein Sprecher in seiner Sprachhandlung »verausgabt«. Wenn es nun zutrifft, daß die Gleichnisse zu den krönenden Sprachschöpfungen Jesu zählen, kann es bei ihnen am wenigsten fehlen. Da es sich bei seinem Eingriff in die Sprachgeschichte um eine ausgesprochene Innovation handelt, ist jedoch von vornherein nur mit einer relativ kleinen Gruppe einschlägiger Texte zu rechnen. Sie verringert sich noch angesichts der überhandnehmenden Tendenz, das signifikanteste Beispiel, das Gleichnis vom Mord im Weinberg (Mk 12,1–11), als eine spätere Gemeindebildung zu erweisen.[77] Tatsächlich spricht, wie schon *Jeremias* zeigte, eine Reihe von Gründen für überarbeitende Eingriffe in den Ausgangstext: der allegorisierende Einstieg, der im Anschluß an das jesajanische ›Lied vom Weinberg‹ (Jes 5,1–7) die Szene von vornherein in einen heilsgeschichtlichen Kontext stellt; die kränkende Behandlung der Knechte, die das sprichwörtliche Prophetenschicksal erleiden; insbesondere aber die Ermordung des »geliebten« Sohnes, der (nach der Mattäus- und Lukasfassung) im Sinne eines theologischen Modellgedankens (Hebr 13,12 f.) – und gegen die Logik des Handlungsablaufs – zuerst aus dem Weinberg hinausgeworfen und dann erst erschlagen wird.[78]

Dennoch wirkt der Einwand wie ein Schlag ins Wasser, da das Gleichnis jede Plausibilität verliert, wenn es erst nachträglich, aus dem bereits theologisch verarbeiteten Wissen der Gemeinde um das Todesschicksal ihres Herrn gestaltet und nicht vielmehr von Jesus selbst im Vorgefühl seines Endes erzählt worden wäre. Denn der mit der Gleichnisform intendierte Bewußtseinswandel kann nur unter der Voraussetzung eintreten, daß der Erzählung ein Kernbestand zugrunde liegt, der die Verhältnisse der sich zuspitzenden Krise um Jesus spiegelt. Dann aber ist die Erzählung als eine parabolische Schattenbeschwörung zu verstehen, durch welche Jesus in letzter Stunde das Äußerste doch noch von sich und seinen Hörern abzuwenden sucht. Daß mit einem derartigen Grundbestand gerechnet werden kann, macht der oberägyptische Grabfund mit dem gnostischen Thomasevangelium glaubhaft, dessen Fassung des Textes (als Logion 65) nur die Entsendung von jeweils einem Knecht kennt und das, ohne daß eine christologische Überhöhung erkennbar würde, abrupt mit der Wendung schließt:

Dann sandte der Herr seinen Sohn. Er sagte: Vielleicht werden sie sich vor meinem Sohn scheuen! Da die Bauern aber wußten, daß er der Erbe des Weinbergs war, ergriffen sie ihn und töteten ihn. Wer Ohren hat, der höre![79]

Von ganz anderen Schwierigkeiten ist das gleichfalls zur Gruppe der Porträt-Gleichnisse zählende Gleichnis vom Weltgericht (Mt 25,31–46) belastet.[80] Denn in diesem Fall wird nicht nur die jesuanische Herkunft bezweifelt; vielmehr stößt schon die Zugehörigkeit zur Gattung der Gleichnisse auf Bedenken. Tatsächlich fehlt, da die große Scheidung schon im Auftakt vollzogen ist, der für die Gleichnisreden Jesu typische Handlungsablauf. Um so dramatischer vollzieht sich die das echte Gleichnis kennzeichnende Bewußtseinswende, nur daß sie nicht der Rezeption der Erzählung überlassen bleibt, sondern vom Weltenrichter selbst herbeigeführt wird und so den eigentlichen »Gegenstand« des Textes bildet. Überhaupt wird hier nicht, wie gegen ein naheliegendes Mißverständnis festzuhalten ist, nach einem vorgegebenen Maßstab gerichtet; vielmehr hat das Gericht den Charakter eines Wahrheitsgeschehens, das verborgene Zusammenhänge freilegt und daran die Frage von Heil oder Unheil entscheidet. Deshalb tritt der Erzähler auch nicht dort in Erscheinung, wo man ihn zunächst im Sinne des Eingangsverses vermutet: Der sich auf den Thron seiner Herrlichkeit setzende Wel-

tenrichter ist so wenig mit Jesus identisch wie der »Herr« des betrügerischen Verwalters und des Weinbergs oder der Veranstalter des großen Gastmahls mit Gott. Vielmehr ist er dort zu finden, wo ihn die –
für die Leser stehenden – Gerichteten am wenigsten vermuten: in den
Hungernden, Dürstenden und Nackten, in denen sie ihm, ohne es zu
ahnen, dienten oder sich ihm verweigerten. Demgemäß erreicht das
Gleichnis seinen dramatischen Höhepunkt mit dem Satz:

*Was ihr einem meiner geringsten Brüder getan habt, das habt ihr mir
getan (Mt 25,40).*

Dieses Wort bringt nicht nur die begreifliche Frage der Geretteten
nach dem Grund ihres Heils und den nicht minder begreiflichen
Einwand der Verworfenen nach dem Anlaß ihrer Verdammung zum
Schweigen; mit ihm zerreißt der Schleier, der über der menschlichen
Lebenswelt liegt, so daß die verborgenen Formen der Anwesenheit
Jesu in ihr sichtbar werden. Mehr noch: durch dieses Wort wird die
Welt selbst zu einer Metapher für das, »was kein Auge gesehen, kein
Ohr vernommen und keines Menschen Herz jemals empfunden
hat« (1 Kor 2,9), was nun aber, in diesem gleichnishaft vorweggenommenen Weltgericht, machtvoll ans Licht drängt. Was Jesus
durch die Symbolhandlung der von ihm mit den Gescheiterten und
Verachteten aufgenommenen Tischgemeinschaft ins Werk setzte,
hatte, wie sich jetzt zeigt, mit der das Mattäusevangelium beschlie-
ßenden Zusicherung zu tun: »Und seht, ich bin bei euch alle Tage bis
ans Ende der Welt!« (28,20) Das Gleichnis vom Weltgericht aber
macht klar, daß mit Formen seiner Anwesenheit gerechnet werden
muß, die der menschlichen Sinnerwartung zuwiderlaufen, und dies
um so mehr, als es dabei um Heil oder Unheil geht.

Um so klarer hebt sich von diesen nie ganz eindeutig festzulegen-
den Beispielen das noch verbleibende Gleichnis vom Fürbittenden
Weingärtner (Lk 13,6–9) ab, das den Fall eines nachgerade verzweifelten Einsatzes für eine fast schon verlorene Sache behandelt. Er-
bost über einen Feigenbaum, an dem er nach der Eingangsbemer-
kung schon seit drei Jahren vergeblich nach Früchten suchte, gibt
der Gutsbesitzer dem Weingärtner den Befehl, ihn umzuhauen, damit er nicht länger den Boden aussauge. Da setzt sich dieser in jäh
aufwallendem Mitgefühl für den offensichtlich unfruchtbaren
Baum mit einem Gegenvorschlag ein:

Herr, laß ihn doch noch dieses Jahr stehen! Ich will den Boden um
ihn herum aufgraben und Dünger einlegen. Vielleicht bringt er doch
noch Früchte; wenn nicht, dann laß ihn umhauen (Lk 13,8f.).[81]

Das ist die Sprache einer verzweifelten Liebe, der nur zu sehr bewußt ist, daß sie um einen verlorenen Fall kämpft, und die trotzdem
von ihrem Einsatz nicht abläßt. Dafür gab es in der Erfahrungswelt
der Hörer dieses Gleichnisses, so weit ihr Auge reichte, keinen Anknüpfungspunkt, es sei denn den im Verhalten und in der Gestalt
seines Erzählers. Dann aber hatte das Gleichnis seine Sinnspitze
darin, den von einer denkbar düsteren Zukunft bedrohten Zuhörern klarzumachen, worin ihre einzige Überlebenschance bestand:
in der Erscheinung und Botschaft Jesu.[82] Gleichzeitig gab er ihnen
unmißverständlich zu verstehen, daß die drohende Katastrophe bereits über sie hereinzubrechen begann, daß aber auch die Neugestaltung der Verhältnisse, zu der er aufrief, und damit die Rettung, die
er in letzter Stunde verhieß, in seinem Tun bereits ihren Anfang
genommen hatte. Das gab dem scheinbar offenen Ausgang seiner
Antwort auf die Frage nach dem Kommen und den Anzeichen des
Gottesreichs einen überraschend eindeutigen Sinn:

Das Reich Gottes kommt nicht mit äußerem Aufwand; auch kannst
du nicht sagen: es ist hier, oder dort. Das Gottesreich ist vielmehr
mitten unter euch (Lk 17,20).[83]

So hatte bereits der Täufer nach johanneischer Darstellung von Jesus gesprochen, als er den vom Vorgefühl des Gottesgerichtes aufge-
schreckten Volksscharen vorhielt: »Mitten unter euch steht der, den
ihr nicht kennt!« (Joh 1,26) Nun gewinnt diese scheinbar leere Mitte
unversehens Inhalt und Gesicht. Im Antlitz Jesu scheint das Gottesgeheimnis auf als rettendes Hoffnungszeichen inmitten einer geistig, moralisch und politisch verdüsterten Welt. In seinem Tun legt
Gott die Hand auf sie, um sie aus ihrer Verstrickung und Bedrohung
zu befreien. In seinem Dasein bricht das Reich Gottes an. Im
Grunde ist das die Botschaft aller Gleichnisse; doch spricht sie mit
besonderer Dringlichkeit aus den Erzählungen, in denen sich der
Erzähler selbst in Szene setzt und sich dadurch als das leibhaftige
Gleichnis des Gottesreichs erweist.[84]

Was das – spiegelbildlich dazu – für den Rezipienten besagt, wird deutlich, wenn man mit dem Gleichnisbuch von *Wolfgang Harnisch* der Kafka-Parabel ›Von den Gleichnissen‹ gedenkt, die mit dem scheinbar absurden Gedanken spielt, daß es für den Leser darauf ankomme, im Zug seiner Lektüre selbst zu einem Gleichnis zu werden, um so »der täglichen Mühe« zu entgehen.[85] Wer so verfahre, schließt das brillante Prosastück, habe gewonnen: zwar nicht im Gleichnis, wohl aber »in Wirklichkeit«. Damit fällt das entscheidende Stichwort, wenn man sich nur vergegenwärtigt, daß in den Gleichnissen – wie sonst nur noch in den Ich-bin-Worten und dem sie übergreifenden »Ich will« – der in der Textgestalt verborgene Zuspruch vernommen sein will. Denn die Medien greifen, wie noch zu zeigen sein wird, zusammen mit den von ihnen vermittelten Inhalten auch stets in die Lebenswirklichkeit ihrer Rezipienten ein: die Schriftmedien, indem sie den Leser der Alltagswirklichkeit »entrücken«, die audiovisuellen Medien, indem sie diese in Traum und Show verwandeln.[86] Die Gleichnisse Jesu wollen auf je andere Weise beides: den zu sich selbst und seiner höchsten Sinnbestimmung »erweckten« Leser und den Anbruch jener Neugestaltung aller Dinge, die Jesus mit seiner Reich-Gottes-Botschaft ins Werk setzt. Dazu kommt es in dem Maß, wie der Leser zu dem wird, was er liest: zu einem Gleichnis; denn die Gleichnisse sind Wege zur Verwirklichung der Utopie vom Gottesreich und zur Einbürgerung in seine Lebensordnung. Wer, wie *Kafka* will, zum Gleichnis wird, hat den entscheidenden Schritt dazu getan.

Jesus und sein Gott

Wer das Reich der Gleichnisse Jesu durchmißt, wird am Ziel seines Durchgangs ein leises Befremden, zumindest aber eine Verwunderung nicht unterdrücken können. Einmal darüber, daß sich Jesus in der Atemlosigkeit der ihm zugemessenen Schaffensfrist die Zeit nimmt, seinen Zuhörern Geschichten recht alltäglichen und durchweg unreligiösen Inhalts zu erzählen; sodann – und vor allem – darüber, daß in diesen Erzählungen so gut wie nie von Gott die Rede ist. Doch wird dieses Befremden alsbald von der Einsicht überholt, daß es ihm gerade dadurch gelingt, sie in einem Atemzug ihren festgefahrenen Anschauungen zu entreißen und sich ihnen mitzuteilen: sich als das leibhaftige »Gleichnis Gottes« und das Gottesreich als seine »soziale Selbstauslegung«. Dann aber wird das anfänglich empfundene Defizit auch schon verständlich; denn die Gleichnisse Jesu zielen offensichtlich nicht darauf ab, ein Bild von Gott zu entwerfen und es ihren Hörern einzuprägen. Statt dessen wollen sie aus dem Anspruch Jesu begriffen werden, das von ihm angesagte Gottesreich in Wort und Tat heraufzuführen. Und diesen Anspruch hätte er auch dann erhoben, wenn er, der wortgewaltige Verkünder des Reiches, nie ein Wort gesprochen und seine Verkündigung auch niemals durch eine wunderbare Machttat unterstrichen hätte. Nein, er erhob seinen Anspruch schon vor jedem Wort und jeder Aktion durch seine Existenz, durch die Art, wie er das Dasein auf sich nahm, wie er sich seinen Problemen stellte, wie er seine Freuden genoß und wie er seine Enttäuschungen hinnahm, kurz, wie er sich selbst verwirklichte. Er erhob diesen Anspruch somit durch das, was er war: die zeichenhafte Vorwegnahme des Gottesreichs. So mündet die Frage nach seiner Absicht zurück in die nach seinem Selbstsein. Was aber diese anlangt, so wurde sie längst schon durch den zweifellos kompetentesten Kenner, durch Paulus, mit einem Satz von fast formelhafter Strenge, beantwortet: »Sofern er lebt, lebt er für Gott« (Röm 6,10).

Die Lebensform

Was im Blick auf die mit diesem Satz umschriebene Lebensform auffällt, ist ihre Exzentrizität. Es wirkt wie ein Paradox: obwohl Jesus nie als Entbehrender oder Suchender beschrieben wird, sondern stets den Eindruck eines mit sich Identischen und in sich Ruhenden erweckt, hat er seinen Schwerpunkt doch nicht in sich, sondern ganz und ausschließlich in seinem Gott. Wer über ihn Klarheit zu gewinnen sucht, muß deshalb von seinem Gottesverhältnis reden. Und je tiefer er in dieses eindringt, um so mehr hat er auch von der Lebensgestalt Jesu begriffen. Doch ist er dann nicht etwa am Ziel seiner Fragebewegung; vielmehr wird er von der Erfassung der Lebensgestalt alsbald wieder auf das Gottesverhältnis Jesu zurückverwiesen: Sofern er lebt, lebt er für Gott. Wer ihn sieht, sieht – johanneisch ausgedrückt – auch den Vater und darum ihn selbst in einem Licht, das ihn von allen übrigen Gestalten der Religions- und Geistesgeschichte abhebt.

Das Recht dieser »Kehre« bestätigt sich nicht zuletzt dadurch, daß sich durch ihren Vollzug das Existenzrecht des Christentums klärt. Denn die von Jesus gestiftete Glaubensform steht und fällt mit seinem Gottesverhältnis und dem daraus geschöpften Bild und Begriff von Gott. Insbesondere wird man den neuerdings vielfach gegen das Christentum erhobenen Verdacht, eine bloße Variante, wenn nicht gar eine Fehlform des Judentums zu sein, so lange nicht entkräften können, als es nicht von seinem innersten Sinngrund, dem ihm von Jesus eingestifteten Gottesbegriff her, gerechtfertigt werden kann. Nur unter der Voraussetzung, daß es tiefer als alle anderen Wege ins Gottesgeheimnis hineinführt, läßt sich sein religionsgeschichtlicher Anspruch aufrechterhalten. Im andern Fall gäbe es keinen zwingenden Grund, der die Christen davon abhalten könnte, ihre religiöse Unterkunft im Schatten des sie (nach Röm 11,18) tragenden Ölbaums zu suchen. Das aber nötigt erst recht zum Rückgang auf die lebendige Quelle der Gottesverkündigung Jesu und damit zur Rückfrage nach seinem Gottesbewußtsein.

Wenn man sich bei dem Versuch, diese Frage zu beantworten, von dem Pauluswort leiten läßt, sieht man sich zu einer einschneidenden Abgrenzung genötigt. Wer so wie Jesus »für Gott lebt«, lebt von Grund auf anders als der Mensch des Normalfalls, der entweder sein subjektives Interesse, eine weltanschauliche oder politische Idee oder auch ein humanitäres Programm als Lebensziel verfolgt. Bei Jesus tritt an die Stelle der Idee oder des Programms die Wirklichkeit Gottes, von der schon bei der ersten Annäherung deutlich wird, daß er von ihr unmittelbarer noch als von den Gegebenheiten des Daseins und seiner Lebenswelt betroffen ist. Eine eigentümliche Inversion zeichnet sich ab, die mit dem Eindruck einhergeht, daß Gott für ihn das Erstgegebene und Erstgewisse ist, so daß ihn die Urbewegung seines Bewußtseins von Gott zur Welt und nicht – wie im Normalfall – von der Welt zu Gott führt. Er lebt, bildlich gesprochen, in einem existentiellen »Exzeß«, einer zuständlichen Selbstüberschreitung auf Gott hin. Sein Herz schlägt für den, den er in einem ausschließlichen und doch zugleich alle mit einbegreifenden

Sinn seinen »Vater« nennt. Sein Handeln erfolgt nicht so sehr aus einer Entschließung als vielmehr aus einem »Geheiß«, dem er sich in seinen Aktivitäten unterwirft.

Die Identifikation

Im Zug dieser Abgrenzung wird man schließlich der »Lebensgebärde« Jesu ansichtig. Es ist die Ausdrucksform eines Existenzaktes, der gleichzeitig auf Gott und die Menschen gerichtet ist. Auf diese freilich nur dadurch, daß er sich zunächst mit einer sonst unbekannten Radikalität auf Gott bezieht. Denn die Wahrnehmung der Lebensgebärde verdichtet sich mehr und mehr zu dem Eindruck, daß Jesus seine Identität auf einem zur durchschnittlichen Selbstverwirklichung gegenläufigen Weg gewinnt. Wir gewinnen sie, wie bereits erwähnt, indem wir uns abgrenzen und aus dieser unablässig vollzogenen Unterscheidung die eigene Ichmitte definieren; er wird er selbst im Maß seiner Hingabe und Selbstübereignung an sie. Doch käme es, wie im selben Atemzug gesagt werden muß, niemals dazu, wenn er sich nicht zuvor wie keiner aus der Reihe der Menschen an seinen Gott übergeben, um nicht zu sagen, verloren hätte. Denn hier, in seinem Gottesverhältnis, gibt es nicht nur kein Anzeichen einer noch so leisen Distanz – auch nicht in seiner Kreuzesqual, die ihm die Klage über seine Gottverlassenheit auspreßt –; hier liegt vielmehr der unversiegliche Quellgrund seines ganzen Denkens und Seins. Gott steht für ihn, um es nochmals zu unterstreichen, anstelle dessen, was für andere die Idee, das Programm, der – Lebensinhalt ist. Anders als wir kommt er nicht von der Welt zu Gott, sondern von Gott zur Welt und ihren Gegebenheiten. Eins der bewegendsten Herrenworte, das zum bedingungslosen Gottvertrauen, im Grunde sogar zum Einstieg in die Lebensform Jesu zu überreden sucht, kann das verdeutlichen:

Betrachtet die Lilien des Feldes, wie sie wachsen! Sie arbeiten nicht und spinnen nicht; ich sage euch aber: selbst Salomon in seiner Pracht war nicht gekleidet wie eine von ihnen (Mt 6,28f.).

Ungeachtet seiner Schönheit und Poesie ist das kein Dichterwort, und ungeachtet der exakten Beschreibung keine naturwissenschaftliche Aussage, wohl aber ein Wort, das den Hörer die Entstehung der Lilie aus der Hand ihres Schöpfers miterleben läßt. Doch könnte Jesus unmöglich so sprechen, wenn er sich nicht selber gleicherweise von der »Hand« der Liebe und Weisheit Gottes umgriffen wüßte. So strahlt das Wort von den »Lilien des Feldes« auf ihn selbst zurück, so daß gerade hier von ihm gesagt werden kann, wer er »ist« und wie er sich der geistigen Wahrnehmung darstellt.

Wahrgenommen wird der, der zu Gott ermutigt, weil er in ihm die Quelle der Weisheit und Freiheit, des Entzückens und des Redens gefunden hat und der diese Quelle auf alle, die sich ihm zuwenden, überströmen lassen möchte; der sich in seinen Leistungen verzehrt und in seinen Taten verschenkt; der alle seine Wirkungen überragt, weil er sich in seiner Hilfe selber gibt; der sich in seinen Dienern müht, in seinen Hörern erkennt, in seinen Freunden findet und der in seinen Feinden leidet; der den Glauben fordert, indem er zu ihm verhilft, der befreit, indem er an sich bindet, der bewegt, indem er beruhigt, und der herrscht, indem er dient; der nie beredter ist als in seinem Schweigen, nie mächtiger als in seinem Leiden und nie präsenter als in seiner Selbstverschwendung; der sich einem jeden so zuwendet, als gäbe es für ihn nur diesen einen in aller Welt; der wie kein andrer weiß, was im Menschen ist und dennoch keinen aufgibt, keinen aus dem Lichtkreis seiner Liebe entläßt.

Das Einvernehmen

Von dieser Position wird man durch Paulus, der wie kein andrer in den Herzensangelegenheiten Jesu bewandert ist, mit Hilfe der Beobachtung weitergeführt, daß sein Schlüsselsatz im Kontext des Auferstehungsgedankens steht und demgemäß von seinem eigenen Ostererlebnis aus begriffen werden muß:

Wir wissen, daß Christus, von den Toten auferweckt, nicht mehr stirbt; der Tod hat keine Macht mehr über ihn. Sofern er starb, ist er ein für allemal für die Sünde gestorben; sofern er lebt, lebt er für Gott (Röm 6,9f.).

Von seiner Ostererfahrung aber sagt der Apostel, daß ihm in der Damaskusstunde, die für ihn einer Schau des Auferstandenen gleichkam, das Geheimnis des Gottessohnes ins Herz gesprochen worden sei: »da gefiel es Gott in seiner Güte, seinen Sohn in mir zu offenbaren« (Gal 1,16).[87]

Wenn man von diesem Wort auf Jesus zurückschließt, indem man den mit ihm gegebenen Erfahrungwert auf sein Subjektsein zurückführt, öffnet sich hier die Tür zu seinem Gottesbewußtsein. Dann gilt von ihm ursprünglich, was Paulus auf abkünftig-charismatische Weise in der Stunde seines Offenbarungsempfangs erfuhr: Gott war und wurde ihm stets neu zum zentralen Lebensinhalt. Und von Paulus her läßt sich sogar die Form dieser Zueignung genauer – als eine hermeneutische – bestimmen. Und das besagt, daß Gott für Jesus zur Antwort auf die Frage wurde, die er nicht so sehr stellte, als vielmehr war. Von diesen Überlegungen her wird im triumphalen Wortlaut des »Jubelrufs«, den man als die johanneische Stelle bei den Synoptikern zu bezeichnen pflegt, der dankerfüllte Unterton des mit seinem ewigen Gottsein stets neu Beschenkten hörbar:

Alles ist mir von meinem Vater übergeben; denn niemand kennt den Sohn als nur der Vater, und niemand kennt den Vater als nur der Sohn und der, dem es der Sohn offenbaren will (Lk 10,22).[88]

Hier gestattet das Evangelium tatsächlich einen Blick in die Bewußtseinsbildung Jesu, die in einem einzigartigen »Einvernehmen« mit Gott gipfelt und ihn, anders als alle, die vor und außer ihm ihre Stimme für Gott erhoben, »von Gott her« denken und reden läßt. Wer so spricht, lebt und denkt aus dem Pathos der Ergriffenheit und Hingabe, des Erfülltseins und der Selbstübereignung, nicht jedoch der – auf alle andern zutreffenden – Selbstunterscheidung. Er macht vollen und, wenn es sein muß, blutigen Ernst mit der Aufforderung, durch die er die Seinen zur gleichen Lebensform zu bewegen sucht: »Wer sein Leben zu erhalten sucht, wird es verlieren; wer es aber hingibt, wird es gewinnen.« (Lk 17,33) Deshalb setzt sich der Jubelruf Jesu dann in der Mattäus-Parallele auch unmittelbar in seine Große Einladung an die Bedrückten und Bedrängten, gleichviel welcher Herkunft und Epoche, um, die ihnen das in Aussicht stellt, was ihnen kein anderer zu geben vermochte: die »Ruhe« der bestärkenden, befreienden und beseligenden Lebens- und Schicksalsgemeinschaft mit ihm.

Daraus ergibt sich eine zweifache Folgerung. Wer sich so wie Jesus für seinen Gott verzehrt, lebt diesseits der Distanz, die lehrhafte Aussagen über ihn gestattet. Zwar spricht er eindringlich von dem Gott, der seine Sonne aufgehen und regnen läßt, der seine Geschöpfe umsorgt, der ins Verborgene sieht, der einem jeden nach seinen Taten vergilt und der sich in alledem als der Gott der Lebenden, nicht der Toten, erweist. Doch fügen sich diese Aussagen zu keinem Bild, geschweige denn zu einem Begriff zusammen. Dazu kommt es nicht, weil Jesus von Gott hingerissen und überwältigt, erfüllt und inspiriert, getragen und ermächtigt ist und weil er alles daransetzt, diesem Gott zu unbedingter Geltung und Anerkenntnis zu verhelfen. Dafür wählt er im Bewußtsein, daß in Sachen Gottes weniger oft mehr ist, die mittelbare Sprache seiner Gleichnisse, die das Interesse Gottes nur in welthaften Bildern zur Sprache bringen und doch mit ihrer sanften Sprachgewalt mächtiger als selbst die Seligpreisungen und Antithesen der Bergpredigt zu Gott überreden. Demgegenüber betrifft die zweite Folgerung den Preis des Leidens, um den diese religiöse Großtat erkauft ist. Wer sich so wie Jesus für seinen Gott verzehrt, lebt als ein Ausgesetzter in einer Welt von »Einheimischen«, Integrierten, Gleichgeschalteten. Er erlebt seine Zugehörigkeit zu Gott als »Fremde« im welthaften Bereich und seine Zugehörigkeit zu diesem als eine einzige Abhaltung von seinem wahren Ziel. Dann aber ist es nicht nur möglich, sondern geradezu geboten, von einer Entwicklung im Gottesverhältnis Jesu zu sprechen und schließlich sogar den Gedanken zu fassen, daß er sich zu seinem Gott »durchgekämpft« habe. Doch worin besteht das Hindernis, das ihm diesen Kampf aufnötigte?

Der Schattenwurf

Wenn es zutrifft, daß Jesu Weg nicht von der Welt zu Gott, sondern umgekehrt von Gott zu den welthaften Gegebenheiten führte, stand ihm bei seiner Hinwendung zu Gott, so überraschend dies klingt, die Welt im Weg. Das liegt naturgemäß nicht in der Blickrichtung der Evangelien, die zum Zweck der Erweckung und Festigung des Glaubens verfaßt wurden und aufgrund dieser Zweckbestimmung zu affirmativen Bestimmungen neigen. Sobald man aber lernte, sie »gegen den Strich« ihrer Verfasserintention zu lesen, werden sie im Sinn der angedeuteten Dramatik beredt. Dann zeigen sich unversehens Schatten und Risse in dem von ihnen entworfenen »Weltbild« Jesu.

Zwar hat auch er eine Welt vor Augen, die aus Gottes Hand hervorging und von ihr getragen ist: eine Welt, über der seine Sonne auf- und untergeht (Mt 5,45). Doch wölbt sich über ihr nicht der Regenbogen eines göttlichen, Natur und Menschheitsgeschehen umspannenden Friedens; vielmehr ist es eine von Blitzen durchzuckte (Lk 10,18; 17,24), von den Gewalten der Finsternis bedrohte und ihrem Untergang entgegenfiebernde Welt (Mt 24,28 ff.). Zwar eine Welt, in der sogar die Feldblumen und Raben von Gottes Vorsehung umsorgt sind (Lk 12,22–28), in der aber auch Kummer und Sorge am Menschenherzen zehren (Mk 4,18), in der das gute Saatkorn bisweilen auf Felsengrund oder unter Dornen fällt (Mk 4,5 ff.), in der das Unkraut zusammen mit dem Weizen aufwächst (Mt 13,24 ff.), in der Unschuldige mit Schuldigen hingemordet werden (Lk 13,1 ff.) und die in ihr Ende wie in eine Schlinge hineinzulaufen droht (Lk 21,35); eine Welt, in der die Menschen wie abgehetzte Schafe dahinleben (Mt 9,36), sofern sie nicht sogar von blinden Blindenführern in die Irre geleitet werden (Mt 15,14); eine Welt, in der die Tat des Barmherzigen die Ausnahme von der Regel (Lk 10,31 ff.) und die Heimkehr des Verlorenen den unerhoffbaren Glücksfall bilden (Lk 15,32); eine Welt, die niemals aus der Hand Gottes herausfällt und dennoch voller Bedrohung und Gefahren ist; eine Welt, die sich in der Vielfalt ihrer Erscheinungen als Gleichbild des Gottesreiches anbietet und die doch das Zeichen der Vergänglichkeit und Todverfallenheit auf ihrer Stirn trägt.

Für Jesus ruht aber diese Welt viel zu sehr in der Hand Gottes, als daß sie mit ihrer Größe und Hinfälligkeit, ihrem Glanz und ihrem Schatten, nicht zuletzt auf ihn zurückfiele. In diesem Sinn steht die Welt, wie er sie sieht, zwischen ihm und seinem Gott. Obwohl das noch weniger in der Aussageintention der Evangelien liegt, tritt es doch an einigen Stellen, fast unwillkürlich, zutage. Wenn etwa die lukanische Versuchungsgeschichte in der unheimlichen Aufforderung gipfelt: »Spring doch hinab!« (Lk 4,9) – so stehen in der Tiefe des Abgrunds für den Versuchten nicht nur die Engel bereit, die ihn auf ihren Händen tragen; vielmehr tut sich für ihn dort auch jene »Tiefe der Gottheit« auf, die der Hebräerbrief mit dem bestürzenden Wort auslotet: »Es ist furchtbar, in die Hände des lebendigen Gottes zu fallen.« (Hebr 10,31)

Wenn dann der johanneische Jesus in zorniger Erregung vor dem Grab seines Freundes steht und in Tränen ausbricht (Joh 11,33 ff.), wird als »Grund« dieser Erschütterung wiederum der Gott fühlbar, der die Todverfallenheit des Daseins zuläßt, obwohl er (nach Wsh 1,13) »den Tod nicht gemacht und keine Freude am Untergang der Lebenden« hat, und sich dadurch auf beklemmende Weise verrätselt. Das sind die Augenblicke, in denen der Schatten des Mysterium tremendum auf Jesus fällt und ihn bis in die Wurzeln seiner Existenz hinein erschauern läßt. Wie sehr ihm die Erinnerung daran »nachgegangen« sein muß, zeigt seine Mahnung:

Fürchtet euch nicht vor denen, die den Leib töten, der Seele aber nichts anhaben können; fürchtet euch vielmehr vor dem, der Seele und Leib ins Verderben der Hölle stürzen kann (Mt 10.28).[89]

Der Zwiespalt

Vor allem aber trat Jesus die unbegreifliche Andersheit Gottes in Gestalt dessen entgegen, was er den »Willen des Vaters« nannte. Wie tief es ihm in die Seele schnitt, daß dieser Wille seinem Wirken räumliche und zeitliche Grenzen zog, zeigen seine unerwartet harten Reaktionen auf Bitten, die ihn zur Überschreitung dieser Grenzen zu bewegen suchen. Die um Rettung ihrer Tochter bittende Frau aus dem halbheidnischen Nordgebiet bekommt das verletzende Wort zu hören: »Es geht nicht an, das Brot den Kindern wegzunehmen und es den Hunden hinzuwerfen.« (Mk 7,27) Kaum weniger hart klingt die Antwort an die Mutter, die bei der Hochzeit von Kana doch nur um Abhilfe in einer für die Brautleute peinlich gewordenen Situation gebeten hatte. (Joh 2.4) Beide Male reagieren die Bittstellerinnen darauf jedoch mit Bekundungen einer unerwarteten inneren Größe: Sie lassen sich von der scheinbaren Abweisung nicht zurückschrecken, weil sie in ihr die Stimme der leidenden Liebe vernahmen, der es schließlich doch gelingt, eine Suspendierung des göttlichen Willensdekrets für den konkreten Einzelfall zu erwirken. Wie schwer ihn die seinem Liebeswillen auferlegte Fessel drückte, gibt der johanneische Jesus zu verstehen, wenn er im Vorgefühl, daß seine »Stunde« und damit die Zeit seines schrankenlos freien Wirkens gekommen sei, gesteht:

Jetzt ist meine Seele erschüttert. Was soll ich sagen: Vater, rette mich aus dieser Stunde? Aber deshalb bin ich doch in diese Stunde eingetreten: Vater, verherrliche deinen Namen! (Joh 12,27f.)[90]

Die Anrede

Wie kaum ein anderes Herrenwort läßt dieses Logion erkennen, wie der Schatten eines unbegreiflichen Gotteswillens von der Seele Jesu weicht, während er sich gleichzeitig zu diesem Willen »durchringt«. Aus paulinischer Sicht wird man dem hinzufügen müssen, daß dies stellvertretend für alle geschah, für die der Gotteswille im jüdischen Gesetz Gestalt angenommen hatte und die sich von diesem Gesetz ebenso geführt wie überfordert fühlten. Und in noch stärkerer Verallgemeinerung wird man sagen müssen, daß Jesus hier in Solidarität mit der ganzen Menschheit die Last des Gottes auf sich nimmt, der gleichzeitig Gegenstand ihres höchsten Entzückens wie ihres tiefsten Entsetzens war. Stellvertretend für alle arbeitet er hier – und nicht nur hier – den fundamentalen Zwiespalt von Gottesliebe und Gottesangst im Sinngrund aller Religionen auf, um das religiöse Gefühl in die Bahn rettender Eindeutigkeit zu führen. Doch diesen Umbruch bewirkt Jesus nicht etwa mit Hilfe einer Theorie oder gar einer revolutionären Aktion, sondern mit einem einzigen Wort, freilich einem Wort von höchster Sinnfülle und Verwandlungskraft, mit dem Wort »Vater«. Mit ihm appelliert er, ebenso schlicht wie kühn, an das Herz Gottes; mit ihm stößt er dorthin vor, wo er von Anfang an hingehört; mit ihm nimmt er für alle in Anspruch, was sein ewiges Eigentum ist. Indem er sich mit der – wie die neueste Forschung zeigte, respektvollen – Zärtlichkeitsanrede »Vater!« an Gott wendet, setzt er die größte Revolution der Religionsgeschichte ins Werk. Denn mit diesem Wort tilgt er den Schatten des Schreckenerregenden aus dem Bild Gottes, um darin das Antlitz der ewigen Liebe zum Vorschein zu bringen. Mit diesem Wort geht die Sonne der bedingungslosen Liebe endgültig und unwiderruflich über der in »Finsternis und Todesschatten« liegenden Menschenwelt auf. Dieses Wort setzt der Zeit der Gottesangst ein Ende und stößt die Tür zu der neuen Weltzeit auf, die im Zeichen der Hoffnung, der Freiheit und der Gnadenfülle steht und die der Geschichtsvisionär *Joachim von Fiore* als die kommende »Lilienzeit« der Gotteskindschaft begrüßen wird.[91]

Mit programmatischer Wucht hatte er das nach lukanischer Darstellung schon bei seiner Selbstpräsentation im heimatlichen Nazaret zum Ausdruck gebracht. Denn in dieser dramatischen Szene, die auch einen der schriftstellerischen Höhepunkte des Lukasevangeliums bildet, nimmt Jesus nicht nur die prophetische Heilsansage in bestürzender Aktualisierung für sich in Anspruch – »heute ist dieses Schriftwort vor eueren Ohren in Erfüllung gegangen« (Lk 4,21) –; vielmehr nimmt er sich überdies die für seine Zuhörer unerträgliche Freiheit zur Korrektur heraus, wenn er den den göttlichen »Rachetag« ankündigenden Schluß des Prophetenwortes wegläßt und damit die auf ihn gerichtete Sinnerwartung bewußt verletzt. Doch so allein entspricht es seinem Sendungsverständnis. Sein Wirken steht nicht im Zwielicht von Heil und Gericht, Hoffnung und Furcht; vielmehr ist mit seinem Wirken der große Heilstag angebrochen, der keinen Abend kennt.[91a]

Wie hart diese Gottesgewißheit erkämpft ist, zeigt sich vollends am Anfang und Ende der Passionsgeschichte. Am Anfang, wenn der in Todesnot Geratene vergeblich um Abwendung des drohenden Leidenskelches bittet und sich schließlich ganz dem Vaterwillen unterwirft (Lk 22,42ff.); vor allem aber am Ende, wenn der Gekreuzigte seinem Gott – in heiliger Paradoxie – die Not seiner Verlassenheit klagt und wenn in seinem Todesschrei dann doch die Gewißheit der Erhörung durch diesen Gott und der Zugehörigkeit zu ihm durchklingt. Zwar wendet er sich mit diesem Aufschrei, diesem inständigsten ›De profundis‹, das jemals zum Himmel drang, wie je nur eine gequälte Kreatur an seinen »Gott« (Bernhart).[92] Den so hart erkämpften und gerade jetzt von ihm zu erwartenden Vaternamen gebraucht er dagegen nicht. Dafür geschieht etwas vergleichsweise noch Größeres: Als Grenzfall dessen, was ein Mensch von seinem Gott – und zu ihm – zu sagen hat, wird sein unartikulierter Todesschrei zum Inbegriff der göttlichen Selbstzusage an ihn, zum Ur- und Grundwort der christlichen Gottesoffenbarung. Und das ist gleichbedeutend mit der Erkenntnis, daß der in Gott hinein Sterbende und von dem Tod Auferweckte nun seinerseits zur lebendigen Chiffre des ihm antwortenden und sich in ihm kundgebenden Gottes wird. So hat es Paulus erfahren, als ihm (nach Gal 1,15 f.) in seiner Bekehrungsstunde das Geheimnis des Gottessohnes ins Herz gesprochen wurde und als er (nach 2 Kor 4,6) im Antlitz des vom Kreuzestod Erstandenen den Glanz der Gotteswahrheit erblickte.[93]

Der neue Gott

Dem entspricht es vollauf, daß die von Jesus herbeigeführte »Wende« zuerst von Paulus wahrgenommen wurde. Zwar mahnt auch er seine Lieblingsgemeinde, wenngleich mit einer konventionellen Wendung, sich »in Furcht und Zittern« um ihr Heil zu mühen (Phil 2,12); doch gehört das zu den Restbeständen eines abziehenden Gewitters. Dann aber bricht bei ihm die volle Sonne mit dem Ausruf durch: »Jetzt ist sie da, die Zeit der Gnade; jetzt ist er da, der Tag des Heils!« (2 Kor 6,2) Desgleichen versichert der Erste Johannesbrief im Rückblick auf die gesamte Heilsverkündigung der neutestamentlichen Schriften im gleichen Sinn: »Furcht ist nicht in der Liebe; vielmehr treibt die vollkommene Liebe die Furcht aus« (1 Joh 4,18).[94] Sicher täuscht man sich nicht, wenn man aus der Negation dieses Satzes das »Nachbeben« jenes Kampfes heraushört, den Jesus bestand, als er den Zwiespalt der Gottesattribute, vor dem er sich gestellt sah, durch das sanfte Machtwort »Vater!« bewältigte und die Menschheit dadurch mit dem Bild des neuen Gottes, den er für sie entdeckt hatte, beschenkte.

Erst wenn man diese zentrale Lebensleistung Jesu begriffen hat, hält man den Schlüssel zu seiner Wirkung damals und heute in Händen. Daß er die Menschen in seinen Bann schlagen und für seine Sache – das Gottesreich – gewinnen konnte, hängt sicher auch mit der einzigartigen Ausstrahlung seiner Persönlichkeit, der Sprachgewalt seines Wortes und dem nachhaltigen Eindruck seiner Machterweise zusammen; doch erklärt es sich letztlich erst aus seiner Botschaft von dem »neuen Gott«, zu dem er sie mit alledem »überredete«. Und demselben Grund entstammt seine weltgeschichtliche Wirkung. Daß sich Christentum und Kirche im hektischen Gang der abendländischen Geschichte behaupten konnten, ist nur daraus zu erklären, daß der christliche Gottesbegriff einen Raum des Aufatmens und der Beheimatung eröffnete, in dem sich der Mensch

ebenso befreit wie geborgen fühlt. Vom Blick des von Jesus manife-
stierten Gottes getroffen, ist er zu sich selbst aufgerufen und in seinem unvertretbaren Personsein bestätigt.[95] Von der Hand dieses
Gottes berührt, ist er dem Sog der Lebensangst entrissen. Ans Herz
dieses Gottes gezogen, findet er zur Fülle des Friedens.

Freilich kann man sich das nicht klarmachen, ohne von einem
doppelten Schmerz getroffen zu werden. Der eine betrifft die einzigartige Chance des Christentums, die ihm aus diesem Gottesbegriff erwächst. Auf ihn gestützt, könnte es sich gerade dem heutigen
Menschen auf einzigartige Weise verständlich machen, weil er in
ihm, sofern er auch nur von einem Strahl dieses Gottesbildes getroffen würde, die Religion der Angstüberwindung, der Hoffnung und
des Friedens erkennen müßte. In das freudige Erschrecken über
diese Chance mischt sich dann auch unverzüglich die schmerzliche
Betroffenheit darüber ein, daß sich das Christentum keineswegs
fortwährend auf der Höhe des von Jesus errungenen Gottesbildes
zu halten vermochte, sondern in seiner Geschichte immer wieder
mit der von ihm überwundenen Gottesangst paktierte.[96] Anklägeri-
sche Bezichtigungen, wie sie in diesem Zusammenhang immer wieder erhoben wurden, sind jedoch völlig fehl am Platz. Denn die auf
die Einschüchterung des Menschen abzielenden Strategien könnten
nicht »greifen«, wenn sie nicht mit einem untergründigen Hang im
Bund stünden. Im Menschen selbst ist ein dunkles, vermutlich von
seiner Todverfallenheit eingegebenes Verlangen, von dem Gott, den
er sucht, ebenso beseligt wie in Schrecken gesetzt zu werden. So
strebt er insgeheim aus dem Licht, in das ihn Jesus führte, ins alte
Dunkel zurück.

Erst wenn man dies bedenkt, zeichnet sich das Bild des »neuen
Gottes« in seiner vollen Leuchtkraft ab. Es ist nicht nur ein Bild, das
gesehen und gewürdigt sein will, und schon gar nicht ein Geschenk,
das dem Empfänger einfach in den Schoß fällt, sondern ein Ziel, zu
dem man sich nach dem Vorangehen Jesu durchkämpfen muß.
Denn die von ihm vollbrachte Großtat will von einem jeden, der
glaubend und hoffend zu ihm hält, nachvollzogen werden. Das ergibt sich aber auch aus der Größe und Gewalt des von ihm verkündeten Gottes. Es ist der Gott, der, weil er selbst bedingungslos liebt,
»mit ganzem Herzen, ganzer Seele und ganzer Denk- und Wesens-
kraft« geliebt sein will (Mk 12,30); der Gott, der noch durch sein

Schweigen spricht und in seiner Ferne nahe ist; der Gott, von dem die vielfach mißverstandene Spitzenaussage des Hebräerbriefs sagt: »Unser Gott ist ein verzehrendes Feuer.« (Hebr 12,29) Doch gerade so ist er der Gott, für den sich zu leben lohnt und der selbst im Tod die Gewähr neuen und ewigen Lebens ist.

Die Lebensgestalt

»Wer bist du?« wird Jesus von seinen jüdischen und römischen Richtern im Verlauf des Prozesses gefragt.[97] Doch wiederholen sie damit, wie *Martin Buber* in erstaunlicher Einfühlung deutlich machte, nur die Frage, die er sich längst schon selbst gestellt hatte und die, im weiteren Zusammenhang gesehen, am Anfang seiner Bewußtseinsbildung steht.[98] Es ist die Frage, die als Antrieb auch hinter den Evangelien steht und von ihnen, zusammen mit den übrigen Schriften des Neuen Testaments, mit Aussagen des Glaubens und in der erklärten Tendenz der Glaubenserweckung beantwortet wird. So bieten die Texte ein durchaus menschliches Lebensbild von Jesus, jedoch eingeschmolzen in eine Gesamtschau, die das Biographische ständig ins Numinose überschreitet, so daß der »Josefssohn« zugleich als Gottessohn, der Prediger und Redner zugleich als Offenbarer, der Wundertäter zugleich als Erlöser und Vollender erscheint.

Erst die Neuzeit brach diese Einheit zugunsten einer streng historischen Sehweise auf. Was sie in den Vordergrund rückte, war nur noch die durch Fakten dokumentierte Lebensgeschichte, definiert durch Herkunft und Geburt, die Begegnung mit dem Täufer, die auf die Neugestaltung der religiös-gesellschaftlichen Verhältnisse abzielenden Aktivitäten, die Auseinandersetzung mit den Gegnern und schließlich durch den als tragisches Scheitern angesehenen Tod am Kreuz. Schon an der Auferstehung, dem Schwerpunkt der neutestamentlichen Berichte, schieden sich die Geister. Denn sie gehört zur Ordnung jener Tatsachen, die nach einem sensiblen Schelling-Wort die Menschheitsgeschichte wie Blitze erhellen, weil in ihnen die wahre, die innere Geschichte in die bloß äußere hindurchbrechend hereintritt, und die sich als solche der wissenschaftlichen Forschung ebenso anbieten wie entziehen.[99]

Die Verdeutlichung

Damit war dann aber auch schon die Frage nach dem Quellenwert der neutestamentlichen Schriften in aller Form aufgeworfen.[100] Die Antwort, die von der historischen Kritik in ständig verfeinertem Umgang mit den Texten gegeben wurde, war denkbar restriktiv. Ein Lebensbild im Sinn eines die biographischen Daten verarbeitenden und zusammenfassenden Porträts sei nicht mehr zu erstellen, so lautete das bereits erwähnte Urteil, zu dem Albrecht Schweitzer aufgrund seiner mit Akribie ins Werk gesetzten, und schließlich doch nur zu diesem enttäuschenden Ergebnis führenden Leben-Jesu-Forschung gelangte.[101] Ließ sich dieses Defizit am Ende aber nicht durch den Rückgriff auf außerbiblische Quellen beheben, wie sie in den Hinweisen bei Sueton, Plinius, Josephus Flavius und Tacitus vorlagen und gelegentlich mit großer Beflissenheit herangezogen wurden?[102]

So vielversprechend dieser Ausweg erscheinen mochte, erwies er sich doch tatsächlich als Sackgasse, da die Angaben zu spärlich waren und höchstens die biblischen Berichte bestätigten, sofern sie nicht sogar von diesen abhängig waren.[103] So blieben am Ende nur diese, die jedoch im Zugriff der historischen Kritik nur eine Kümmerform von dem ergaben, was die kritische Jesusforschung ans Licht zu bringen hoffte. Denn diese führte, wie sich immer deutlicher zeigte, von ihrem methodischen Ansatz her unmöglich zur vollen Lebenswirklichkeit dessen, der gerade auch von seinem Selbstverständnis her seinen Schwerpunkt in Gott hatte, so daß sie schließlich kaum mehr als deren Skelett in Händen hielt.

Angesichts dieser Sachlage meldet sich neuerdings eine Richtung zu Wort, die, begünstigt durch die restaurativen Tendenzen der Zeit, den bisher erreichten Forschungskonsens durch radikale Gegenthesen zu unterlaufen sucht. Protagonist dieser Richtung war der anglikanische Bischof und Neutestamentler *John A. T. Robinson*, der in schroffer Kehrtwendung von seiner extrem progressistischen Ausgangsposition, in der er ein radikal aktualisiertes Christentum vertreten hatte, für eine nicht weniger extreme Neudatierung der neutestamentlichen Schriften, insbesondere des Johannesevangeliums, eintrat, das er im Blick auf die historisierenden Detailangaben kurzweg zur ältesten Evangelienschrift erklärte, wobei ihm Anklänge an das Vokabular der Qumranschriften als Argumentationsstützen dienten.[104]

Inzwischen erfährt der auf dem Höhepunkt der Auseinandersetzungen verstorbene Theologe wenigstens posthum die Zustimmung des Juristen *Weddig Fricke*, der in seinem als Sensationsschrift aufgemachten Buch ›Standrechtlich gekreuzigt‹ (1985) gleichfalls der johanneischen Darstellung, insbesondere des Prozeßablaufs, wenn freilich aufgrund einer ausgesprochen »eindimensionalen« Lektüre der Quellentexte, den Vorzug gibt, daraus jedoch im Gegensinn zum Evangelium die Folgerung zieht, daß Jesus keineswegs durch die jüdische Glaubensbehörde zum Tod verurteilt wurde, sondern einem römischen Justizirrtum zum Opfer gefallen sei.[105] Somit kommt auch hier das Johannesevangelium zu historischen Ehren, die ihm die kritische Forschung nur für Einzeldaten zugebilligt hatte, dies freilich auf Kosten seiner theologischen Aussage, die bei beiden Autoren gegenüber dem »wiederentdeckten« Geschichtswert ungebührlich in den Hintergrund tritt.[106]

Aus der Abgrenzung von derartigen Extrempositionen ergibt sich auch schon der Hinweis auf den gangbaren Lösungsweg. Er hält sich ebenso fern von der forcierten Rekonstruktion der Biographie, um die es der konservativen Überstrapazierung der Quellen zu tun ist, wie von der dürftigen Umrißzeichnung, auf die sich die Kritik mehrheitlich geeinigt hat. Statt dessen erstrebt er das, was noch in der apologetisch-missionarischen Brechung der Zeugnisse erkennbar ist und zugleich die Voraussetzung der von ihnen beabsichtigten Glaubenserweckung bildet: die Wahrnehmung der »Lebensgestalt« Jesu, verstanden als die »Sinnfigur«, die sich im Zentrum seiner Worte und Taten, Kämpfe und Leiden abzeichnet.[109] Diesem Interesse kommen die eher spärlichen Ergebnisse, zu welchen die historische Jesusforschung in sorgfältiger Ausgrenzung der die Quellentexte durchsetzenden »biographischen Implikationen« gelangte, durchaus entgegen.

Denn die »Gestalt« gewinnt an Kontur, wenn man sich etwa von *Christoph Burchard* bestätigen läßt, daß Jesus, über dessen Geburtsort Bethlehem keine letzte Sicherheit besteht, einer Familie der galiläischen Mittelschicht entstammte, die sich womöglich von David herleitete, wenngleich sich für sie daraus keine Privilegierung ableitete; daß er über die dieser Herkunft entsprechende Bildung verfügte, die ungleich stärkere Prägung jedoch durch den Kontakt mit Johannes dem Täufer empfing; daß er vermutlich gegen Bedenken seiner Angehörigen die öffentliche Wirksamkeit aufnahm und zur Bekräftigung seines Anspruchs auf das Zwölf-Stämme-Volk, aber auch aus praktischen Erwägungen, einen Jüngerkreis aus überwiegend beruflich Unselbständigen um sich sammelte und daß er zu Beginn seiner Wirksamkeit bei der Bevölkerung des heimatlichen Galiläa starke Resonanz erzielte.[110]

Der Austausch

Aus der Verknüpfung der Nachricht über die Verhaftung des Täufers mit der vom Beginn der Tätigkeit Jesu schließt die Forschung auf einen ursächlichen Zusammenhang: womöglich habe sich die Gruppe um Jesus im Johanneskreis gebildet und, nachdem sie zunehmend an Selbständigkeit gewann, die Aufgabe des Täufers nach dessen gewaltsamem Ende, wenngleich unter neuen Vorzeichen, übernommen. Anders als der Täufer, der das bevorstehende Gottesgericht wortgewaltig ankündigte, habe Jesus das endzeitliche Heil bereits in seinem Tun am Werk gesehen. So erfüllte er den Rahmenbegriff des Bußpredigers, das aus apokalyptischer Tradition geschöpfte Wort vom kommenden Gottesreich, mit einem von Grund auf neuen Inhalt. Dennoch bleibt, auch aus historischer Sicht, der Eindruck eines einzigartigen Austauschs: Während Jesus das geistig-religiöse Erbe des Täufers antritt, zieht ihn dieser auf die Todeslinie, auf die er sich verwiesen sieht, herüber.[111]

Mit dem Begriff »Gottesreich« ist der gemeinsame Nenner gefunden, auf den die unterschiedlichen Aktivitäten Jesu, seine Predigttätigkeit ebenso wie seine Symbolhandlungen und Wundertaten, auch im Sinn der historischen Forschung, gebracht werden können. Was die Forschung nicht mehr zu zeigen vermag, ist die Schlüssel- und Wandlungsfunktion, die dem Begriff innewohnt. Im Gottesreich werden die Armen reich, die Hungrigen satt, die Trauernden froh, die Einfältigen weise. Insofern ist die schon vom Täufer geforderte Sinnesumkehr nicht so sehr eine vom Menschen zu erbringende Bedingung als vielmehr der Nachvollzug eines Geschehens, das vom Gottesreich selber ausgeht. Mit ihm greifen überweltliche Mächte gestaltend und umgestaltend in die religiösen, geistigen und politischen Verhältnisse ein. In seinem Namen geschehen die Wunder, die seine Heraufkunft zeichenhaft verdeutlichen. Vor allem aber ist das Gottesreich die nie versiegende Inspirationsquelle der von Jesus gestalteten Gleichnisse, mit denen er sich, wie neuerdings immer klarer erkannt wird, nicht zuletzt auch einen Platz in der Sprachgeschichte und Weltliteratur gesichert hat.[112]

Erst recht tragen die historisch gesicherten Fakten, die auf die Katastrophe im Leben Jesu hinwirken, zur schärferen Umschreibung seiner Gestalt bei. Sie dienen indessen nicht nur der Konturierung, sondern lassen auch wesentliche Rückschlüsse auf Jesu Sendungsbewußtsein und Selbstverständnis zu. Drei Möglichkeiten werden von der Forschung anvisiert. Eine erste, die sich wie ein Geschichtsgesetz ausnimmt und in der Antwort an den Landesherrn zum Ausdruck kommt: »Es geht nicht an, daß ein Prophet irgendwo anders als in Jerusalem umkommt.« (Lk 13,33) Dabei ist dieser – nach Bornkamm »in seinem Kern sicher echte« – Satz im ausdrücklichen Hinblick auf das Schicksal des in den Augen Jesu größten aller Gottesboten gesprochen, den Herodes Antipas wohl nicht lange zuvor hatte hinrichten lassen.[113] Die zweite Möglichkeit geht von dem bestürzenden Eindruck Jesu aus, daß das von ihm fast schon in Greifnähe gesehene Gottesreich am Ende ausgeblieben sei, und daß Gott von ihm das Lebensopfer verlange, wenn sich die Ankündigung doch noch, wenngleich in veränderter Form, bewahrheiten solle.[114] Die dritte bezieht sich auf den Abschluß der galiläischen Wirksamkeit Jesu, der ihn veranlaßt habe, das, was er in seiner Heimat nur sporadisch und in einem schrittweisen Nacheinander ins Werk gesetzt hatte, anläßlich des nahen Passahfestes, bei dem »ganz Israel« nach Jerusalem pilgerte, so zu wiederholen, daß das jüdische Bundesvolk insgesamt vor die Alternative von Annahme oder Ablehnung gestellt war. Hierin kommen ihm dann aber die Gegner zuvor, so daß er auf dem Höhepunkt des Osterfestes, das die Entscheidung hätte bringen sollen, bereits ans Kreuz geschlagen ist.

Die Schuldfrage

Für die seriöse Forschung liegen die Interessen, die zu den gegenwärtigen Versuchen einer »Revision« des Prozesses Jesu führten, zu offen zutage, als daß sie ernsthaft in Erwägung gezogen werden könnten. Danach steht die Urheberschaft des jüdischen Leitungsgremiums, des Sanhedrins, an der durch den römischen Prokurator verfügten Exekution Jesu außer Zweifel. Nur so treten die schwer zu entwirrenden Vorgänge in einen logischen Zusammenhang. Denn die Führungsspitze des mit Jesus konfrontierten Judentums geriete in ein ebenso schiefes wie trübes Licht, wenn sie seinen Anspruch nicht begriffen und, sofern sie nach dem überwältigenden Zeugnis des Neuen Testament an dem tödlichen Geschehen wenigstens beteiligt war, trotzdem Beihilfe, sei es in denunzierender oder bloß informierender Absicht, zur Ermordung Jesu geleistet hätte. Wenn sie ihn aber verstand und, aus welchen Gründen immer ablehnte, mußte sie ihn als eine Gefahr für die religiöse und politische Stabilität des Landes betrachten. Zum Todesbeschluß über ihn führte dann schon der nächste Schritt.[115] Mit ihm siegte der Wille zur Erhaltung des – zudem schwer gefährdeten – gesellschaftlichen Besitzstandes über die Bereitschaft zur Einwilligung in eine umfassende Veränderung des Bestehenden. Und wann hätte sich das Schicksal Jesu im Spannungsfeld dieser Alternative jemals anders entschieden?

Über die formelle Urteilsbegründung läßt sich aus historischer Sicht nichts Eindeutiges ausmachen. Wenn sie tatsächlich erfolgte, spricht alles für die von Markus überlieferte, die auf »Gotteslästerung« (Mk 14,61–64) lautete. Mit ihr käme zum Ausdruck, daß die Botschaft Jesu als Korrektur des jüdischen Gottesbegriffs empfunden, und das besagt, daß er von seinen Gegnern wirklich verstanden wurde. Allem Anschein nach kamen die Erinnerung an das Aufsehen, das Jesus in Galiläa erregt hatte, und die Befürchtung hinzu, daß sein Auftreten in Jerusalem ähnliche Unruhen auslösen werde, die von dem als rücksichtslos bekannten Prokurator Pilatus unmöglich tatenlos hingenommen würden.[116] Das könnte die jüdische Behörde zum Anlaß genommen haben, den Prozeß mit neuer und jetzt politischer Begründung beim Gerichtshof des Statthalters anhängig zu machen. Die jüdischen Ankläger hätten auch in diesem Fall nur konsequent gehandelt; denn Verteidiger des religiösen Status quo sind nach allen Erfahrungsregeln auch entschiedene Verfechter der politischen Stabilität, im Grenzfall auch dann, wenn dem Interesse der bestehenden Ordnung – und sie war im damaligen Palästina das Ergebnis eines ungemein schwierigen Balanceaktes – das Leben eines als störend empfundenen Nonkonformisten geopfert werden mußte.

Was den unmittelbaren Anstoß zu dem gegen Jesus eingeleiteten Verfahren anlangt, so dürfte er, zumindest nach vorherrschender Ansicht, weder in einem der provokativen Aussprüche noch in seiner Verkündigung des neuen Gottes gelegen haben, sondern in der letzten seiner prophetischen Symbolhandlungen, für die sich ihm ausgerechnet das Heiligtum Israels angeboten hatte: in der Tempelreinigung (Mk 11,15–19), auch wenn diese keineswegs als »revolutionäre Aktion« empfunden werden konnte.[117] Denn mit diesem Eingriff in den sensibelsten Bereich der theokratischen Ordnung kündigte sich ein Reformwille an, der die professionellen Ordnungshüter Schlimmeres befürchten lassen mußte.[118] Wenn Jesus mit seiner Aktion sogar Andeutungen über den bevorstehenden Untergang des Tempels verband und die Hörer dieses Drohworts zudem mit der Forderung schockierte: »Brecht diesen Tempel ab, und in drei Tagen will ich ihn wieder aufbauen« (Joh 2,19), war das Maß des Erträglichen voll.[119] Dann war es nach Ansicht der Gegner besser, den Propheten zu beseitigen, als ihm noch länger freie Hand zu lassen (Joh 11,49f.). So nimmt das Schicksal Jesu, dem er offenen Auges entgegensah und trotzdem nicht auswich, seinen unerbittlichen, tödlichen Lauf.

Die Provokation

Bevor man sich diese durchaus plausibel erscheinende – und vielfach vertretene – Annahme zu eigen macht, sollte man sich freilich die mit ihr verbundenen inneren und äußeren Schwierigkeiten vergegenwärtigen. Die äußeren ergeben sich aus der historischen Situation; denn es ist kaum vorstellbar, daß ein derart massiver Eingriff in das Tempelgeschehen, wie es die Szene in ihrer Mattäus- und Johannesfassung (Mt 21,12; Joh 2,14ff.) unterstellt, ohne eine noch härtere Reaktion der Behörde geblieben wäre, die sich schwerlich mit einer bloßen Befragung (Joh 2,18 ff.) oder einer »Krisensitzung« in der Ferne (Mk 11,18) begnügt hätte. Noch größer ist indessen die innere Schwierigkeit, die sich nach *David Flusser* daraus ergibt, daß sich Jesus dann aus einem Prediger der Liebe in einen intoleranten Empörer verwandelt hätte.[120] Desavouiert der aggressive Auftritt im Tempel nicht den (nach Mt 21,5) betont »sanftmütigen« Einzug in Jerusalem, der die Volksscharen (nach Lk 19,36) sogar in die Friedensproklamation bei der Geburt Jesu (2,14) einstimmen läßt:

Im Himmel ist Friede
und Ehre in den Höhen?

Und wie soll man gar das johanneische Bild des peitschenschwingenden Herrn mit seiner Korrektur der Gerichtsansage (Lk 4,19), dem Gebot der Feindesliebe und der wiederholten Absage an alle Formen der Gewalt zusammenbringen?[121] Verfiele Jesus damit nicht in den ihm (trotz Mt 25,41) wesensfremden Gestus des Weltenrichters, in dem ihn die grandiose Verfremdung Michelangelos darstellt?

Das aber heißt, daß der dem »Anwachsen« der Szene zugrundeliegende Stilisierungsprozeß im Gegensinn verfolgt und zunächst auf die von Lukas gebotene »Urfassung« zurückbezogen werden muß, die lediglich davon zu berichten weiß, daß Jesus die im Tempelvorhof agierenden Händler mit dem Hinweis auf die sakrale Bedeutung des Tempels zum Verlassen des heiligen Bezirks zu bewegen sucht (19,45 f.). Wenn dieser Appell jedoch, wie anzunehmen ist, vergeblich blieb, führt der Weg von hier zurück zu dem Drohwort, daß von den herrlichen Aufbauten des Tempels »kein Stein auf dem andern bleiben« werde (Mk 13,2), das hier, in der offenkundigen Mißachtung der heiligen Stätte, seine Begründung erfahren würde.[122] Was aber die Ausgangsfrage nach der Jesus angelasteten »Schuld« anlangt, so verstärkt sich damit der Eindruck, daß der Anklage weder eine institutionskritische Äußerung Jesu, sei es gegen den Tempel, das Gesetz oder den Sabbat, noch sein Anspruch auf die Messiaswürde zugrunde lag, sondern, wie es in der Frage des Hohenpriesters (Mk 15,61) zum Ausdruck kommt, seine religiöse Identität, mit der er an das Gottesbild und das Selbstverständnis Israels rührte.

Das Todesverständnis

Wichtiger noch als die Klärung der »Schuldfrage« ist jedoch der Versuch, in deren »Innensicht« einzudringen. Und die besteht in der gerade auch von der neuesten Forschung intensiv diskutierten Frage, wie Jesus den gewaltsamen Tod, dem er nach allen Anzeichen offenen Auges entgegenging, verstand und auf sich nahm. Die Evangelien sprechen von einem auf ihm lastenden, aber auch (nach Lk 12,49f.) sehnsuchtsvoll angenommenen »Muß« (Mk 8,31), das sie einmal als unausweichliche Nötigung – »es geht nicht an, daß ein Prophet außerhalb Jerusalems umkommt« (Lk 13,33) –, meist aber als das ihm auferlegte Willensdekret des Vaters interpretieren. Die Forschung versucht, das damit angesprochene Spannungsverhältnis auszuleuchten, im wesentlichen durch eine pragmatische und eine kausale Erklärung. Die erste geht davon aus, daß Jesus entweder unter dem Eindruck der galiläischen Krise (Mussner) oder des Ausbleibens des von ihm angesagten Gottesreichs (Schweitzer) den Eindruck gewann, daß sein bisheriger Einsatz für Gott in Wort und Tat nicht genügte, sondern daß ihm, wenn seiner Sendung Genüge geschehen solle, das Lebensopfer abverlangt würde.[123] Demgegenüber begreift Jesus nach der mehrheitlich vertretenen und von einer unvordenklichen Tradition gestützten zweiten These seinen Tod als das ihm von Gott abverlangte Sühneopfer für die Sündenschuld Israels, und, wie schon die neutestamentlichen Schriften sagen, »der ganzen Welt« (1Joh 2,2).[124]

Eine bedeutsame Neuakzentuierung erfuhr diese Auffassung neuerdings durch *Helmut Merklein*, der den Konflikt zwischen Jesus und der herrschenden Sadduzäergruppe auf das Motiv der Einzigkeit Gottes zurückführt, das von den Gegnern Jesu im Sinne einer statischen Identität, von Jesus selbst dagegen im Sinn der lebendigen Treue Gottes zu seiner Selbstzusage in ihm verstanden und schließlich mit seinem Blut besiegelt worden sei.[125] Danach begreift Jesus seine Sendung als ein letztes, unerhofftbares Heilsangebot an das schuldig gewordene Israel, das – in dynamischer Identität – unter der Bedingung aufrechterhalten werden kann, daß Jesus seine Verwerfung in sühnender Opferbereitschaft auf sich nimmt, so daß nun erst recht gelten kann: »Unwiderruflich sind Gottes Gnadengaben.« (Röm 11,29) Wie kaum irgendwo sonst zeichnet sich hier der

Ansatz einer »impliziten Christologie« ab, die sich schließlich aus innerer Konsequenz zu einer expliziten Trinitätslehre entfaltet. Grundsätzlich aber besagt das: Gott bleibt bei seiner Heilszusage, sofern er mit seinem (nach 2Kor 1,19) in Jesus gesprochenen »Ja« identisch ist, dieses Ja jedoch an die Bedingung seines stellvertretenden Opfertodes knüpft.

Der Liebeswille

Sosehr dieser Erklärungsversuch die neutestamentlichen Aussagen, die scholastische Satisfaktionstheorie und die reformatorische Rechtfertigungslehre auf seiner Seite hat, stößt er doch auf ähnliche Bedenken, wie sie sich im Fall der »Tempelreinigung« ergaben. Empfand Jesus den Massenabfall, der seinem erfolgreichen Wirken ein jähes Ende setzte, tatsächlich als Folge einer »Schuld« und nicht vielmehr einer auf tragische Verstrickungen zurückgehenden Verblendung? Und wenn er gar das Ausbleiben des Gottesreiches auf ein Schuldverhalten des von ihm angesprochenen Volkes zurückführte, hätte er dann nicht viel offener von dieser dann buchstäblich zum Himmel schreienden Schuld sprechen müssen, insbesondere in jenem Wort, das wie kein anderes über das Scheitern seiner Sendung Klage führt? Aus ihm spricht dann aber gerade nicht der Vorwurf des Anklägers, sondern der Schmerz einer Liebe, die sich vergeblich um Rettung in letzter Stunde mühte:

Jerusalem, Jerusalem, du tötest die Propheten und steinigst die zu dir gesandten Boten. Wie oft wollte ich deine Kinder um mich sammeln, so wie eine Henne ihre Küken unter ihre Flügel nimmt; ihr aber habt nicht gewollt (Lk 13,34).

Vor allem aber ist zu fragen, ob der Erklärungsversuch tatsächlich im Gottesbild Jesu einen Boden hat. Hatte er nicht in seinen Gleichnissen einer Gerechtigkeit das Wort geredet, die sich weder an menschliches Verdienst noch Mißverdienst bindet? Und hatte er nicht, radikaler noch gefragt, mit seinem Gottesbild das über dem Haupt der Menschheit hängende Damoklesschwert der rächenden Strafgerechtigkeit weggenommen?[126] Indessen sind diese Fragen längst schon überholt und im positiven Sinn durch das Herrenwort beantwortet, mit dem sich Jesus ebenso klar vom selbstsüchtigen

»Rest der Menschheit« abgrenzt wie zu seiner einzigartigen Grund-
einstellung bekennt:

Der Menschensohn ist nicht gekommen, sich bedienen zu lassen, son-
dern zu dienen und sein Leben hinzugeben als Lösepreis für die Vie-
len (Mk 10,45).[127]

Dabei ist der im Sinn des Sühnopfergedankens stilisierte Zusatz
»und sein Leben hinzugeben als Lösepreis für die Vielen« nur insofern von Gewicht, als er den »tödlichen Ernst« der ausgesagten
Dienstbereitschaft erkennen läßt. Dann aber bringt diese lediglich
die zuständliche Selbstübereignung, aus der Jesus lebt, in einer
Weise zur Sprache, daß auch die Todeshingabe in sie einbegriffen ist.
Auch in dieser Hinsicht geht seine Liebe, wie es die Einleitung zum
johanneischen Fußwaschungsbericht ausdrückt, »bis zum Äußersten« (Joh 13,1). Damit tritt nun aber der von Merklein anvisierte
Differenzpunkt voll ins Licht. Was Jesus von seinen Gegnern unterschied, war weder die Frage des Kults noch des Gesetzes – und
schon gar nicht die der politischen Strategie –, sondern die Gottesfrage, verstanden als die Frage nach der bleibenden, unwiderrufba-
ren Identität Gottes mit seinem huldvollen Selbsterweis in der Sendung und Heilstat seines Sohnes.

Für Israel mußte, so *Merklein*, das Volk stets neu entsühnt werden,
weil die Heilszusage widerrufbar und das Gottesgericht zu befürchten war. Für Jesus galt es, die in ihm geschehene Heilszusage auch
angesichts seiner Verwerfung als gültig und glaubwürdig zu erweisen. Das konnte schließlich nur noch dadurch geschehen, daß er
seinen durch die bestehende Konfliktsituation unumgänglich gewordenen Tod freiwillig auf sich nahm. So war sein Tod tatsächlich
ein »Opfer«, dies jedoch nicht so sehr im Sinne einer Sühneleistung
als vielmehr im Interesse der göttlichen Identität. Er mußte – und
»wollte« schließlich auch sterben, weil er durch seine Lebenstat den
Schatten des Grauenhaften aus dem Bild Gottes getilgt und dort, wo
die Menschheit zwischen Furcht und Hoffnung schwankte, das
Antlitz des bedingungslos liebenden Vaters zum Vorschein gebracht
hatte. Das war die »Sonne«, die nach dem Wort der Bergpredigt
über Guten und Bösen aufgeht, die alle Keime der Fruchtbarkeit im
Menschen zum Blühen bringt, auch wenn ihre Glut ihn bisweilen
anhaucht wie ein »verzehrendes Feuer« (Hebr 12,29). Weil es an

Augen fehlte, die das Licht dieser Botschaft begriffen, mußte Jesus sterben. Um das Recht dieses Lichtes gegen die ihn umgebende Finsternis zu wahren, nahm er den Tod bereit- und freiwillig auf sich.

Die Verwirklichung

Tiefer konnte der wahrnehmende Blick nicht dringen als bis zur Entdeckung des in Jesu Leben und Sterben erwiesenen »Liebesdienstes«. Nun aber muß die wahrnehmende Distanz in Richtung auf jenes Einvernehmen überschritten werden, das ebenso dicsem Liebeserweis wie der von ihm erstrebten Freundesbeziehung entspricht. Das setzt ein neues Frageverhalten voraus. Auf seiten des um die Annäherung an Jesus bemühten Fragestellers ist dies jene mitbetroffene Frageweise, der schon *Bultmann* zu Beginn seines Jesusbuchs (von 1926) das Wort geredet hat.[128] Sie wird von ihm als eine »dialogische« bestimmt und kommt als solche in dem Maß zum Zug, wie sich der Fragesteller durch Jesus in Frage gestellt und zur Begegnung mit sich selbst geführt sieht. Wie aber stellt sich diese Frageweise im Fall des Erfragten, also im Falle Jesu, dar?

Das Frageverhalten

Dazu gibt die historische Rekonstruktion insofern einen wichtigen Hinweis, als sie wiederholt zur Rückfrage nach der Selbsteinschätzung Jesu nötigte, insbesondere auch zur Frage nach seiner Verarbeitung des vorausgeahnten Todes. Wenn das von Bultmann angenommene Spiegelverhältnis zutrifft, geht es bei dieser Annäherung letztlich um Jesu eigenes Frageverhalten. Im Grunde gab dazu schon die Erkenntnis Anlaß, daß er aus Gottes Anruf lebt. Denn ein Anruf ergeht immer nur an einen darauf gefaßten Adressaten. In nichts aber manifestiert sich die Ansprechbarkeit eines Menschen so sehr wie in seiner Fragefähigkeit und seinem Frageverhalten. Parsifal beweist mit seinem ratlosen Schweigen, daß er der auf ihn zukommenden Aufgabe noch nicht gewachsen ist. Dagegen bekundet

Dante seine Bereitschaft für die seine Jenseitsreise krönende Intuition dadurch, daß er nach der möglichen Vereinigung des im Trinitätssymbol geschauten Menschenbildes fragt. Wenn es sich aber so verhält, besteht die Entwicklung des Selbstbewußtseins Jesu in ihrer ersten, inaugurativen Phase in der Ausgestaltung seiner Fragefähigkeit.

Eine Bestätigung dieser Annahme läßt sich dem Stil der originären Jesusworte entnehmen. Bei aller inhaltlichen Unterschiedenheit kommen sie in einer bisweilen an Bestürzung heranreichenden Verwunderung über Tatsache und Verfassung des Daseins überein. In Erinnerung an das Kierkegaard-Wort vom Unterton des geheimen Leidens, der noch in den freudigsten Worten Jesu hörbar sei, könnte man von dem unterschwelligen Staunen sprechen, das bei ihm allenthalben durchklinge. Offenkundig ist dieses Element der Verwunderung in den Gleichnissen, in denen das kaum noch Erhoffbare geschieht, ohne daß dafür ein anderer Grund ersichtlich würde als dasselbe »Weltgesetz«, das die zuvor bestehende Notlage bedingt hatte: so, wenn der »gute Boden« schließlich doch noch einen unerwarteten Ernteertrag erbringt, wenn das kleinste Samenkorn zu einem Baum emporwächst, wenn Schaf und Drachme wider Erwarten gefunden werden, wenn nach dem enttäuschenden Verhalten von Priester und Levit die kaum noch zu erhoffende Rettung kommt, und wenn der aus dem Vaterhaus Ausgebrochene gegen alle Erfahrungsregeln zurückkehrt. Staunende Betroffenheit klingen aber auch dann aus Jesu Worten, wenn er auf den Gott verweist, der seine Sonne aufgehen läßt über Gute und Böse und regnen läßt über Gerechte und Sünder (Mt 5,45), ohne dessen Willen kein Spatz vom Dach fällt (Mt 10,29), der die Lilien herrlicher kleidet, als es Salomon war in seiner Königspracht (Mt 6,28f.), und von dem er seinen sadduzäischen Gegnern erklärt: »Keine Ahnung habt ihr von der Schrift noch von der Macht Gottes!« (Mk 12,24) Und klingt es nicht wie die Entdeckung eines unerwartet guten Kerns in dem von ihm als »böse« eingeschätzten Menschen, wenn er fragt:

Wer von euch gibt seinem Kind einen Stein, wenn es ihn um Brot bittet, oder eine Schlange, wenn es ihn um einen Fisch bittet? Wenn nun schon ihr in all eurer Bosheit euren Kindern Gutes gebt, wie-

viel mehr wird euer Vater im Himmel denen Gutes geben, die ihn darum bitten (Mt 7,9ff.).

Vor allem aber gilt die Bewunderung Jesu, wie schon sein Blick für das Wimperkleid der Anemone erkennen läßt, den Gegebenheiten des Daseins, die freilich, weil sie Gewährungen der göttlichen Schöpfergüte sind, vom Menschen verantwortungsvoll genutzt und sorgsam bewahrt sein wollen:

Dein Auge bringt Licht in deinen Leib. Wenn dein Auge gesund ist, wird auch dein ganzer Leib hell sein; wenn es aber krank ist, wird dein Leib verfinstert sein. Achte also darauf, daß in dir nicht Finsternis statt Licht ist! (Lk 11,34f.)

Nur scheinbar steht dem die Szene entgegen, die in der dialogischen Fassung, in der sie vom Markusevangelium überliefert ist, berichtet:

Als Jesus den Tempel verließ, sagte einer von seinen Jüngern zu ihm: Meister, sieh doch, was für Steine und was für Aufbauten! Jesus sagte zu ihm: Siehst du diese großen Bauten? Kein Stein wird auf dem andern bleiben, alles wird niedergerissen! (Mk 13,1f.)

Wenn Jesus dem Jünger abwinkt, der ihn auf den überwältigenden Anblick der herodianischen Tempelbauten aufmerksam zu machen sucht, klingt in der Ablehnung das Eingeständnis durch, daß er alles bereits gesehen, bewundert – und in seiner Vergänglichkeit durchschaut hatte. So ist auch hier der Unterton des Staunens zu vernehmen, jedoch abgedunkelt zur Betroffenheit dessen, der im Bestehenden den Erosionsprozeß der Geschichte am Werk sieht. Mit Guardini könnte man sagen, daß sich hier in das Staunen die Sorge einmischt, der auch jene dunkle Seite des Daseins nicht entgeht, über die der Staunende allzu leicht hinwegsieht.[129] Aus diesem Dunkel erhebt sich dann aber unausweichlich jene Frage, zu der der Mensch im Grenzfall, wie Augustinus an sich erfuhr, selber wird.[130]

In der Lebensgeschichte Augustins bedurfte es dazu der Erschütterung durch das erste Todeserlebnis, das ihm mit der Welt zusammen die eigene Existenz verfinsterte und die Frage nach deren Sinn hervortrieb. Im Falle Jesu bewirkte das bereits der Rückschluß von der erstaunlichen Welt auf das nicht minder staunens- und bedenkenswerte Faktum der eigenen Existenz. So steht am Anfang seiner

Bewußtseinsgeschichte nach allem, was sich ausmachen läßt, das Erlebnis der Deutungsbedürftigkeit des eigenen Daseins und der Nötigung zur fragenden Rückbesinnung darauf. Daß damit eine vom Evangelium selbst verfolgte Spur aufgenommen wird, bestätigt die lukanische Kindheitsgeschichte, die den Zwölfjährigen in eine zweifache Zugehörigkeit verwiesen und dadurch vor die Frage nach sich selbst gestellt sieht, auch wenn er diese Frage, als wäre alles schon geklärt, von sich zurückzuweisen scheint:

Warum habt ihr mich gesucht? Wußtet ihr nicht, daß ich dorthin gehöre, wo mein Vater ist? (Lk 2,49)[131]

Dem Stil der Darstellung entspricht es überdies, daß das Fragebedürfnis von Jesus auf die Umgebung abgewälzt wird, so daß die Frage, zu der er sich selbst geworden ist, als Anfrage von außen an ihn ergeht. Lange bevor ihn der ihm nach Darstellung der Passionsgeschichte Fernste, der Hohepriester, fragen wird: »Wer bist du?«, richtet der ihm Nächste, Johannes der Täufer, aus dem Gefängnis die Anfrage an ihn: »Bist du es, der kommen soll, oder müssen wir doch noch auf einen anderen warten?« (Lk 7,20) Selbstverständlich zielt auch die Frage der Leute, die sich über die geisterfüllte Macht seines ersten Auftretens »entsetzen«, mit ihrer Sinnspitze letztlich auf ihn, den Sprecher der an sie ergangenen Botschaft: »Was ist das? Eine neue Lehre, und sie wird mit Vollmacht vorgetragen!« (Mk 1,27) In den Kreis der Fragenden mischt sich sogar der dämonische Versucher ein, wenn er in einer Weise an die Gottessohnschaft Jesu appelliert, die in ihm Verunsicherung und Selbstzweifel zu wecken sucht:

Wenn du der Sohn Gottes bist, so befiehl diesem Stein, daß er Brot wird! Wenn du der Sohn Gottes bist, so stürz dich da hinab! (Lk 4,2.9)

Die Antwort

Wie aus einer Hohlform ergibt sich aus diesen Stimmen die Frage, die er, der Befragte, sich selber ist. Doch gehört es wiederum zum Stil der Berichte, daß sie in ihrer Vollgestalt nur indirekt hörbar wird, erschlossen aus der die ganze Tiefe des Fragevolumens auslotenden Antwort, die an ihn ergeht und jetzt, vor diesem Hintergrund, überhaupt erst ihren Antwortcharakter preisgibt. Im Hinblick darauf könnte der Markusbericht gestaltet sein, der den Vorgang im Stil einer Gegenbewegung darstellt. Während Jesus aus dem Wasser emporsteigt, »überkommt« ihn ein dreifaches Geschehen von oben: die Himmel spalten sich, der Schöpfergeist, der (nach Gen 1,2) über den Wassern schwebte, kommt in Taubengestalt auf ihn herab, während die Gottesstimme ertönt:

Du bist mein geliebter Sohn; an dir habe ich Gefallen gefunden (Mk 1,11).

Wie schon das unvergeßliche Jesusbuch von *Karl Adam* in Erinnerung rief, kann diese Szene weder mit den ekstatischen Erlebnissen der Mystiker noch mit den Berufungsgeschichten aus der Biographie der Propheten auf eine Linie gezogen werden.[132] Vielmehr hat sie so sehr das Gepräge einer himmlischen »Entgegenkunft«, daß sie von ihrer Struktur her nur als die bestätigende Antwort auf eine Frage verstanden werden kann, die nicht so sehr mit Worten als vielmehr mit der ganzen Existenz gestellt worden war. Dabei wird man der kritischen Forschung zugestehen müssen, daß der Hoheitstitel »Sohn« erst aus nachösterlicher Erkenntnis in das Wort der Himmelsstimme eingetragen werden konnte.[133] Umgekehrt traf die reflektierende Gemeinde mit diesem Titel zweifellos den »Sinn« des Zuspruchs, der seiner ganzen Natur nach in einer klärenden Präzisierung des von Jesus mitgebrachten »Vorverständnisses« bestand. Die diffuse Erfahrung einer ihn aus allen familiären und sozialen Bindungen herauslösenden Zugehörigkeit gewinnt jetzt den Kristallisationskern, um den sich sein volles Selbst- und Sendungsbewußtsein ausbildet.

Wenn man mit *Kierkegaard* davon ausgehen darf, daß im Falle Jesu, anders als im Normalfall, die Tatsache seines Daseins wichtiger ist als alle von ihm ausgehenden Folgen, und wenn seine zentrale Lebensleistung darin bestand, daß er im Unterschied zu allen andern sich selber gab, läßt sich das durch eine wirkungsgeschichtliche Widerspiegelung verdeutlichen. Denn auch Paulus nimmt in seinem zentralen Selbstzeugnis für sich in Anspruch, daß ihm in der Damaskusstunde das Geheimnis des Gottessohnes ins Herz gesprochen worden sei (Gal 1,15 f.) und er dadurch die entscheidende

Identifikationshilfe empfangen habe.[134] Auch wenn diese »Wirkung« weit hinter der in ihr gespiegelten Ursache zurückbleibt, ist sie doch dazu angetan, an dieser einen weiteren Zug hervorzuheben. Denn für Paulus ist die Identifikationshilfe gleichbedeutend mit dem ihm durch einen göttlichen Liebeserweis übereigneten Lebensinhalt, also mit dem Kernbestand dessen, was seine missionarische Verkündigung inhaltlich bestimmt.

Das gilt auch für das Wort, das durch die Himmelsstimme an Jesus ergeht. Es ist, umgesetzt in seine Sprache, das Urwort seiner Verkündigung. Vermutlich ginge man nicht einmal zu weit, wenn man daraus auf eine aktivere Mitbeteiligung des Täufers am inneren Taufgeschehen schließen würde, als sie vom Bericht her erkennbar ist. Dann wäre die Taufszene der »Ort«, an welchem Jesus, zusammen mit dem Zuspruch von oben, von Johannes das Grundthema seiner Verkündigung, die Thematik vom Gottesreich, übernimmt. Eine Spur davon könnte sich in der Antwort Jesu auf die Einwände des Täufers erhalten haben, der sich sträubt, die Taufhandlung an ihm zu vollziehen. Denn es ist, mit *Günter Bornkamm* gesprochen, mehr als nur ein »Ausdruck persönlicher Demut«, wenn ihn Jesus mit dem Wort beruhigt: »Laß es jetzt! Denn so ziemt es sich für uns, alle Gerechtigkeit zu erfüllen« (Mt 3,15).[135] Zwar fehlt in dieser Antwort die ausdrückliche Erwähnung des Gottesreiches; dafür aber wird Jesus, wie im Rückblick auf dieses Zwiegespräch, seine Jünger ermahnen:

Sucht zuerst das Reich und seine Gerechtigkeit; dann wird euch alles andere dazu gegeben (Mt 6,33).

Geprüft und fordernd

Von Buddha, der wie kaum eine andere Gestalt der Religionsgeschichte zum Vergleich mit Jesus herausfordert, wird berichtet, daß er nach seiner großen Erleuchtungsstunde zunächst zögerte, die gewonnene Erkenntnis an die Menschen weiterzugeben, bis dann das Mitleid mit ihnen ihn dazu bewog, das »Rad der Bewegung« trotz anfänglicher Bedenken in Gang zu setzen.[136] Zwar ist von Jesus nichts nach Art eines derartigen Selbstzweifels überliefert; doch sieht er sich in seinem Sohnesbewußtsein während der ganzen

Wirksamkeit, am härtesten an deren Anfang und Ende, drängender Befragung von außen ausgesetzt. Dabei nimmt die dämonische Verunsicherung »wenn du der Sohn Gottes bist« (Mt 4,3.6) unverkennbar die inquisitorische Forderung des Hohepriesters vorweg: »Ich beschwöre dich bei dem lebendigen Gott, daß du uns sagst, ob du der Christus, der Sohn Gottes, bist!« (Mt 26,63)

Unheimlicher noch wirkt, so gesehen, die von Lukas an die letzte Stelle gerückte – und damit als schwerste gekennzeichnete – Versuchung auf der Tempelzinne. Wenn ihm hier die Stimme des Widersachers rät: »Stürz dich doch hinab!« (Lk 4,9), dann offensichtlich verbunden mit der Insinuation, seine Gottessohnschaft auf eine äußerste Probe zu stellen und im Fall des tödlichen Ausgangs sich so allen auf ihn zukommenden Konflikten, Enttäuschungen und Leiden zu entziehen. Wenn Jesus aber auch dieser letzten und schwersten Anfechtung widersteht, dann zweifellos deshalb, weil die erfahrene Antwort zu hell in seiner Seele brennt, als daß er sich der Aufgabe, sie weltweit weiterzugeben, verweigern könnte. In diesem Sinn wird das programmatisch klingende Herrenwort zu lesen sein:

Feuer auf die Erde zu werfen, bin ich gekommen; und was will ich mehr, als daß es brenne? (Lk 12,49)

Mit diesem Wort träte Jesus dann voll in die Spur der nur zögernd in ihre Sendung einwilligenden Propheten, am deutlichsten in die des Propheten Jeremia, der unter dem Eindruck bitterer Mißerfolge in Konflikt mit seinem Gott gerät und sich dem an ihn ergangenen Auftrag schließlich doch nicht zu entziehen vermag:

Du hast mich verführt, Jahwe; und ich habe mich verführen lassen.
Du hast mich übermächtigt und überwältigt.
Nun bin ich zum Gelächter geworden den ganzen Tag; jeder spottet über mich ...
Dachte ich aber: ich will nichts mehr von ihm wissen und nicht mehr in seinem Namen reden,
da war's in meinem Herzen wie ein brennendes Feuer,
verhalten in meinen Gebeinen,
ich mühte mich, es zu unterdrücken, doch vermochte ich es nicht (Jer 20,7.9).[137]

Was sich damit, wenngleich erst ansatzweise, im Lebens- und Selbstvollzug Jesu abzeichnet, ist eine »hermeneutische Struktur«, von der jetzt schon zu erwarten ist, daß sie zu einem zumindest formalen Gesamtverständnis verhilft. Sie erklärt schon das auffällige Pathos, von dem die Verkündigung Jesu getragen ist. Es ist, wie jetzt gesagt werden kann, das Pathos dessen, dem mit der Frage nach dem Sinn seines Daseins die nach dem Gesamtsinn aller Dinge beantwortet wurde und der deshalb aus einer exzeptionellen Gewißheit lebt und redet. So lebhaft sein Herz für alle Angeschlagenen, Zweifelnden und Suchenden schlägt, denen er bedenkenlos seine ganze Kraft und Zeit opfert, gibt es für ihn doch aufgrund dieser Gewißheit dort, wo es um seine Sache geht, keine Zugeständnisse und Kompromisse. Dem Bewerber um seine Nachfolge, der ihm versichert, daß er ihm folgen wolle, wohin er auch immer gehe, gibt er mit warnendem Unterton zu bedenken:

Die Füchse haben ihre Höhlen und die Vögel ihre Nester; der Menschensohn aber hat keinen Platz, wohin er seinen Kopf legen könnte (Lk 9,58).

Ein anderer, der vor dem Eintritt in seine Gefolgschaft noch das Begräbnis des verstorbenen Vaters ausrichten möchte, bekommt das harte Wort zu hören:

Laßt die Toten ihre Toten begraben; du aber geh und verkünde das Reich Gottes! (Lk 9, 59)

Und einem dritten, der zuvor noch von seinen Angehörigen Abschied nehmen möchte, erklärt er:

Keiner, der die Hand an den Pflug legt und nochmals zurückschaut, taugt für das Reich Gottes (Lk 9,62).

Daß diese Kompromißlosigkeit ausschließlich in der Dringlichkeit der »Sache« begründet ist und nichts mit Härte oder gar Fanatismus zu tun hat, zeigt die Szene von der gescheiterten Jüngerberufung, die schon durch die ebenso ausführliche wie sensible Darstellung zu verstehen gibt, daß das Evangelium vergebliche Glaubensversuche ungleich höher einschätzt als eine Theologie, die sich einem geheimen Triumphalismus verschrieben und sich dadurch auf die Seite der religiös Erfolgreichen geschlagen hat.[138] Zwar sieht sich der

»reiche Jüngling«, nach dem die Szene gemeinhin benannt wird, vor die ganze Härte einer unerwartet hohen Anforderung gestellt; doch begleitet Jesus dieses Ansinnen mit einem Liebesblick, wie er im ganzen Evangelium so nur hier verzeichnet wird:

Da blickte ihn Jesus an, gewann ihn lieb und sprach zu ihm: Eines fehlt dir noch, geh, verkaufe alles, was du hast, gib das Geld den Armen, und du wirst einen Schatz im Himmel haben; dann komm und folge mir nach! (Mk 10,21)

Hätte der Angesprochene die mit der Forderung verbundene Zuwendung begriffen, so wäre ihm der durch den Liebesblick Jesu »kommentierte« Verzicht ebenso leicht gefallen, wie er die Einladung zur Nachfolge als Ruf in die Fülle seines Lebensglückes hätte begreifen müssen. Dasselbe gilt dann aber auch von den Antithesen der Bergpredigt, mit denen Jesus die mit seiner Botschaft verbundenen Forderungen in aller Schärfe formuliert und zugleich von der bisher erreichten Offenbarungsstufe abhebt. So sehr sie in ihrer Schärfe die durchschnittliche Leistungskraft des Menschen zu überfordern scheinen, sind doch auch sie frei von jedem Anhauch eines religiösen Fanatismus und von Anfang an unterfangen von jener Liebe, die am Ende leuchtend zum Vorschein kommt:

Ihr habt gehört, daß zu den Alten gesagt worden ist: du sollst nicht töten. Wer aber tötet, soll dem Gericht verfallen. Ich aber sage euch: Jeder, der seinem Bruder im Zorn begegnet, soll dem Gericht verfallen. Wer aber zu ihm sagt: Du Tor, soll dem Hohen Rat verfallen; und wer zu ihm sagt: Du gottloser Narr, der soll der Feuerhölle verfallen (Mt 5,21f.).
Ihr habt gehört, daß gesagt wurde: Du sollst deinen Nächsten lieben und deinen Feind hassen. Ich aber sage euch: Liebt eure Feinde und betet für die, die euch verfolgen, damit ihr Söhne eures Vaters im Himmel seid, der seine Sonne aufgehen läßt über Böse und Gute und regnen läßt über Gerechte und Sünder. Denn wenn ihr nur die liebt, die euch lieben: was könnt ihr dann als Lohn erwarten? Tun denn das nicht auch die Zöllner? Und wenn ihr nur eure Brüder grüßt: was tut ihr da Besonderes? Tun das nicht auch die Heiden? Ihr aber sollt vollkommen sein, so wie euer himmlischer Vater vollkommen ist! (Mt 5,43–48)[139]

Die Überwindung

Trotz der schematischen Vereinfachung, in der die Evangelien die Lebensgeschichte Jesu erzählen, deuten sie doch an, daß im Verlauf seines Weges immer schwerere Schatten auf ihn fallen. Das war für die historische Forschung Anlaß zur Frage, ob auf den Anfangserfolg Jesu, für den sich das Bild vom »galiläischen Frühling« einbürgerte, nicht eine »galiläische Krise« von einschneidender Rückwirkung folgte.[140] Tatsächlich kann man mit Mussner aus den Vorwürfen Jesu an die Adresse der Städte, in denen er seine größten Anfangserfolge erzielt hatte, auf zunehmende Ablehnung, vielleicht sogar schon auf die unter diesem Eindruck erfolgte eschatologische Zuspitzung seiner Botschaft schließen. In der etwas ausführlicheren Mattäus-Fassung lautet die Stelle:

Dann begann er den Städten, in denen er die meisten Wunder gewirkt hatte, Vorhaltungen zu machen, weil sie sich nicht bekehrt hatten: Weh dir, Chorazin! Weh dir, Betsaida! Wenn einst in Tyrus und Sidon die Wunder geschehen wären, die bei euch geschehen sind – sie hätten in Sack und Asche Buße getan. Doch sage ich euch: Tyrus und Sidon wird es am Gerichtstag erträglicher ergehen als euch! Und du, Kafarnaum, meinst du etwa, du wirst zum Himmel erhoben? Nein, in die Unterwelt wirst du hinabgeworfen. Denn wenn in Sodom die Wunder geschehen wären, die bei dir geschehen sind, stünde es noch heute. Doch sage ich euch: dem Gebiet von Sodom wird es am Gerichtstag erträglicher ergehen als dir! (Mt 11,20–24)[141]

Wenn man in diesem Zusammenhang mit der Mehrheit der Interpreten von »Gerichtsrufen« spricht, überhört man den Ton der Klage, die sich in diesen Sätzen leidenschaftlichen Ausdruck schafft. Es ist dieselbe – zugleich verinnerlichte und zur Anklage gesteigerte – Klage, die auch aus dem Wort über Jerusalem spricht, dessen Kinder er vergeblich unter den »Flügeln« seiner rettenden Liebe bergen wollte, und die in dem bitteren Vorwurf gipfelt: »ihr aber habt nicht gewollt!« (Lk 13,34) »Verinnerlicht« wirkt diese Klage im Vergleich zum Drohwort gegen die galiläischen Städte, weil hier, inmitten der Verbalaggression, deren innerstes Motiv zum Vorschein kommt. Und das besteht nicht wie zu erwarten wäre, in Erbitterung und Zorn, sondern in einer sich verzweifelt mühenden und dennoch verkannten und zurückgewiesenen Liebe! Der Zusammenhang mit dem von Jesus ausgehenden »Anstoß« schließt sich vollends, wenn man dem noch die Abrechnung Jesu mit seinen »verspielten« und dadurch ihre Rettungschance verspielenden Zeitgenossen hinzufügt:

Womit soll ich dieses Geschlecht vergleichen? Es ist Kindern gleich, die auf den Marktplätzen sitzen und einander zurufen: Wir haben euch aufgespielt, und ihr habt nicht getanzt; wir haben Klagelieder gesungen, und ihr habt nicht geweint. Denn Johannes kam, er aß nicht und trank nicht; da sagen sie: Er ist besessen! Der Menschensohn kam, er ißt und trinkt; und da sagen sie: Seht da, den Schlemmer und Zecher, den Freund der Zöllner und Sünder! Doch die Weisheit behielt in allen ihren Werken Recht (Mt 11,16–19).

Auch aus diesem Wort spricht der Schmerz einer Liebe, die sich ganz menschlich gibt und mit den Menschen »gemein macht«, weil sie die menschgewordene Liebe ist und dennoch verkannt und zurückgewiesen wird.

Doch damit ist das Drohwort an die galiläischen Städte noch nicht ausgeleuchtet. Auch wenn man sich von der »symmetrischen Anordnung«, die *Paul Gaechter* in der sie übergreifenden Textfolge beobachtet haben will, nicht ohne weiteres überzeugen kann, bleibt doch die Tatsache bemerkenswert, daß Mattäus unmittelbar auf die Unheilsankündigung den Jubelruf Jesu und seine Große Einladung an die Bedrückten und Bedrängten folgen läßt.[142] Wenn damit ein Zusammenhang angedeutet sein soll, kann er nur darin gesehen werden, daß sich die Liebe Jesu, die, nach dem die Textfolge abschließenden Jesaja-Zitat, das geknickte Rohr nicht bricht und den glimmenden Docht nicht löscht (Mt 12,20), mit dem paulinischen Hohelied der Liebe gesprochen »nicht erbittern läßt« (1 Kor 13,5), sondern selbst auf Rückschläge nur mit noch größeren Erweisen ihrer bedingungslosen Zuwendung antwortet.[143]

Tatsächlich setzt der bei Mattäus unmittelbar – und unvermittelt – auf die Verwünschung der Städte folgende Jubelruf Jesu mit der Wendung »In jener Stunde antwortete Jesus« (Mt 11,25) ein.[144] Doch so entspricht es der zu Beginn der Textfolge aufgeworfenen Frage des Täufers »Bist du es, der kommen soll?« (Mt 11,3), die, ungeachtet der Hinweise Jesu auf seine Heilstaten (11,5 f.) nach einer definitiven, unüberholbaren Antwort verlangt. Im Sinn der kontrastiven Anordnung der Textstücke bezieht sich die Antwort Jesu aber zweifellos auch auf die Ablehnung durch die galiläischen Städte, die er mit seinen Wehrufen bedroht. Wie das verstanden werden kann, machte *Felix Christ* mit seiner These deutlich, daß Jesus im Jubelruf aus der Position der verkörperten Weisheit spreche, zu der nach alttestamentlicher Tradition das Moment der Verborgenheit vor der Masse gehöre.[145] Dann aber besteht seine Antwort letztlich darin, daß er sich angesichts der Ablehnung erneut und tiefer des Einvernehmens mit seinem Gott versichert weiß, daß er also die Antwort, die ihm bei seiner Taufe gegeben worden war, aufs neue vernimmt. Da aber keine Himmelsstimme hörbar wird, kann das nur heißen, daß er sich die Antwort des Himmels – selber zuspricht.[146] Doch eben dahin will sein Jubelruf verstanden werden: als das Wort des von Gott Beschenkten und Bestätigten, der als einziger vorbehaltlos ins Gottesgeheimnis eingeweiht, dadurch aber auch dem verengten Blick der vermeintlichen Experten entrückt ist. Dabei bezieht sich deren Blickbefangenheit mehr noch als auf ihn selbst auf die von ihm vertretene Sache, auf das Geheimnis des Gottesreichs, das den »Weisen und Klugen verborgen, den Unmündigen jedoch offenbar geworden ist« (Mt 11,25).[147]

Die Einladung

Um so entschiedener richtet sich die Zuwendung Jesu an sie, die »Unmündigen«, die von Anfang an im Blickpunkt seiner Liebe lagen und Vorzugsgäste am »Tisch der Sünder« waren. An sie richtet er die Große Einladung, die ihnen im Stil alttestamentlicher Weisheitsrede den Sinn der Tischgemeinschaft mit ihm vor Augen führt und sie erkennen läßt, daß sie im Sinnbild des Mahles zur Lebensgemeinschaft mit ihm gerufen sind:

Her zu mir, ihr Bedrückten und Bedrängten; ich will euch Ruhe geben! (Mt 11,28)[148]

Durch seine Sprachgestalt weist dieser Heils- und Rettungsruf ebensosehr nach rückwärts, wie er durch seinen Inhalt nach vorwärts gerichtet ist. Nach rückwärts; denn er ist in sprachlicher Hinsicht durch die Weisheitstradition geprägt und könnte, so gesehen, durchaus seinen Ursprung in einer Weisheitschristologie haben, wie sie schon von Paulus, erst recht aber von seiner Schule vertreten wurde.[149] Verstärkt wird dieser Rückbezug durch die Entdeckung der vermutlichen Urform des Ausspruchs im gnostischen Thomasevangelium, das Jesus (in Logion 90) sagen läßt:

Kommt zu mir, denn mein Joch ist leicht und meine Herrschaft mild; und ihr werdet Ruhe finden![150]

Hier ist die weisheitliche Prägung ungleich schwächer, greifbar nur noch im Begriff der »Ruhe«, wobei einschränkend noch hinzukommt, daß die Eingangswendung inzwischen als feststehende Redeform, insbesondere im Bereich ärztlicher Werbung, erwiesen wurde. Das würde die Bestimmung des Ursprungs eher an eine Tradition verweisen, die das Wirken Jesu vornehmlich unter therapeutischem Gesichtspunkt würdigte, und in der er selbst, wie in den Ignatiusbriefen, als »Arzt« bezeichnet und angerufen wurde.[151]

Nachdem aber die prägende Sphäre der weisheitlichen Überlieferung erst einmal durchstoßen wurde, stellt sich am Ende die Frage, ob das Wort im Kernbestand doch auf Jesus selbst zurückgeht und insofern nicht nur, wie *Kierkegaard* vermutete, von der »stillen Beredtsamkeit« seiner Person getragen ist.[152] Die Echtheit des Logions einmal vorausgesetzt, wird aber die Frage unumgänglich, wie Jesus dazu kommt, sich als Spender der »Ruhe« zu bezeichnen, wenn damit ein definitives Angenommen- und Bestätigtsein gemeint ist. In diesem Fall verwiese das Wort – unabhängig vom Zustandekommen der literarischen Verknüpfung bei Mattäus – auf den Jubelruf zurück, in dem sich Jesus als der mit der väterlichen »Gottesfülle« Beschenkte vorstellt. Dann wäre es die an die Bedrückten und Bedrängten weitergegebene Antwort auf seinen vorgängigen Anruf von oben. Den Anruf aber sprach er sich, da die Himmelsstimme erstmals in seinem Leben, wenngleich jetzt auf höchst beredte Weise schweigt, aus eigener Machtvollkommenheit selber zu. Denn so sehr ist ihm alles von seinem Vater übergeben, daß er auch über die schöpferische Freiheit verfügt, sich dessen Wort – dialogisch – gesagt sein zu lassen und selber zuzusprechen.

Der neue Himmel

Wenn es sich aber so verhält, rührt der Gedanke hier an das seelische Ereignis, das als die Geburt des Vaternamens im Herzen Jesu bezeichnet werden könnte. In seiner Sohnschaft wußte er sich bis zu jenem Grad der »Mündigkeit« geführt, die diese kreativ und »beredt« werden ließ. Alles drängte nun darauf, das erfahrene Glück auf seinen Ursprung zurückzubeziehen. Und wie konnnte das spontaner und gültiger als dadurch geschehen, daß er seinen Gott mit dem Zärtlichkeitsnamen »Abba, Vater!« anrief? Doch indem er Gott so anspricht, stürmt er damit buchstäblich den Himmel. Er beseitigt die Drohung des göttlichen Zornes und bringt das Gottesgeheimnis so zur Geltung, wie es der Zärtlichkeitsanrede entspricht. Er zerreißt die Kette, mit der Gott auch in den sublimsten Formen menschlicher Religiosität durch den Rechts- und Vergeltungsgedanken an die Menschenwelt gebunden war. Damit gibt er Gott erst die volle Freiheit zurück, die Freiheit jener uneinklagbaren Liebe, die ohne Vorleistung beschenkt, ohne Verdienst begnadet und gerade so der Welt als die große Verheißung des Trostes, der Freiheit und des Friedens offensteht. Erst damit läßt er die Gottessonne in ihrer ganzen Leuchtkraft über der Not des welthaften Daseins aufgehen.

Kein Zweifel; nie wurde so radikal in die durch unvordenkliche Tradition sanktionierte Deutung des göttlichen Mysteriums eingegriffen, nie wurde der Gott der Liebe so entschieden wie hier gegen den Gott der Vergeltung und der Rache ausgespielt! Denn dem vom Impuls eines vorbehaltlosen Anvertrauens eingegebenen Zärtlichkeitsnamen »Abba« entspricht nur der Gott der bedingungslosen Liebe, der so geglaubt, verehrt, angerufen und wiedergeliebt sein will, wie er sich seinen Kindern in väterlicher Huld und Erbarmung zuwendet; denn:

Wenn schon ihr, die ihr doch böse seid, euren Kindern gute Gaben zu geben wißt, wieviel mehr wird euer himmlischer Vater denen Gutes geben, die ihn bitten? (Mt 7,11)

Doch Jesus »stürmt« nicht nur den Himmel; er holt ihn auch auf die Erde herab, und auch dies durch ein Wort, das in seiner Konsequenz an die des Vaternamens heranreicht. Es ist seine – zur »Vaterschaft«

Gottes spiegelbildlich zu lesende – Selbstbezeichnung als »Menschensohn«, die nach Bornkamm als einziger Hoheitstitel Anspruch darauf erheben kann, von Jesus tatsächlich verwendet worden zu sein.[153] Insbesondere gilt das von dem der Logienquelle (Q) entstammenden und in seiner Urfassung von Lukas überlieferten Spruch:

Wer sich zu mir vor den Menschen bekennt, zu dem wird sich der Menschensohn vor den Engeln Gottes bekennen. Wer mich dagegen vor den Menschen verleugnet, der wird von den Engeln Gottes verleugnet werden (Lk 12,8f.).[154]

Wie kaum einmal sonst wird die unausgesprochene Aussageabsicht eines Herrenwortes so greifbar wie hier. Wenn sich Jesus zunächst auch von der Himmelsgestalt des aus prophetischer Tradition aufgerufenen »Menschensohns« unterscheidet, zielt der Spruch doch unverkennbar darauf ab, daß er sich im unausgesprochenen »Hintergrund« des Vordersatzes mit der Himmelsgestalt gleichsetzt. Dann erhielt sich in dem Spruch die Erinnerung an den Augenblick, in dem sich Jesus in der Figur des »Menschensohnes« wiedererkannte und sich demgemäß seinen Titel zu eigen machte. Wenn es aber dazu kommt, stürzt buchstäblich der Himmel ein. Dann wird sich das Urteil des – in richterlicher Hoheit zu denkenden – Menschensohns nicht nur an der durch die Gestalt und Botschaft Jesu bewirkten Scheidung der Geister bemessen; nein, dann ereignet sich jetzt schon das Weltgericht. Hier und heute fällt dann in Zusage oder Widerspruch zu Jesus die Entscheidung über Heil und Unheil. Ihm hat Gott, wie der Johannesevangelist verdeutlicht, das Gericht übergeben, so daß ein jeder, der an ihn glaubt, nicht ins Gericht kommt, sondern bereits »vom Tod zum Leben hinübergeschritten« ist (Joh 5,22ff.). Ein religiöser Szenenwechsel von ungeheuerlichem Ausmaß ist eingetreten. Nicht mehr als himmlischer Anwalt und Fürsprecher seines Volkes steht der Menschensohn – wie er von Israel geglaubt wurde – vor dem Thron Gottes, weil dieser »Thron« nun nirgendwo anders zu suchen ist als dort, wo Jesus steht und wo sich die von ihm Angerufenen für oder gegen ihn entscheiden.

Ein Rückfall in das allzumenschliche Vergeltungsdenken liegt – trotz der Stilisierung im Sinne des ius talionis – bei näherem Zusehen nicht vor.[155] Zwar ist von einer »Verleugnung« im Endgericht die

Rede, aber so, wie dies im Gleichnis vom Fürbittenden Weingärtner (Lk 13,6–9) geschieht, der sich für den Fall seiner erfolglosen Bemühung von dem an ihn ergangenen Auftrag – »Hau ihn um!« (13,7) – ebenso sanft wie entschieden distanziert: »wenn nicht, dann laß ihn umhauen« (13,9).[156] Im selben Sinn überläßt Jesus, sosehr er sich mit dem »bekennenden« Menschensohn identifiziert hatte, das Gericht einer von ihm deutlich unterschiedenen Instanz: »der wird auch von den Engeln Gottes verleugnet werden« (Lk 12,9). Im übrigen wird man das offensichtlich an die Adresse von Ablehnenden gerichtete Wort als Beleg dafür ansehen dürfen, daß sich Jesus in seiner Selbstbekundung vor Gegnern vielfach weiter vorwagte als im Kreis der zustimmenden Freunde, ganz so, als hätte sein Licht der Finsternis bedurft, um seine volle Leuchtkraft entfalten zu können.

Wenn man der biblischen Motivforschung folgt, ergibt sich daraus auch eine letzte Bestätigung der Verkündigung Jesu. Denn vom Menschensohn sagt das Buch Daniel, daß ihm das Gottesreich übergeben sei; demgemäß heißt es von ihm auf dem Höhepunkt der Vision:

> Seine Herrschaft ist eine ewige,
> unvergängliche Herrschaft;
> sein Reich geht niemals unter (Dan 7,14).[157]

Was Jesus vom Täufer übernommen hatte, wird ihm durch die Übernahme der Rolle des »Menschensohns« nun nochmals »von oben her«, also durch göttliche Autorisierung, zugelegt. Und das heißt wiederum: Wo er steht, wird, wie sonst nirgendwo, die Sache Gottes ausgetragen. In seinem Wort und Wirken schart Gott selbst die Menschen auf neue Weise um sich, schafft er sich das neue Gottesvolk, macht er den Anfang mit seinem Reich.[158] Auch in dieser Hinsicht spricht sich Jesus kaum einmal wesentlicher aus als in dem großen Ruf seiner Einladung: »Her zu mir!«

Zum besseren Verständnis seiner inneren Herkunft verhilft aber auch die Beziehung, in welcher der Heils- und Rettungsruf Jesu nach vorwärts, zu dem in *Kierkegaard* erreichten Höhepunkt seiner bisherigen Rezeptionsgeschichte steht. Wenn das Wort, wie er meint, mit der stillen Beredsamkeit des Wesens gesprochen ist und somit als das »Wesenswort« Jesu zu gelten hat, spricht er sich in seiner Einladung – selber aus. Dann ist sie das Wort seiner Selbstmitteilung, sprachlicher Ausdruck der Tatsache, daß er auch deshalb mehr ist als seine Folgen und Wirkungen, weil er sich in seinen Mitteilungen selber gibt. Das verleiht aber nicht nur seiner Hilfe eine einzigartige Qualität, sondern bringt auch deren Empfänger in ein völlig unerwartetes Verhältnis zu ihm. Er gibt ihnen mehr, als sie jemals erwarteten; er gibt ihnen das, was ihrer Wesenssehnsucht entspricht; er gibt ihnen sich als Hilfe zu ihrer Selbsthilfe und mehr noch zu ihrem Selbstsein. So leuchtet er ihnen wie kein anderer auf, indem er ihnen im tiefsten Sinn des Ausdrucks »einleuchtet«. Doch eine Hilfe, in der sich der Helfer bis zur Selbstaufopferung ausgibt, ist auch extrem verletzlich; denn sie ist so sehr auf ihre Entgegennahme angewiesen, daß der Helfer, seltsam genug, als Bittsteller und der Empfänger als der ihn Beschenkende erscheint. Nichts Schrecklicheres kann dieser Hilfe dann aber widerfahren als das Unglück, abgelehnt und zurückgewiesen zu werden. Akte der Abweisung und Selbstverweigerung schlagen dann mit tödlicher Wucht auf den sich in ihr Verschenkenden zurück.

Der Rückschlag

Mit dieser Folgerung rührte *Kierkegaard*, lange vor *Martin Buber*, an die Krisenstunde im Leben Jesu, auf die sich auch die moderne Diskussion um die »galiläische Krise« bezieht. Für *Kierkegaard* ist ihr Schauplatz die Synagoge von Kafarnaum, in der Jesus die Volksmenge mit der verständlichsten, lichtvollsten und zugleich radikalsten Umschreibung seines Heilswillens konfrontiert, mit seinem programmatischen Wort: »Ich bin das Brot des Lebens« (Joh 6,35.48).[159] Da hätten doch die Teilnehmer der Szene, um es zunächst in freier Paraphrasierung der Kierkegaard-Stelle zu sagen, auf den Anbieter einstürmen müssen, um ihm, bildlich gesprochen, das ihnen vor Augen gehaltene Lebensbrot aus der Hand zu reißen. Statt dessen geschieht das ebenso unerwartbare wie furchtbare Gegenteil:

Ein unübersehbares Gedränge von Menschen, die zurückweichen, zurückschaudern und endlich losstürmen und alles niedertreten, so daß man, wollte man vom Ergebnis auf das Gesagte schließen, eher

annehmen müßte, daß gesagt wurde: »procul o este profani« als
»Kommt her!« [160]

Auch die Ursache dieser »Abstimmung mit den Füßen«, in der schon etwas vom »Crucifige!« der verhetzten Masse hörbar wird, läßt sich nach Kierkegaard noch ermitteln. Es war die Maßlosigkeit einer Liebe, die anstelle von kategorialen Hilfen sich selber und damit das gänzlich Unerwartete gibt, was die Menschen zurückschrecken und, wie sich in der Verhöhnungsszene der Passion zeigen wird, dem Helfer den Anschein eines Despoten geben ließ. Wie das auf diesen selbst zurückwirkt, ist die Frage Bubers, der mit Kierkegaard die Krise – wenn auch erst nachträglich – auf die Brotrede Jesu bezieht, sie aber zentral mit dem galiläischen Rückschlag und der Jüngerbefragung bei Cäsarea Philippi in Zusammenhang bringt, die er im Gegensatz zur kritischen Forschung in ihrem Kernbestand für historisch hält.[161] In diesem Kern ist die Fragesequenz für ihn nicht, wie der Markusbericht und seine Parallelen wollen, pädagogisch gemeint, sondern die Erinnerung an eine von Jesus »im äußersten Ernst« an die Jünger gerichtete Frage. Ihr »Ernst« liegt schon in der Natur eines sich nach menschlichen Strukturgesetzen entwickelnden Selbstbewußtseins, zu dessen Geschichte unabdingbar auch verstörende »Einbrüche« gehören. Im Falle Jesu kommt der erlittene Rückschlag hinzu, der ihm mit dem Sinn seiner Sendung und seines Einsatzes auch den seines Daseins verdunkelt und ihn erneut, wie schon vor der Taufe, danach fragen läßt:

Ein Lehrmeister, für dessen Lehre alles auf ihr Getragenwerden von seiner Person und also von deren Wesenheit ankommt, wird vor der geahnten Wegscheide seines Schicksals... von einer Unsicherheit angewandelt, »wer« er sei.[162]

Ihren vollen Ernst aber gewinnt die Frage Jesu dadurch, daß er sie »nach außen« wendet und an diejenigen richtet, auf die er mit seiner Einladung in einer Weise zuging, daß er sich nicht mehr zurücknehmen kann, sondern im Modus eines fast schon zuständlichen Angewiesenseins auf sie lebt. Das meint die Frage Bubers:

An wen sonst soll ein Lehrmeister, der nicht bloß keinen Lehrmeister mehr, sondern offenbar auch keinen um ihn wissenden Freund hat, die Frage richten als an seine Schüler? [163]

Auf Jesus bezogen kommt diese Frage eindeutig zu früh. Denn wenn irgendwann, dann müßte jetzt aufs neue die Himmelsstimme erklingen, die ihm schon in der Taufe die bestätigende Antwort auf seine Lebensfrage gab und nach Ausweis der im weiteren Kontext der Stelle überlieferten Verklärungsszene immer wieder an ihn ergeht. Doch gleichzeitig behält die Frage auf bestürzende Weise recht, da der Himmel schweigt, verhangen von den drohenden Wetterzeichen der nahen Passion. Erst vor diesem Hintergrund gewinnt die Jüngerbefragung ihr volles Profil. Jetzt zeigt sich nämlich, daß es für Jesus noch einen zweiten Himmel gibt, auch wenn dieser erst in der Abschiedsstunde voll erkennbar wird: den »Himmel« der Mitmenschlichkeit! Und dieser Himmel redet, während der andere schweigt. Aus Freundesmund ertönt der Zuspruch des Vaters: »Du bist der Messias!« (Mk 8,29) oder nun in der erweiterten Mattäusversion: »Du bist der Messias, der Sohn des lebendigen Gottes!« (Mt 16,16). Und der Mattäus-Evangelist überliefert auch, daß Jesus das Petrusbekenntnis tatsächlich so versteht:

Selig bist du Simon Barjona; denn nicht durch Fleisch und Blut wurde dir das geoffenbart, sondern durch meinen Vater im Himmel. Und ich sage dir: Du bist Petrus, und auf diesen Felsen werde ich meine Kirche bauen, und die Pforten der Unterwelt werden sie nicht überwältigen (Mt 16,17f.). [164]

Die Erschütterung

Es blieb wiederum der Hellhörigkeit *Kierkegaards* vorbehalten, aus diesem »freudigsten Worte« Jesu den Unterton des verborgenen Leidens herauszuhören. Aber auch weniger scharfen Ohren wird dieser Ton in der – von der »Ortung« des Hohepriesterlichen Gebets her bekannten – Szene nicht entgehen, die von einem Dialog Jesu mit dem Himmel berichtet. Sie will rückbezüglich auf die Perikope von der Hochzeit von Kana (Joh 2,1–12) gelesen werden, die ähnlich wie die Szene mit der um das Leben ihrer Tochter bangenden Frau aus dem syrophönikischen Nordgebiet (Mt 15,21–28)

Jesu in einem inneren Konflikt mit der göttlichen Verfügung zeigt, die seinem Liebeswillen räumliche – »Ich bin nur zu den verlorenen Schafen des Hauses Israel gesandt« (15,24) – und zeitliche – »Meine Stunde ist noch nicht gekommen« (Joh 2,4) – Grenzen zieht.[165] Unter dem Eindruck der Nachricht, daß Heiden ihn kennenlernen möchten (Joh 12,20), fühlt er nun die seinen Liebeswillen beengenden Fesseln von sich abfallen, und im Vorgefühl, daß seine »Stunde« heraufkomme, gesteht er:

Jetzt ist meine Seele erschüttert. Was soll ich sagen: Vater, rette mich aus dieser Stunde? Aber deshalb bin ich doch in diese Stunde eingetreten: Vater, verherrliche deinen Namen! Da kam eine Stimme vom Himmel: Ich habe verherrlicht und werde verherrlichen (Joh 12,27f.).[166]

Noch einmal antwortet hier die Himmelsstimme auf eine Frage, die Jesus, wie nun vollends deutlich wird, nicht so sehr mit Worten als vielmehr mit seinem Existenzakt stellt; doch hat die Antwort, nach der tautologischen Wendung »Ich habe verherrlicht und werde verherrlichen« zu schließen, einen seltsam verfremdeten Klang, der auf den schon nahe bevorstehenden Abbruch dieses Dialogs schließen läßt.

Die Szene bezeichnet eine der Stellen im Johannesevangelium, an denen dieses ausgesprochene Alternativen zu den synoptischen Darstellungen bietet. Wie längst schon gesehen wurde, steht bei Johannes anstelle des Abendmahls die Fußwaschung und anstelle der Himmelfahrt das – schon auf der Schwelle »zum Vater« gesprochene – Weihegebet, das sich wie die Innensicht dessen ausnimmt, was die Erzählung von der Auffahrt Jesu im Stil einer »Faktensprache« beschreibt und insofern geradezu als eine »versprengte« Himmelfahrtperikope bezeichnet werden könnte. Ebenso nimmt das vierte Evangelium den Gebetskampf von Getsemani, der seine Sicht der Passion verstellen würde, in der Szene von seinem Dialog mit der Himmelsstimme bis in Einzelzüge hinein vorweg.[167]

Hier wie dort ist von einer »Ängstigung« Jesu die Rede; hier wie dort gipfelt das Geschehen in einem Akt vollkommener Ergebung in den väterlichen Willen.[168] Sogar die lukanische Engelerscheinung (22,43) klingt an, sofern einige aus der dabeistehenden Volksmenge der Ansicht sind: »Ein Engel hat zu ihm geredet« (Joh 5,29). Dafür gehen die Darstellungen in der Frage der göttlichen Reaktion um so weiter auseinander. Während die johanneische Szene von einer ausdrücklichen Antwort des Himmels zu berichten weiß, mindert die Lukaspassion die Antwort zur bloßen »Tröstung« ab, wenn sie von dem Engel berichtet, daß er den von der Todesangst Befallenen »stärkt«. Doch selbst davon wissen die übrigen Berichte nichts. Nach der Markuspassion entsteht eher der Eindruck, als stehe Jesus in seiner Herzensnot einem bleiern verschlossenen Himmel gegenüber. Um so inständiger wendet er sich, wie vordem unter dem Eindruck des galiläischen Rückschlags, an die Jünger mit dem Geständnis:

Meine Seele ist zu Tode betrübt. Bleibt hier und wacht! (Mk 14,33)

Das ist die Bitte dessen, der sich so an die Seinen »vergeben« hat, daß er sich jetzt, in der Stunde extremer Anfechtung, nur mit ihrer Hilfe gegen die auf ihn eindringende Todesbestimmung behaupten, nur mit ihrer Hilfe »überleben« kann. Doch sie schlafen, »erschöpft vor Kummer«, wie Lukas begründend hinzufügt (Lk 22,45). So unterbleibt, was nach dem auf die Getsemaniszene vorausweisenden Bericht von der Jüngerbefragung zu erwarten war und was, menschlich gesehen, unter allen Umständen hätte geschehen müssen. Deswegen richtet sich der Vorwurf des Alleingelassenen auch in erster Linie an Petrus, aus dessen Mund der Angefochtene ehedem den Zuspruch des Himmels vernehmen durfte:

Simon, du schläfst? Konntest du dich nicht einmal eine Stunde lang wachhalten? (Mk 14,37)

Von der Lebensgestalt her gesehen versetzt das Jüngerversagen Jesus, schon bevor die Hände seiner Peiniger nach ihm greifen, den tödlichen Schlag. In dieser Sicht ist er mehr noch das Opfer der Schwäche der Seinen als des Hasses der Feinde. Und dieses Versagen rührt, wie erinnerlich, deshalb an seine Existenz, weil er in einem Akt zuständlicher Selbstübereignung begriffen und deshalb auf die Akzeptanz seiner Hilfe angewiesen war, angewiesen auf Leben und Tod! Daß die Getsemaniszene tatsächlich als das vorweggenommene Sterben, als Tod vor dem Tod, begriffen sein will, macht Lukas mit dem Zusatz deutlich, der trotz aller Abschwächungsversuche eindeutig erklärt:

*Und er geriet in Agonie und betete noch inständiger; sein Schweiß
wurde wie Blut, das auf die Erde rann (Lk 22,44).*[169]

Wenn sich Jesus im Jubelruf das Wort der himmlischen Bestätigung
selbst zugesprochen hatte, geschieht nun im Prozeß das Umgekehrte. Seine Richter – nach den Synoptikern der Hohepriester (Mk
14,41), nach Johannes der römische Prokurator (Joh 19,9) – stellen
ihm die Frage, in deren Abgrund er schon im Gebetskampf hinein-
gestürzt war: »Wer bist du?« Der Entdecker dieses Zusammenhangs, Buber, vermutet in der Antwort Jesu mit guten Gründen
einen historischen Kern, wenn freilich nicht im Sinn eines Messias-
bekenntnisses, sondern einer visionären Schau seiner leidentrückten
Zukunft: »Ihr werdet den sehen, der ich werden soll.«[170] Und er
glaubt damit sogar das »lebensgeschichtliche Faktum« gefunden zu
haben, an das die Auferstehungsvisionen der Jünger anknüpfen.[171]

Das Schweigen

Bei dem hohen Grad an theologischer Verarbeitung, den gerade die
Passionsgeschichten aufweisen, ist aber auch die schon seit länge-
rem geäußerte – und durch die Brutalität des tatsächlichen Prozeßablaufs nur zu gut begründete – Ansicht nicht von der Hand zu
weisen, daß Jesus auf die inquisitorische Befragung überhaupt nicht
antwortete, sondern das von vornherein auf seinen Tod angelegte
Verfahren schweigend über sich ergehen ließ, bis sich dieses qual-
volle Schweigen schließlich im Todesschrei des Gekreuzigten ent-
lud.[172] Dann gehört zu seinem Lebensvollzug die bestürzende Tatsache, daß derjenige, der sich wie kein anderer für die Sache Gottes
in Wort und Tat einsetzte, die Summe seines Lebens als ein Leiden-
der und Schweigender zog. Und wenn es richtig ist, daß seine Lebenstat mehr noch in Reden als in seinen Heilshandlungen bestand,
trifft auf ihn sogar die Klage zu, mit der der auskomponierte Teil der
Schönberg-Oper ›Moses und Aron‹ abbricht:

O Wort, du Wort, das mir fehlt![173]

Danach gibt es zum Leiden Jesu – vor jeder theologischen, literarischen und künstlerischen Auslegung – einen »Kommentar«, der au-
thentischer nicht sein könnte, da er in der schweigenden Hinnahme

der Passion durch Jesus bestand. Dann aber »schreit« dieses Verstummen geradezu danach, von einer »Theologie des Schweigens« unterbaut und in seiner »unüberhörbaren« Beredtheit verdeutlicht zu werden. Die dem inquisitorisch Befragten, Mißhandelten und schließlich Gekreuzigten in den Mund gelegten Worte erwiesen sich dann als der paradigmatische Versuch der Urgemeinde, das Schweigen ihres Herrn vernehmbar zu machen und es in eine nachvollziehbare Sprache umzusetzen. Nicht zuletzt würde sich bei der Erneuerung dieses Versuchs zeigen, wie im Fortgang der Passion die Frage der Richter auf Jesus zurückschlägt und schließlich jene Wucht erreicht, die dem Gekreuzigten nach Markus (15,34) und Mattäus (27,46) das »Warum?« des Psalmwortes (22,2) auspreßt, mit dem er nach deren Darstellung stirbt.[174] Damit schließt sich der Ring eines Lebens, das wie kein anderes des Anrufs Gottes gewärtig war und diesem Anruf sein Selbstverständnis, seine Sendung und schließlich sogar seine Todesbestimmung entnahm. Kann von ihm aber auch gesagt werden, daß die Frage, in welche dieses Leben ausmündet, von Gott beantwortet wurde?

Die Leidenstat

Bevor man diese Spur bis an ihr Ende, die von Gott auf das Leben und Leiden Jesu gegebene Antwort, verfolgen kann, muß man sich vergegenwärtigen, daß die Passionsberichte auch eine hochdramatische »Schau« der Leidensgeschichte bieten und so zumindest mittelbar das von Jesus bis zum Todesschrei durchgehaltene Schweigen bestätigen. Man könnte auch sagen, daß sie die Passion Jesu als seine letzte Symbolhandlung begreifen, nur mit dem Unterschied, daß diese von seinen Feinden »getätigt« wird, die sich seiner nach Art eines »Sujets« bemächtigen.[175] Eine Wende zur »Schau« sah *Buber* schon in der visionären Selbstdeutung Jesu während des Verhörs durch die jüdische Behörde gegeben. Gleiches trifft aber auch auf die von Lukas herausgearbeitete Beziehung Jesu zu Petrus zu. Nach dem Bericht von seinem dreimaligen Versagen, für das der tradi-

tionelle Begriff »Verleugnung« längst nicht tief genug greift, bemerkt die Lukaspassion:

*Da wandte sich der Herr um und blickte Petrus an. Und Petrus erin-
nerte sich an das, was der Herr zu ihm gesagt hatte: Ehe der Hahn
kräht, wirst du mich dreimal verleugnen. Und er ging hinaus und
brach in Tränen aus (Lk 22,61).*

Mit noch mehr Recht als Buber wird man von dieser Szene eine
Linie zu den Erscheinungen des Auferstandenen ziehen können.
Ein Band, geflochten aus dem Blick Jesu und den Tränen des Petrus,
führt von hier zu der ihm zuteil gewordenen Ostererscheinung
(1 Kor 15,5; Lk 24,34), der für die Konstituierung von Glaube und
Kirche grundlegende Bedeutung zukommt.[176]

Die Verhöhnung

Fast unmittelbar nach diesem Blickdialog, in welchem bereits mehr
zu sehen als zu hören ist, erhebt sich der Passionsbericht zu einer
makabren »Schaustellung«, zu der das »Ecce homo« des Pilatus das
Stichwort gibt. In ihr führt nach der Darstellung des Johannesevangeliums ein Haß Regie, der instinktiv die Konturen jener Liebe
trifft, die im Prozeß Jesu die eigentlich Angeklagte ist. Es ist eine
Liebe, die sich dadurch verhaßt machte, daß sie, wie schon wiederholt deutlich wurde, anstatt des Erhofften das Unerwartete und in
Wirklichkeit doch Unentbehrliche gab, weil zwischen ihr und ihrem Urheber nicht mehr unterschieden werden konnte und die deshalb in den Anschein einer despotischen Übermacht geriet. In diesem Sinn wird sie in der Verhöhnungsszene, die auf die Tortur der
Auspeitschung folgt, buchstäblich »zur Schau gestellt«. Und das
besagt, daß Jesus zum Opfer jener blutigen Stilisierung wird, die ihn
in das radikale Gegenbild seiner selbst verwandelt.[177] Der unerbittliche Kritiker jedes Gewaltregimes trägt das imperiale Diadem, jedoch in Gestalt der Dornenkrone.[178] Der mitfühlende Hirt der
durch ihn der Verlorenheit entrissenen Schafe trägt das herrscher-
liche Zepter in der Hand, doch dies in Form eines zerbrechlichen
Hysoprohrs. Der entschiedene Verneiner eines kriegerischen Mes-
siaskönigtums erscheint in dessen Insignien und wird von der ihm
als »Sieger« huldigenden Truppe mit Küssen begrüßt, in Wirklich-

keit aber bespuckt und besudelt. Der Vorgang muß tatsächlich mit dem Verfasser des verschollenen Jesusbuchs von *Josef Pickl* ›Messiaskönig Jesus‹ (von 1936) als schauerliche Farce gesehen werden, in der die Peiniger – in einer an Herman Melvilles ›Benito Cereno‹ erinnernden Maskerade – die Kampftruppe des messianischen Imperators spielen, dem es gelang, das römische Machtzentrum in Jerusalem zu erstürmen, und die ihrem siegreichen Feldherrn dafür nun mit einer improvisierten Huldigung dankt.

Und doch waltet in dieser Travestie eine hintergründige Logik. Denn sagte der Verhöhnte nicht zu einem vorschnellen Bewerber um die Jüngerschaft, daß er nicht einmal einen Platz habe, um seinen Kopf hinzulegen? Und erinnert das Rohr in seiner Hand nicht an das Verheißungswort, daß er das geknickte Rohr nicht brechen werde? Ist das Haupt voll Blut und Wunden, das er seinen Anklägern zuwendet, nicht doch das Antlitz, das sie aus dem jesajanischen Lied vom Gottesknecht anblickte? Und gab es dazu einen gültigeren Kommentar als das »Ecce homo«, das in seiner Hintergründigkeit darauf hinwies, daß die den Menschen zugewandte Seite Gottes – ein Menschenantlitz zeigt? Wenn es sich aber so verhält, kann man die Verhöhnungsszene tatsächlich als die letzte Symbolhandlung Jesu verstehen, bei der die Initiative freilich ganz an seine Peiniger überging, während er selbst nur noch zum »Material« ihrer zuschlagenden Hände wurde.

Der Todesschrei

Freilich handelt es sich bei alledem um eine Lesart, die eine palimpsesthafte Einschätzung der betrachteten Texte zur Voraussetzung hat, da diese, sowenig sie frei erfunden sind, doch weitgehend die gestaltende Hand der mündlichen und schriftlichen Tradenten verraten. Die historische Kritik hält dafür nur den Begriff der legendarischen Ausgestaltung bereit. Die auf das Ungesagte in den Texten achtende Methode sieht sich dagegen an die dem Lebensvollzug Jesu eingeschriebene Dialogstruktur zurückverwiesen, die, wenn irgendwo, dann jetzt, in der Passion, zum Vorschein kommen muß. Tatsächlich läßt sich das, was zuletzt geschieht, am zutreffendsten dialogisch verdeutlichen. Aus dem Schweigen, in das der vom Undank der Welt und von der Treulosigkeit der Jünger Enttäuschte, vom Haß der Feinde Verwundete und nicht zuletzt von der Frage nach dem Sinn von alledem Bedrängte verfiel, entringt sich Jesus zuletzt der Todesschrei und damit jene »große Stimme«, in die *Nikolaus von Kues* alle Stimmen, die sich jemals für Gott erhoben oder nach Gott schrien, ausmünden hört:

Das ist die große Stimme, die in der Tiefe unsres Geistes ertönt und die von den Propheten in uns hineingerufen wurde, damit wir den einzigen Schöpfer verehren, die Tugend üben und uns zu unsrem Erlöser flüchten... Nachdem sich diese Stimme jahrhundertelang ununterbrochen bis auf Johannes gesteigert hatte, die Stimme des Rufenden in der Wüste, hat sie endlich Menschengestalt angenommen, und am Ende einer langen Reihe von Modulationen..., die uns zeigen sollten, daß von der Liebe unter allen schrecklichen Dingen das schrecklichste gewählt werden mußte, nämlich der leibliche Tod – stieß sie einen großen Schrei aus und verschied.[179]

Daß sich für den Todesschrei, in den die Passion und damit die Lebensgeschichte Jesu ausmündet, eine neue Sensibilität einstellte, läßt sich an zahlreichen Symptomen ablesen, seitdem Joseph Bernhart das im Zeitgeschehen vielfach erklingende »De profundis« vernahm und den Tod Jesu als dessen erfüllende Vorwegnahme begreifen lehrte.[180] Nachdem Xavier Tilliette den Todesschrei Jesu als den »reinen Ausdruck des Abgrunds« begriff, überrascht es auch nicht, daß dazu sogar die Stimme des extremen Widerspruchs gehört, wie Heidegger verdeutlichte, als er am Schluß seiner Auslegung des Nietzschewortes »Gott ist tot« die Frage stellte:

Vielleicht hat da ein Denkender wirklich de profundis geschrien? Und das Ohr unseres Denkens? Hört es den Schrei immer noch nicht?[181]

In dieselbe Richtung weist Horkheimer mit dem bereits angeführten Gedanken, daß die höchste Aufgabe der Philosophie darin bestehe, den verstummten Opfern alter und neuer Gewaltregime zu Stimme und Geltung zu verhelfen:

Aufgabe der Philosophie ist es, was sie getan haben, in eine Sprache zu übersetzen, die gehört wird, wenn auch ihre vergänglichen Stimmen durch die Tyrannei zum Schweigen gebracht wurden.[182]

Zum Sprecher der neuerwachten Sensibilität machte sich inzwischen *Karl M. Woschitz*, als er das Geschehen der Gegenwart im Blick auf eine Gedichtstrophe von Nelly Sachs als eine »Landschaft aus Schreien« bestimmte:

Im Anfang dieses Gedichtes steht der Schrei des sterbenden Jesus auf Golgatha, der die »Landschaft aus Schreien« aufreißt, die überdeckten, verdrängten, vergessenen Schreie in Erinnerung bringt, so daß nun die in die Landschaft der Geschichte eingegrabenen Schreie hörbar und sichtbar werden. In der Mitte all dieser Schreie ist »der Schrei verborgen im Ölberg wie ein von Ohnmacht übermanntes Insekt im Kristall«.[183]

Es ist dieser neuerwachten Sensibilität zu danken, daß hinter dem Wortlaut der Passionsberichte, mit Nietzsche zu reden, die »Musik hinter den Worten«, also der Todesschrei hinter dem Gebetsruf hörbar wird, mit welchem Jesus nach der vom Markus- und Mattäusevangelium gebotenen ältesten Überlieferung stirbt.[184] Dem Wortlaut nach ruft Jesus sterbend – »wie jedes Geschöpf in Not« (Bernhart) – nach seinem Gott, dem der die Not seiner Verlassenheit klagt:

Mein Gott, mein Gott, warum hast du mich verlassen? (Mk 15,34)

Danach stirbt er mit dem Beginn des 22. Psalms auf den Lippen, also mit einem Wort, das gleichzeitig äußerster Notschrei und Vertrauenserweis ist, da er mit ihm seine Not in heiliger Paradoxie demjenigen klagt, von dem er sich verlassen fühlt und der ihm in seiner Verlassenheit dennoch Appellationsinstanz und Adressat seiner Klage bleibt. An dieser elliptischen Struktur der Kreuzesklage Jesu scheitern alle Versuche, aus seinem Notschrei den Ausdruck des Scheiterns oder gar der Verzweiflung herauszulesen.[185]

Doch läßt sich ebensowenig bezweifeln, daß Jesus mit diesem Gebetswort entscheidend hinter seine eigene Gottesverkündigung zurückfällt, da er nach Gott, nicht jedoch, wie es ihr zufolge geschehen müßte, zu seinem Vater ruft. Indessen führt die neuentstandene Sensibilität zu der Folgerung, daß der Todesschrei, den der Markusevangelist abschließend verzeichnet – »Jesus aber stieß einen großen Schrei aus und verschied« (Mk 15,37) – nicht, wie bisher üblich, von diesem Gebetswort her, sondern dieses umgekehrt vom Todesschrei her zu verstehen ist. Was das Psalmwort im Munde Jesu besagt, kommt umfänglicher und ursprünglicher in dem »lauten Schrei« (ebd.) des Gekreuzigten zum Ausdruck. Im Klageruf des 22. Psalms fand die urchristliche Verarbeitung des Kreuzestodes Jesu dann das in der spirituellen Tradition Israels vorgegebene Modell, mit dessen Hilfe der wortlose Schrei des Sterbenden gedeutet werden konnte.[186] Demgegenüber führt die traditionelle Einschätzung des Psalmworts als historisch gesichertes Überlieferungsgut in spekulative Dimensionen – und Schwierigkeiten –, von denen die Ausdeutung *Joseph Bernharts* den beredtesten Eindruck vermittelt:

Die menschlich fühlbare Gewißheit, Gottes Sohn zu sein, hat ihn verlassen, und so ruft er nicht »mein Vater!«, er ruft wie jedes Geschöpf in Not »mein Gott!« Aber unendlich mehr als menschliche Seins- und Todesnot ist diese Drangsal des gottmenschlichen Sterbens. Im Schrei des Abgestoßenen ruft der Gerechte zu der Gerechtigkeit, der heilige Wille zum unbegreiflichen Willen des Allheiligen selbst. Gott ist nicht mehr da beim Gottverlassenen, aber der Gottverlassene ruft ihn – Deus meus, Deus meus –, denn er ist da, und tiefer kann er nicht empfunden werden als in der Gottverlassenheit. Darum ist der Schrei des Gottverlassenen ein Gebet, in dem die menschliche Natur gleichsam, als wenn Gott nicht wäre, ihn erschafft mit ihrem innersten Rufe im Namen aller Kreatur.[187]

Die Erhörung

Wenn das Gebetswort jedoch vom Todesschrei her verstanden wird, braucht Gott für den Gottverlassenen nicht erst erschaffen zu werden, weil er zu ihm nicht aufschreien könnte, wenn er für ihn nicht immer noch – und immer schon – da wäre. »Da« freilich nicht so, wie ihn die Menschheit seit ihren Anfängen, fasziniert von seiner Herrlichkeit und zurückbebend vor seiner Unerforschlichkeit, anrief, sondern so, wie ihn Jesus jenseits dieses Zwiespalts entdeckt hatte: als der bedingungslos Liebende, der zwar Leid und Tod nicht verhindert, wohl aber in seiner Liebe unwiderruflich und unzweifelhaft bei den Leidenden und Sterbenden ist. Nur die alttestamentliche Ausdeutung hatte sich von dieser Position entfernt, nicht jedoch das große »De profundis«, das in Gestalt des Todesschreies Jesu zum Herzen seines väterlichen Gottes drang. So könnte freilich nicht ohne die Rückendeckung der ältesten Passionsgeschichte argumentiert werden, die an vergleichsweise entlegener Stelle im Hebräerbrief überliefert ist.[188] Die vielfach, wenngleich irrtümlich auf die Getsemaniszene bezogene Stelle sagt nach ihrer schwierigeren und zweifellos älteren Lesart von Jesus:

In den Tagen seines Erdenlebens richtete er unter Wehgeschrei und Tränen Bitten und Flehrufe an den, der ihn vom Tod erretten konnte. Und er ist erhört und aus seiner Todesnot befreit worden (Hebr 5,7).[189]

Die Stelle wirkt schon deshalb ursprünglich, weil sie im Kontext eines liedhaften Stückes steht (Hebr 5,5–10), vor allem aber dadurch, daß sie eine Gestaltungstendenz der Evangelien in radikalisierter Form vorwegnimmt.[190] Wie diese einem bekannten Wort Martin Kählers zufolge als »Passionsgeschichten mit ausführlicher Einleitung« zu gelten haben, überspringt die Stelle die mit der Wendung »in den Tagen seines Erdenlebens« angedeutete Lebensgeschichte Jesu, um sofort zu deren Endziel, dem Todesschrei, vorzustoßen.[191] Ihn deutet sie unmißverständlich als ein »unter Tränen« an den Himmel gerichtetes »De profundis«.[192] Ihre Mitte aber hat die Stelle in der geradezu ungeheuerlichen Behauptung, daß Jesus erhört und, wie die richtigere Lesart sagt, »aus seiner Todesnot befreit« wurde. Denn davon weiß der Leser der von den Evangelien gebotenen Passionsberichte nichts. Von ihnen erfährt er vielmehr, daß weder, wie der höhnische Zuruf des Hinrichtungskommandos unterstellt, ein himmlischer Retter auf den Plan tritt, um den Gekreuzigten im letzten Augenblick aus seiner entsetzlichen Notlage zu befreien, noch daß eine menschliche Hand sich rührt, um ihm wenigstens Linderung in seiner Qual zu verschaffen. Nach dieser Darstellung nimmt das blutige Geschehen vielmehr seinen unerbittlichen Lauf, dem erst der im Aufschrei erlittene Tod ein Ende setzt.

Doch der Hebräerbrief bleibt bei seiner Aussage, daß eben dieser Schrei zum Herzen Gottes drang und dem Sterbenden Befreiung und Rettung erwirkte. Wenn diese Behauptung nicht abgeschwächt werden soll, kann sie nur besagen, daß der Tod für Jesus nicht Ende, sondern Anfang, nicht Auslöschung, sondern Freisetzung, nicht Untergang, sondern Leben bedeutet. Und das heißt wiederum, daß Jesus in der Sicht der Hebräerstelle in die unendliche Lebenswirklichkeit Gottes hineinstarb. In eben dem Augenblick, in dem er der Vernichtungewalt des Todes anheimzufallen schien, beginnt für ihn das Leben neu, erfüllt sich an ihm das Römerwort: »Sofern er lebt, lebt er für Gott« (Röm 6,10). Was alle Anzeichen eines äußersten Erliegens aufweist, erweist sich so als die gerade im Tod vollbrachte »Tat«, als die Tat des Kreuzes.

Eine längst vorgegebene Verständnishilfe bietet dazu eine der bewegendsten Gottesreden aus der Leidensgeschichte der alttestamentlichen Propheten, die sich zwar unmittelbar an Baruch, durch ihn hindurch jedoch zweifellos an dessen Meister Jeremia wendet. Im Gedanken an das von ihm ebenso eindringlich wie drastisch angekündigte Strafgericht hatte der Prophet um Verschonung seiner selbst gebeten; und nun diese Antwort:

Siehe, was ich aufgebaut habe, reiße ich nieder, und was ich gepflanzt habe, reiße ich aus, ja die ganze Erde werde ich schlagen. Und da verlangst du Wundertaten für dich? Verlange es nicht! (Jer 45,4f.) [193]

In die Verweigerung der Bitte mischt sich hier ein Ton ein, wie er sonst nur in der Abrahams- und Mosesgeschichte hörbar wird und nur unter Freunden möglich ist: Gott bittet seinerseits um Verständnis für die Absage, während er den Beter gleichzeitig ins Einvernehmen mit sich zieht. Im Falle Jesu, der wie kein anderer auf die von den Psalmen vielfach bezeugte Rettung aus höchster Not Anspruch hätte und der sich darin grausam enttäuscht sieht, steigert sich das Einvernehmen zur Einheit: Gott antwortet durch und mit sich selbst; er reißt den Sterbenden über die Todesschwelle hinweg – hinein in seine Lebensfülle; denn nirgendwo bewahrheitet sich das Wort Jesu »ihm leben alle« (Lk 20,38) mehr als an seinem eigenen Sterben.

Der volle Sinn der Aussage erschließt sich jedoch erst, wenn man sie aus der Gegenperspektive in den Blick nimmt und vom Motivwort »Erhörung« her zu begreifen sucht. Denn erst dann gibt sie Auskunft über das, was zunächst ganz unerhoffbar erschien: über die an den Gekreuzigten ergehende Antwort. In seinem »De profundis« war bereits mitgesagt, daß er in seiner Verlassenheit Gott als den Adressaten seiner Klage behielt. Das aber war nicht mehr der Gott der notvollen Anrufung, sosehr sich auch der Gekreuzigte nach dem Verständnis des Hebräerworts mit seinem Notschrei an den wendet, »der ihn vom Tod erretten konnte«. Denn die erflehte Rettung wird ihm durch die unerbittliche Logik des tödlichen Geschehens in jeder Form verweigert. Wenn von ihm nun trotzdem gesagt wird, daß er »erhört und aus seiner Todesnot befreit« wurde, kann das nur heißen, daß das Gottesverhältnis Jesu am Kreuz eine letzte und äußerste Metamorphose erfährt. Aus seinem Gottesbild fallen, bildlich gesprochen, alle Attribute heraus, die mit menschlicher Heils- und Sinnerwartung zu tun haben. Ihm bleibt »nur« noch Gott in seiner unbedingten, unfaßlichen und alle menschlichen Proportionen sprengenden Göttlichkeit.

Aus diesem Gottes-Abgrund kommt ihm jedoch das entgegen, worauf sein Leben immer schon angelegt war und doch erst jetzt, im Augenblick der letzten Entscheidung, ganz über ihn Macht gewinnt. Denn dieser antlitzlose, unbegreifliche Gott wird für ihn zum Inbegriff der Erhörung und Befreiung. Das unausdrückliche »Warum«, das mit seinem Todesschrei zum Himmel dringt, durchstößt die Grenze zwischen menschlicher Todverfallenheit und göttlicher Lebensfülle, und der Himmel selbst neigt sich zu dem herab, der zu ihm aufschreit. Keine kategoriale Hilfe wird ihm zuteil; wohl aber erfährt er die Tröstung eines Gottes, der sich ihm in seiner Not mit der ganzen Fülle seines Gottseins zuwendet. Gott selbst als Hilfe, Gott selbst als Retter, Gott selbst als Befreier – dahin klärt sich das Gottesverhältnis dessen, dem Gott in seiner Todesstunde so zur Antwort auf seine Lebensfrage wurde, daß er sich gerade im Tod durch ihn bestätigt, angenommen und gesegnet weiß. Das aber ist kein anderer Gott als der, zu welchem Jesus in kindlicher Kühnheit »Vater« sagte und in dessen liebende Umarmung er jetzt sterbend eingeht. Weil dieser Gott für ihn der Befreier ist, fallen nun alle Fesseln und Beengungen endgültig von ihm ab; weil er ihm Retter ist, beginnt das Leben für ihn neu. Sterbend stirbt er in Gott hinein.

Die Aufnahme

So absurd sich dieser Tod ausnimmt, mit dem das kostbarste Leben vorzeitig abbricht, mit dem der Undank der Welt seine schrecklichste Probe ablegt, mit dem aber auch die triumphierenden Feinde ihre letzte Chance verspielen, ist er, von innen gesehen, doch voller

Licht und Wahrheit. Das brachte den größten Deuter des Kreuzes, den Apostel Paulus dazu, von der in der Torheit des Kreuzes verhüllten Gottesweisheit zu sprechen (1 Kor 1,23 ff.) und von dem Gekreuzigten zu sagen, daß er »für uns zur Weisheit, zur Gerechtigkeit, zur Heiligung und Erlösung« geworden sei (1,30). In noch stärkerer Verallgemeinerung besagt das, daß das Kreuz Christi alle Kriterien einer höchsten Gottesoffenbarung aufweist.

Wer wissen will, was es um den von Jesus für die Menschheit entdeckten und verkündeten Gott, um den »neuen Gott« des Evangeliums ist, muß deshalb zum Kreuz aufschauen, in dem sich dieser Gott in der blutigen Chiffrenschrift eines scheinbar zu früh abgebrochenen, vermeintlich gescheiterten Lebens zu verstehen gibt. Von Gott her gesehen, in dessen Anruf Jesus ebenso stirbt, wie er in ihm lebte, heißt das, daß Gott sein innerstes Lebensgeheimnis nicht schonungsloser offenlegen konnte als im Ereignis seiner scheinbar vollständigen Verhüllung, auf das – in narrativer Symbolsprache – der Bericht von der Verfinsterung der Sonne beim Tode Jesu (Lk 23,44 f.) verweist. Darin ist es letztlich begründet, daß das Christentum als einzige Religion es wagen konnte, den Inbegriff der Negativität, das Kreuz, ins Zentrum seiner Botschaft zu stellen. So frustriert es zwar die Erwartungen, die auf Sinn, Glück und Trost gerichtet sind; doch solidarisiert es sich gleichzeitig mit allen, die sich von ihrem Lebenskreuz bedrückt fühlen und keinen Weg sehen, sich damit abzufinden. Ihnen will dieses Zeichen des Widerspruchs sagen, daß auch für sie im Kreuz Weisheit, Freiheit und Leben verborgen sind. Doch was heißt das für den Gekreuzigten selbst?

Die Frage schließt eine Reihe von Bedeutungsvarianten ein, die von der Todeserfahrung Jesu über sein Todesverständnis bis zu der ihm durch die göttliche Antwort gewährten Todüberwindung reichen. Von seiner Erfahrung läßt sich sagen, daß er den Tod im Durchgang durch den Abgrund der Gottverlassenheit als die definitive Befreiung von allen ihm gezogenen Fesseln, als die große Losbindung von der ihm auferlegten Lebenslast, zumal aber als die endgültige Freisetzung für den erfährt, dem sein ganzes Sein und Wirken geweiht war. Und das kann nochmals durch den Satz überboten werden, daß er sterbend das einholt, was er aufgrund seiner Gottessohnschaft von Ewigkeit her ist. Damit ist aber auch die Frage seines Todesverständnisses geklärt. Sosehr auch ihm der Tod zunächst als das alle Positivität in sich aufzehrende Schrecknis entgegentritt, das sogar für einen Augenblick den Gott der Verläßlichkeit, der Erbarmung und der rettenden Hilfe in sein Gegenteil zu verkehren droht, kann Jesus den Tod im Bewußtsein seiner Erhörung letztlich nur als die Pforte zur vollkommenen Hingabe an den verstanden haben, der ihm in der Verweigerung jeder kategorialen Hilfe als Adressat seiner Klage geblieben war. So hat sein Tod als die Vollendung jener liebenden Selbstübereignung zu gelten, in der er schon immer begriffen war.

Weil diese Selbstübereignung ebenso den Menschen galt, wird Jesu Tod darüber hinaus zu einem Akt stellvertretender Liebeshingabe, die dadurch, daß sie den Verlust des Kostbarsten einschließt, das die Welt jemals besaß, den Charakter eines Liebesopfers gewinnt. Sosehr auch die theologischen Vorstellungen von einem Sühneakt und einer der göttlichen Gerechtigkeit dargebrachten Genugtuung in diesem Gedanken konvergieren, erreichen sie doch nicht seine volle Höhe, da die Liebestat des sterbenden Jesus erst dann in ihrer vollen Größe begriffen ist, wenn sie zweckfrei und losgekettet von jeder, auch der höchsten Leistung, gedacht wird. Nur das um seiner selbst willen dargebrachte Liebesopfer entspricht dem bedingungslos liebenden Vater, den Jesus für die Menschheit entdeckte und in dessen Hände er sich nun nach dem Wort der Lukaspassion (23,46) sterbend übergibt.

Was aber den Aspekt der Todüberwindung anlangt, so ist sie vollgültig erst mit dem Begriff »Auferstehung« bezeichnet. Nach der Dramaturgie der Evangelienschriften bedarf es freilich einer dreitägigen Karenzzeit, bis sich dieses alle Erwartungshorizonte sprengende Ereignis in der menschlichen Denk- und Erfahrungswelt durchzusetzen vermag. Erst dann wird nach ihren abschließenden Perikopen klar, daß Gott, wie die Apostelgeschichte versichert, seinen Sohn »von den Wehen des Todes befreite und auferweckte« (Apg 2,24). Das bestätigen die Erscheinungsberichte, von denen im Markusevangelium zwar nur in Form einer Ankündigung (Mk 16,5 ff.) die Rede ist, die dafür aber von den übrigen Evangelien um so reicher entfaltet werden. Nur zu leicht gerät über diesen eindrucksvollen Schilderungen das leise Spannungsverhältnis aus dem Blick, in dem die Ostererscheinungen zu der Aussage des Hebräerbriefs stehen, der sich zu der augenblicklichen Erhörung und Befreiung des zu Gott Aufschreienden bekennt. Was der Begriff »Auferstehung« lediglich in zeitlicher Dilatation darzustellen vermag, da die Vorstellung der »Erweckung« ein vorgängiges Begrabensein voraussetzt, geschieht dem Hebräerwort zufolge bereits am Kreuz.

In diesem Zusammenhang wird man sich vergegenwärtigen müssen, daß sich der Begriff Auferstehung erst auf einer späten Stufe der theologischen Verarbeitung einstellte, während die Vorstufen von der »Erhöhung« des Gekreuzigten und der sich darin ereignenden »Offenbarung« sprachen.[194] Tatsächlich war die am Kreuz Jesu geschehene Todüberwindung, die *Nietzsche* ebenso richtig sah wie heftig bekämpfte, dazu angetan, das Schwergewicht der Dinge hinter die Faktenwelt zu verlagern und diese dadurch, wie es schon in den Gleichnissen Jesu und, grundsätzlicher noch, in seinem ganzen Lebensvollzug geschehen war, in eine Metapher des »Kommenden« zu verwandeln.[195] So wurde die Todüberwindung Jesu zum Inbegriff einer alle Sinnhorizonte sprengenden »Erschließung«, der grundlegenden Eröffnung des »göttlichen Bereichs« und, sofern diese in mystischer Inversion als Entgegenkunft und Mitteilung empfunden wurde, von »Offenbarung«.[196]

Die Benennungen

Obwohl sich im heutigen Glaubensbewußtsein davon nur noch Spuren erhielten, wird die tatsächliche Entwicklung doch so verlaufen sein, wie sie schon *Buber* in behutsamer Abwägung der Gründe nachzuzeichnen suchte:

Es spricht manches dafür, daß in der Zeit nach dem Tode Jesu neben dem Bild seiner Auferstehung das seiner Himmelfahrt vom Kreuz aus bestand, ja jenem vorausging – das Bild einer Entrückung also, analog dem im Alten Testament von Henoch und Elias, später auch von Moses und anderen erzählten.[197]

Was mit der Erhörung des Gekreuzigten geschehen war, sprengte so sehr alle hergebrachten Begriffe und Vorstellungen, daß den Jüngern die Nachricht von Erscheinungen Jesu zunächst wie »leeres Gerede« vorkam (Lk 24,11). Zu furchtbar waren sie vom Faktum des Kreuzestodes ihres Herrn getroffen, durch welches das ganze Gebäude ihrer Hoffnungen zerstört worden war (24,21). Nun aber kam es wiederholt zu Erfahrungen, die sie davon überzeugten, daß Gott selbst in das Kreuzesgeschehen eingegriffen und den von den Menschen Verworfenen zu neuem Leben geführt hatte. Dadurch trat das Kreuz in das Licht einer göttlichen Interpretation, die den Anreiz zu menschlichen Deutungsversuchen in sich trug. Im Bemühen, das unvorstellbare Paradox, daß die Vernichtungsgewalt des Todes gebrochen, die Schande der »turpissima mors« in Ruhm und Ehre verwandelt und die »Torheit« des Kreuzes zur Quelle der Weisheit geworden war, denk- und sagbar zu machen, entwickelte die nachösterliche Glaubensgemeinschaft aus der Einsicht, daß durch die Todüberwindung Jesu die entscheidende Gottesoffenbarung an sie ergangen war, in der Folge zwei konkurrierende Deutungsmodelle: ein erstes, das nach Buber auf den alttestamentlichen Prophetismus zurückging, und ein zweites, das im Anschluß an die Vorstellungswelt der spätjüdischen Apokalyptik den vor allem durch Paulus zum Sieg geführten Begriff »Auferstehung« entwickelte.[198] Indessen blieb es gerade den Paulusbriefen vorbehalten, das von ihnen überwundene ältere Deutungsmodell im Gedächtnis der Christenheit zu bewahren. Das geschieht in dem aus vorpaulinischem Liedgut übernommenen Christushymnus des Philipperbriefs, der die Sinnfigur der Lebensgestalt Jesu mit markanten Strichen nachzeichnet:

> Obwohl er in Gottesgestalt war,
> hielt er nicht daran fest, Gott gleich zu sein;
> vielmehr entäußerte er sich selbst,
> nahm die Lebensform eines Sklaven an
> und wurde den Menschen gleich,
> eingegrenzt in die Gestalt eines Menschen,
> und er erniedrigte sich
> und war gehorsam bis zum Tod,
> bis zum Tod am Kreuz.
> Darum hat ihn Gott über alle erhöht
> und ihm einen Namen verliehen,
> der größer als alle Namen ist,
> damit vor dem Namen Jesu
> jedes Knie sich beuge ... und jeder Mund bekenne:
> Jesus Christus ist der Herr (Phil 2,5–11).[199]

Dabei erwies sich, daß das kultische Gedächtnis das theologische Erinnerungsvermögen übertrifft. Denn in Gestalt des Festes Christi Himmelfahrt feiert die Christenheit das Ostergeheimnis bis auf den heutigen Tag im Sinn des Erhöhungsmodells, und dies auch angesichts der Tatsache, daß der ältere Begriff längst aus dem religiösen Sprachgebrauch verschwunden ist. Doch wenn der siegreiche Begriff Auferstehung das Moment der Todesüberwindung auch deutlicher hervortreten ließ, hatte die Rede von der Erhöhung des Gekreuzigten doch den Vorzug, einen tieferen Einblick in den inneren Vorgang zu gewähren. Was Jesus im Tod widerfuhr, kam in seiner Sicht einem Akt göttlicher Akzeptanz des von den Menschen Erniedrigten, Geschändeten und Erledigten gleich. Gleichzeitig machte er deutlich, daß Gott den zu ihm Erhöhten der Sphäre der Leid- und Todverfallenheit ein für allemal entriß. Auf ihn, der von den Menschen so schmählich fallengelassen worden war, legte nun Gott die Hand, um ihn in seine Herrlichkeit aufzunehmen und ewig bei sich zu haben. »Ich bin auferstanden und nun für immer bei dir«, so versuchte die Liturgie diesem untergründlichen Vorgang mit Menschenworten zu entsprechen.

Die Grenze

Daß damit eine unüberschreitbare Grenze berührt ist, steht außer Zweifel. Doch läßt sich ebensowenig bezweifeln, daß ein zulängliches Verständnis des Ostergeheimnisses davon abhängt, ob nicht wenigstens eine nachvollziehende »Angrenzung« und damit eine wenigstens partielle Überschreitung dieser Grenze gelingt. Ein Mittelweg wäre unter der Voraussetzung gangbar, daß die österlichen Zeugnisse Einblick in die Erfahrung ihrer Träger gewähren. Denn sie figurieren als die »von Gott erwählten Zeugen« (Apg 10,40), denen Einblick in das österliche Geheimnis und damit in das die Offenbarungsgeschichte krönende Ereignis gewährt wurde. Im menschlichen Spiegel ihrer Erfahrung würde dann etwas von dem erfragten inneren Vorgang ersichtlich. Doch über die Erfahrung der Osterzeugen schweigen sich die Berichte der Evangelien, trotz gegenteiligen Anscheins, so gut wie völlig aus. Zwar lassen sie etwas von der freudigen Überwältigung erkennen, wenn Maria von Magdala vom Auferstandenen beim Namen angerufen und dadurch in die Gewißheit seiner Identität geführt wird (Joh 20,16). Ähnliches spricht aus dem hinreißenden Bekenntnis, in das die Emmausjünger ihr Erlebnis mit dem zunächst unerkannten Reisebegleiter zusammenfassen: »Brannte nicht das Herz in uns, als er unterwegs mit uns redete und uns in den Sinn der Schrift erschloß?« (Lk 24,32) Und nicht weniger scheint der Ausruf, mit dem sich der Zweifler Thomas der Autorität des Auferstandenen beugt – »Mein Herr und mein Gott!« (Joh 20,28) –, vom beseligenden Umschlag des Zweifels in Gewißheit zu zeugen.[200]

Doch belehrt schon die erste der aufgeführten Szenen eines andern. Als Maria von Magdala im Sinn des an sie ergangenen Auftrags den Jüngern von ihrem Erlebnis berichtet, wiederholt sie nicht, wie es der biblischen Darstellungsweise entsprechen würde, die wesentlichen Momente des Hergangs; vielmehr verkürzt sie diesen zu dem einfachen Protokollsatz: »Ich habe den Herrn gesehen« (Joh 20,18). Damit geben die Osterberichte der Evangelien einen entscheidenden Fingerzeig. Sie enthalten nichts nach Art der gesuchten Erfahrungswerte; vielmehr wiederholen sie in szenischer Ausgestaltung immer nur das Faktum der österlichen Erscheinungen, wie es der Protokollsatz zum Ausdruck bringt. Ihr Glanz geht von der Brechung aus, welche die Wahrheit dieses Satzes im Medium der jeweiligen Persönlichkeit erfährt. Insofern wollen sie als Hinweise auf die unterschiedlichen Weisen verstanden werden, wie das österliche Elementarzeugnis in die menschliche Lebenswirklichkeit »übersetzt« werden kann. Doch bieten sie nichts, was über das älteste Osterbekenntnis hinausginge, wie es von Paulus als grundlegendes Überlieferungsgut aufgeführt wird.

Die Dokumentation

Zu den die Gemeinde von Korinth bewegenden Fragen gehörte auch die nach der Auferstehung von den Toten; darauf antwortete Paulus in betontem Rückgriff auf das urchristliche Traditionsgut:

Vor allem habe ich euch überliefert, was auch mir zugekommen ist: Christus ist für unsre Sünden gestorben gemäß der Schrift, und er ist begraben und am dritten Tage auferweckt worden gemäß der Schrift,

und er ist dem Kephas erschienen,
dann den Zwölf.
Danach erschien er mehr als
fünfhundert Brüdern zugleich,
von denen die meisten noch am Leben,
einige aber schon entschlafen sind.
Danach ist er dem Jakobus erschienen,
dann allen Aposteln.
Zuletzt aber erschien er mir,
dieser Mißgeburt (1Kor 15,3–8).[201]

In dieser Magna Charta des christlichen Osterglaubens ist das tragende Zeugnis zurückgenommen auf das bare Faktum der Erscheinungen, ausgesagt in einer Vokabel *(ophthê),* die sowohl das Gesehensein des Auferstandenen als auch sein Sich-sehen-Lassen zum Ausdruck bringt.[202] Eben dies – und nichts anderes – wird von den österlichen Begegnungen mitgeteilt. Der Glaube der Christenheit ruht somit auf den Augen derer, die durch die Schau des Auferstandenen von seiner Todüberwindung überzeugt wurden und diese Überzeugung an ihre Mit- und Nachwelt weitergaben. Von Zeugen gewöhnlicher Vorgänge und Begebenheiten unterscheiden sie sich durch das Kriterium der Erwählung, zu dem sich die Apostelgeschichte mit dem Schlüsselsatz bekennt:

Ihn hat Gott am dritten Tag erweckt und sichtbar werden lassen: nicht vor dem ganzen Volk, sondern vor den von Gott erwählten Zeugen (Apg 10,40f.).

Der oft erhobene Einwand, daß das darauf gegründete Christentum auf brüchigem Boden stehe, entstammt einer formalistisch-abstrakten Auffassung von Religion. Wer sie menschlich-konkret versteht, wie es ihr allein angemessen ist, wird rasch begreifen, daß tragende Überzeugungen nicht sachgemäßer begründet werden können als auf Zeugnisse, die von Erfahrungen und persönlichen Gewißheiten gestützt sind.

Eher schon wäre ein anderer Einwand angebracht, der sich auf den Inhalt der Osterberichte bezieht. Sosehr diese die Faktizität des Erscheinenden und seines Gesehenseins betonen, bleiben sie doch jede Auskunft über sein eigenes Aussehen schuldig, besonders dann, wenn sie tatsächlich, wie Buber annimmt, auf seine Selbstwahrnehmung im Verhör durch den Hohenpriester zurückgehen. In dieses Defizit greift jedoch die Verklärungsperikope ein, die in der Matthäusfassung zu berichten weiß:

Er wurde vor ihren Augen verwandelt, und sein Angesicht strahlte wie die Sonne (Mt 17,2).[203]

Als Osterbericht genommen, schließt dieser Satz nicht nur die von den Erzählungen offengelassene Lücke; vielmehr führt er auch zur größten Annäherung an Paulus, der die Auferstehung Jesu (nach 2 Kor 4,6) als die im Antlitz Jesu aufscheinende Gottesoffenbarung versteht.

Der Zeuge

Am Schluß der paulinischen Zeugenliste kommt es zu einer unerwarteten Wendung, wenn sich der Tradent selbst unter die von ihm aufgeführten Bürgen einreiht, dies freilich mit dem Zusatz, daß er des damit verbundenen Apostelamtes nicht wert sei, weil er die Kirche Gottes verfolgt habe (1 Kor 15,9). Als sei mit diesem Akt der Demut eine Selbstdisqualifizierung gegeben, war die Christenheit nur zu rasch bei der Hand, dieses scheinbar geminderte und zudem noch als »letztes« gekennzeichnete Zeugnis auf sich beruhen zu lassen. Dabei macht schon der folgende Vers mit allem Nachdruck klar, daß Paulus nicht daran denkt, von seinem Anspruch auf den Rang eines vollwertigen Osterzeugen abzurücken:

Doch durch die Gnade Gottes bin ich, was ich bin; und sein Gnadenwirken ist an mir nicht fruchtlos geblieben. Vielmehr habe ich mehr geleistet als alle andern, wenn freilich nicht ich, sondern die Gnade Gottes in mir (1 Kor 15,10).[204]

Für das Erfahrungsinteresse bietet sich damit eine einzigartige Chance. Zwar können den Osterberichten der Evangelien angesichts der Tatsache, daß der – wesentlich ältere – Katalog des Ersten Korintherbriefs die Zeugen auf den Protokollsatz »Ich habe den Herrn gesehen« festlegt, keine Erfahrungsdaten entnommen werden; dafür präsentiert sich an seinem Schluß der Zeuge, der in seinem Briefwerk nach seiner Erfahrung befragt werden kann, zumal seine Äußerung den Eindruck erweckt, daß er auch an anderer Stelle darauf zu sprechen kommt. Und Paulus enttäuscht diese Erwartung nicht; vielmehr tritt er wiederholt als der »antwortende Osterzeuge« auf den Plan. Damit gerät er freilich zu dem von ihm in der Apostelgeschichte entworfenen Bild in ein tiefgreifendes Spannungsverhältnis, da ihm dort zwar durch die dreifache Schilderung der Damaskusvision die Berufung zum Botschafter des Christentums für die Heidenwelt attestiert, die Qualifikation als Osterzeuge dagegen durch die lukanische Chronologie der vierzig Tage streitig gemacht wird.[205] Der wirkliche Paulus steht und fällt dagegen mit seinem Anspruch, wie er ihn geradezu programmatisch in den drei großen Fragen des Ersten Korintherbriefs erhebt:

> *Bin ich nicht frei?*
> *Bin ich nicht Apostel?*
> *Habe ich nicht Jesus, unsern Herrn, gesehen?*
> *(1 Kor 9,1)* [206]

Die zentrale Auskunft über sein Ostererlebnis, von dem er vor Damaskus buchstäblich »eingeholt« wurde, gibt der Apostel dann aber in dem Satz des Galaterbriefs:

Als es dem, der mich vom Mutterschoß an erwählte und durch seine Gnade berief, gefallen hat, seinen Sohn in mir zu offenbaren, damit ich die Heilsbotschaft von ihm unter den Heiden verkünde, zog ich nicht mehr Fleisch und Blut zu Rat, auch reiste ich nicht nach Jerusalem zu denen hinauf, die schon vor mir Apostel waren; vielmehr begab ich mich nach Arabien und kehrte dann wieder nach Damaskus zurück (Gal 1,15ff.).[207]

Die Explikation

Danach besteht sein Erlebnis primär in dem sein ganzes Leben prägenden Offenbarungsempfang, so daß man den Schlüsselsatz des Galaterbriefs auch mit der Wendung wiedergeben könnte, daß ihm das Geheimnis des Gottessohnes ins Herz gesprochen worden sei. Diese Grundaussage expliziert der Apostel in der Folge im protologischen, eschatologischen und mystischen Sinn, wenn er sein Erlebnis zunächst auf den Schöpfungsmorgen zurückbezieht und als eine innere »Lichtung« beschreibt, ausgehend vom Antlitz des Auferstandenen, auf dem ihm die Herrlichkeit Gottes aufstrahlte (2 Kor 4,6), und wenn er in der Folge von der »neuen Schöpfung« spricht, die aus diesem Aufgang der Gottessonne hervorging (2 Kor 5,17). Gleichzeitig weiß er sich durch sein Erlebnis aber auch auf das Endziel der Heilsgeschichte, die endzeitliche »Umgestaltung aller Dinge«, hingeordnet, wenn er betont:

Nicht als hätte ich es ergriffen oder als wäre ich gar schon vollendet; doch möchte ich es ergreifen, so wie ich von Christus Jesus ergriffen bin (Phil 3,12).

Demgegenüber steht die mystische Selbstauslegung ganz im Zeichen der inneren Freisetzung, die Paulus in der »Kontaktmetamorphose« mit der Lebensfülle des Auferstandenen erfahren hatte. Weil es sich dabei aber nicht so sehr um eine emanzipatorische als vielmehr um ein zielgerichtetes Freiheitserlebnis im Sinne von Nietzsches »frei wozu?« handelt, mündet die Stelle in die Vorstellung vom Hineinverwandeltwerden in die Herrlichkeitsgestalt Christi aus:

Der Herr ist der Geist; wo aber der Geist des Herrn waltet, da ist Freiheit. Wir alle aber werden, indem wir mit enthülltem Antlitz die Herrlichkeit des Herrn schauen, von Klarheit zu Klarheit in dasselbe Bild hineinverwandelt, wie es dem Geist des Herrn entspricht (2 Kor 3,17 f.).

Damit erscheint die Auferstehung Jesu gleichzeitig in einem göttlichen wie in einem menschlichen Aspekt. In einem göttlichen, weil sie zum zentralen Ereignis der Gottesoffenbarung wird. Um die zunächst aufs Kreuz bezogene Wendung nochmals aufzugreifen, besagt das: Wer des neuen Gottes ansichtig werden will, der in der Lebensgeschichte Jesu sein erfüllendes, unüberbietbares Wort zur Welt gesprochen hat, muß zum Antlitz des Auferstandenen aufschauen, das, abgesehen von der Verklärungsszene (Mt 17,2), nur hier beschrieben wird.[208] Demgegenüber ist der menschliche Aspekt mit dem wiederholt hervortretenden Erfahrungsmoment gegeben. Von Gott angesprochen, neu geschaffen, ergriffen, dem Sinnziel entgegengeführt und auf befreiende Weise zu sich selbst gebracht – das sind die Erfahrungsdaten, aus denen sich das paulinische Ostererlebnis aufbaut und mit denen es, was seine Aktualität betrifft, dem Erfahrungshunger des heutigen Menschen entgegenkommt. Im Mysterium der Auferstehung tritt ihm der Gott entgegen, der sich ihm als rettende Heilsmacht erweist, indem er für ihn »da ist«; der ihn anspricht, indem er mit seinem rettenden Selbsterweis auf die ihn umtreibende Sinnfrage antwortet; der ihn bestätigt, indem er ihn befreit, und der ihn befreit, indem er ihn sich angestaltet.

Unversehens – und doch folgerichtig – drängt damit der eschatologische Aspekt der paulinischen Ostererfahrung nochmals in den Vordergrund. Für Paulus ist die Auferstehung Jesu nicht Ende, sondern Anfang, Anfang im Ende und Anfang des Endes. Was in der Todüberwindung Jesu geschah, war für ihn Vorgriff auf das »letzte Kapitel von der Geschichte der Welt« (Kleist)[209]. Und diese Zuordnung ist für Paulus so dominant, daß er an entscheidender Stelle sogar in umgekehrter Logik argumentiert:

Wenn es keine Auferstehung der Toten gibt, ist auch Christus nicht auferweckt worden. Wenn aber Christus nicht auferweckt wurde, ist euer Glaube nichtig, seid ihr selbst noch in euren Sünden, und die in Christus Entschlafenen sind dann verloren... Nun ist aber Christus von den Toten auferweckt worden als erster der Entschlafenen. Denn wie durch einen Menschen der Tod gekommen ist, kommt durch einen Menschen auch die Auferstehung von den Toten (1 Kor 15,17.20).

In ihrer Kopflastigkeit macht diese Stelle deutlich, daß der Auferstehungsglaube eine Perspektivendrehung zum Ziel hat. Er geht darauf aus, den in sich selbst verstrickten Menschen, wie es Augustinus in seiner Bekehrungsstunde an sich erfahren hatte, »hinter seinem Rücken hervorzuholen« und seinen Blick nach vorn, auf das Kommende, zu richten.[210] Gleichzeitig arbeitet er aber auch auf eine Umgewichtung seines Realitätsbewußtseins hin. Zwar wird für ihn die gegenwärtige Lebenswelt keinesfalls gegenstandslos; doch erfährt er sie zunehmend in ihrer Kontingenz, während er gleichzeitig in der künftigen vor Anker geht. Mit dem Bild des Ankers ist dann auch schon die entscheidende Wirkung des Osterglaubens angesprochen: er stößt die Tür der Hoffnung auf. Wenn man sich mit Paul Valéry vergegenwärtigt, daß der heutige Mensch mit dem Rükken zur Zukunft lebt, kann man diese Wirkung nicht hoch genug veranschlagen.[211] Denn in seiner Fehlhaltung bekundet sich ein gravierendes Mißverhältnis zur Geschichte. Synchron mit dem Geschichtsgang lebt nur der Hoffende. Nur er steht im rechten Verhältnis zur Wirklichkeit, die, sofern sie sich geschichtlich ereignet, immerfort »im Kommen« ist. Indem der Osterglaube hoffen lehrt, stellt er uns erst wirklich auf den Boden der Realität. Ist diese Vergünstigung aber nicht mit einer bedrückenden Kehrseite behaftet? Liefert die Hoffnung den Vorwärtsblickenden nicht an die Schreckbilder einer apokalyptischen Endzeiterwartung aus?

Als hätte Paulus auf diesen Einwand eines zunehmend in den Sog apokalyptischer Endzeitängste geratenden Denkens nur gewartet, antwortet er darauf mit einer erstaunlichen Selbstkorrektur. Wie er an anderer Stelle (1 Thess 4,15 ff.) deutlich macht, teilte auch er die von seiner Naherwartung eingegebene und von der spätjüdischen Apokalyptik eingefärbte Vorstellung von einem hochdramatischen Ablauf der Endereignisse. Und er glaubt sogar, das Zukunftsbild von der beim Klang der »letzten Posaune« eintretenden Verwandlung aller Dinge der Gemeinde von Korinth im Stil einer Geheimlehre nahebringen zu sollen (1 Kor 15,51 ff.). Indessen liegt hier schon der Akzent auf der sich daraus ergebenden Folgerung, die kühner nicht gezogen werden könnte:

Wenn sich dieses Vergängliche mit Unvergänglichkeit und dieses Sterbliche mit Unsterblichkeit umkleidet hat, geht das Schriftwort in Erfüllung: Verschlungen ist der Tod im Sieg. Tod, wo ist dein Sieg? Tod, wo ist dein Stachel? Des Todes Stachel ist die Sünde, die Kraft der Sünde das Gesetz. Gott aber sei gedankt, der uns den Sieg verleiht durch Jesus Christus, unsern Herrn! (1 Kor 15,54–57)[212]

Doch damit greift Paulus nur auf einen Gedanken zurück, den er schon zuvor, in einem Akt grandioser »Entmythologisierung«, entwickelt hatte. Dort hatte sich ihm das Endgeschehen im Prozeß einer gegenseitigen Unterwerfung dargestellt: der Unterwerfung aller Mächte und Gewalten unter den durch Gott erhöhten Christus und der Unterwerfung des Erhöhten unter die Macht und Herrlichkeit Gottes:

Er muß zur Herrschaft gelangen, bis ihm alle Feinde zu Füßen gelegt sind. Als letzter Feind aber muß der Tod entmachtet werden; sonst wäre ihm nicht alles zu Füßen gelegt... Wenn ihm dann alles unterworfen ist, wird sich auch er, der Sohn, dem unterwerfen, der ihm alles unterworfen hat, damit Gott alles und in allem sei (1Kor 15,25f. 28).[213]

Im Bild dieses endzeitlichen »Spiralfeuers« findet nichts Gegensinniges mehr Raum, am wenigsten die sich gegen das Hoffnungsziel aufbäumenden apokalyptischen Angstvorstellungen. In ihm wird deutlich, wohin es mit der als Vorgriff auf das Endgültige verstandenen Auferstehung Jesu letztlich hinauswill. In ihm wischt Gott dadurch alle Tränen von den Menschen und Dingen – »sunt lacrimae rerum«, dichtete Vergil –, daß er sie in sein ewiges Gottesleben aufnimmt. In ihm bestätigt sich das Recht der Hoffnung. Nicht umsonst stieß der Osterglaube die Tür zu ihr auf. Entgegen aller menschlichen Befürchtung behält somit nicht die Vergeblichkeit, sondern die alles an sich ziehende Liebe das letzte Wort im Weltgeschehen. »Gott alles und in allem« – das ist, christlich gesehen, das »letzte Kapitel der Geschichte der Welt«.

Die Sprachekstase

Mit der eschatologischen Dimension bricht sodann als zweite die sprachliche auf. Nachdem Paulus den Tatsachenbeweis für die Auferstehung (mit 1 Kor 15,34) zu Ende führte, verfällt er unüberhörbar in einen anderen Stil, der durch stehengelassene Vergleiche, dynamische Reihungen und »luzide« Antithesen gekennzeichnet ist. Überdies weist seine Wortfügung jetzt einen deutlichen Zug ins Hymnische, Dithyrambische, Ekstatische auf. Wie in dieser Form nur noch in den beiden Hymnen auf die Liebe (1 Kor 13,1–13; Röm 8,31–39) nimmt hier der rühmende Dichter dem argumentierenden Lehrer die Feder aus der Hand:

Doch wie, wo wird man nun fragen, stehen die Toten auf? Mit welchem Leib kommen sie herauf? Du Tor: was du säst..., ist nicht der künftige Leib, sondern ein nacktes Korn von Weizen oder einer anderen Frucht. Gott gibt ihm die Gestalt, die er ihm zugedacht hat, jeder Samenart eine andere (1 Kor 15,35–38).[214]

Und dann ist es nahezu wie in Dantes Himmelsvision, wenn die Seligen als Lichter aus dem Dunkel der Ewigkeit hervortreten, um sich dem von Beatrice geführten Jenseitswanderer für einen Augenblick zuzuwenden:

Es gibt himmlische und irdische Leiber; und anders ist der Glanz der irdischen als der der himmlischen. Anders ist der Glanz der Sonne als der des Mondes, anders wiederum der Glanz der Gestirne; denn auch die Sterne unterscheiden sich durch ihren Glanz (15,40f.).

Das ist nicht mehr die Begriffssprache der Argumentation, sondern die Symbolsprache der Hoffnung, die der Hebräerbrief im Bild des ins Allerheiligste Gottes hineinreichenden Ankers (Hebr 6,18) als vorweggenommene Vollendung deutet. Der Hoffende hat nach neutestamentlicher Vorstellung seinen Schwerpunkt tatsächlich in der Gotteswirklichkeit gefunden und dadurch den mundanen Bezugs- und Orientierungsrahmen partiell hinter sich gelassen. Er lebt dem Kommenden, dem er die todverfallene Welt nach dem von Schelling aufgegriffenen Bild des Römerbriefs »nachhinken« sieht (Röm 3,23).[216] Das verändert sein Verhältnis zur Wirklichkeit: er sieht sie nicht auf ihre Faktizität festgelegt, sondern im Aufbruch, ausstehend in die ihr zugedachte Endgestalt, angestrahlt vom Licht der Ewigkeit.

Im Vorgefühl des endzeitlichen Prozesses der gegenseitigen Unterwerfung von Vater und Sohn gewinnt der Hoffende auch eine neue Kompetenz. Ihm löst sich die Zunge, so daß er die Dinge neu ansprechen lernt, rühmend, nicht bestimmend, aufrufend, nicht umschreibend, dankend, nicht staunend. Und der Dank wird ihm zum Schlüssel zu jener Mitwisserschaft mit dem Gottes- und Weltgeheimnis, von welcher Paulus sagte:

> *Kein Auge hat es geschaut,*
> *kein Ohr hat es vernommen*
> *und keines Menschen Herz hat das gefühlt,*
> *was Gott denen bereitgestellt hat,*
> *die ihn lieben (1 Kor 2,9).*

Wie sollte da nicht auch die Sprache aufblühen und sich zu jener freien Tonlage erheben, wie sie Paulus in seinem Osterkapitel anschlägt?

III.

DIE
VERGEGENWÄRTIGUNG

Auferstehung im Glauben

*Das eben ist das Unglück, das lange Zeiten
während Unglück der Christenheit gewesen, daß Christus für sie weder der Irdische
noch der Wiederkommende war, sondern
einer, über den man auf unerlaubte Weise von
der Geschichte etwas zu wissen bekommt. So
ist man auf unerlaubte und ungesetzliche
Weise über Christus wissend geworden; denn
das Erlaubte besteht darin, daß man gläubig
wird… Die Christenheit hat das Christentum abgeschafft, ohne es selbst zu bemerken;
folglich muß man, wenn man etwas ausrichten will, versuchen, das Christentum wieder
in die Christenheit einzuführen.* (KIERKE-
GAARD)

Was wurde in der ›Wahrnehmung‹ nun wirklich gesehen? Diese begreifliche Frage nach dem ›Ergebnis‹ gewinnt ihr volles Gewicht erst
im Rückbezug auf jenes ›Sehen‹, zu dem sich die tragenden Glau-
benszeugen mit dem Protokollsatz bekennen, der ihr Ostererlebnis
dokumentiert: »Ich habe den Herrn gesehen!« Dann aber kann die
Antwort nur lauten: Gesehen wurde der damals Lebende, Wir-
kende und Leidende, er jedoch als der zu allzeitiger Gegenwart Auferstandene, oder einfacher: die Auferstehung Jesu im Sinngrund der
Welt- und Heilsgeschichte. Denn gesehen wurde, um den schönen
Ausdruck Pierre Rousselots aufzunehmen, mit den »Augen des
Glaubens«, die sich zudem der ›Sehhilfen‹ des begriffs- und ideolo-
giekritischen Denkens der Gegenwart bedienten.[1]

Wenn mit diesen Sehhilfen aber auch die ›Lesart‹ der historischen
Kritik gemeint sein sollte, meldet sich hier ihr großer Bestreiter
Kierkegaard zu Wort, der ihr vorwirft, die Dinge schon mit ihrem
Grundansatz auf den Kopf gestellt zu haben. Denn sie bemesse die
neutestamentliche Aussage letztlich an ihren welt- und kulturge-
schichtlichen Folgen und Nachwirkungen. Im – einzigartigen –
Falle Jesu aber verhalte es sich umgekehrt. Seine Gestalt überrage

alle seine noch so glänzenden weltgeschichtlichen Folgen. Wer ihn daran bemesse und im Zug dieses Verfahrens etwas aus der Geschichte über ihn lernen wolle, setze ihn schon im Ansatz zu einem bloßen Menschen herab. Demgegenüber lebe der Glaube an ihn aus einem geistigen Kraftakt, der den trennenden Zeitenabstand, der durch keine geschichtliche Nachwirkung überbrückt werde, überspringt und in ein Verhältnis reiner Gleichzeitigkeit zu ihm tritt.[2] Tatsächlich braucht der Glaube, um leben zu können, Nähe und Gegenwart. Denn er weiß, daß seine Sache, die Sache Jesu, nur im Präsens verhandelt werden kann.[3] Das bedingte die vergleichsweise ungewöhnliche Optik der Wahrnehmung. Zwar ging es stets um die Lebensgestalt dessen, der, in der Sprache des Glaubensbekenntnisses ausgedrückt, geboren wurde, gelitten hat und von den Toten auferstanden ist, dies jedoch so, daß die zeit- und situationsbezogenen Daten eindeutig gegenüber den aktuellen zurücktraten. Es ging somit um die Lebensgestalt des historischen Jesus, jedoch in seinem aktuellen »Für uns«. Auch darauf hob Kierkegaard, getragen von seiner bewundernswerten Mitwisserschaft, mit den Worten ab:

Der Unterschied zwischen Poesie und Geschichte besteht darin, daß die Geschichte das wirklich Geschehene ist, die Poesie nur das Mögliche, das Erdachte, das Erdichtete. Doch ist das, was geschehen ist, lediglich in der Entgegensetzung zum Dichtwerk ein Wirkliches. Es fehlt ihm die Bestimmung, welche die der Wahrheit und die aller Religiosität ist, nämlich die Bestimmung ›für dich‹. Nicht das Vergangene, nur das Gleichzeitige ist Wirklichkeit für mich. Womit du gleichzeitig lebst, ist Wirklichkeit ›für dich‹. Auf diese Weise kann jeder Mensch mit der Zeit, in der er lebt, gleichzeitig werden – und dann noch mit dem Einen, mit Christi Leben auf Erden; denn Christi Leben auf Erden, diese heilige Geschichte, steht für sich allein da, außerhalb der Geschichte.[4]

Deshalb war nicht die Rede vom Verhältnis Jesu zum Täuferkreis, von der Herkunft der Jünger, von den Orten seiner wichtigsten Aktivitäten, unter denen das »Kulturzentrum« Tiberias auffällig fehlt, von der Zahl der Jerusalemreisen, von seinem Verhältnis zu den religiösen und politischen Bewegungen der Zeit, vom Verlauf des Passionsgeschehens, von den Umständen seines Sterbens und seines Begräbnisses. Statt dessen traten Züge in den Vordergrund, die sonst kaum Beachtung finden: die Bewußtseinsbildung aus dem Erlebnis unterschiedlicher Zugehörigkeit, die Struktur der Identitätsfindung, die Wechselwirkung von Selbstbewußtsein und öffentlicher Reaktion, vor allem aber von der als »beantwortete Gottesfrage« verstandenen Grundgestalt der Lebensgeschichte Jesu. Denn dadurch, daß er wie jeder andere nach Sinnerfüllung und Identitätsfindung verlangt, entsteht eine Verständigungsbasis mit ihm, die auch noch bis dorthin trägt, wo er zu der allen andern unerreichbaren »Lösung« durchdringt – entsteht, einfacher ausgedrückt, die Basis des Glaubens.

Der Glaube

Vor jedem weiteren Schritt muß nun definitiv geklärt werden, was »Glaube« im Sinne Jesu und seiner ursprünglichen Auslegung heißt. Die Frage stellt sich um so dringlicher, als unter den christlichen Theologen in diesem Grundproblem kein Konsens besteht und von einer allgemein akzeptierten Glaubenstheorie nicht die Rede sein kann. Sie stellt sich aber auch, weil das heutige Glaubensbewußtsein eindeutig pathologische Züge aufweist, die sich sowohl in einer »Randunschärfe« als auch in einer »Kontakthemmung«, insbesondere aber in einer »Konzentrationsschwäche« des Glaubens äußern.[5] Nicht zuletzt aber stellt sie sich angesichts der noch immer nicht aufgearbeiteten Glaubenskritik *Martin Bubers*, der in seiner Streitschrift ›Zwei Glaubensweisen‹ (von 1950) einen Keil zwischen den Glauben Jesu und den des Christentums zu treiben suchte und diesem insgesamt vorwarf, von der Höhe der auch von Jesus geteilten jüdischen Glaubensform auf die Stufe einer »zweiten«, abkünftigen Glaubensweise herabgesunken zu sein.[6] Danach war der Glaube im Sinn der von Jesus aufgenommenen prophetischen Tradition ein Akt vorbehaltloser Selbstbegründung auf die alles tragende und umfangende Gotteswirklichkeit, während sich der Christenglaube bei der Frage nach dem möglichen Zugang nach ihr »aufhält«. Denn für ihn ist das Gottesgeheimnis von einer unübersteigbaren Mauer umgeben, die nur durch den, der sich selbst »die Tür« nannte (Joh 10,7.9), Einlaß gewährt. So aber entsteht eine abgeleitete, von der jüdischen »Hochlage« abgesunkene Glaubensform, ein Glaube »an« Gott anstatt in ihn hinein, der sich, weil er im Vorraum des göttlichen Geheimnisses verharrt, mit einem satzhaft umschriebenen »Wissen« darum begnügt.

Dazu kam es, weil die Christenheit die Selbstmanifestation Gottes auf das Erscheinungsbild Jesu festzulegen und seiner Freiheit zur Selbstverweigerung vorzugreifen suchte. Die Gott aufgenötigte Nähe wurde somit, psychologisch ausgedrückt, um den Preis einer »Fixierung« erkauft. Die aber rächte sich zweifach; einmal dadurch, daß das »Bild« zum blendenden Spiegel wurde, der das Geheimnis, das sich in ihm klären sollte, verdunkelte, so daß über die ganze Epoche die Nacht der »Gottesfinsternis« hereinbrach. »Die Zeiten der großen Probe«, sagt Buber durch den Mund eines jüdischen Weisen:

Die Zeiten der großen Probe sind die der Gottesfinsternis. Wie wenn die Sonne sich verfinstert, und wüßte man nicht, daß sie da ist, würde man meinen, es gäbe sie nicht mehr, so ist es in solchen Zeiten. Das Antlitz Gottes ist uns verstellt, und es ist, als müßte die Welt erkalten, der es nicht mehr leuchtet.[7]

Schwerer noch rächte sich aber die Fehlform des Glaubens, wie Buber im Schlußwort seiner Streitschriften betont, durch das wachsende »Mißverhältnis zwischen Heiligung des Einzelnen und der hingenommenen Unheiligkeit seiner Gemeinschaft, das sich mit Notwendigkeit auf die innere Dialektik der Menschenseele überträgt«.[8] Auch das sei bereits von Kierkegaard »hart und klar erkannt« worden, als er am modernen Menschen die »Krankheit zum Tode« diagnostizierte, ohne freilich »die Ursachen hinreichend zu würdigen und den Herd der Krankheit aufzuzeigen«.[9] Deshalb müßte die Fixierung auf die vor dem Geheimnis Gottes errichtete Ikonostase aufgehoben, der unsichtbare Gott hinter dem christologischen Erscheinungsbild somit wieder zum Vorschein gebracht werden, wenn das gestörte Verhältnis wieder hergestellt und die mit der Todeskrankheit gemeinte Verzweiflung überwunden werden soll. Auf dem Weg dorthin aber müßten sich Judentum und Christentum eingestehen, daß sie »einander Ungesagtes zu sagen und eine heute kaum erst vorstellbare Hilfe« zu erweisen haben.[10]

Der Wegbereiter

Wie es sich mit der Glaubensforderung und dem Glaubensverständnis Jesu tatsächlich verhielt, wird nur die neutestamentliche Bezeugung und Deutung seiner Botschaft sagen können. Dazu gibt der Hebräerbrief einen geradezu programmatischen Fingerzeig mit der Aufforderung:

Laßt uns aufblicken zu Jesus, dem Wegbereiter und Vollender des Glaubens! (Hebr 12,2)

Mit der Bezeichnung »Wegbereiter« widerspricht die Stelle dem Ansatz Bubers, indem sie Jesus den Protagonisten der neuen, durch ihn gleicherweise begründeten und vollendeten Glaubensweise nennt. Steht sie damit aber auch in Übereinkunft mit seinem eigenen Selbstzeugnis? Eine formale Bejahung dieser Frage ergibt sich schon aus der markinischen Zusammenfassung seiner anfänglichen Verkündigung, wenn von ihm gesagt wird:

Nachdem Johannes ins Gefängnis geworfen worden war, durchzog Jesus das galiläische Land, verkündete das Evangelium Gottes und sprach: Die Zeit ist erfüllt und das Reich Gottes nahegekommen. Kehrt um und glaubt an die Heilsbotschaft! (Mk 1,14f.)[11]

Unüberhörbar bezieht sich die von Jesus erhobene Glaubensforderung auf die »Heilsbotschaft«, die ihrerseits ihre Sinnmitte in der Heraufkunft des von ihm angesagten Gottesreiches hat. Glaube, wie er ihn versteht, ist somit die das ganze menschliche Sein durchgreifende Hinordnung auf das von ihm verkündete – und verkörperte – Heilsereignis. Ihren Inhalt gewinnt diese Formalbestimmung deshalb erst mit der Erkenntnis, daß es der Botschafter selbst ist, in und mit dem das Gottesreich in die Weltgeschichte eintritt. Daraus bezieht der Glaube seine spezifisch christliche Qualität, die ihn als eine existentielle Hinwendung zu Jesu Sein und Sendung ausweist. Wer glaubt, gewinnt Anschluß an ihn und Zugang zu dem von ihm erschlossenen Heil. Glaube ist der geistige Vollzug der von ihm geforderten Nachfolge; oder kürzer: Wer glaubt, gelangt durch ihn ins Einvernehmen mit Gott. Von einer von der »christlichen« zu unterscheidenden Glaubensweise Jesu kann somit nicht die Rede sein. Es ist vielmehr der Glaube, dem Jesus selbst die Bahn brach, zu dem sich der Christ geführt weiß. Das hindert ihn freilich nicht, seinen gläubigen Blick zunächst auf den zu richten, durch den er Zugang zu Gott gewann. Im Gegenteil: Der Anblick der »Tür« gehört von Anfang an zum Grundbestand des Christenglaubens; denn er ist Glaube an Gott nicht nur in und mit, sondern auch durch Jesus. Das führt den Gedankengang auf die Frage zurück, wie er denn konkret von den »Augen des Glaubens« erblickt und gesehen wurde.

Der Helfer

Der Blick sucht eine Gestalt, die Schau ein Bild. Die Gestalt, die sich abzeichnete, ist die des Helfers, das Bild das des Freundes. In der Ausarbeitung dieser Differenz besteht die Antwort auf die aufgeworfene Frage. Mit der Entdeckung des »Helfers« hatte *Kierkegaard* schon im voraus das Lösungsmodell für die Aporie geboten, in die sich die theologische Reaktion auf die Neuentdeckung Jesu verfangen hatte. Denn dazu war es gekommen, weil hinter dem Gegensatz von Deszendenz- und Aszendenzchristologie unterschiedliche Realisierungen der »anthropologischen Wende« standen, die fraglos als das zentrale Ereignis der neueren Theologiegeschichte anzusehen ist.[12] Ihr zufolge ist in jeder Aussage über Gott der Mensch mitgesagt. Nun wurde aber der Mensch noch nie in seiner Geschichte so wie in der Gegenwart auf den Prüfstand gestellt; noch nie schieden sich deshalb auch die Geister so sehr an der Frage nach ihm. Nicht zuletzt auch standen hinter dem Gegensatz der christologischen Modelle unterschiedliche Auffassungen vom Menschen, die hier, in der Frage nach Jesus, zur Entscheidung drängten.

Darauf zurückgeführt bewegt sich die »Christologie von oben«, schon aufgrund ihrer Orientierung am christologischen Dogma, auf der Bahn der klassischen, von der Frage nach dem »Was« des Menschseins ausgehenden Anthropologie, während die »Christologie von unten«, wie schon ihr Ansatz am »Tisch der Sünder« erkennen läßt, in eine neue Perspektive menschlichen Selbstseins – und Selbstverlustes – vorstößt. Im Unterschied zur klassischen Fragestellung liegt ihr die Hiob-Frage nach dem letzten Warum des Daseins zugrunde und damit die Frage dessen, dem wie dem rebellischen Dulder der alttestamentlichen Erzählung das Faktum der eigenen Existenz zum Problem geworden ist.[13] In diese Erörterung hatte Kierkegaard nicht nur, auslotend und ausarbeitend, eingegriffen; er hatte vielmehr seine – als ›Einübung‹ getarnte – »Christologie von innen« auch in einer Weise darauf abgestimmt, daß sie sich wie die Antwort des Glaubens auf die anthropologische Frage ausnimmt. In der persönlichsten seiner Schriften, ›Die Wiederholung‹ (von 1843) betitelt, gesteht er seinem »stummen Mitwissen«:

Mein Leben ist zum Äußersten gebracht, ich ekle mich am Dasein, es ist geschmacklos, ohne Salz und Sinn … Man steckt den Finger in die Erde, um zu riechen, in welchem Land man ist; ich stecke den Finger ins Dasein: es riecht nach – nichts. Wo bin ich? Was will das besagen: die Welt? Was bedeutet dieses Wort? Wer hat mich in dieses Ganze hineingestellt und einfach stehen lassen? Wer bin ich?[14]

In diese Ratlosigkeit stößt die »unproportionierte« Hilfe des Helfers – Kerngedanke der ›Einübung‹ – wie die Antwort in den Hohlraum einer Frage hinein. Zwar gibt er damit das schlechthin Unerwartete, das ihm, wie das Gastmahlgleichnis zu verstehen gibt, die Ablehnung und Abwehr der Erstgeladenen einträgt, das dafür aber um so mehr den Hunger der von den Straßenkreuzungen und Zäunen Aufgelesenen stillt. Auch wenn das Angebot des Helfers bei den Selbstsicheren und »Gerechten« keine Gegenliebe findet, entspricht es somit desto mehr der Verfassung der an ihrer Unfähigkeit zu sich selber Leidenden, die im Sinne des Bildworts vom geknickten Rohr und dem glimmenden Docht auf Gedeih und Verderb darauf angewiesen sind, daß ihnen Hilfe zum Selbstwillen und Selbstsein geboten wird. Ihnen hält die ›Einübung‹ in Gestalt des Helfers ein Bild entgegen, das von ihnen nicht nur in seiner Leuchtkraft gesehen, sondern darüber hinaus in seiner Magie erfahren und in seiner Verwandlungskraft genutzt sein will: ein Bild, das wie das Herrlichkeitsbild der paulinischen Christologie darauf angelegt ist, den Betrachter sich durch seine Form- und Bildekraft anzugestalten (2 Kor 3,17 f.).

Der Perspektivenwandel

Ungeachtet der ihm – vermutlich mit weniger Recht als Unrecht – vorgeworfenen Engführung, wonach sich sein Ansatz ausschließlich auf den Einzelnen konzentriere, entsprach die von Kierkegaard entwickelte Konzeption aufs genaueste der fast gleichzeitig mit der Studentenrevolte der sechziger Jahre einsetzenden Neuentdeckung Jesu. Im sozialkritischen Aufbruch jener Jahre gingen, fast über Nacht, die überkommenen Orientierungshilfen unter, während der Olymp der Ideale und geistigen Leitgestalten lautlos in sich zusammensank. Gleichzeitig zehrten desintegrative Einflüsse unterschiedlichster Art, angefangen von der um sich greifenden Lebensunlust und Daseinsangst bis hin zum Realitätsentzug im Gefolge der modernen Medien, an der Fähigkeit des Menschen, es mit seinem Dasein aufzunehmen und in die sich mit ihm stellende Aufgabe einzuwilligen. Dem konnte nicht wirksamer als durch die Gewährung jener »Ruhe« abgeholfen werden, die nicht Beschwichtigung, sondern Festigung besagt, weil sie von dem ausgeht, der sich mit unter die von ihm auferlegte »Bürde« stellt, um ihre Last zu mildern. Zweifellos ist es die Verheißung dieser »Ruhe«, die alle, die sich mehr noch als von ihrem Schicksal vom Faktum ihres Daseins überfordert fühlen, durch die Jahrhunderte hindurch zu ihm hinzieht.[15]

Doch die Jahrhunderte bewirkten durch ihren geistes- und glaubensgeschichtlichen Prozeß, daß sich die Art des Zugangs zu Jesus wandelte. Es lag in der Natur der Entwicklung, daß die Ausgangsform dieses Zugangs durch die Initiativen bestimmt wurde, die zur Verarbeitung der für das Christentum konstitutiven Daten führten, zu denen außer Kreuz und Auferstehung auch der Tod der Augenzeugen und die Parusieverzögerung gehörten. Angesichts der göttlichen Interpretation, die das Kreuz Jesu durch seine Auferweckung erfahren hatte, entstand zunächst die vor allem in den Paulusbriefen gespiegelte Urkonzeption, die sich erst in der Folge, als es darum ging, den durch den Tod der Altapostel und die Parusieverzögerung entstandenen Grabenbruch zu kompensieren, zur festumrissenen Lehre ausformte.[16] Wenn man dem Durchblick Nietzsches folgen darf, verfiel jedoch im Lauf der Zeit der Spannungsbogen der Lehre, während das Christentum zunehmend als »Moral« Macht über die Seelen gewann.[17] Inzwischen spricht vieles dafür, daß sich im

Augenblick ein weiterer Übergang vollzieht, durch den das Christentum in sein mystisches Stadium eintritt. Nicht zuletzt war es der mit Prognosen eher zurückhaltende *Karl Rahner*, der sich wiederholt dafür aussprach, daß der Christ nur als »Mystiker« überleben werde, weil sich der Glaube nur in mystischer Transformation unter den Bedingungen der künftigen Lebenswelt behaupten könne.[18]

Wenn nicht alles täuscht, ist dieser Wandel zwischen der Neuentdeckung Jesu und ihrer augenblicklichen »Wiederholung« besonders fühlbar geworden. Während in den Jesusbüchern der »ersten« Stunde das menschlich-soziale Interesse überwog – erinnert sei nur an den programmatischen Holl-Titel ›Jesus in schlechter Gesellschaft‹ –, steht bei den Publikationen der »neuen Generation« unverkennbar das Erfahrungsmoment im Vordergrund. Schon für Boff ist der als »Befreier« angerufene Jesus mehr Identifikations- als Emanzipationsfigur. Ungeachtet der narrativen Verschlüsselung gilt das ebenso von Theissens Buch ›Der Schatten des Galiläers‹ (von 1986). Und das Gleichnisbuch von Baudler legt es geradezu darauf an, das Bild Jesu in vergegenwärtigender Weise aus seinem »erzählerischen Lebenswerk« zu erheben. Noch deutlicher wird das angesichts der Rolle, die der Schlüsselbegriff der »Christologie von unten« in den heutigen Jesusbüchern spielt. Obwohl auch sie auf den »Tisch der Sünder« abheben, ist er für sie doch nicht mehr so sehr der Inbegriff sozialkritischer Initiativen als vielmehr der »Ort« der Begegnung mit Jesus und der Einübung in seine Denk- und Lebensweise. Ähnliches wird von dem »musikalischen Gegenstück« zu zeigen sein, das Machovec' ›Jesus für Atheisten‹ (von 1972) in der neuen Generation von Jesusbüchern gefunden hat, von Blumenbergs ›Matthäuspassion‹ (von 1988). Bei aller Betonung der ethischen Perspektive der Botschaft Jesu ist die gegenwärtige Literatur über ihn, wie jetzt schon gesagt werden kann, im Übergang zu einer im weitesten Sinn des Ausdrucks »mystischen« Sehweise begriffen. Nicht mehr Protest und Kritik, sondern Solidarisierung und Identität sind für sie die Zielmarken der Annäherung an ihn.

Der Freund

Diesem Interesse entspricht das Bild des Helfers aber höchstens noch vom Rand her. Wenn sich das Mißverhältnis von Aufbruch und Deutung, das die Neuentdeckung Jesu verschattet, nicht wiederholen soll, ist die Suche nach einem neuen, der gegenwärtigen »Erschließungsphase« angemessenen Jesusbild unerläßlich. Zweifellos wird sie dann am schnellsten fündig werden, wenn sie in jenem frühesten Feld der mystischen Jesusdeutung ansetzt, das sich in und mit dem Johannesevangelium auftut. Und innerhalb dieses Feldes betrifft dies insbesondere jenen Zug, der auf die alttestamentliche Vorstellung von der durch die Weisheit bedingten Gottesfreundschaft zurückweist; denn im Weisheitsbuch heißt es von ihr:

> Obwohl sie nur eine ist, vermag sie doch alles;
> ohne sich zu ändern, erneuert sie alles.
> Von Geschlecht zu Geschlecht
> tritt sie in heilige Seelen ein,
> um aus ihnen Freunde Gottes und Propheten zu machen;
> denn Gott liebt nur den,
> der mit der Weisheit zusammenwohnt (Wsh 7,27f.).[19]

Im Johannesevangelium selbst wird Jesus zweimal, wenngleich nur mittelbar, »Freund« genannt. Einmal durch den Täufer, sofern dieser die Freundschaft mit Jesus voraussetzt, wenn er sich selbst als »Freund des Bräutigams« bezeichnet:

Wer die Braut hat, ist der Bräutigam. Der Freund des Bräutigams aber, der dabeisteht und zuhört, freut sich über den Jubelruf des Bräutigams. Diese Freude hat sich nun für mich erfüllt. Er muß wachsen, ich abnehmen (Joh 3,29).

Sodann nimmt Jesus in gleicher Rückbezüglichkeit das Motiv in seinen Abschiedsreden selber auf, wenn er den Jüngern und durch sie hindurch den ihm im Glauben Verbundenen versichert:

Nicht mehr Knechte nenne ich euch; denn der Knecht weiß nicht, was sein Herr tut. Freunde habe ich euch genannt, weil ich euch alles gesagt habe, was mir von meinem Vater mitgeteilt worden ist (Joh 15,15).[20]

Was dieses Wort im Stil einer Ernennung ausdrückt, will fraglos als Erwählung, ja als Einladung zum Freundschaftsbund mit Jesus verstanden werden. Dazu schafft er gerade in den Abschiedsreden, in denen sich die Distanz zu ihm zunehmend verringert und eine Vermittlung nach der andern in der entstehenden Unmittelbarkeit aufgeht, die entscheidende Voraussetzung. Der Weg zu ihm braucht nicht mehr gesucht zu werden; denn er selbst ist »der Weg« (15,6). Auch bedarf es keiner weiteren Offenbarungstat; denn wer ihn sieht, »hat auch den Vater gesehen« (14,9). Vor allem aber schafft Jesus durch die Gewährung »seines« Friedens (14,27) eine Atmosphäre, in der sein Verhältnis zu den Jüngern einen Grad der Innigkeit gewinnt, für den nur noch der Ausdruck »Freundschaft« genügt. Von einer Einladung muß nicht zuletzt deshalb gesprochen werden, weil nur so der unterschwellige Appell im Sprachgewand der Zusage – und in beidem das fordernde »Ich will« des Abschiedsgebets – hörbar wird. Denn die Einweihung in sein Wesensgeheimnis, um die es Jesus in seinem gesamten Wirken zu tun war, wird nur in dem Maß fruchtbar, wie sie die Jünger ergreift und prägt. Sie müssen zustimmen, müssen in den Lichtkreis der ihnen eröffneten Mitwisserschaft eintreten, wenn die Eröffnung ihr Ziel erreichen soll. Deshalb der Lockruf: »Freunde habe ich euch genannt!«

Daß dieser Ruf gehört wurde, bestätigt für die altchristliche Zeit *Klemens von Alexandrien*, der in seinen ›Stromateis‹ die Gottesfreundschaft – vermutlich in Erinnerung an das Wort des Weisheitsbuchs (7,27) – daraus ableitet, daß Gott weise ist, und der es dann umgekehrt der Gotteserkenntnis zuschreibt, daß sich das Verhältnis der Unterwerfung unter sein Gebot in das der Freundschaft mit ihm verwandelt:

Wer sich von den Geboten willig leiten läßt, ist der Diener Gottes. Wer aber nicht durch das Gebot, sondern durch die Erkenntnis zur Herzensreinheit gelangte, ist Gottes Freund.[21]

Ihn bewegt nicht mehr die Furcht, sondern die Liebe, die ihn dadurch, daß sie ihn zum Guten antreibt, für die Zusage hellhörig macht: Nicht mehr Knechte, Freunde nenne ich euch.[22] Vor allem aber fand das Motiv in der mittelalterlichen Mystik eine so starke Resonanz, daß sich eine »Bewegung der Gottesfreunde« bildete, die sich in dem »Gottesfreund vom Oberland« sogar eine, wenngleich fiktive Leitfigur schuf, die aus heutiger Sicht wie ein Gegenstück zur Gestalt des johanneischen »Liebesjüngers« anmutet.[23]

Sosehr man mit *Richard Egenter* bedauern muß, daß das Motiv der Gottesfreundschaft in der Theologie der letzten Jahrhunderte »nicht mehr zu lebendiger Wirksamkeit gekommen« ist, wird man mehr noch den heutigen Rezeptionsstand, zumindest auf den ersten Blick, beklagenswert finden.[24] Was dennoch zu einer zuversichtlicheren Einschätzung Anlaß gibt, sind weniger die literarischen Zeugnisse einer neuerwachten Zuwendung zu Jesus, die, mit Karl Josef Kuschel gesprochen, in ihrer Mehrzahl über den Rang von »Wiederbelebungsversuchen« nicht hinauszukommen, als vielmehr die zweifache »Trendwende«, die in ihnen zu beobachten ist. Sie betrifft zunächst schon das Erstarken des personalen Interesses im Feld einer konturenlos-diffusen Religiosität, wie ihm unter der Hülle teilweise widersprechender Wendungen *Peter Handke* in seinem ›Kurzen Brief zum langen Abschied‹ (von 1972) Ausdruck verleiht:

Die Religion war mir seit langem zuwider, und trotzdem spürte ich auf einmal eine Sehnsucht, mich auf etwas beziehen zu können. Es war unerträglich, einzeln und mit sich allein zu sein. Es mußte eine Beziehung zu jemand anderem geben, die nicht nur persönlich, zufällig und einmalig war, in der man nicht nur durch eine immer wieder erpreßte und erlogene Liebe zusammengehörte, sondern durch einen notwendigen, unpersönlichen Zusammenhang.[25]

Wichtiger noch ist der sich immer deutlicher abzeichnende »Abschied« von dem durch Guardini zur Geltung gebrachten »Herrentum Christi«, das gerade in den literarischen Zeugnissen ganz hinter der Entdeckung des mit den Unterdrückten, Benachteiligten und Leidenden solidarischen Jesus zurücktritt, von dem *Wilhelm Willms* dichtet:

> du hast dich zu allen
> an den tisch gesetzt
> und alle zu dir an den tisch geladen
> in dir jesus
> sind gerade die negativitäten

die leerstellen
die blinden stellen des lebens
als stellen gottes sichtbar geworden.[26]

Das ist eine Jesusgestalt, die nicht vom Podest ihres Herrentums herabzusteigen braucht, weil sie dem geängsteten, überforderten und vereinsamten Menschen dieser Zeit »ebenerdig«, aus gleicher Leid- und Seinsbetroffenheit entgegentritt. Vermutlich brachte es nur die bis in den religiösen Bereich vorgedrungene depressive Stimmung mit sich, daß den Erkundern der Szene der Name noch nicht über die Lippen kam, der sich aus der spirituellen Tradition wie kein anderer nahelegt. Hinderlich dürfte sich dabei auch das sprachgeschichtliche Mißgeschick ausgewirkt haben, daß die Vokabeln Freund und Freundschaft fast völlig aus dem heutigen Sprachgebrauch verschwanden, sofern sie nicht sogar zur euphemistischen Bezeichnung für erotische »Verhältnisse« herhalten müssen.

Um so mehr ist es dann aber geboten, wenngleich auf dem Weg eines anamnetischen Kraftakts, den Namen der Vergessenheit zu entreißen, der seiner ganzen Sinngebung nach dazu angetan ist, die sich leise, aber unaufhaltsam anbahnende »Partnerbeziehung« zu Jesus auf den Begriff zu bringen, den Namen »Freund«.

Der Bräutigam

Daß sich der Täufer als »Freund des Bräutigams« bezeichnet, dessen Freude sich dadurch erfüllt, daß er ihn, dem die Braut gehört, diese heimführen sieht (Joh. 3,29), diese mittelbare Anrufung Jesu als »Freund« erfuhr unlängst eine erstaunliche Aktualisierung in dem seinerseits »indirekten« Jesusbuch *Hans Blumenbergs,* das sich thematisch mit Bachs Matthäuspassion befaßt, im Medium dieser Passionsmusik jedoch der neuen Generation von Jesusbüchern eine unverwechselbare Stimme hinzufügt.[27] Den Zusammenhang mit dem Täuferwort schafft schon der machtvoll-appellative, von dem Choral »O Lamm Gottes unschuldig« gekrönte Eingangschor:

> *Kommt, ihr Töchter, helft mir klagen,*
> *Sehet – Wen? – den Bräutigam,*
> *Sehet ihn – Wie? – als wie ein Lamm.*

233

In dem von Blumenberg auffällig kritisch eingeschätzten Eingangschor macht das Lamm seinem Eindruck nach eine »eher peinliche
Figur«, da es von den »Töchtern Sions« nur auf dem Umweg über
den Reim auf »Bräutigam« herbeigerufen und mit dem Seelenbräu-
tigam zu einem irritierenden Doppelsymbol zusammengeschlossen
wird, dessen Zwiespältigkeit auch darin aufscheint, daß nach dem
Passionsbericht kein Passahlamm gegessen, sondern daß das
»Lamm Gottes unschuldig am Stamm des Kreuzes geschlachtet«
und dadurch dem blutigen Opferritual des Tempels ein Ende gesetzt
wird. Von der Gottesfreundschaft ist dagegen, trotz gelegentlicher
Erwähnung des Motivs, nicht die Rede. Statt dessen führt das Werk
auf verschlungenen Wegen an theologischen Abgründen entlang,
wenn es nach der Begrenztheit des Schöpfungsbegriffs, nach der
Möglichkeit einer Schöpfung, nach dem Grund einer »Kränkung«
Gottes und damit nach dem Beweggrund der Passion fragt und
wenn es, offensichtlich im Banne Heines, von einer »Gotteserweite-
rung« und »Gottesverfeinerung« spricht. Daß es sich dennoch nicht
in ein kaleidoskophaftes Farben- und Formenspiel verliert, erklärt
sich daraus, daß es in alledem immer wieder auf sein geheimes »Leit-
motiv«, die Klage des Gekreuzigten über seine Gottverlassenheit,
zurückkommt und schließlich zu der – von der wissenschaftlichen
Theologie kaum einmal erreichten – Einsicht in die Paradoxie dieses
Notschreis vorstößt, der zugleich Anklage und Anrufung ist, da der
Gekreuzigte seine Not eben dem klagt, von dem er sich verlassen
fühlt.[28]

So bleibt Jesus auch am Kreuz – und hier im höchsten Sinn des
Ausdrucks – der »Lehrer des Vatersagens zu Gott«; und so bleibt er
als das »am Stamm des Kreuzes« geschlachtete Lamm zuletzt doch
der von den »Töchtern Sions« angerufene »Bräutigam«. Im Bewußtsein dieser Identität im Nichtidentischen geleitet das Werk den
Leser ebenso wie den von ihm wiederholt angesprochenen »impliziten Hörer« der Matthäuspassion zwischen der Skylla der historischen Kritik und der Charybdis der für ihn noch niedriger anzusetzenden Kerygma-Theologie, die alles »Was, wie und warum« auf
ein nacktes »Daß« zurückführt, zu jener »süßen Ruh«, die sich
nicht nur auf die Ruhe Jesu »im Inneren des entsühnten Sünders«,
sondern – grundsätzlicher noch – auf die Beruhigung der Jesusfrage
im Werk des Evangelisten und seines musikalischen Interpreten be-

zieht: auf ihre »Beruhigung« im Aufgang einer Wirklichkeit, die von keiner Kritik mehr angefochten werden kann, weil sie »für ihre Art von ›Realismus‹ Unantastbarkeit gewonnen hat«.[29]

Wer so »zur Ruhe« gebettet wurde, ist als solcher allen »übergeben«, die ihm Interesse, Teilnahme, Aufgeschlossenheit entgegenbringen und damit Aufnahme gewähren. Das gilt in erster Linie für den Glaubenden, der dadurch zu Jesus in ein »distanzloses«, auf Aneignung und Mitvollzug drängendes Verhältnis tritt. Ihm ist Jesus so »zueigen« gegeben, daß sich die Ferne des Herrn endgültig in die Nähe der Freundschaft wandelt. Für die aktuelle Situation ist damit das Stichwort gefunden, das die diffuse, konturenlose Religiosität der Gegenwart im Sinn personaler Wahrnehmung und Beziehung strukturieren hilft. Wer heute zum Glauben findet, müßte sich, mit dem Täuferwort gesprochen, bewußt und entschlossen als »Freund des Bräutigams« fühlen lernen, als mitwissenden Gefährten dessen, der sich durch seine aufopfernde Lebenstat die Welt als »Braut« erwarb. Im Gedanken an das Freundschaftswort der johanneischen Abschiedsreden (Joh 15,15) müßte dabei ein besonderes Gewicht auf dem die Freundschaft mit Jesus begründende Moment der Mitwisserschaft liegen. Soviel der Glaube im dunkeln läßt – denn er ist nach dem einhelligen Zeugnis der paulinischen und johanneischen Schriften eine mittelbar-gebrochene Vorform der Schau –, lebt er doch aus der Gewißheit, ins Gottesgeheimnis eingeweiht zu sein. Wer Jesus im Glauben zum Freund gewann, gelangt durch ihn, wenn auch nur approximativ, in sein eigenes Verhältnis zu Gott. Für ihn ist Gott nicht mehr fern und fremd, sondern der Inbegriff eines entsiegelten Geheimnisses, einer mitgeteilten Wahrheit, einer zugewendeten Liebe, eines mit dem seinen geeinten Lebens.

Das mystische Stadium

Das mystische Moment dieses Verhältnisses kommt in dem Maß zum Vorschein, wie man seine Rückwirkung bedenkt. Denn dieser nahegebrachte Gott ist mehr als das ganze System der religiösen Vermittlungsstrukturen: mehr als die Lehre von ihm, mehr als der Kult seiner Verehrung, mehr als die normative Umschreibung seines Willens, mehr als der hierarchische Aufbau seiner Kirche. Denn die Vermittlungsstrukturen gehören zu jener »Knechtsgestalt« des Religiösen, die durch den Geist der Freundschaft überwunden und in die »Freiheit der Gotteskinder« aufgehoben werden soll. Darin besteht ebenso das Glück wie die Brisanz des mystischen Verhältnisses. Die Brisanz, weil die Mystik seit alters in dem Ruf steht, die Gegenspielerin der dogmatisch umschriebenen, gesetzlich geordneten, kultisch gestalteten und hierarchisch verfaßten Religiosität zu sein, und weil sie in einer Reihe von Erscheinungsformen diesen Ruf auch tatsächlich bestätigte. Aber auch das Glück, weil die Mystik ihrer innersten Tendenz nach die heteronomen Strukturen durchbricht und dort, wo gerade der religiöse Mensch Zuständen der Entfremdung zu verfallen droht, Einvernehmen und Identität stiftet.

Weil die Tendenzkräfte der Zeit, vor allem in Gestalt der elektronischen Medien, die Gefahr der Entfremdung in einem bisher unvorstellbaren Ausmaß hcraufbeschwören, ist der Eintritt des Christentums in sein mystisches Stadium das Gebot der Stunde. Denn dem drohenden Absturz der gesamten Lebenswelt in heteronome Denk- und Verhaltensweisen, die nach aller Erfahrung auch stets der Boden für repressive Ordnungsformen waren, kann nur mit religiösen Initiativen begegnet werden. Der Mensch muß ins Gleichgewicht und mehr noch in die Übereinkunft mit sich selbst gebracht werden, wenn er dieser neuerlich heraufdrohenden Gefahr entgehen soll. Seine Rettung ist der Glaube, der nicht nur auf die Gleichzeitigkeit mit dem Geglaubten, sondern nicht weniger auch auf die Identität des Glaubenden mit sich selbst hinwirkt. Das aber heißt zugleich, daß die Rettung nicht in einer »gesetzten«, sondern einer »geschenkten« Identität besteht. Es ist die Identität dessen, der sich angenommen, bestätigt und ins Einvernehmen gezogen weiß. Es ist die Identität des zur mitwissenden Gottesfreundschaft Berufenen.

Die Tätigung

Sosehr das unter dem Gesichtspunkt der heutigen Identitätsnot einleuchtet, wird man sich doch mit *Rudolf Schnackenburg* fragen müssen, wo in dieser johanneischen Sicht der christlichen Botschaft das »soziale und gesellschaftliche Engagement« bleibe und wie sich die – gleichfalls typisch johanneische – »in die Gegenwart verlagerte Eschatologie« zu der das heutige Denken leidenschaftlich bewegenden »Frage nach der Zukunft« verhalte.[30] Falls diesem Problem noch immer die vom Fragesteller angenommene Dringlichkeit zukommt, wird man auf die erste Teilfrage mit dem Hinweis auf das Zustandekommen tragfähiger Mitmenschlichkeit zu antworten haben. Denn die Antwort wäre ungenügend, wenn sie nur auf die Aktivierung des sozialen Willens einginge.

Von Dauer ist die Nächstenliebe in jeder ihrer Formen, angefangen von Erweisen der Hilfsbereitschaft bis hin zum Eingriff in die gesellschaftlichen Strukturen, nur unter der Voraussetzung, daß sie in einem gefestigten und erfüllten Herzen wurzelt. Gefestigt und erfüllt aber wird das Menschenherz durch den Glauben. Deshalb muß die Liebe im Glauben wurzeln, so wie dieser, mit dem Galaterbrief gesprochen, »in der Liebe wirksam« werden will (5,6). In jedem andern Fall wird sich der Liebeswille in einen sozialen Aktivismus verlieren, der früher oder später zum Erliegen kommt. So gesehen läßt sich dem Johannesevangelium höchstens anlasten, daß es sich intensiver mit der Frage nach der Begründung als mit der nach der Ausgestaltung der Nächstenliebe befaßt. Doch selbst dieser Vorwurf bricht in sich zusammen, wenn man sich an das von Jesus in der Abschiedsstunde gegebene »neue Gebot« erinnert (Joh 13,34) und sich vergegenwärtigt, daß er in diesem Zusammenhang die gegenseitige Liebe zum Kriterium der Jüngerschaft erklärt (13,35).[31] Und im vorliegenden Motivzusammenhang fällt zudem ins Gewicht, daß Jesus im Angang zu der Schlüsselstelle den Gedanken der Freundesliebe mit der Bereitschaft zum Lebensopfer verknüpft; denn:

Eine größere Liebe hat keiner als der, der sein Leben hingibt für seine Freunde (Joh 15,13).[32]

An diesem Grenzfall wird deutlich, worauf die von Jesus geforderte Nächstenliebe letztlich abzielt: auf die Überwindung der selbst gegenüber dem Gefährten und Partner eingehaltenen Minimaldistanz, die ihn aus Angst, daß er sich über Nacht in einen gefährlichen Gegner und Rivalen verwandeln könne, in seiner Andersheit festhält. Mit dem Gebot, ihn als »Nächsten« in der superlativischen Bedeutung des Ausdrucks anzunehmen, fällt dann aber tendenziell das seit unvordenklichen Anfängen eingespielte gesellschaftliche System. Doch nichts Geringeres setzt sich die Nächstenliebe zum Ziel. Sie muß die Welt, verstanden als die faktisch bestehende Menschenwelt, zu verwandeln suchen, wenn sie sich zu ihrer Vollblüte entfalten soll.

In ganz unvermutete Zusammenhänge führt demgegenüber die Beantwortung der zweiten Teilfrage, die sich auf die »vergegenwärtigte Eschatologie« (Dodd) bezieht. Zwar geht eine auf die Zukunft, womöglich gar auf Zukunftsvisionen gerichtete Sinnerwartung relativ leer aus, wenn sie den johanneischen Jesus lediglich sagen hört, daß er gehen und kommen (Joh 14,2 f.) und die Seinen nach einer Zeit der Unsichtbarkeit »wiedersehen« werde (16,16–22).[33] Eine ganz andere Sachlage ergibt sich jedoch, wenn man mit Ernst Bloch, der aus dem Trompetensignal von Beethovens ›Fidelio‹ den apokalyptischen Posaunenstoß heraushörte, Eschatologie und Utopie gleichsetzt.[34] Dann öffnet sich zwar keineswegs die erhoffte Zukunftsperspektive; wohl aber gewinnt der johanneische Ansatz einen ganz unvermuteten Aktualitätsbezug. Er betrifft die in ihrer metaphysischen Hintergründigkeit noch zu wenig begriffene Technik, von der man mit der Kulturkritik des späten Freud sagen kann, daß sie sich, zumindest in ihren Spitzenleistungen, von ihrer ursprünglichen Zweckbestimmung emanzipiert und von der Seite des leidenden auf die des träumenden Menschen geschlagen habe.[35] Anstatt, wie bisher, Notstände zu beseitigen, steht sie im Begriff, uralte Menschheitsträume zu verwirklichen und dadurch die Sterne der Utopien auf den Boden der Realität herabzuholen.[36] Man braucht noch nicht einmal so weit wie Freud zu gehen, der darin den Versuch des Menschen erblickte, göttliche Attribute an sich zu reißen, um dadurch den Grundriß der »vergegenwärtigten Eschatologie« des Johannesevangeliums zu erkennen. So stößt dieses zwar keine Fenster auf, durch die ein Blick in die Zukunft geworfen werden könnte; wohl aber vermittelt es einen erstaunlichen Durchblick durch das Zeitgeschehen. Und wie der Sache der Nächstenliebe am wirksamsten durch Impulse zur Konsolidierung des dazu aufgerufenen Menschen gedient ist, wird auch die Zukunft am besten von dem bestanden werden, der zur Einsicht gelangt ist, daß sie bereits jetzt, in der theoretischen und praktischen Bewältigung der Gegenwartsprobleme, ihren Anfang nimmt.

Ihre Sinnspitze hat die johanneische Eschatologie aber zweifellos darin, daß sie den Auferstandenen und die mit ihm geschenkte Zukunft auf die gegenwärtige Lebenswelt zurückbezieht und als das gottgeschenkte Prinzip ihrer Neugestaltung erweist. Wer ihn mit den Augen des Glaubens sieht, hat auch den Vater gesehen (Joh 14,9); wer sich ihm vertrauensvoll anschließt, »kommt nicht ins Gericht; vielmehr ist er vom Tod zum Leben hinübergeschritten« (5,24); wer in ihm bleibt, bringt Frucht fürs ewige Leben (15,1–8). Auf den Nenner der vollen Aktualität gebracht, läßt sich das auch in den Satz zusammenfassen, daß sich die grundlegende Vergegenwärtigung Jesu im Glauben vollzieht und daß das Glaubensbewußtsein davon kaum einmal so deutlich bestimmt war wie heute. Im Kontext der mystischen Lebensgeschichte Jesu gesehen aber heißt das, daß sich im Glauben der Gegenwart seine »spirituelle Auferstehung« ereignet. Stand der in Jesu Geschichtsgang begriffene Glaube gestern im Zeichen seiner Todesangst und Todesnot, so heute im Zeichen seiner Erweckung zu neuem, unvergänglichem Leben. Und das gilt ungeachtet der Tatsache, daß dieses glaubensgeschichtliche Zentralereignis immer noch vom Schatten des Säkularismus verdunkelt und darum kaum erst wahrgenommen wird.

Nur bleibt das alles ein ungehobener Schatz, solange die Vermittlungsstrukturen nicht durchbrochen und Gleichzeitigkeit, Einvernehmen und Lebensgemeinschaft mit dem Vergegenwärtigten gewonnen werden. Dazu aber kommt es, wenn er in seiner Freundesgestalt gesehen und mit dem Freundesnamen angerufen wird. Wer ihn »Freund« nennt, hat die trennende Distanz zu ihm hinter sich gelassen; dies jedoch nicht aufgrund eines religiösen Kraftaktes, sondern deshalb, weil er sich mit dieser Nennung seinem liebenden Selbsterweis erschloß; denn gerade von der Freundschaftsbeziehung zu ihm gilt:

Nicht ihr habt mich erwählt, sondern ich habe euch erwählt und dazu bestimmt, daß ihr euch aufmacht und Frucht bringt, und daß eure Frucht bleibe (Joh 15,16).

Das Gedächtnis des Leidens

Wenn hinter dem johanneischen Bericht vom Ende des Lebens Jesu ein Wille fühlbar wird, dann der Wille, sich auch durch den gleicherweise über ihn verhängten wie von ihm angenommenen Tod von den Seinen nicht trennen zu lassen. Es ist dasselbe »Ich will«, wie es auf dem Höhepunkt des Abschiedsgebets hörbar wird, nur daß es sich nicht auf den Ort »beim Vater«, sondern auf die Anwesenheit »bei uns« bezieht. Im Sinn der vorweggenommenen und »vergegenwärtigten Eschatologie« des Johannesevangeliums wird man sich sogar fragen müssen, ob nicht beides in der Weise zusammenfällt, daß die Anwesenheit Jesu »entrückt« und seine Entrückkung »vergegenwärtigt«. Denn nach johanneischer Denkweise ist sein Gehen die Bedingung des endgültigen Kommens (Joh 14,28), der Trennungsschmerz die Voraussetzung dafür, daß sich die Trauer über die Trennung von ihm in die Freude seiner unverlierbaren Nähe verwandelt (16,22). Für die Seinen nimmt er die Todesweihe auf sich, damit sie in Wahrheit geweiht und in die Lebensgemeinschaft mit ihm aufgenommen seien (17,19). Das ist die Innensicht des Willens, den Paulus in seinem letzten Hymnus auf die Liebe aus der Empfängersicht mit den Worten rühmt:

> *Wenn Gott mit uns ist, wer ist dann gegen uns?*
> *Wenn er seinen eigenen Sohn nicht geschont,*
> *sondern ihn für uns hingegeben hat:*
> *Wie sollte er uns nicht mit ihm alles schenken?*
> *Wer wird gegen die Auserwählten Gottes Klage führen,*
> *Wo doch Gott selbst gerechtspricht?*
> *Wer kann sie verurteilen?*
> *Christus Jesus, der gestorben, mehr noch,*
> *der auferweckt worden ist und nun*
> *zur Rechten Gottes sitzt, um für uns einzutreten?*
> *Wer kann uns trennen von der Liebe Christi?*
> *Not oder Bedrängnis, Verfolgung oder Hunger,*
> *Blöße, Gefahr oder Schwert?*
> *In alledem bleiben wir siegreich durch den,*
> *der uns geliebt hat.*

Ich bin gewiß, daß weder Tod noch Leben,
weder Engel noch Mächte,
weder Gegenwärtiges noch Künftiges,
weder Gewalten der Höhe noch der Tiefe
noch irgendein anderes Geschöpf uns werden
trennen können von der Liebe Gottes,
die in Christus Jesus ist, unserem Herrn (Röm 8,31–35. 37ff.).[37]

Über die paulinische »Rezeptionsform« läßt sich der Willensimpuls Jesu bis in die synoptischen Evangelien hinein verfolgen, wo er am deutlichsten im Matthäus-Schluß aufscheint, wenn der Auferstandene den zwischen Glaube und Zweifel schwankenden Jüngern versichert:

Und seht, ich bin bei euch alle Tage
bis ans Ende der Welt! (Mt 28,20)

Indessen stellt Paulus eine noch viel engere Beziehung innerhalb des von ihm selbst gebotenen Überlieferungsgutes her, wenn er fragt:

Ist der Segenskelch, über den wir den Segen sprechen, nicht Teilhabe
am Blut Christi? Und ist das Brot, das wir brechen, nicht Teilhabe
am Leib Christi? Es ist nur ein Brot; so sind auch wir vielen ein Leib,
da wir alle an dem einen Brote teilhaben (1Kor 10,16f.).[38]

Die Todesbestimmung

Die Frage des Apostels bezieht sich eindeutig auf die kultische Wiederholung des Letzten Abendmahls, das von der neueren Jesusforschung hauptsächlich unter dem Gesichtspunkt des sich bekundenden Todesverständnisses Jesu erörtert wird.[39] Dabei schwanken die Ansichten, je nach ihrer Orientierung am christologischen Dogma, zwischen der Annahme einer mit dem Sendungsbewußtsein gegebenen Todesbestimmung und der Auffassung, daß erst die sich zuspitzende Situation in Jerusalem Jesus die akute Todesgefahr erkennen und schließlich dazu gelangen ließ, daß er den Tod annehmen und als Krönung seines Lebenswerkes begreifen lernte. Aus demselben Grund gehen auch die Urteile über die Art seines Todesverständnisses auseinander: begriff er das ihm drohende gewaltsame Ende als die sich ihm mit seiner Rolle als Menschensohn und Gottesknecht auferlegte Sühnetat, oder sah er darin die letzte und äußerste Konsequenz seiner Reich-Gottes-Verkündigung? Begriff er den blutigen Tod, der ihm drohte, somit als stellvertretendes Sühneleiden oder als die ihm von Gott abverlangte »Vorleistung« dafür, daß das Gottesreich in seiner vollen Wirklichkeit anbrechen konnte? Für die erste Möglichkeit scheint die an die Zebedäussöhne gerichtete Frage zu sprechen: »Könnt ihr den Kelch trinken, den ich trinken werde?« (Mt 20,22),[40] die manche Erklärer sogar dahin verstehen wollen, daß Jesus zeitweilig auch die Möglichkeit eines gemeinsamen Sterbens mit den Bittstellern im Auge hatte.[41] Die andere Möglichkeit scheint sich durch das »Eröffnungswort« zum Abschiedsmahl zu bestätigen:

Ich sage euch aber: Ich werde von jetzt an von diesem Gewächs des Weinstocks nicht mehr trinken bis zu jenem Tag, an dem ich es neu trinken werde im Reiche meines Vaters (Mt 26,29).[42]

Auch in dieser Frage schlägt die »Christologie von innen« einen eigenen Lösungsweg ein. Dabei geht sie davon aus, daß schon mit der Versuchungsgeschichte eine heimliche Todesdrohung verbunden war. Wer sich der Weltherrschaft aus Satans Gnaden verweigerte und statt dessen den schweren Weg einer nur durch sich selbst legitimierten Heilsverkündigung wählte, konnte über die zuletzt tödlichen Konsequenzen dieser Wahl nicht im unklaren sein. Und diese Vorahnung steigerte sich zur Gewißheit, als der große Rückschlag die Hoffnung zunichte machte, daß die »Erstgeladenen« auf dem eingeschlagenen Weg für die Sache Gottes zu gewinnen seien. In ihrem Kern geht es bei dieser Lösung dann aber darum, daß Jesus den mit dem Scheitern seiner Sendung auf ihn zukommenden Tod als die äußerste Form seiner Selbstübereignung begriff. Hatte er sich bisher in seinen Worten, Heilshandlungen und den vielfältigen Erweisen seiner Mitmenschlichkeit »vergeben«, so trat diese Lebenstat nun in den extremen Aspekt ihrer Bewährung »auf Leben und Tod«. Nachdem sein Anerbieten, für die hungernde Menschheit das »Brot des Lebens« zu sein, auf Ablehnung gestoßen war, blieb nur noch die Möglichkeit, daß dieses Brot »gebrochen« wurde. Das aber drängte zu einer Zeichenhandlung, in der diese extreme Möglichkeit in Szene gesetzt und als Bekundung eines zum Äußersten entschlossenen Liebeswillens glaubhaft gemacht wurde. Diese Zeichenhandlung setzte Jesus mit seinem Abschiedsmahl. Mit dem Zerbrechen des Brotes durch seine eigene Hand verweist er, mit der tiefsinnigen Deutung Ferdinand Hahns gesprochen, auf seinen gewaltsamen Tod, durch den sein Leib in eine Gabe »für die vielen« wird.[43] So versteht in der Nachfolge Jesu auch der Martyrerbischof *Ignatius von Antiochien* den blutigen Tod, den er in der römischen Arena erleiden wird:

Ein Weizenbrot Gottes bin ich, und durch die Zähne von Bestien werde ich gemahlen, damit ich als reines Brot Christi erfunden werde (Röm 4,1).

Das Abschiedsmahl

Obwohl das Johannesevangelium anstelle eines Berichts über das Abendmahl lediglich die »Ersatzhandlung« der Fußwaschung bietet (Joh 13,1–20) und darin nur mittelbar (13,6–11) auf die Brotrede zurückweist, bringt es den Motivationsgrund doch deutlicher als die formellen Berichte zum Vorschein. Hier ist die ganze Abschiedsszene mit dem Satz überschrieben:

Da er die Seinen, die in der Welt waren, liebte, ging er in seiner Liebe bis zum Letzten (Joh 13,1).

Und hier fällt dann auch das Leitwort, um das sich alles aufbaut:

Bleibt in mir, dann bleibe ich in euch... Bleibt in meiner Liebe! *(15,4.9)*[44]

Dafür gipfelt die vom Ersten Korintherbrief (11,23–26) und vom Lukasevangelium (22,15–20) gebotene Überlieferung in dem durchaus sinnverwandten Imperativ: »Tut dies zu meinem Gedächtnis!«[45] Dabei steht der kultische Nachvollzug so sehr im Vordergrund, daß von einem »Bericht« im historisch-referierenden Sinn des Ausdrucks nicht die Rede sein kann. Vielmehr dient der Rückbezug auf das, was Jesus beim letzten Mahl getan hat, nur dem Nachweis, daß die feiernde Gemeinde seinem Auftrag entsprach und das »Gedächtnis seines Leidens« vollzog. So bieten die Berichte noch nicht einmal hinreichende Anhaltspunkte für die Klärung der Frage, ob sich das besondere Tun Jesu im Rahmen des Passahmahls abspielte oder ob an eine von kultischen Traditionen unabhängige Mahlfeier gedacht werden muß.[46] Dafür konzentrieren sich die Berichte um so mehr auf den Kern der von Jesus vollzogenen Symbolhandlung, mit der er die Reihe seiner ›Tat-Gleichnisse‹, angefangen von der Sammlung des Jüngerkreises und der Hinwendung zum ›Tisch der Sünder‹ bis zum Einzug in Jerusalem und der Fußwaschung, krönt. Das gebrochene Brot, das er den Jüngern mit dem beziehungsreichen Zusatz »für euch« reicht, vergegenwärtigt seinen Tod in einer Weise, daß sie ihn als den äußersten, unüberbietbaren Erweis seiner Selbstübereignung begreifen müssen. Und der Kelch, das »Zeichen seines vergossenen Blutes«, erläutert ihnen, »wofür und für wen er sein Leben lassen würde«.[47] Im Rückblick darauf erklärt Paulus seiner Gemeinde:

Vom Herrn habe ich empfangen, was ich euch überliefert habe: der Herr Jesus nahm in der Nacht, in der er verraten wurde, Brot, brach es, nachdem er das Dankgebet gesprochen hatte, und sagte: Das ist mein Leib für euch; tut dies zu meinem Gedächtnis! Ebenso nahm er nach dem Mahl den Kelch und sagte: Dieser Kelch ist der neue Bund in meinem Blut. Tut dies, sooft ihr daraus trinkt, zu meinem Gedächtnis! Denn sooft ihr von diesem Brot eßt und aus diesem Kelch trinkt, verkündet ihr den Tod des Herrn, bis er wiederkommt (1Kor 11,23–26).[48]

Die Wirkung

Danach ist es Paulus zunächst darum zu tun, daß durch die – wie er mit Nachdruck betont – würdige Feier des Herrenmahls das Andenken Jesu bewahrt und sein Tod, mit dem er sich mehr noch als mit seinen Worten und Handlungen in das Gedächtnis der Menschheit eingeschrieben hat, als die krönende Liebestat seines Lebens begriffen wird. Doch ist sein Interesse damit noch nicht ausgeschöpft. Wie seine vorbereitende Frage (1Kor 10,16ff.) erkennen läßt, bewirkt der Genuß des Herrenmahls vielmehr über das Andenken hinaus auch die Teilhabe am Leib und Blut Christi. Und diese Mahl-Gemeinschaft bewirkt, mit Bornkamm gesprochen, daß die Teilnehmer in das hineinverwandelt werden, was sie essen und trinken. Durch den Genuß des einen Brotes werden die vielen zu dem einen Leib der in Christus Geeinten. Und das ist, so wiederum mit Bornkamm, keineswegs bildlich gemeint; denn »der realen Aussage der Stiftungsworte: ›Das ist mein Leib‹ entspricht die Realität der anderen: ›Wir sind sein Leib‹.«[49] Kein Denker der Folgezeit hat das so genau aufgenommen wie *Augustinus*, der seiner Gemeinde in einer Predigt erklärt:

Was man sieht, ist die körperliche Erscheinung; was man versteht, ist die geistige Frucht. Wenn du den Leib Christi verstehen willst, so höre den Apostel, der zu den Gläubigen sagt: Ihr aber seid der Leib Christi und seine Glieder (1Kor 12,27). Wenn ihr also der Leib Christi und seine Glieder seid, so liegt euer eigenes Geheimnis auf dem Tisch des Herrn: Euer eigenes Geheimnis empfangt ihr. Ihr bestätigt mit euerem Amen das, was ihr selber seid, und unterschreibt es durch diese Antwort. Du hörst: ›Leib Christi‹ und du antwortest: ›Amen‹. Sei ein Glied am Leibe Christi, damit dein ›Amen‹ auch wahr sei![50]

Die Erinnerung

Mit seiner Einladung, sich in dem gebrochenen Brot auf dem Altar wiederzufinden, schlägt Augustinus die Brücke vom Vermächtnis Jesu zu seiner kultischen Wiederholung. Dazu bietet seine Gedächtnislehre den gedanklichen Schlüssel. Denn Gedächtnis ist für ihn – im Sinn der »memoria externa« – zunächst das staunenswerte Archiv der Erinnerungsbilder, ohne das man sich an die in die Vergangenheit versunkenen Erlebnisse und Eindrücke nicht erinnern könnte. Im Sinn der »memoria interna« ist das Gedächtnis aber überdies – und hier schlägt der Platonismus in seiner Gedächtnislehre durch – die Stelle, an welcher der Menschengeist in Übereinkunft mit sich selbst und mit der Totalität des Seienden steht. Dort gewinnt er, wenn er nur in seine letzte Tiefe hinabsteigt, sogar Fühlung mit der Gotteswirklichkeit, dort wird ihm das ewige Wort zum Lehrmeister aller Wahrheit, und dort sind ihm auch die Inhalte der göttlichen Zuwendung gegenwärtig.[51] Deshalb kann von Gott gesagt werden, daß das Andenken an ihn mit seiner Anwesenheit im Denkenden gleichbedeutend sei. Wenn es dazu kommen soll, bedarf es aber eines Aktes der »Bewußtseinserweiterung«, da wir Gott nicht in uns, sondern immer nur uns in Gott wiederfinden können.[52]

Im Interesse einer derartigen »Horizonterweiterung« sprach Johann B. Metz von der »gefährlichen Erinnerung« an die vom »Blitz der Gefahr« durchzuckte Lebenslandschaft Jesu und den davon berichtenden Aussagen, die »zum Nachgehen« auffordern und nur im Wagnis dieses Weges ihr rettendes Geheimnis mitteilen.[53] Sein »nachidealistischer« Ansatz ist offensichtlich in der Auseinandersetzung mit Blochs Anamnesis-Kritik gewonnen, die der platonisch-hegelischen Denkweise insgesamt vorwirft, aus Angst vor der »schlechten Unendlichkeit des Prozesses« sich dem Prozeß zu versagen und den Rückzug in das Grau des Ge-Wesenen anzutreten.[54] Im Unterschied dazu führt die Erinnerung an Jesus in jenes Feuer, das nach einem apokalyptischen Herrenwort das gefährlich-tröstliche Zeichen seiner Nähe ist. Es ist das Feuer, in welchem alles verglüht, was aus einem anderen als seinem Geist hervorging, und in dem doch gerade so seine Wahrheit aufscheint. Von dieser Funktionsbeschreibung führt schon ein Schritt zur Sinnbestimmung dessen, was der »gefährlichen Erinnerung« als Prinzip zugrunde liegt. Es ist ein Gedächtnis, das seine Inhalte bewahrt, ohne sie ins Schemenhafte abzudrängen, das Orientierung bietet, aber nicht im Sinn eines starren Geltungs- und Regelsystems, das zum »Rückgang in den Grund« einlädt, aber so, daß dieser Grund in einer Vorwärtsbewegung gewonnen wird. Und darum ein Gedächtnis, in das nicht so sehr die Engramme von Sinngestalten als vielmehr die Spuren jener eingezeichnet sind, die sich für die Menschheit opferten. Das ist das Gedächtnis, in das sich Jesus mehr noch mit seinem Tod als mit seinen Worten eingeschrieben hat; daß das aber wenigstens einmal auch mit einer förmlichen Aussage geschah, zeigt der Vorwurf, den er an die Adresse der auf »Geschichtsbewältigung« bedachten Zeitgenossen richtet:

Wehe euch, daß ihr Denkmäler für die Propheten errichtet, die eure Väter umgebracht haben. Damit bestätigt und billigt ihr die Untaten eurer Väter. Jene haben sie umgebracht, ihr errichtet ihnen Bauten (Lk 11,47f.).

Damit spricht sich Jesus durchaus für eine »Gedächtnispflege« aus, aber für eine Pflege, die den Gedanken an das Geschehene nicht durch pietätvolle Monumente, über die man gegebenenfalls auch wieder zur Tagesordnung übergehen könnte, überdeckt, sondern die Wunde des Furchtbaren, das niemals hätte geschehen dürfen, offenhält. Und worauf bezöge sich diese Art des Erinnerns mehr als auf das Gedächtnis seines eigenen Leidens?

Die Synthese

Die längst schon vorweggenommene Synthese dessen bietet Paulus. Auch für ihn gibt es eine »erinnernde« Vergegenwärtigung von Fernem, die in der Gottesfühlung des Menschengeistes und, wesentlicher noch, in der Selbstvergegenwärtigung Jesu ihren Grund hat. So kann er den Mitgliedern der ihm nahestehenden Gemeinde von Philippi versichern, daß er sie ständig in seinem Herzen trage (Phil 1,7). Doch ist der »Ort« dieses Vorgangs für ihn nicht so sehr das subjektive Gedächtnis, sondern die kultische »memoria passionis«, zu der sich die Gemeinde beim »Liebesmahl« zusammenfindet. Dazu hatte, abgesehen von den im antiken Umfeld üblichen Kult- und Totenmählern, Jesus selbst durch seine Tischgemeinschaft mit den »Sündern« und Jüngern den Anstoß gegeben. Als man in ihm die »durch ihre Werke gerechtfertigte« Gottesweisheit sehen lernte (Mt 11,19), kam als zusätzliche Motivierung wohl auch die Erinnerung an das den Unwissenden von der Weisheit (nach Spr 9,1–6) aufgetischte Mahl hinzu. Sofern die mit der Weisheitschristologie vertrauten Gemeinden den Ruf »Kommt, eßt von meinem Mahl und trinkt von dem Wein, den ich mischte« (9,5) zu der Großen Einladung Jesu an die Bedrückten und Bedrängten fortgebildet sahen, konnten sie sich bei ihren Liebesmählern überdies von dieser Einladung gemeint und zur Tischgemeinschaft mit ihrem Herrn gerufen fühlen.

Doch mit alledem ist der von Paulus angesprochene Sinn des Herrenmahls noch nicht getroffen. Denn der besteht für den Apostel in der zeichenhaften »Verkündigung« des Todes Jesu, durch welche die Zeit bis zu seiner Wiederkunft überbrückt werden sollte. Wie kein anderer ist er damit Zeuge dafür, daß auch das Herrenmahl im Kontext jener Symbolhandlungen Jesu gesehen werden muß, die den Anbruch des Gottesreichs verdeutlichen. In diesem Sinn war ihm die bei den Anhängern Jesu umlaufende Überlieferung von seinem Letzten Mahl im Licht seines Damaskuserlebnisses lesbar geworden.[55] Das aber kann nur heißen, daß sich sein Offenbarungsverständnis mit dem Auftrag verband, die krönende Lebenstat Jesu, seinen Tod am Kreuz, im kultischen Gedächtnis der Gemeinden wachzuhalten. In dieser Frage verstatten die Paulusbriefe einen einzigartigen Einblick in die innere Disposition des Apostels. Weil er durch den zur mystischen Identitätsfindung gelangt war, von dem er sich bis zur Hingabe des Lebens geliebt wußte, mußte ihm das Kreuz als der Exzeß der Selbstentäußerung und Selbstübereignung Jesu erscheinen. Und umgekehrt durfte er sich durch dieses Verständnis des Kreuzestodes im Akt seiner Selbstfindung bestätigt sehen. Insofern weist sein Bericht über das Abendmahl Jesu insgeheim auf die Stelle zurück, in der seine innere Biographie ihre Mitte hat:

Ich lebe, doch nicht mehr ich – Christus lebt in mir. Sofern ich aber noch im Fleische lebe, lebe ich im Glauben an den Gottessohn, der mich geliebt und sich für mich hingegeben hat (Gal 2,20).[56]

Vermutlich erklärt sich daraus die kaum unterdrückte Erregtheit, mit der sich Paulus gegen die Mißstände wendet, die sich bei der Mahlfeier der Gemeinde von Korinth eingeschlichen hatten: Indem er sich für die würdige Gestaltung des Herrenmahls einsetzt, kämpft er insgeheim um seine christliche Existenz und Identität. Deshalb steigern sich seine zunächst eher zurückhaltenden Vorwürfe schließlich zu geradezu apokalyptischem Ernst:

Was sich bei euren Zusammenkünften abspielt, ist keine Feier des Herrenmahls; denn jeder verzehrt sogleich seine eigenen Speisen, und dann hungert der eine, während der andere schon betrunken ist. Könnt ihr denn nicht zu Hause essen und trinken? Oder verachtet ihr die Kirche Gottes? So prüfe sich ein jeder selbst, und dann erst esse er von dem Brot und trinke aus dem Kelch; denn wer davon ißt und trinkt, ohne zu bedenken, daß es der Leib des Herrn ist, der ißt und trinkt das Gericht in sich hinein. Deswegen sind auch soviele schwach und krank unter euch, und nicht wenige sind schon entschlafen! Denn gingen wir mit uns selbst ins Gericht, dann würden wir nicht gerichtet (1Kor 11,20ff. 28ff.).[57]

Indessen gilt der Zusammenhang auch im umgekehrten Sinn. Wie Paulus durch seine Identitätsfindung zum Verständnis des Herrenmahls geführt wurde, gewinnt die Gemeinde beim kultischen Todesgedächtnis Jesu ihre mystische Identität.[58] Nicht umsonst versichert der Apostel bei seinem fragenden Einstieg in den Motivkreis: »Es ist nur ein Brot; so sind auch wir viele nur ein Leib, da wir an dem einen Brot teilhaben« (1Kor 10,17).

Die Gegenwart

Ihr volles Profil gewinnt die Stelle erst dann, wenn sie rückbezüglich auf das eschatologische Deutewort gelesen wird, in welchem Jesus versichert, er werde vom Gewächs des Weinstocks nicht mehr trinken bis zu jenem Tag, an dem er es neu trinken werde im Reich seines Vaters (Mt 26,29).[59]

Nimmt Jesu mit diesem Wort vom Jüngerkreis Abschied im Bewußtsein, durch seinen im Abendmahl vorweggenommenen Tod das Gottesreich definitiv heraufzuführen? Oder sah sich die seinen Tod bedenkende und feiernde Gemeinde mit der harten Tatsache konfrontiert, daß er am Kreuz verschied, ohne daß das von ihm erwartete Reich Gottes gekommen war?[60] Wenn man sich an Paulus hält, braucht es bei dieser schroffen Alternative nicht zu bleiben. Dann trat das Reich Gottes, auch wenn der Apostel den Ausdruck in diesem Zusammenhang nicht verwendet, tatsächlich ein, wenn sich die Gemeinde zum Herrenmahl versammelte und das Brot in dem Bewußtsein brach, in der Tischgemeinschaft mit dem Erhöhten zu stehen. Dann trank er mit ihr aufs neue von dem Gewächs des Weinstocks, sofern er ihr Gastgeber und ihre Speise war. Im Gedächtnis seines Leidens war er, wie er verheißen hatte, in ihrer Mitte anwesend, er als das Prinzip des von ihm verkündeten Reichs. Und das Siegel seiner Gegenwart war das in ihnen erwachende Bewußtsein einer Verbundenheit, die sich weit über alle gesellschaftlichen Formen menschlicher Solidarisierung erhob. In der Stunde des Herrenmahls erfuhren sich die Feiernden zusammengeschlossen zu dem einen Leib, den Christus als Haupt bekrönte, während sie selbst die mit unterschiedlichen Dienstleistungen betrauten Glieder dieses Leibes waren. Insofern war das Reich Gottes ebensosehr »gekommen«, wie es noch ausstand. Deshalb läßt Paulus den Schlüsselbegriff Jesu auch nicht ersatzlos fallen; vielmehr spricht er statt dessen von dem »mystischen Herrenleib«, in dem sich die Sache des Gottesreichs verwirklicht, ohne schon voll zum Durchbruch gelangt zu sein.[61]

Zweifellos liegt hier eine der fundamentalen Konstanten, denen das Christentum seine Identität durch die Jahrhunderte hindurch verdankt. In dem zur eucharistischen Feier fortgebildeten Herrenmahl ereignete sich fortwährend ein Zweifaches: die Vergegenwärtigung Jesu im jeweiligen Augenblick der fortschreitenden Geschichte und dessen Rückbindung an die »Urtat« seiner Hingabe »bis zum Letzten«. Sie aber bestand, entgegen aller menschlichen Sinnerwartung, in seinem Tod, der sich durch seine Einwilligung zur Krönung seiner Lebensgeschichte gestaltete. Nur daraus ist es, wie bereits angesprochen, zu erklären, daß es das Christentum als einzige Religion wagen konnte, den Inbegriff der Negativität, das »Antisymbol« des Kreuzes, ins Zentrum seiner Verkündigung und kultischen Selbstdarstellung zu rücken. Dabei macht die zeichenhafte Selbstaufhebung dieses Antisymbols deutlich, daß mit ihm nichts dokumentiert und demonstriert werden soll. Statt dessen will dieses sich selbst durchstreichende Zeichen das hörbar machen, was sich am Kreuz Jesu ereignete. Denn das Kreuz ist der zeichenhaft gewordene Todesschrei Jesu, der in seinem Nachhall als erhört durch Gott und darum als dessen Antwort an die zu ihm aufschreiende Menschheit vernommen sein will.[62]

Die Ermöglichung

Auf die Frage, wie diese vergegenwärtigende Erinnerung und diese »kerygmatische« Vergegenwärtigung zustande kommt, ist im Sinne der Paulusbriefe zunächst zu antworten: durch das Gebet. Im gleichen Schreiben, in welchem der Apostel mit den unwürdigen Zuständen beim Herrenmahl der korinthischen Gemeinde »ins Gericht geht«, kommt er auch auf chaotische Verhältnisse bei »charismatischen« Gebetsversammlungen zu sprechen, wenn zwischen beiden Versammlungsformen auch kein Zusammenhang ersichtlich wird. Indessen steht sei Argumentation beide Male in einer überraschenden Entsprechung. Wie beim Herrenmahl die einen ihr Essen zum Ärgernis der übrigen »vorwegnehmen«, reden bei der Gebetsversammlung die mit der »Zungensprache« Begabten, bei denen das »unaussprechliche Seufzen« des Geistes (Röm 8,26) in Form von unartikulierten Rufen »nach außen« dringt, »in den Wind«, so daß Unkundige, die zufällig eintreten, sich in einer Gesellschaft von Verrückten vorzufinden meinen (1 Kor 14,6–23). Anders beim geordneten Ablauf des Gottesdienstes. Wenn dann ein Unkundiger eintritt und von den Anwesenden »ins Gebet genommen« wird, sieht er sich zu dem Geständnis gedrängt: »Wahrhaftig, Gott ist in eurer Mitte!« (14,24 f.) Er macht somit dieselbe Erfahrung numinoser Anwesenheit wie die Teilnehmer am Herrenmahl, die sich beim kultischen Brotbrechen in die Tischgemeinschaft mit dem unter ihnen gegenwärtigen Christus aufgenommen wissen. Für beide gilt somit, was das im Sinne alttestamentlicher Weisheitstradition stilisierte Herrenwort verheißt:

Wenn zwei von euch auf Erden in irgendeiner Sache übereinstimmen, so wird es ihnen, um was sie auch bitten mögen, von meinem Vater in den Himmeln gewährt. Denn wo zwei oder drei in meinem Namen versammelt sind, da bin ich in ihrer Mitte (Mt 18,19 f.).[63]

Der »Grund« der Anwesenheit Christi kommt in diesem Wort insofern klarer zum Vorschein, als nun deutlicher als bisher von ihrer Bedingung die Rede ist. Die aber besteht in jenen Akten betender Übereinkunft, die Origenes von der »Symphonie der Kirche« sprechen ließ.[64] Darauf antwortet der, dem das Gedächtnis seines Leidens gilt, mit dem Selbsterweis seiner Anwesenheit. Was vom persönlichen Gebet gilt, trifft erst recht auf das kultisch verfaßte zu: Es lebt aus dem Bewußtsein der Gegenwart des von ihm Angerufenen. Wie die Entsprechung zum Schlußwort des Matthäusevangeliums (28,20) zeigt, erfolgt seine Entgegenkunft aus der Kompetenz des Erhöhten. Sie aber hat die Todeshingabe des historischen Jesus zur inneren Voraussetzung, sosehr diese ihrerseits auf die äußere in Gestalt der Machttat des auferweckenden Gottes angelegt ist. Dadurch gewinnt der Selbsterweis, der schon immer als unvergleichlicher Glanz über der Botschaft und Tätigkeit Jesu lag, seine volle Effizienz. Denn dadurch, daß sich Jesus den Seinen im kultischen Geschehen selber gibt und damit deutlich macht, daß in seinem unvergleichlichen Fall zwischen Geber und Gabe, Helfer und Hilfe nicht unterschieden werden kann, hebt der, leise und unmerklich, wie es seine Art ist, das ganze System der mundanen Ordnungsformen, der Denkformen ebenso wie der Maße von Raum und Zeit, aus den Angeln. Er durchbricht die Grenzen, die im Interesse einer überblickbaren Lebensordnung gezogen werden mußten, um jenseits der eingespielten Verhältnisse bei denen zu sein, die er sich durch seine Todeshingabe erwarb und die ihm im kultischen »Gedächtnis seines Leidens« entgegenharren.

Darauf zielte sein Auftrag: »Tut dies zu meinem Gedächtnis!« Mit diesem »Gebot« appelliert er nicht nur an ihr Erinnerungsvermögen, sosehr er auch mit seiner Lebens- und Leidensgeschichte unvergessen bleiben will. Er meint vielmehr eine Rezeptivität, die seine Anwesenheit aufnimmt; er verlangt nach einer Schale, in die sich sein Selbsterweis ergießen kann. Sie wird gebildet aus der betenden und feiernden Übereinkunft derer, die sein Kommen erwarten. Doch sosehr diese »Schale« ihre Mitte in der sehnsüchtigen Hoffnung der Gläubigen hat, umfaßt sie mit ihren Rändern die ganze Welt. Denn die Ankunft Jesu »gilt« allen, auch wenn sie nur den Seinen »gehört«.

Die »Gestalt« seines Kommens versteht sich nach alledem von selbst. Obwohl ihn das urchristliche »Marantha« (1 Kor 16,22; Offb 22,20) als »Herrn« anruft, überschreitet er in seinem Selbsterweis, zusammen mit den übrigen, Grenzen, doch vor allem auch die seines Herrentums. Die Richtung, auf die hin dies geschieht, wurde kaum einmal bewegender als in der Eingangsstrophe von Hölderlins Entwurf zu seiner Hymne ›Friedensfeier‹ zum Ausdruck gebracht:

> Versöhnender, der du nimmergeglaubt
> Nun da bist, Freundesgestalt mir
> Annimmst Unsterblicher,
> Aber wohl
> Erkenn ich das Hohe
> Das mir die Knie beugt,
> Und fast wie ein Blinder muß ich
> Dich, himmlischer Bote, fragen, wozu Du mir,
> woher Du seiest, seliger Friede!

Das Kunstwerk Kirche

»Schon zwei, auf den Namen Jesu hin betend und anrufend, sind Gemeinde«, bemerkt Walter Grundmann zu dem Wort von der Selbstvergegenwärtigung Jesu inmitten der in seinem Geist und Sinn Versammelten (Mt 18,20).[65] Damit rückt er das Logion in den Horizont der Frage nach der Kirche und ihrer Entstehung. Gleichzeitig deutet er an, wo der Ansatz einer möglichen Beantwortung seiner Frage zu finden ist: in der Selbstübereignung Jesu an die Jünger und in seinem Willen, die Gemeinschaft mit ihnen über alle Barrieren, selbst die des Todes hinweg aufrechtzuerhalten. Da aber sein Tod als der Exzeß dieses Liebeswillens verstanden werden muß, erscheint die Kirche nun, wie man im Sinn der mittelalterlichen Lebensbaum-Symbolik sagen könnte, als die Frucht des Kreuzes. Wer sich in seinem Existenzakt so weit vorwagt, daß er seine Identität in den andern findet, wirkt gemeinschaftstiftend, gleichgültig, ob sich sein Wille in ausdrücklichen Stiftungsworten bekundet und ob er mit einer Zeitspanne für die Entwicklung der von ihm hervorgerufenen Sozietät rechnet oder nicht. Da die neuere Forschung dazu neigt, die Stiftungsworte (wie insbesondere Mt 16,18f. und Joh 21,15ff.) dem österlichen Christus – wenn nicht gar den Strategien ekklesialer »Selbstbegründung« – zuzuschreiben, muß die Möglichkeit einer auf die Lebensform Jesu zurückgreifenden Erklärung mehr denn je ins Auge gefaßt werden.[66] Für sie spricht nicht zuletzt der Umstand, daß sie auf die Frage nach dem Sinn der Kirche eine ebenso fundierte wie einleuchtende Antwort gibt, die sich an dem Grundsatz der Identität von Helfer und Hilfe bemißt. Danach ist die Kirche der Raum der die ganze Geschichte durchwaltenden Anwesenheit Jesu, anders ausgedrückt: die soziale Erscheinungsform des fortlebenden Christus.

Zeit der Kirche

Offen ist für die Forschung auch die Frage, ob es die Naherwartung Jesu mit sich brachte, daß für ihn der Gedanke an seine Rettung aus der Todesnot mit der Vorstellung vom Ende der Zeiten zusammenfiel, oder ob für ihn ein Fortgang der Geschichte nach seiner Todüberwindung denkbar war. Im ersten Fall bleibt für eine Kirchenstiftung kein Raum; im zweiten gilt es zu klären, wie es überhaupt zur Vorstellung von einem Fortgang der Geschichte kommen konnte. Auch hier führt eine an der Lebensgeschichte abgelesene Lösung weiter. Sie geht zunächst davon aus, daß die Selbstvergegenwärtigung Jesu, zusammen mit dem System der Denkformen, auch die Ordnungsformen von Raum und Zeit durchbricht, so daß sich aus dem zeitlosen Grundimpuls sehr wohl die Möglichkeit eines geschichtlichen Fortgangs ergab. Sodann rechnet sie damit, daß sich im Verhältnis des historischen Jesus zum auferweckten und erhöhten Herrn eine ähnliche Klärung ereignete wie zwischen der Gerichtspredigt des Täufers und der Heilsbotschaft Jesu.[67] Danach hat die vorausgeahnte Todüberwindung für Jesus durchaus den Charakter der Parusie und des damit erreichten Zeitenendes. Zum Erlebnis der eingetretenen Auferstehung gehört für ihn jedoch die Erkenntnis, daß diese »Wiederkunft« kein Ereignis der Endzeit, sondern der darauf hinführenden Geschichte ist, das dieser, anstatt sie zu beenden, lediglich eine neue Qualität verleiht. Doch fällt auf sie zugleich ein Schatten, der sie von sich und ihren Hervorbringungen distanziert. So wird sie zu einer »gestundeten« Zeit, die, weil sie (nach 1 Kor 7,29) »kurz« ist und »drängt«, unter dem Gesichtspunkt letzter Entscheidungen »ausgekauft« werden muß (Kol 4,5). Von daher gewinnt die sich in dieser »vergehenden« Zeit abspielende Weltgeschichte, wie am deutlichsten *Hegel* sah, den Ernst des Weltgerichts.[68]

Gleichzeitig gilt von dieser »gestundeten« Zeit im Sinn der johanneischen Perspektive, daß die Zukunft Gottes in ihr bereits begonnen hat: »Jetzt ist sie da, die Zeit der Gnade; jetzt ist er da, der Tag des Heils!« (2 Kor 6,2) Es ist die Zeit des Gottes, der jetzt schon alles in sein gnädiges Gericht gezogen hat, um sich aller erbarmen zu können. Deshalb hat diese Zeit ihr innerstes Formgesetz in der Auferstehung Jesu, in der das Ende vorweggenommen und zu einem hier und heute schon anbrechenden Ereignis geworden ist. So wird diese Weltzeit zur »Zeit der Kirche« (Schlier), in der das Kommende wirklich, wenngleich nur in vorläufigen Verwirklichungen Gestalt gewinnt. Zwar steht das Reich Gottes noch aus; doch kann und muß mit dem, was es im Sinn der Verkündigung Jesu bringen soll, ein zeitgeschichtlicher Anfang gemacht werden, und das in Form einer

Gemeinschaft, die sich nach dem Modell seines Zwölferkreises und der ihm gegebenen Lebensregeln aufbaut. Durch die Auferstehung Jesu ist das endzeitliche Reich Gottes zum zeitgeschichtlichen Ereignis der Kirche geworden, ohne daß darüber seine eschatologische Zukunft verlorengegangen wäre.

Das Pfingstereignis

Im Matthäusevangelium kommt dieser Zusammenhang in der Form zum Ausdruck, daß die Zusage »Ich bin in ihrer Mitte« (Mt 18,20) vorausblickt auf das Schlußwort des Auferstandenen »Und seht, ich bin bei euch alle Tage bis ans Ende der Welt« (28,20) und von dorther seine letzte Beglaubigung erfährt. So überzeugend sich diese Herleitung darstellt, fehlt in ihr doch jedes konkrete Element. Die noch ausstehende Konkretisierung geleistet zu haben, ist das Verdienst des lukanischen Doppelwerks, insbesondere der Apostelgeschichte.[69] Sie tritt sich freilich mit ihrer Chronologie der »vierzig Tage« insofern selbst in den Weg, als sie die Einheit von Auferstehung, Himmelfahrt und Pfingsten kaum noch erkennen läßt. Indessen spricht alles dafür, daß die am Schluß des Lukasevangeliums (24,50ff.) und zu Beginn der Apostelgeschichte (1,9ff.) geschilderte Himmelfahrt das Ereignis der Todüberwindung Jesu noch einmal, jetzt nur unter dem Gesichtspunkt seiner »Erhöhung« bezeugt, während Pfingsten das gleiche Ereignis unter dem Gesichtspunkt seiner kirchenstiftenden Effizienz darstellt.[70]

Zweifellos verfolgt die lukanische Pfingsterzählung zunächst den Zweck, das fundamentale Inspirationserlebnis herauszuarbeiten, das zu der – um die Gestalt von Petrus und Paulus gruppierten – Missionstätigkeit bei Juden und Heiden und dadurch zum Aufbau der Juden- und Heidenkirche führte. Daran läßt das in leuchtenden Farben beschriebene Sprachenwunder (Apg 2,4–11) keinen Zweifel. Doch zeigt die zweifache Querverbindung zum Evangelium kaum weniger deutlich, daß die Perikope auch rückbezüglich auf die österliche Verherrlichung Jesu gelesen sein will.[71] Durch das mächtige Brausen, das vom Himmel her das ganze Haus erfüllt, und durch die »Zungen wie von Feuer«, die sich auf die Versammelten herablassen (2,2f.), soll sich der Leser an das Verheißungswort des Täufers erinnert fühlen:

Nach mir kommt einer, der stärker ist als ich, und ich bin nicht einmal wert, ihm die Schuhe aufzubinden. Er wird euch mit dem Heiligen Geist und mit Feuer taufen (Lk 3,16).

Wichtiger noch als der die Pfingstszene mit dem Beginn des Evangeliums verklammernde Bildbezug ist – zumindest für den Augenblick – der christologische Fortschritt, der durch ihn zum Vorschein kommt. Denn im Unterschied zu älteren Aussagen, in denen Jesus als der Empfänger des Gottesgeistes erscheint, ist er hier eindeutig sein Spender. In dem Brausen vom Himmel her und den Feuerzungen, die sich auf die Jüngerversammlung verteilen, teilt sich der zu Gott erhöhte Christus aus der Fülle seiner Herrlichkeit den Seinen mit. Als ihr Herr ist er, mit Paulus gesprochen, zugleich »der Geist«, durch den sie sich befreit und dem Herrlichkeitsbild Jesu anverwandelt wissen (2Kor 3,17). Im Hintergrund dieser christologischen Sicht des Pfingstwunders steht, wie *Ernst Haenchen* glaubhaft machte, eine Deutung nach Art derjenigen, die sich im johanneischen Bericht von der Geistmitteilung niederschlug. Dort tritt der Auferstandene mit schöpferischer Gebärde vor die Jünger, um ihnen im Stil der Belebung des ersten Menschen (Gen 2,7) den Lebensgeist einzuhauchen (Joh 20,22). Auf gleiche Weise ist auch in der lukanischen Pfingstperikope der Geist die pneumatische Selbstmitteilung des Auferstandenen, so daß Pfingsten tatsächlich als eine Variante von Ostern erscheint: die Auferstehung im Aspekt ihrer kirchenstiftenden Effizienz.

Der Rückbezug

Bekräftigt wird diese Sicht durch den zweiten, wenngleich leiseren Rückbezug, der durch die auffällige Nennung von »Maria, der Mutter Jesu«, unter den im »Obergemach« Versammelten (Apg 1,12 ff.) zustande kommt. Ausdrücklich wird hervorgehoben, daß sich »alle« im Eingangskapitel Aufgeführten an dem Ort befinden, an welchem sich das Pfingstwunder ereignet. Damit tritt dieses aufs neue in einen Zusammenhang mit der Evangelienschrift, der jetzt deren »Vorbau« in Gestalt der lukanischen Kindheitsgeschichte, näherhin der Perikope von der Empfängnis des messianischen Kindes, betrifft.[72] Wenn die Kindheitsgeschichte, wie einige Anzeichen vermuten lassen, der Hauptschrift des Evangeliums erst nachträglich vorgebaut wurde, spricht das erst recht für den Zusammenhang, weil dies dann in erster Linie im Interesse der Verklammerung von Evangelium und Apostelgeschichte zum lukanischen Doppelwerk geschah.[73] Im Unterschied zur Pfingstperikope wird der zentrale Vorgang, in welchem die beiden Erzählungen übereinkommen, hier, in der Geschichte von der »Ankündigung der Geburt Jesu« (Schürmann) zwar nicht beschrieben, sondern nur durch die Botschaft des Engels referiert, dies aber in einer Weise, die deutlich auf die pfingstliche Geistausgießung vorausweist:

Der Engel aber antwortete und sprach zu ihr: Heiliger Geist wird über dich kommen, und die Kraft des Höchsten wird dich überschatten (Lk 2,34 f.).

Auf die Frage nach der verbindenden Mitte und dem die beiden Perikopen strukturierenden Motiv antwortet die alttestamentliche Vorstellung von der göttlichen Schechina, der herablassenden Selbstvergegenwärtigung des Gottes Israels, die ihn, ohne seine Transzendenz zu verletzen, seinem Volk »einwohnen« läßt. Tatsächlich erreichen die beiden Erzählungen ihre Sinnspitze in dem Gedanken, daß sich die göttliche Kraft und Geistfülle, ohne sich ins Endliche zu verlieren, auf Menschen des dafür bereiten Herzens herabläßt. Das gilt, subtiler noch, dann aber auch im umgekehrten Sinn. So wie Gott im Akt seiner Herablassung mit sich identisch bleibt, wird der empfangende Mensch durch die Einwohnung nicht zu einem anderen seiner selbst, sondern auf gnadenhafte Weise in dem bestätigt, was er ist, und dadurch wesentlicher als je zuvor zu sich selbst geführt. Im Fall Mariens kommt das in der Antwort der Jungfrau zum Ausdruck, in der sich Ergebung und Würde einzigartig verbinden:

Siehe ich bin die Magd des Herrn, mir geschehe nach deinem Wort! (1,38)[74]

Im lukanischen Bild ausgedrückt, besagt das: Indem sich die Jungfrau dem an sie ergehenden Auftrag beugt und von der Wolke der göttlichen Schechina «überschattet» wird, erwacht sie gerade in diesem »Geheimnisdunkel« zur höchsten Sinnbestimmung ihres Daseins. Gleiches gilt dann aber auch von der pfingstlichen Geistaus-

gießung. In der Herabkunft des Gottesgeistes empfängt die Jüngergemeinde – sich selbst, sich in der Aristie ihres Selbstseins, in dem
sich ihr in der Fülle seiner Geistmacht mitteilenden Herrn. Und sie
geht aus dieser Gewährung in ihrer Vollgestalt hervor: als der
»ganze Christus«, dessen »Haupt« der Erhöhte und dessen »Leib«
die mit ihm geeinte Gemeinschaft der Glaubenden ist.

Die Inspiration

Das läßt sich auf den Nenner eines einzigen Begriffs bringen; danach ist Pfingsten das Ereignis einer göttlichen »Inspiration«, die
gleichzeitig Gewährung, Bestätigung und Freisetzung besagt. Gewährung dessen, was durch menschliches Zutun niemals erreicht
werden konnte. Bestätigung, weil das Gewährte zugleich der innersten Sinnerwartung entsprach. Und Freisetzung kreativer Energien,
wie sie der Schritt in die Zukunft erfordert. Damit tritt die Frage
nach der Kirche in jene Dimension, die ursächlich mit Inspirations-
erlebnissen zu tun hat. Es ist die Dimension des Ästhetischen. Daß
sie gerade heute ins Blickfeld drängt, hängt mit Vorgängen zusammen, die sowohl das Erscheinungsbild der Theologie als auch das
Verständnis der Evangelienschriften betreffen. Was jenes anlangt, so
sind zunehmend Tendenzen zu beobachten, die auf die Wiederein-
holung der im »Wissenschaftsinteresse« abgestoßenen Bereiche hin-
arbeiten; und dazu gehört zusammen mit den sozialen und thera-
peutischen auch der ästhetische.[75] Während diese Tendenz vor
allem an Balthasars ›Theologischer Ästhetik‹ abzulesen ist, sprach
sich Walter Jens für eine Würdigung der Evangelisten »als Schriftsteller« aus.[76] Was er zu den »Attributen« bemerkt, die Jesus von den vier
Schriftstellern beigegeben werden, gilt ebenso auch von dem Geheimnisdunkel, in dem sich die Empfängnis des menschgewordenen
Gottessohnes und die »Konzeption« der Kirche ereignen:

Die Attribute, die die vier Schriftsteller Jesus beigeben, um ihn als
den Anderen zu charakterisieren, heißen: Einsamkeit, Geheimnis
und Nacht... Und immer wieder die Nacht! In der Nacht fanden die
Hirten das Kind in der Krippe, in der Nacht begann Jesus zu wirken,
in der Nacht verließ er die Städte, in der Nacht besprach er sich mit
Gott, in der Nacht verkündete er sein großes Geheimnis, in der

*Nacht verzweifelte er, in der Nacht kamen die Schergen. Nacht
wurde es, als er starb. Am Beispiel der Nacht, die für sie zugleich
realer Schutzmantel und geheimnisvolles Symbol war, haben die
vier Autoren, die es verdienen, endlich einmal als Schriftsteller gewürdigt zu werden, den Versuch unternommen, Jesus von Nazareth
als einen Menschen zu zeigen, der dem hellsten Licht ausgeliefert,
dennoch, als der ganz Andere, im Dunkel bleibt: durch die Nacht
dem Zugriff entzogen.*[77]

Um diesem Postulat im Fall des Evangelisten Lukas gerecht zu werden, wird man nicht nur die kunstvolle Verklammerung von Evangelium und Apostelgeschichte hervorheben, sondern auch das von
ihm entworfene Kirchenbild unter einem ästhetischen Gesichtspunkt würdigen müssen. Im Vollsinn wird das aber erst dann
erreicht sein, wenn man die aus der Inspiration des Gottesgeistes
hervorgegangene und zu »einem Herzen und einer Seele« zusam-
mengeschlossene Kirche (Apg 4,32) selbst als eine künstlerische
Schöpfung begreift und demgemäß von dem »Kunstwerk Kirche«
spricht.

Von ihrer Gestaltung her wies bereits die Verkündigungsszene in
diese Richtung, die ihre »artifizielle Qualität« schon dadurch bekundet, daß sie wie kaum eine andere – die Kreuzigung Jesu ausge-
nommen – zum Motiv künstlerischer Darstellung und Deutung geworden ist.[78] Doch schon im Lukasevangelium selbst erreicht die
gestalterische Kunst des Evangelisten fraglos mit der Verkündigungsszene, nicht zuletzt auch durch ihre feinsinnige Kontrastierung mit der vorangehenden Ankündigung der Geburt des Täufers
(Lk 1,5–25), ihren Gipfel. Insofern schlägt die Nennung von »Maria, der Mutter Jesu« zu Beginn der Apostelgeschichte (1,14) auch in
ästhetischer Hinsicht eine Brücke zurück zum ersten Teil des lukanischen Doppelwerks. Und wenn man sich mit Haenchen die
Schwierigkeit der Aufgabe vor Augen stellt, die der Verfasser bei der
Gestaltung der Pfingstszene zu bewältigen hatte, wird man auch in
ihr einen der gestalterischen Höhepunkte des Werkes erblicken.[79]

Wichtiger noch als die literarische Gestaltung ist für die Eröffnung der ästhetischen Dimension jedoch die von der Pfingstperikope vollzogene Herleitung der Kirche aus einem Ereignis göttlicher Inspiration. Damit wird dem Jüngerkreis die »ekklesiogene«

Bedeutung durchaus nicht abgesprochen; wohl aber geht die Kirche im Vollsinn des Wortes jetzt erst, im Ereignis der Geistausgießung, aus ihm hervor. Umgekehrt erscheint die Kirche nun aber definitiv als die Frucht eines Vorgangs, wie er jedem großen Kunstwerk zugrunde liegt. Tatsächlich weist die lukanische Beschreibung des Pfingstgeschehens eine erstaunliche Affinität zu der wohl eindringlichsten Dokumentation des künstlerischen Inspirationserlebnisses auf, die *Nietzsche* in seiner späten Selbstdarstellung unter dem Titel ›Ecce homo‹ gegeben hat.[80] Wie die Pfingstperikope zu Beginn von dem vom Himmel herabfahrenden Brausen berichtet, das wie ein heftiger Sturm das ganze Haus erfüllt (Apg 2,2), spricht auch Nietzsche von einer »Unzahl feiner Schauder und Überrieselungen« und einem »Sturm von Freiheits-Gefühl, von Unbedingtsein, von Macht, von Göttlichkeit«.[81] Und wie sich im Pfingstbericht die kollektive Ekstase, die sich in dem Bildwort von dem hereinbrechenden »Brausen« ausdrückt, zu den »Zungen wie Feuer« differenziert, redet auch Nietzsche von einer Entzückung und »Glückstiefe, in der das Schmerzlichste und Düsterste nicht als Gegensatz wirkt, sondern als bedingt, als herausgefordert, als eine notwendige Farbe innerhalb eines solchen Lichtüberflusses«.[82] So bestätigt sich gerade auch vom Konstitutionsakt her die These, daß die Kirche als ein aus göttlicher Inspiration hervorgegangenes Kunstwerk zu gelten hat.

Die Kunstgestalt

So entlegen der Gedanke zunächst auch wirken mag, bewegt er sich doch auf der Linie einer weit zurückreichenden Tradition, um deren Vergegenwärtigung insbesondere Henri de Lubac und Hans Urs von Balthasar bemüht waren, der eine, indem er – wie vor ihm schon Ildefons Herwegen für die Liturgie[83] – ästhetische Verhältnisse und Strukturen im Wesensbild der Kirche sichtbar machte: so das Baugesetz der Übereinkunft; denn häßlich ist nach einem Cyprian-Wort »jeder Teil, der nicht mit seinem Ganzen übereinstimmt«, und den symphonischen Zusammenklang, den *Origenes* bereits in dem ekklesiogenen Herrenwort von der Selbstvergegenwärtigung Jesu inmitten der Seinen angesprochen sah:

Das Wort Gottes erklärt, daß das »Zusammenklingen zweier auf Erden« soviel bedeutet wie: »mit Christus zusammenklingen«. Willst du solcher Art »auf Erden Zusammenklingende« sehen, so schau auf die, denen gesagt wurde, daß sie »zusammenhängen sollen in einem Geist und einer Meinung«, die demgemäß danach strebten, »ein Herz und eine Seele« zu sein und schließlich so weit kamen, daß nicht einmal mehr der geringste Mißklang zwischen ihnen bestand, so wie auch zwischen den Saiten der zehnsaitigen Harfe keine Verstimmung herrscht. Denn der Mißklang löst auf, während der Einklang zusammenführt. Der Mißklang vertreibt den Sohn Gottes, der nur in der Mitte der Zusammenklingenden gefunden wird... Wie es in der Musik keinen Hörgenuß ohne den Zusammenklang der Stimmen gibt, so freut sich auch Gott nicht über die Kirche, welche nicht zusammenklingt, noch erhört er ihre Stimmen. So wollen wir denn miteinander übereinstimmen, damit Christus in unserer Mitte sei, wenn wir in seinem Namen versammelt sind: er, das Wort, die Weisheit und die Kraft Gottes.[84]

Demgegenüber geht Balthasar darauf aus, in der Gemengelage der Verhältnisse, Tendenzen und Positionen das zugleich gespaltene und verklärte Antlitz der Kirche zum Vorschein zu bringen. Hervorgegangen aus dem »wunderbaren Tausch«, durch welchen sich der menschgewordene Gott die Niedrigkeit des Menschseins einhandelte, um es mit seiner Herrlichkeit beschenken zu können, ist die Kirche ebenso erniedrigt wie mit Hoheit gekrönt, ebenso an die Gegenwart ausgeliefert wie dem Kommenden zugewandt, ebenso unter die Wölfe gesandt wie zu Gott entrückt, ebenso angefochten wie gerettet, ebenso gedemütigt wie verherrlicht: jungfräulich und doch fruchtbar, schmutzbedeckt und doch in jugendlicher Schönheit erstrahlend, ausgebeutet und doch alle beschenkend, der babylonischen Hure ähnlich und doch makellose Gottesbraut, niedergebeugt und doch über allem stehend.[85]

Gaben und Zeichen

Von ihrem Gestaltungsprinzip her bestätigt das die Rolle der Charismen im Aufbau einer Kirche, die nach dem meist nur verkürzt wiedergegebenen Wort des Epheserbriefs ebenso wie auf das »Fundament der Apostel« auf das der prophetisch-charismatischen Geistträger gegründet ist (2,20).[86] Gegenüber den tragenden Konstanten bilden die Geistesgaben das dynamische Element, das die Glaubensversuche der einzelnen zur »Einheit des Glaubens und der Erkenntnis des Gottessohnes« zusammenschließt und das organische Heranreifen dieser Glaubensgemeinschaft »zur vollen Mannesreife« des ganzen, Haupt und Glieder umfassenden Christus bewirkt (4,13).[87] Das ästhetische Moment besteht in der zeichenhaften Selbstdarstellung dieses Reifeprozesses: aus schattenhaften Vorzeichen zum strahlenden Licht, aus kindlichen Anfängen zur vollen Reife, aus keimhaften Ansätzen zu reicher Entfaltung, aus Dissens und Konflikten zu lebendiger Spannungseinheit, aus schwachen Anläufen zur konsolidierten Vollgestalt. So sind die Charismen in der Vielfalt ihrer Erscheinungs- und Äußerungsformen ebenso Baukräfte wie Anzeichen: Baukräfte des spirituellen Wachstums und Anzeichen, an denen dieser Reifungsprozeß erkannt und abgelesen werden kann. So sah diese Welt der in den Begabungen gelebten, in den Riten vollzogenen und in den künstlerischen Imaginationen veranschaulichten Zeichen schon *Josef Görres*, der diese Zeichenwelt überdies als die Sternzeichen spiritueller Orientierung begriff:

In das ästhetische Gewand hatte die Kirche all ihre Symbole... gekleidet, und sie schwebten wie himmlische Gestalten am Firmamente, und es war die ganze Christenheit versunken in die Beschauung der wundersamen Mysterien, die wie Sterne der Verheißung über allen glühten.[88]

Je klarer sich diese Sicht einstellt, desto weniger läßt sich der Wandel verkennen, der mit dem Einstieg in die ästhetische Dimension im Verhältnis zur Kirche eintrat. Das gilt schon für die Beziehung zu ihrem Ursprung. Denn es macht einen tiefgreifenden Unterschied, ob sie als eine aus einem Rechtsakt hervorgegangene Institution oder als »Kunstwerk« gesehen wird, das einer Inspiration entsprang. Im ersten Fall erscheint sie als eine Stiftung des Gesetzgebers, der durch sie seinen Willen zur Neuordnung der gesellschaftlichen Verhältnisse in einen institutionalisierte »Tat« umsetzte, im zweiten als die sich in die Geschichte hinein fortsetzende Zeichenhandlung Jesu, die, hervorgegangen aus der »Tat des Kreuzes«, seine Todüberwindung durch die Jahrhunderte hindurch lebendig bezeugt.

Wie in jeder Symbolhandlung sagt sich auch in dieser der Handelnde selber aus. Sie ist, wie dies schon für die Gruppe der »Präsentationsgleichnisse« zu sagen war, seine zeichenhafte Selbstdarstellung im Wechsel der Zeiten. Dafür kann auch eine seit langem gebrauchte, aber kaum einmal zulänglich gedeutete Formel eingesetzt werden: das Bildwort vom »fortlebenden Christus«. Wie bereits ausgeführt, sind freilich zwei signifikante Ausnahmen von dieser Regel zu verzeichnen: die am Leitfaden der Lebensstadien Jesu entwickelte Geschichtstheologie Hans Urs von Balthasars und die mystische Geschichtsdeutung *Gertrud von le Forts*, nach der die einzelnen Epochen in einer synchronen Beziehung zur Lebensgeschichte Jesu stehen und daraus ihre jeweilige Sinnzuweisung empfangen.[89] Danach gibt es nicht nur, wie heute klarer als früher gesehen wird, eine nach Gerechtigkeit dürstende und nach Freiheit verlangende »Kirche der Armen«, die sich bis in die Strukturen und Denkformen hinein von der »Kirche der Herrschenden« unterscheidet, sondern auch stadienhaft unterschiedene Erscheinungsformen ein und derselben Kirche, die in ihrem Gang durch die Geschichte der Lebensspur Jesu folgt und demgemäß einmal ins Licht der Menschwerdung tritt, dann in die Schattenzone der Passion gerät, um daraus schließlich, von der Macht der Auferstehung ergriffen, zu neuer Lebensfülle hervorzugehen. In alledem ist sie das »Werk« Jesu, Manifestation seiner »universalen Selbstverwirklichung« in der Menschheitsgeschichte, Ausdruck seiner »Kunst«, sich gleicherweise im Gedächtnis wie in der Geschichte der Menschheit zu »verewigen«.

Die Akzeptanz

Ohne an Realität und geschichtlichem Gewicht zu verlieren, gewinnt die von ihrem inspirativen Ursprung her begriffene Kirche doch entscheidend an Plausibilität. Wie die Legitimationsbestrebungen in der Frühgeschichte fast aller Imperien erkennen lassen, tun sich Institutionen und Herrschaftssysteme mit dem Nachweis ihrer Existenzberechtigung ausgesprochen schwer. Macht entspricht keinem primären Bedürfnis des Menschen, sosehr sich die

Mächtigen jeder Zeit auf dessen – sekundären – Hang zu Übermächtigung und Fremdbestimmung verlassen können. Anders die Kunst, ohne die er zwar leben, aber nicht aufblühen kann. Sie entspricht seinem elementaren Verlangen nach Befreiung, Entrückung und Selbstüberschreitung. Darum leuchtet ihm die in der Erscheinungsform des Kunstwerks gesehene Kirche in einer Weise ein, daß sie nicht mehr legitimiert zu werden braucht; auch verliert vieles von dem, was an ihrem institutionellen Aufbau, ihren Aktivitäten und administrativen Umgangsformen als störend empfunden wird und die Identifikation mit ihr erschwert, in dem Maß an Dringlichkeit, wie sie als Ausdrucksform eines in ihr nachwirkenden künstlerischen Willens, um nicht zu sagen, als Umsetzung einer Vision, begriffen wird.

Damit ist auch schon die Frage der Akzeptanz angeschnitten. In einer Zeit, in der nicht nur das Wort von der »Identifikationsschwierigkeit« mit ihr umläuft, sondern bereits die Gefahr eines »vertikalen«, die Kirchenspitze von ihrer Basis abtrennenden Schismas heraufdroht, ist die Gewinnung einer aus der Enge der Konfrontationen herausführenden Perspektive von geradezu lebenswichtiger Bedeutung. Das wird zwar die Tatsache nicht abmildern können, daß neuerdings Tendenzen zum Zug kommen, die das »Aggiornamento« des Konzilspapstes Johannes XXIII. mit einer restaurativen Gegensteuerung vertauschen und damit die Gefahr einer neuen Gettobildung heraufbeschwören. Wohl aber könnte sich durch die ästhetische Perspektive eine Versöhnung mit den von den jeweiligen Strategien unabhängigen Tiefenstrukturen anbahnen. Auch wenn einem ein Kunstwerk, wie es nicht selten geschieht, »in die Quere kommt« und irritiert, ist damit über das Verhältnis zu ihm noch keineswegs das letzte Wort gesprochen. Vielmehr könnte von diesem Befremdungseffekt ein Prozeß der Annäherung und Einfühlung seinen Ausgang nehmen. Im Fall der Kirche könnte sich daraus sogar ein – mit dem Leitwort des Ganzen gesprochen – Prozeß der »Anfreundung« entwickeln, ungeachtet ihres vielen Menschen fremd und abweisend vorkommenden Erscheinungsbilds.

Da aber die Neigung des Menschen, seine Vergangenheit zu verklären, das Ästhetische nur allzu leicht in den Anschein des Gewesenen bringt, muß die Frage nach der Akzeptanz schließlich zu der nach der Aktualität erweitert werden. Dann aber stellt sich, weil eine Beantwortung sonst nicht möglich wäre, unabdingbar die Vorfrage nach dem, was – vor allem in religiöser Hinsicht – »an der Zeit« ist. Sicher nicht das, was als modern oder gar »postmodern« ausgegeben wird, weil sich beide Bezeichnungen zu sehr am »Alten« orientieren, als daß von ihnen eine glaubhafte Prognose zu erwarten wäre. Tiefer greift demgegenüber der Hinweis auf den säkularen Charakter des Zeitalters, sofern man dabei in Rechnung stellt, daß der Säkularisierungsprozeß, nach wichtigen Anzeichen zu schließen, trotz aller Virulenz an seinem Ende angekommen, wenn nicht gar schon in ein rückläufiges Stadium eingetreten ist.[90] Das zieht die für eine Wendezeit typischen »Einbrüche« in der Lebenslandschaft nach sich, durch welche ebenso das irrationale wie das mystische Element aus seiner Verdrängung durch die Zweckrationalität heraufdrängt. Es genügt, in diesem Zusammenhang an die Physiognomie der neuen Generation von Jesusbüchern, an die Anzeichen einer Wiederkehr der Weisheit und an das Rahner-Wort zu erinnern, daß der Christ der Zukunft entweder ein Mystiker oder überhaupt nicht sein werde.[91] Die Entwicklung hat *Rahner* rascher recht gegeben, als zum Zeitpunkt seiner Prognose abzusehen war. Turbulenzen im Bereich einzelner Ortskirchen deuten ebenso wie die Symptome des sich erschöpfenden Säkularismus und des Wiedererwachens spiritueller Interessen darauf hin, daß ein Wandel in den Tiefenstrukturen in Gang gekommen ist, der auf eine Metamorphose der kirchlichen Gesamtverfassung hinwirkt. Unübersehbares Vorzeichen ist vor allem die Umschichtung im Glaubensbewußtsein, die, so differenziert sie sich darstellt, doch der Gesamttendenz nach einer Glaubensmystik Vorschub leistet.[92]

Die Aktualität

Von diesem Zukunftsbild her läßt sich nun die Frage nach der Aktualität beantworten. Sie ergibt sich aus der Beziehung von Ästhetik und Mystik. Das Erlebnis des Schönen ist, wie schon der platonische ›Phaidros‹ in suggestiven Bildern beschreibt, mit Erfahrungen des enthusiastischen Außer-sich-Seins verbunden, während die mystische Versenkung vielfach von visionären Erlebnissen begleitet ist. So gesehen hatte der ästhetische Aspekt der Kirche, zu dem schon Guardini in leiser Abgrenzung von der empirischen Realität durchstieß, seine organische Konsequenz in dem mystischen Kirchenbild der Vorkriegsjahre, das nach einer Zeit der Verdunkelung heute erneut in den Vordergrund drängt.[93] Angesprochen ist damit der paulinische Begriff vom mystischen Christusleib, den Augustinus mit den »Kurzformeln« von dem »ganzen Christus« oder dem in einem Akt liebender Selbstbejahung begriffenen Christus (unus Christus amans seipsum) erläuterte.[94]

Zwar entzieht sich dieser Bildbegriff der Veranschaulichung, nicht wegen eines eidetischen Defizits, sondern wegen seines Übermaßes an Bildhaftigkeit. Man ist versucht, von einer Zeit der Katharsis zu sprechen, während deren dieses Bild durch das konziliare Paradigma »Volk Gottes« in den Hintergrund gedrängt war, um nunmehr aus dieser Ferne in neuer Leuchtkraft hervorzutreten. Seine Akzeptanz wird sich wesentlich an der Frage entscheiden, ob sich die Christenheit bereitfindet, dem Schöpfer dieses Bildbegriffs, Paulus, im Blick auf seine Eigenschaft als antwortender Offenbarungs- und Glaubenszeuge die ihm gebührende Beachtung entgegenzubringen.[95] Von ihm könnte sie lernen, daß sich das Bild vom mystischen Herrenleib von allen andern Umschreibungen des Mysteriums Kirche dadurch abhebt, daß es dieses Mysterium als den Inbegriff gläubiger Selbstfindung in der Kirche begreifen hilft. Denn von seinem Kirchenverständnis führt ein direkter Weg zur Endvision der Apokalypse, in der die bräutlich geschmückte »Gattin des Lammes« vom Himmel herabsteigt, um sich als das »Zelt Gottes unter den Menschen« darzustellen (Apk 21,1–4).[96] An diesem Aufweis ist gerade heute, in einer Stunde der vielfach mißlingenden Identifikation mit der Kirche, entscheidend gelegen.

Indessen gibt es noch eine ungleich konkretere Synthese des Ästhetischen mit dem Mystischen: die Liturgie. Ihre ästhetische Dimension wurde – nach Herwegen – vor allem von *Guardini*, dem sprachmächtigsten Befürworter einer liturgischen Erneuerung, erschlossen, der in seinem Essay ›Über das Kunstwerk‹ (von 1958) vom Hervorleuchten der Bilder aus dem liturgischen Ritual sprach, der im ›Geist der Liturgie‹ (von 1923) deren Spielcharakter hervorhob und der wiederholt auf die liturgische Symbolik und die »epiphanische« Bedeutung der liturgischen Feier einging.[97] Den mystischen Aspekt hatte dagegen *Odo Casel* mit seiner Mysterientheologie und seinem Begriff des »Kultmysteriums« erschlossen.[98] Für ihn ist die Liturgie der Ort des kollektiven Andenkens an Passion und

Auferstehung Jesu, durch welche diese im Kultgeschehen vergegenwärtigt werden. Indessen sah schon Guardini, daß sich diese Aspekte nicht gegensätzlich gegenüberstehen. Vielmehr ist, um es mit seinen Begriffen zu sagen, das ästhetische Spiel darauf angelegt, sich zum »Ernst« des Mystischen zu verinnerlichen und zum »Ereignis« der Vergegenwärtigung zu konkretisieren. Im Gedanken an die Aktualitätsfrage könnte man auch sagen: der Gegenwartswert des Ästhetischen ist das Mystische; und man hätte damit zweifellos das religiöse Zeitgeschehen ins Herz getroffen.[99]

Durch verschlossene Türen

Wenn heute das, was gestern noch Gegenstand ästhetischer Anschauung war, in die Aktualität des Mystischen drängt, kommt darin etwas von dem alle Bereiche durchgreifenden Umschichtungsprozeß der Gegenwart zum Vorschein. Inzwischen wurde weithin deutlich, daß dieser Prozeß, zusammen mit den Denk- und Verhaltensformen, auch den religiösen Vollzug ergriffen hat, und daß im Hinblick darauf von einer »Glaubenswende« gesprochen werden muß.[100] Zum Mitvollzug dieser Wende gehört es, daß Konsequenzen gezogen und Erblasten übernommen werden. Konsequenzen, weil es sich dabei um Schritte handelt, die in der Gesamtentwicklung des Christentums vorgezeichnet sind; und Erblasten, weil es um etwas zu tun ist, das unter einem geistesgeschichtlichen »Sinndruck« steht. Während Lessing der alten Orthodoxie vorwarf, daß sie die christliche Sache dem Diktat des »toten Buchstabens« unterworfen und dadurch zu einer Reproduktion ihrer selbst herabgesetzt habe, sprach Nietzsche im Stil der alten Drei-Stadien-Lehre davon, daß das Christentum, nachdem es sich zunächst als »Dogma« und dann als »Moral« überholt habe, nunmehr im Begriff seiner »Selbstaufhebung« stehe.

Inzwischen bewies das von ihm in geradezu rituellen Wendungen totgesagte Christentum eine derartige Lebens- und Regenerationskraft, daß seine pessimistische Prognose im Sinn der klassischen

Fassung korrigiert werden muß, die *Joachim von Fiore* dem drei-
gliedrigen Geschichtsmodell gegeben hat. Danach folgt auf die Zeit
des Gesetzes, der Kindheit, der Morgenröte und der Nesseln eine
Zeit der Gnade, der Manneskraft, der Tageshelle und der Rosen, die
ihrerseits in ein Zeitalter der Freiheit, des Greisenalters, der alles
überstrahlenden Abendsonne und der Lilien ausmündet.[101] Im
Blick auf das heraufdrängende Stadium bekräftigte das Karl Rahner
mit dem schon mehrfach in Anspruch genommenen Wort, daß der
Christ der Zukunft entweder ein Mystiker oder überhaupt nicht
sein werde.[102] Doch was besagt das für die Ausgangsfrage nach der
Vergegenwärtigung Jesu?

Die Glaubensmystik

Grundsätzlich geantwortet: daß er mit Augen gesehen wird, die
vorher geschlossen waren, und daß er an Stellen entdeckt wird, an
denen ihn niemand vermutete. Die »Augenöffnung« ereignete sich
im Zug der Wiederentdeckung des »mystischen« Schriftsinn, der
freilich nichts mit der allegorischen Perspektive zu tun hat, die neuerdings als Schlüssel zur Sprachintention Jesu ausgegeben wird, um
so mehr jedoch mit jenen transverbalen Implikationen, die das »Leben« des menschlichen Sprechaktes ausmachen.[103] Hier bietet sich
dem Bibelleser vielmehr, wie schon eingangs mitgeteilt, der Hermeneut Rahner an, der in den neutestamentlichen Schriften das alle
Problematisierung verhindernde Gottesbewußtsein wahrnimmt.
Und hinter ihm erhebt sich, ihn noch überragend, die Gestalt Kierkegaards, der sich wie kein anderer auf das »Ich will!« des johanneischen Abschiedsgebetes eingestimmt hat und so zu dem – selbst noch
unentdeckten – Entdecker des Impulses wurde, der bis zur Stunde
und für die ganze Dauer der Weltzeit von Jesus ausgeht. Es ist jener
Impuls, der mit der Differenz seiner Hoheit und Erniedrigung auch
die von Einst und Jetzt, von Nah und Fern ausräumt, weil er – und
darin besteht der Kern der Entdeckung – von jener einzigartigen
Liebe, die sich in ihren Gaben selber gibt und deshalb von keinem je
wieder abläßt, dessen sie sich einmal angenommen hat: einer Liebe,
die durch die Kraft ihrer Zuwendung Gleichzeitigkeit stiftet und
zusammen mit dieser die Verbundenheit der von ihr Umfangenen
bewirkt. Mit dieser – insbesondere auch auf den unterschwelligen

Leidenston achtenden – Lesart verweist Kierkegaard letztlich auf den Initiator der wissenschaftlichen Exegese Origenes zurück, der mit seinen Schlüsselworten von der ›Autosophia‹ und der ›Autobasileia‹, die Jesus die verkörperte Gottesweisheit und das leibhaftige Gottesreich nannten, einem identifizierenden und vergegenwärtigenden Verständnis des Evangeliums Bahn brach.[104]

Was demgegenüber die »Stelle« der unvermuteten Vergegenwärtigung betrifft, so läßt der Begriff Mystik zunächst an jene Formen spiritueller Identifikation denken, die dem zu dieser »Glaubenshöhe« Gelangten den Eindruck der persönlichen Beziehung zu Jesus, der Berührung mit seiner Lebenswirklichkeit, der Ergriffenheit und Überwältigung durch seine Geistesmacht vermitteln. Dabei erstreckt sich die Spannweite der Zeugnisse von dramatischer Zugehörigkeit bis zu ekstatischer Einung, von stellvertretender Nachfolge bis zu liebendem Herzenstausch. Auf ebenso bestürzende wie bewegende Weise bestätigt das eine wie das andere das religiöse Selbstzeugnis *Simone Weils*, die von sich sagt, daß während der Rezitation eines Gedichtes Christus selbst zu ihr herabgestiegen sei und sie ergriffen habe: in einer »wirklichen Berührung, von Person zu Person, hienieden, zwischen dem menschlichen Wesen und Gott«, und daß sie mitten in ihrem Unglück die Gegenwart seiner Liebe empfunden habe, »gleich jener, die man im Lächeln eines geliebten Antlitzes liest«.[105] Sogar für den Zusammenhang von Ästhetik und Mystik steht sie ein, wenn sie zwei Dinge als Voraussetzung für die Einschulung in das göttliche Schweigen nennt:

Die Schönheit, weil sie, ohne irgendeine Zweckmäßigkeit zu enthalten, das unabweisliche Gefühl der Gegenwart einer Zweckmäßigkeit gibt; und das Unglück, in dem die Barmherzigkeit Gottes aufleuchtet: auf seinem innersten Grunde, im Zentrum seiner untröstbaren Bitternis.[106]

So ist für Simone Weil das Unglück das Medium für Erfahrungen der göttlichen Liebe; um es mit ihrem eigenen harten Bildwort zu sagen, die »Nagelspitze«, durch welche die Gottesliebe in den »Seelenmittelpunkt« eindringt.[107] Wenn man gleichzeitig bedenkt, daß sich diese Mystikerin der dunklen Nacht auf eine an Nietzsche erinnernde Weise dazu berufen fühlte, das Gegengewicht zum Universum zu bilden, begreift man, daß für sie das Unglück nicht weniger auch der Schlüssel zur zentralen Not des modernen Menschen wurde: zu seiner Entwurzelung und Einsamkeit.[108] Leidenschaftlich plädiert sie deshalb für eine »lebendige, durchseelte Gemeinschaft voller Intimität, Brüderlichkeit und Zärtlichkeit«, in der allein noch der Mutterboden neuer »Einwurzelung« und ein Gegengewicht zu der entfesselten Begierde nach Besitz und Macht gefunden werden könne.[109]

Die Unterkühlung

Zweifellos hat die Einsamkeit des heutigen Menschen ihre Wurzel in der alles durchdringenden – und zertrennenden – Lebensangst. Denn dem Geängsteten »verschlägt es die Sprache«, und in seinem Verstummen fühlt er sich isoliert, weil für ihn die elementarste Brücke zum Mitmenschen, die Sprache, einstürzt. So lassen sich beide Leidensformen wechselseitig bestimmen: die Angst als Wurzel der Einsamkeit und diese als die soziale Erscheinungsform der Angst. Das aber schließt andere Ursachen der Zerklüftung und Isolation nicht aus. So arbeiten, zusammen mit der Angst, auch Lebensunlust, Resignation und Mißtrauen auf die wachsende Vereinsamung des heutigen Menschen hin.

Neben situativen Gegebenheiten kommen dabei auch innerkirchliche Entwicklungen ins Spiel. Was diese anlangt, so zeichnen sich in den beiden westeuropäischen Konfessionen gegensinnige und doch strukturverwandte Krisenerscheinungen ab. Während sich im Protestantismus das Gefühl ausbreitet, daß durch die gesellschaftskritische Kopflastigkeit der modernen Verkündigung der Boden des Evangeliums untergraben worden sei, ist der Katholizismus von einer Abspaltung der Kirchenspitze von der Basis des Kirchenvolks bedroht, also von einem Vorgang, den man im Unterschied zu den »horizontalen« Kirchenspaltungen und Absplitterungen der bisherigen Art als »vertikales Schisma« bezeichnen könnte. Bei dem Versuch, die Zügel der Disziplinierung straffer zu ziehen, um so einem überhandnehmenden Pluralismus entgegenzuwirken, erreichte die Kirchenführung anstatt der erhofften Konsolidierung das Gegenteil: eine stille Distanzierung weiter Kreise von ihr, die nicht selten zur Emigration, insbesondere der jungen Frauen, und damit zur Verringerung ihrer Zukunftschancen führte.

Die Folge ist eine in dieser Form kaum einmal eingetretene Vereinsamung. In seinem durch das Zweite Vatikanum geweckte Verlangen nach dialogischer Orientierung sieht sich der gläubige Mensch der Gegenwart zugleich frustriert und allein gelassen. Frustriert, weil er dort, wo er verständnisvolle Führung erwartete, an harte Gesetzlichkeit verwiesen wird; vor allem aber isoliert, weil er sich in seiner Suche nach der »Mitte des Evangeliums«, von der er die Überwindung seiner Lebensnot und die Erfüllung seines Sinnverlangens erhoffte, auf sich selbst zurückgeworfen fühlt. Nicht nur, daß er unter der allgemeinen Unterkühlung der Lebensverhältnisse leidet, gewinnt für ihn auch das bedrückende Rahnerwort von der »winterlichen Kirche« zunehmend an Aktualität. Tatsächlich hat sich ein Frost auf die Gemüter gelegt, der von dem Eindruck ausgeht, daß die im Prozeß der großen Öffnung gewonnene Freiheit zurückgenommen, das kirchliche Leben einer wachsenden Kontrolle unterworfen, kurz, daß nach der Zeit des Aufbruchs aufs neue das Werk der Restauration obsolet gewordener Ordnungs- und Verhaltensformen betrieben werde.

Zu diesen innerkirchlichen Anlässen kommt neuerdings in Gestalt der modernen Medienszene ein Trennungsfaktor von höchster Effizienz; indem die audiovisuellen Medien dem Rezipienten einen Weltgewinn von bisher ungeahntem Ausmaß »vorspiegeln«, entfremden sie ihn tatsächlich der Realität, zumal sie die von ihnen vermittelten Sekundärerlebnisse unter dem Anschein von Primärerfahrungen vermitteln.[110] Indem sie eine einzigartige »Horizonterweiterung« suggerieren – und auf verschiedenen Sektoren auch tatsächlich bewirken –, versetzen sie ihn in eine Scheinwelt von Traum und Show, die, zusammen mit seiner Kreativität, seinen Willen zu personaler Lebens- und Selbstgestaltung untergräbt. Und indem sie den nach Entspannung und »Enthebung« Verlangenden allabendlich in ihren Bann schlagen, ertöten sie faktisch das Familiengespräch, und auch dies unter dem trügerischen Anschein, die Konsumenten zu einem Gemeinschaftserlebnis zusammenzuschließen.

Wie aber gestaltet sich die Rückwirkung der Medien auf die Heilsbotschaft, die, weil sie alle angeht, auf das optimale Gelingen ihrer Vermittlung angewiesen ist? Wenn man davon ausgeht, daß schon Wort und Schrift, wie es bereits von Paulus leidvoll empfunden wurde, eine Minderung nach sich ziehen, wird man die mediale

»Veröffentlichung« nur zwiespältig beurteilen können. So sehr sie eine quantitative Steigerung ungeahnten Ausmaßes mit sich bringt, fällt doch der qualitative »Reibungsverlust« weit stärker ins Gewicht. Nicht nur, daß für die Medien das Sensationelle den höheren »Nachrichtenwert« als das Beständige und Auferbauende besitzt, unterwerfen sie ihre Inhalte auch weit mehr als jede andere Vermittlungsform ihrer Eigenstruktur. Mehr als jede konkrete Information teilen sie sich stets selber mit. Das besagt der von Marshall McLuhan aufgestellte Grundsatz, der das Medium zu seiner eigenen Botschaft erklärt: The medium is the message.

Sofern sich die modernen Medien, ungeachtet ihrer Privilegierung der »Reizthemen«, dann doch auch der religiösen Thematik annehmen, kommt es zu dem schon von Lessing vorausgeahnten Verfremdungseffekt. Doch während er die Unterwerfung der Botschaft unter das Diktat des »toten Buchstabens« im Auge hatte, steht heute ihre Redigierung zum Konsumgut im Vordergrund. Im Grund erklärt sich die »Toleranz« der Medien daraus, daß für sie – wie für die heutige Leistungs- und Konsumgesellschaft der Mensch – jeder Inhalt prinzipiell austauschbar ist. Sie »veröffentlichen« in einer Weise, daß nichts mehr zu sagen bleibt und, strenggenommen, auch nichts gesagt wird. Auch das ist in dem Grundsatz, der das Medium mit seiner Botschaft gleichsetzt, bereits mitgesagt.

Wenn man mit Neil Postman hinzunimmt, daß die Medien strukturell darauf ausgehen, die Wahrheit in einem »Meer von Belanglosigkeit« untergehen zu lassen, sieht man sich zu der Folgerung gedrängt, daß die in alle Lebensbereiche vordringende Medienszene als die aktuelle Form des Säkularisierungsprozesses zu gelten hat.[111] Mit ihr schuf sich die moderne Leistungs- und Konsumgesellschaft das bisher perfekteste Mittel zum Ziel, den Menschen der personalen Selbstbestimmung zu entwöhnen und ihn statt dessen ihren Zwecken, der Optimierung von Leistung und Konsum, zu unterwerfen. Das kann freilich nicht ohne eine erhebliche Einschränkung gesagt werden. Zwar nimmt die säkularistische Aushöhlung der religiösen Lebenswelt vielerorts ihren Fortgang; doch sind die Anzeichen einer Abschlaffung kaum noch zu übersehen. Wenn man mit Karl Löwith davon ausgeht, daß dem Säkularisierungsprozeß der Fortschrittsglaube zugrunde liegt, wird man angesichts seines Verfalls sogar mit dem bereits absehbaren Ende, wenn nicht sogar mit der Inversion des Säkularismus rechnen dürfen. Inzwischen bleibt es jedoch bei der Feststellung, daß die »mediale Vereinsamung«, zusammen mit der Lebensangst des heutigen Menschen, den großen Notstand darstellt, der nach religiöser Bewältigung und pastoraler Hilfe schreit.

Strukturelles Christentum

An greifbaren Fakten spricht dafür die Tatsache, daß allenthalben die Sensibilität für religiöse Phänomene und das Interesse an Glaubenserfahrung wächst, im Zusammenhang damit aber auch die Ansprechbarkeit für jene »strukturellen« Daten, die »unterhalb« der institutionell verfaßten Religiosität liegen. Angesichts der angesprochenen Krisenerscheinungen und ihrer Verschärfung durch den Einfluß der Medien hat es sogar den Anschein, als ob die mögliche Wiederbelebung der christlichen Sache nicht sinnvoller als mit der Suche nach diesem »strukturellen Christentum« einsetzen könne. Und es ist wohl kein Zufall, daß sich als Kundschafter dafür zwei Exponenten des säkularistischen Geistes, Hegel und Nietzsche, anbieten. Hegel, sofern er die der abendländischen Denkwelt zugrundeliegende Freiheitsidee mit einer von keinem Theologen erreichten Hellsichtigkeit auf die befreiende Lebenstat Jesu zurückführte und als dessen Geschenk an die Menschheit und zumal an den abendländischen Kulturraum erwies.[112] Aber auch Nietzsche, sofern dieser im Kontext seiner auf Wittgenstein vorausweisenden Lehre von der Sprachverführung des Denkens die Befürchtung äußerte, daß jeder nach grammatischen Regeln geformte Satz aufgrund einer theomorphen Struktur ein stillschweigendes Bekenntnis zu Gott ablegt, oder nun wörtlich:

Ich fürchte, wir werden Gott nicht los, weil wir noch an die Grammatik glauben...[113]

Diese Hinweise bestätigen nicht nur die kulturstiftende Wirkmacht des Christentums; sie entwerfen insgeheim auch ein ungewohntes Bild von Jesus, das sich von der religionsgeschichtlich verengten Perspektive dadurch abhebt, daß es ihn als eine prägende Gestalt der Kultur- und Geistesgeschichte zu verstehen gibt. Dabei hat die Äußerung Nietzsches angesichts der heutigen Medienszene insofern besonderes Gewicht, als sie seine Wirkung nicht nur, wie dies bei Hegel geschah, im Bereich der leitenden Ideen sucht, sondern bereits in den strukturellen Gegebenheiten, ja sogar schon in den sprachlichen Ordnungsmustern.[114] An diese Überzeugung knüpfte ein halbes Jahrhundert nach Nietzsche *Guardini* an, als er in seiner Schrift vom ›Ende der Neuzeit‹ (von 1950) von dem »neuen Ernst« sprach, den das menschliche Dasein durch den jahrhundertelangen Mitvollzug der Christus-Existenz gewonnen habe:

Er stammt nicht aus einer eigenmenschlichen Reife, sondern aus dem Anruf, den die Person durch Christus von Gott her erfährt: sie schlägt die Augen auf und ist nun wach, ob sie will oder nicht. Er stammt aus dem jahrhundertelangen Mitvollzug der Christus-Existenz; aus dem Miterleben jener furchtbaren Klarheit, mit welcher er ›gewußt hat, was im Menschen ist‹, und jenes übermenschlichen Mutes, womit er das Dasein durchgestanden hat.[115]

Da der Säkularisierungsprozeß die religiösen Prägungen weithin unkenntlich machte, richtet sich der Blick um so mehr auf das, was man im Anschluß an Nietzsches Sprachkritik und Rahners Rede von einem »anonymen Christentum« das strukturelle Christentum nennen könnte. Mit ihm wäre eine Form der Anwesenheit Jesu ausfindig gemacht, die gerade dem heutigen Menschen das Gefühl vermitteln könnte, der christlichen Sache insgeheim viel näher zu stehen, als die Erscheinungs- und Lebensformen der weltlich gewordenen Welt erkennen lassen, vor allem aber das Gefühl, in der »einsamen Masse« (Riesman) doch nicht allein gelassen zu sein. Das wäre zwar nicht die von Simone Weil gesuchte »Berührung von Person zu Person«, wohl aber ein Umfangen- und Durchdrungensein von »Ausstrahlungen« der innerweltlichen »Allgegenwart« Jesu. Und dieses Gefühl gewänne noch an Profil, wenn man diesen Eindruck auf die geschichtliche Selbstvergegenwärtigung Jesu zurückbeziehen würde, also auf die Stadien seines Fortlebens in der Welt- und Glaubensgeschichte der Menschheit.

Die Spurensuche

Wenn diese anonym-strukturelle Präsenz nicht weiterhin, wie es bisher geschah, übersehen werden soll, muß freilich eine neue Sensibilität für derartige Spuren entwickelt werden. Darauf käme es um so mehr an, als in der gegenwärtigen Lebenswelt auch mit Relikten von Glaubensformen gerechnet werden muß, die durch den Säkularisierungsprozeß untergraben und ausgehöhlt wurden, in dieser Abkünftigkeit aber nicht nur auf ihren Ursprung zurückweisen, sondern geradezu danach schreien, zu ihrer Vollgestalt zurückgeführt zu werden. Wie ein mächtiger Spiegel dessen wirkt die moderne Kunst, die ihre offensichtliche Scheu vor der direkten Glaubensaussage dadurch kompensiert, daß sie das Religiöse um so öfter in Form von Anspielungen und verfremdenden Schattenwürfen zur Sprache bringt.[116] Im Umgang mit diesen spurenhaften Glaubenszeugnissen könnte sich die erhoffte Sensibilität ausbilden, die, wenn sie zustandekäme, dazu verhelfen würde, das Gefühl der religiösen Vereinsamung abzubauen oder ihm wenigstens den Eindruck eines vielfältigen Erinnert- und Angerufenseins entgegenzusetzen. Das Erstaunlichste aber wäre dabei, daß sich diese Einstellung vom Evangelium her bestätigt sehen dürfte. Denn unter den christologischen Aussagen, die das Auftreten Jesu vorbereiten, trifft kaum eine so sehr die heutige Bewußtseinslage wie das Täuferwort:

Mitten unter euch steht der, den ihr nicht kennt (Joh 1,26).[117]

Aus synoptischer Sicht entspricht dem das Gleichnis vom Weltgericht (Mt 25,31–46), das nach *Bornkamm* seine Sinnspitze darin hat, daß die Verfluchten mit ihrem Rechtfertigungsversuch eingestehen, daß auch sie zu helfender Nächstenliebe bereit gewesen wären, wenn sie nur in den Notleidenden den erkannt hätten, der sie nun wegen ihrer Kaltherzigkeit verdammt.[118] Doch der König der Gleichniserzählung wollte gerade in seiner Anonymität angenommen werden; deshalb begründet er sein Urteil mit dem Satz:

Was ihr einem dieser Geringsten nicht getan habt, das habt ihr auch mir nicht getan (Mt 25,45).

Die Fremdgestalt

Wenn es zutrifft, daß jedes Wort des Evangeliums seinen besonderen Kairos hat, dann ist dieser für den Grundgedanken des Gleichnisses heute gekommen. Denn zu den hoffnungsreichsten Perspektiven der Gegenwart gehört die dimensionale Ausweitung, die der Begriff der Nächstenliebe während der letzten Jahre erfahren hat. Wie kaum einmal in der Geschichte der christlichen Barmherzigkeit treten seit kurzem die Behinderten, Gescheiterten und Vereinsamten in das Blickfeld der von Jesus geforderten Liebe. Gleichzeitig wendet sich diese mit einer früher unbekannten Intensität den Notleidenden der Dritten Welt zu; und wenn nicht alles täuscht, steht sogar die vom Menschen ausgebeutete und verwüstete Natur im Begriff, zu einem Interesseziel der Nächstenliebe zu werden. Dabei handelt es sich durchweg um Bezugsfelder, die der menschlichen Fürsorge so fern liegen, daß sie erst nachträglich in ihrer »Einschlägigkeit« ersichtlich werden. Darauf bezieht sich der Einspruch der Verfluchten, den der Richter mit seinem Urteil zurückweist. Sie hätten wissen müssen, daß er auch dort geliebt werden wollte, wo nichts für seine Anwesenheit zu sprechen schien. Denn er hat sich die Not der Welt, mit *Georg Eichholz* gesprochen, in einer Weise zu eigen gemacht, daß er in den Hungernden hungerte und in den Durstigen dürstete:

Das Geheimnis dieses Satzes ist unerschöpflich. Es ist das Geheimnis seiner ewigen Barmherzigkeit. So fragt uns der Bruder – Christi Bruder! – nach Christus, fragt uns, wie wir zu Christus stehen. Christus selbst fragt uns im Bruder. Ob wir das Evangelium hören, ob wir Christus kennen, das will an der Konkretheit des Bruders erkannt werden.[119]

Wenn man diese Gedanken voll gewichtet, wird ein bestürzender Zusammenhang sichtbar. Dann enthält das Gleichnis vom Weltgericht die größte aller denkbaren Sozialutopien, die gleichzeitig jede mögliche Zukunft an die Gegenwart Jesu zurückbindet. Mit seinem Geständnis »Ich war hungrig« legt Jesus die Hand auf jede menschliche Not, geht er so radikal auf jede mögliche Bedürftigkeit ein, daß er in ihr angetroffen werden kann. Das aber ist jene Erscheinungsform der göttlichen Liebe, von der Kierkegaard sagte, daß sie sich in ihrem Übermaß den Anschein des Bedürftig- und Angewiesenseins gibt, um von dem kontingenten Menschen um so sicherer erkannt und beantwortet zu werden. Im Licht der transkritischen Lesarten des Evangeliums gesehen, handelt es sich bei dem Spruch des Weltenrichters somit um einen der Sätze, mit denen die Botschaft Jesu über den Horizont ihrer Zeitgebundenheit hinausgreift, um das, was in den Folgezeiten geschieht, zu strukturieren. Durch Sätze von der Qualität des genannten gewinnt das Dasein tatsächlich den von Guardini empfundenen »neuen Ernst«. Durch sie wird die Not des Mitmenschen nicht nur zu einer Sache möglichen Mitgefühls, sondern zur Frage nach Heil oder Unheil. Und doch verbindet sich mit diesem Ernst zugleich das einzigartige Glück, Jesus gerade dort zu finden, wo keinerlei Anzeichen auf ihn hinweisen. Mit seinem Geständnis »Ich war hungrig; ich war durstig; ich war nackt« nistet er sich buchstäblich in die Hohlräume des menschlichen Elends ein, um alle, die in diese Untiefen hinabsteigen, mit seiner Anwesenheit zu überraschen. So ist er der unerhoffbare Lohn all derjenigen, die durch ihr aktives Zutun dem Unglück zu wehren suchen und dabei mit kaum etwas anderem rechnen, als daß sie sich schmutzige Hände machen. Denn nach Ausweis der Ostergeschichten liebt er es ebenso, in ausgesprochenen »Fremdgestalten« aufzutreten wie durch verschlossene Türen einzutreten, um dann, in einem Akt überwältigender Selbstmanifestation, die Herzen zu entflammen und an sich zu reißen.

Der inwendige Lehrer

Wenn es sich aber so mit der Beziehung Jesu zu den Rand- und Elendsgestalten des menschlichen Daseins verhält, ist anzunehmen, daß dem auch seine Identifikation mit dem entspricht, was ihm an religiösen Sehnsüchten und gläubiger Zustimmung entgegenstrebt. Die Frage danach stellt sich um so dringlicher, als sich die Vermutung über die künftige Gestalt des Christentums erst dann bestätigt, wenn gezeigt werden kann, daß von der Lebenstat Jesu Impulse ausgehen, die auf eine mystische Inversion der religiösen Verhältnisse hinwirken. Es gilt deshalb jenen Faktor ausfindig zu machen, der den Suchenden das Gefühl eines vorgängigen Heimgesuchtseins, den Denkenden den Eindruck einer zuvorkommenden Erleuchtung, den Betenden die tröstliche Gewißheit ihrer Erhörung vermittelt. Wenn sich diese Suche nicht im Feld bloßer Vermutungen oder gar des religiösen Wildwuchses verlieren soll, muß sie bei den neutestamentlichen Zeugnissen ansetzen. Bei kaum einer Stelle wird sie aber so unmittelbar fündig wie bei dem Wort des Philipperbriefs, das zwischen Segenswunsch und Zusage eine schwebende Mitte hält:

Und der Friede Gottes, der alles Begreifen übersteigt, bewahre eure Herzen und Gedanken in Christus Jesus (4,7).[120]

Angesprochen sind damit diejenigen, die ihr Leben mit seinen Sorgen und Hoffnungen in die Hand Gottes gelegt haben und sich dafür mit der Fühlung dieser bergenden, bewahrenden Hand beschenkt sehen. Was sie umhegt, ist zunächst eine nur dunkel, als anonyme »Hut« empfundene Macht. Doch im Maß, wie sich diese Erfahrung vertieft, lichtet sich ihr Grund, und sie erkennen in dem sie bewahrenden Frieden denjenigen, der ihn gewährt, weil er (nach Eph 2,14) »der Friede« ist. Im gleichen Sinn hatte sich Paulus schon im Galaterbrief, nur knapper und pointierter, ausgesprochen:

Jetzt erkennt ihr Gott; oder vielmehr: ihr seid von Gott erkannt (4,7).

Unter dem Eindruck solcher Erfahrungen sprach Augustinus vom »inwendigen Lehrer«, der die blinden Augen und die tauben Ohren des Herzens öffnet und das Innerste des Menschen zur Schau seines Anblicks reinigt. Er ist es, der Sprecher und Hörer im Begreifen der einen Wahrheit verbindet, der zum Verständnis des Geglaubten und zur Aneignung des Erkannten verhilft und so alle Wahrheitssucher zu jener himmlischen »Schule« zusammenschließt, die in ihm den »einen Lehrer«, Christus, hat. Alles Wahrheitsstreben führt zu ihm; und er gibt ihm die Richtung auf das gesuchte Ziel. Durch ihn erhebt sich die Wahrheit über das bloße Wissen um sie; durch ihn wird sie zur Weisheit.[121]

Es hat den Anschein, daß für diesen Magister interior heute eine neue Lehrstunde gekommen ist, weil die mystischen Einbrüche in der gegenwärtigen Lebenslandschaft darauf warten, von ihm gedeutet und zum Sprechen gebracht zu werden. Seinen bildhaften Ausdruck fand dieser Tatbestand in Marc Chagalls ›Engelsturz‹ (von 1947), der die beiden apokalyptischen Himmelszeichen – die sonnenumkleidete Frau und den feuerroten Drachen – so ineinander aufgehen läßt, daß der Einbruch der Vernichtungsgewalten zugleich als Einzug des weiblich-irrationalen Prinzips in die erschütterte Ordnung des Intellekts erscheint.[122] Noch beweiskräftiger wirkt das »akustische« Gegenstück dazu, ein mit ›Landschaft aus Schreien‹ überschriebenes Gedicht von *Nelly Sachs*, das den Zusammenhang der heutigen Lebenswelt buchstäblich »aufreißt«, um im »unerhörten« Geschehen der Gegenwart die unaufhörliche Passion im Grund des Weltgeschehens hörbar zu machen: die stummen Schreie »aus des Leibes Knochengittern«, den Schmerzensschrei Hiobs ebenso wie den »Schrei verborgen im Ölberg«.[123]

Die Pflugschar

Wie eine Pflugschar geht die Spur dieser Schreie durch die glatte Oberfläche der heutigen Lebenswelt, sodaß allenthalben die geheimen Brüche, unbewältigten Spannungen und latenten Widersprüche zum Vorschein kommen. Nicht umsonst verkehrte sich das Prinzip des methodischen Zweifels in den »Zweifel an der Methode« (Kołakowski), verfällt das Denken dem Bann einer irrationalen Bildlogik und die Sprache in lärmende Sprachlosigkeit.

Ebenso vernehmlich spricht die »Landschaft aus Schreien« aber auch von der Offenheit der heutigen Lebenswelt für das Religiöse, von ihrem Hunger nach Spiritualität und mystischer Versenkung. So skeptisch die verbreitete Zuwendung zu asiatischen Meditationsformen zu beurteilen ist, kommt es doch gerade auf diesem Feld zu erstaunlichen Entsprechungen. So erinnert es an das Herzstück paulinischer Christusmystik, wenn *Hans Waldenfels* im Blick auf die buddhistische Deutung der Ich-Du-Relation versichert:

Die Verschränkung ist so eng, daß am Ende das Ich erst in ihr, im Du als dem Nicht-Ich, wahre Ich wird... Ich- und Selbst-losigkeit erweisen sich damit zugleich als das wahre Ich und Selbst.[124]

Der Unterschied zur paulinischen Christusmystik könnte freilich kaum subtiler vermerkt werden. Denn hier, im buddhistischen Konzept, ereignet sich die Ich-Findung in der »Verschränkung von Ich und Du«; bei Paulus ist es der ihm zum Lebensinhalt gewordene Gottessohn, durch den er zur wahren Sinn- und Selbst-findung gelangt. Deshalb versichert er auf dem Höhepunkt des Galaterbriefs mit einem Bekenntnis, das ebenso tief in sein Innerstes hinabsteigt, wie es alle bisherigen Einholungsversuche übersteigt:

Ich lebe, doch nicht mehr ich: Christus lebt in mir. Sofern ich aber noch in diesem Fleische lebe, lebe ich im Glauben an den Gottessohn, der mich geliebt und sich für mich hingegeben hat (Gal 2,20f.).

Es hat den Anschein, als stehe die Spiritualität der Gegenwart im Begriff, sich auf diesen Satz einzustimmen, so wie er sich umgekehrt als der geheime Schlüssel zu dem erweist, was die Namen Sophie Scholl, Edith Stein und Simone Weil für die Neuentdeckung Jesu in dieser Zeit bedeuten. Im Maß, wie sich dies bewahrheitet, müßte nicht nur auf die »mystischen Einbrüche« in einer scheinbar völlig der Zweckrationalität verfallenen Zeit verwiesen werden; dann wäre vielmehr – trotz aller gegensinnigen Tendenzen – schon jene Zukunft angebrochen, von der das wiederholt angeführte Rahner-Wort behauptet, daß der ihr angehörende Christ entweder ein Mystiker oder überhaupt nicht sein werde.

Die Stimme des Freundes

Wenn es trotz des Wissens, das jahrhundertelange Einfühlung und Forschung über Jesus aufhäuften, zu seiner Neuentdeckung im glaubensgeschichtlichen Augenblick kam, besagt das, daß der christliche »Besitzstand«, der sich aus dogmatischer Einsicht, spirituellem Mitvollzug und tätiger Nachfolge aufbaut, stets in noch größere Möglichkeiten hinein »aussteht«. Somit ist das Potential des Wißbaren stets größer als das bereits Begriffene. Dann aber gilt auch für alles, was die Gegenwart an Einsichten in das Geheimnis Jesu gewann, der Satz aus dem apokalyptischen Sendschreiben an die Gemeinde von Laodizea:

Siehe, ich stehe vor der Tür und klopfe an. Wenn jemand meine Stimme hört und öffnet, werde ich zu ihm hineinkommen und mit ihm Mahl halten und er mit mir (Apk 3,20).[125]

Sosehr Kierkegaard damit recht behält, daß alles an Jesus auf die Gleichzeitigkeit mit ihm drängt, weil sie das »Werk« des von ihm geforderten Glaubens ist, steht er diesem Bildwort zufolge doch noch immer »bevor«. Und das nicht nur, wie die eschatologische Erwartung der Christenheit – durchaus zu Recht – meinte, in temporärer, sondern auch in qualitativer Hinsicht. Denn mit seinem »Sein« überragt er immerfort das, was wir im Sinne wissender, praktischer und kultischer Aneignung von ihm »haben«. Und sosehr Kierkegaard auch darin zuzustimmen ist, daß im Falle Jesu die Person die von ihr ausgehende Wirkung übertrifft, ist er doch gerade als Person – wie das von ihm verkündete Gottesreich – immerfort »im Kommen«. Deshalb sind jede Christologie und jede literarische Darstellung von ihrem inneren Formgesetz her immer nur Anlauf, Entwurf und Vorgriff, nie definite Umschreibung, nie abgerundetes Bild. Das ist keineswegs Ausdruck einer resignativen Einstellung, sondern eine Positionsbestimmung, die aufs genaueste derjenigen entspricht, die der größte Christusdenker der Glaubensgeschichte, Paulus, einnahm, als er der Gemeinde von Philippi sein Damaskuserlebnis aus eschatologischer Sicht beschrieb:

Nicht als ob ich es schon ergriffen hätte oder bereits vollendet wäre; aber ich strebe danach, es zu ergreifen, so wie ich von Christus Jesus ergriffen bin (Phil 3,12).[126]

Sosehr dieser Satz aus einer Hoffnungsperspektive gesprochen ist, weist er sich doch zugleich als Grund-Satz der paulinischen Christusmystik aus. Nicht umsonst leitet er das Begreifen aus einem vorgängigen Ergriffensein her. Damit stößt er ins Zentrum des heutigen Glaubensbewußtseins hinein. Wenn es zutrifft, daß das Christentum im Begriff steht, in sein mystisches Stadium einzutreten, ist die Christuserkenntnis, wie sie sich unter den Bedingungen der Gegenwart einstellt, zuinnerst darauf angewiesen, immerfort in ein Erkanntsein ein- und aufzugehen. Der das Erkennen überschattende Restbestand von Unbegriffenem ist dann geradezu Indiz dafür, daß die Erkenntnis auf dem rechten, dem mystischen Weg ist.

Die Barriere

Heute bleibt es jedoch keineswegs bei diesem »konstitutiven« Rückstand. Was heute den Allbekannten zum Unerkannten werden läßt, sind, so paradox es klingt, gerade die mächtigsten Vehikel seiner Publikation: die Medien! Denn auf der einen Seite erfreute sich die christliche Sache noch nie einer so großen Publizität wie in der heutigen Mediengesellschaft, die sich sogar mit einer gewissen Vorliebe religiösen Themen und Ereignissen zuwendet, besonders dann, wenn sie als »telegen« gelten können. Damit ist aber auch schon angedeutet, daß diese Art von Veröffentlichung unter »medienspezifischen« Gesichtspunkten und Auswahlkriterien erfolgt. Nun unterstehen die Medien aber zu sehr den Gesetzlichkeiten des modernen Konsumverhaltens, als daß sie sich ihre Kriterien nicht davon vorschreiben ließen. Auch für die Vermittlung religiöser Inhalte gilt deshalb, daß die Medien dem Spektakulären stets den Vorzug geben vor dem Regulären, dem Sensationellen den Vorzug vor den normalen Lebensabläufen, dem Kriminellen den Vorzug vor der Tugend, dem Indiskreten den Vorzug vor dem, was in der Stille und Verborgenheit geschieht. So gewinnt der Zuschauer bei einer Fernsehübertragung der Eucharistiefeier zwar einen Einblick in das Geschehen auf dem Altar, wie er dem Besucher eines Gottesdienstes so nie erreichbar ist; doch überträgt sich auf ihn im Gegensatz zu jenem nichts von der Weihe der Kulthandlung und – trotz der üblichen Einblendung des Kirchenraums – vom Gemeinschaftserlebnis der Feiernden. So entsteht eine »Veröffentlichung«, die gerade das verschweigt, worauf alles ankommt.

Durch die Medien erleidet die Heilsbotschaft aber nicht nur eine qualitative, sondern auch quantitative Minderung. Denn sie sind, glaubensgeschichtlich gesehen, der verlängerte Arm des Säkularisierungsprozesses, der in Gestalt der historischen Kritik das Offenbarungswort einer ebenso klärenden wie zerstörenden Lektüre unterzog. In diesen Selbstwiderspruch geriet bereits ihr Initiator Lessing, als er mit der Veröffentlichung der ›Wolfenbüttler Fragmente‹ gerade das ins Werk setzte, was er als den »Ruin« seines christlichen »Nachbarhauses« erachtete.[127] Im Schwerefeld der von ihm eingeführten Kritik erlangte der – von ihr absolut gesetzte – Text endgültig die Oberhand über das von ihm im Grunde nur dokumentierte Wort. In jedem Text aber schlägt die Tatsache durch, daß alle Schrift von ihrem Ursprung her entweder berichtende »Nachschrift« oder dekretierende »Vorschrift« ist, und dies mit der Folge, daß die davon geprägte Textualität von ihrer Struktur her informativen oder gesetzgeberischen Aussagen den Vorzug gibt. Zwar übertreibt Goethes Faust, wenn er sich der schriftlichen Bestätigung des Teufelspaktes mit der Bemerkung zu entziehen sucht: »Das Wort erstirbt schon in der Feder«; doch behält er darin recht, daß aus der schriftlichen Fixierung des Textes die Stimme des befehlenden, anordnenden und dekretierenden Herrn deutlicher herauszuhören ist als die des einladenden, werbenden und ermutigenden Freundes.

Insofern hängt die Neigung, aus dem Evangelium, wie schon Luther fürchtete, ein Gesetzbuch oder doch eine Kollektion von Lebensregeln zu machen, schon mit der Niederschrift der Botschaft, also mit ihrer Fassung als Evangelium, Brief, Chronik oder prophetisches Buch, zusammen. Und der Versuch, den frohen Botschafter zum »Lehrer« zu verkleinern, erweist sich, so gesehen, als die durchaus verständliche Konsequenz einer Bibellektüre, die über dem Buchstaben des Textes den Sprecher und seine lebendige Stimme aus Auge und Ohr verlor.

Damit gerät die mediale Veröffentlichung der Botschaft erst recht in ein schiefes Licht. War es zunächst die am Konsumverhalten orientierte Selektion und Akzentuierung der Inhalte, was dem religiösen Interesse widersprach, so jetzt die Tatsache, daß die Medien immer nur eine Reproduktion dessen bieten, was gerade aus religiöser Sicht im »Originalton« vorgetragen werden müßte. So entsteht zwar »Veröffentlichung«, jedoch in einer abkünftig-surrogathaften Weise, die der Botschaft gerade das entzieht, was nach Lessing ihre Glaubwürdigkeit und Wirksamkeit ausmacht: »Geist und Kraft«.[128] Zwar fühlt sich der heutige Medienverwender von Worten geradezu überflutet; doch kann ihm auf die Dauer nicht entgehen, daß ihnen die Stoßkraft und Sinnfülle des Originaltones abgeht, so daß ihn durch die audovisuellen Medien nur eine »instrumentierte« und im Sinn ihrer Struktur »aufbereitete« Botschaft erreicht. In ihnen ist tatsächlich, mit Luther zu reden, aus Jesus, dem wortgewaltigen Botschafter des Gottesreiches, ein »Lehrer« und aus dem Evangelium ein »Gesetzbuch« geworden.[129]

Die Abhilfe

So führt eine kritische Würdigung der heutigen Medienszene zu der Einsicht, daß sich der Heilsbotschaft gerade im Instrument ihrer wirksamsten Veröffentlichung eine der schwersten Sprachbarrieren entgegenstellt. Indessen kam es nach Luther schon einem »großen Abbruch« und einem »Gebrechen des Geistes« gleich, daß überhaupt Bücher geschrieben werden mußten. So gesehen zieht die heutige Medienszene nur die letzten Konsequenzen aus dem, was mit der Verschriftung der Heilsbotschaft bereits seinen Anfang nahm. Dennoch wird sich der Versuch einer Gegensteuerung in zwei Strategien verzweigen müssen. Die eine besteht, formal ausgedrückt, in einer »Archäologie des Lesens«, also in dem Versuch, durch die »Oberfläche« der Texte zu ihrem worthaften Ursprung durchzustoßen, um etwas von dessen Dynamik und »Geisteskraft« wiederzugewinnen. Um diesen Versuch war es im Vorangehenden vor allem bei der Rekonstruktion der Lebensgestalt Jesu und seiner »Kreuzestat« zu tun. Die Tatsache, daß er von Texten ausging, gibt ihm in der Form das Gepräge, daß er im wesentlichen einen »Sinnverlauf« zutage förderte und Jesus, wie es der Text-Hermeneutik entspricht, in seiner Dialogbeziehung, als Fragenden und Angerufenen, als Antwortenden und Reagierenden, zum Vorschein brachte. Das schließt aber keineswegs aus, daß dieser Versuch auch anders, etwa bei den Mysterien des Lebens Jesu, bei seiner Menschwerdung, seiner Passion und Auferstehung und schließlich bei der Auswirkung des Passahmysteriums im Geschehen der Geistausgießung und Parusie, ansetzen könnte.[130]

Demgegenüber besteht die zweite Strategie, die im Unterschied zur ersten von Sätzen anstatt von Texten ausgeht, im Versuch der Rückübersetzung des satzhaft-literarisch Formulierten in die Sprache der Mündlichkeit. Keinesfalls liegt dem die Absicht zugrunde, den originalen Wortlaut Jesu, der ein für allemal verklungen und verweht ist, zurückzugewinnen. Wohl aber geht es bei diesem Vorhaben darum, den satzhaft überlieferten Herrenworten das volle Gewicht des aktuell gesprochenen Wortes, das nicht nur mitteilt, sondern auch Gewißheit vermittelt und ins Einvernehmen zieht, zu verleihen. Denn viele Jesusworte harren deshalb noch immer der vollen Erschließung, weil in ihnen der – von Kierkegaard vernommene und hervorgehobene – Unterton des Schmerzes nicht gehört oder weil, nun im Blick auf die Entdeckung Rahners gesprochen, die von ihnen ausgehende Vergewisserung nicht wahrgenommen wurde.[131] Beides aber gelingt in eben dem Maß, wie sie den Sprachklang der vollen Mündlichkeit zurückgewinnen.

Auch dafür sind, auf je andere Weise, Kierkegaard und Rahner Kronzeugen. Der eine, weil die ›Einübung im Christentum‹ mit ihrer dramatischen Paraphrasierung der Großen Einladung als Meisterwerk der Rückübersetzung zu gelten hat; und der andere, weil er alle literarische Überlieferung mit dem Satz unterläuft, zu dem er sich im Gespräch mit einem kritischen Theologen spontan gedrängt fühlte:

Ja, sehen Sie, man hat mit Jesus in Wahrheit doch nur etwas zu tun, wenn man ihm um den Hals fällt und in der Tiefe seiner eigenen Existenz realisiert, daß so etwas auch heute möglich ist.[132]

Seine Stimme

Kierkegaards ›Einübung‹ wirkt ebenso wie dieser Rahnersatz wie eine Wegmarke zu dem Ziel, zu dem sich *Dietrich Bonhoeffer* im Vorgefühl seines gewaltsamen Endes – und endgültigen Verstummens – bekannte:

Es ist nicht unsere Sache, den Tag vorauszusagen – aber der Tag wird kommen –, an dem wieder Menschen berufen werden, das Wort Gottes so auszusprechen, daß sich die Welt darunter verändert und erneuert. Es wird eine neue Sprache sein, vielleicht ganz unreligiös, aber befreiend und erlösend, wie die Sprache Jesu, daß sich die Menschen über sie entsetzen und doch von ihrer Gewalt überwunden werden, die Sprache einer neuen Gerechtigkeit und Wahrheit, die Sprache, die den Frieden Gottes mit den Menschen und das Nahen seines Reiches verkündigt.[133]

In Erinnerung an das Postulat Horkheimers, daß den zum Schweigen gebrachten Opfern der brutalen Gewalt eine Stimme verliehen werden müsse, läßt sich diese Aufgabe auch dahin bestimmen, daß Jesus, der nicht weniger als sie ein Opfer unmenschlicher und gottvergessener Gewalt war, zu Wort kommen müsse, und das nicht nur im Gedanken an die furchtbaren Umstände seines Todes, sondern nicht weniger auch im Blick auf die von den Medien ausgeübte »strukturelle« Gewalt, die ihm bei aller Öffentlichkeit im Grunde doch nur ein beiläufiges »Mitspracherecht« zugesteht. Hilfreich könnte bei diesem Bemühen die Erinnerung an ein Wort des *Papias von Hierapolis*, eines Kronzeugen für die Entstehungsgeschichte der Evangelienschriften, sein, der sich bei seinen Recherchen lieber auf mündliche Äußerungen als auf schriftliche Dokumente stützte:

Denn ich war immer der Meinung, daß das, was aus Büchern kommt, für mich nicht den gleichgroßen Wert haben könnte wie das, was von lebendiger und bleibender Stimme herrührt.[134]

Einen Anfang mit der Wiedergewinnung der Mündlichkeit machten im Grunde schon diejenigen, die sich auf das Risiko einer aktualisierenden Paraphrasierung von Herrenworten einließen. So schon *Kant*, wenn er in seiner Friedensschrift (von 1798) die an die Aufforderung Jesu, das Gottesreich und seine Gerechtigkeit zu suchen (MT 6,33), angelehnte Forderung erhebt:

Trachtet allererst nach dem Reiche der reinen praktischen Vernunft und nach seiner Gerechtigkeit, so wird euch euer Zweck (die Wohltat des ewigen Friedens) von selbst zufallen.[135]

Während dieses Postulat einen Eindruck vom Einfluß des Reich-Gottes-Gedankens auf die idealistische Denkwelt vermittelt, kommt es in der Reaktion auf sie zu einer Konstellation, die sich jeweils auf die unterschiedliche Paraphrasierung der Großen Einladung Jesu an die Bedrückte und Bedrängten (Mt 11,28) bezieht. Zunächst gibt ihr *Wilhelm Weitling* in seinem ›Evangelium des armen Sünders‹ (von 1846) kurz vor Veröffentlichung des Kommunistischen Manifests eine Wendung ins Sozialkritische:

Kommt alle her, die ihr arbeitet, arm, verachtet, verspottet und unterdrückt seid! Wenn ihr Freiheit und Gerechtigkeit für alle Menschen wollt: dann wird das Evangelium euren Mut von neuem stählen und eure Hoffnung frische Blüten treiben.[136]

Dann aber macht *Kierkegaard* in seiner den einladenden Heilandsruf ständig umkreisenden ›Einübung im Christentum‹ (von 1850)
das Logion als die zentrale Selbstbekundung Jesu lesbar, wenn er zu
bedenken gibt:

*Wunderbar; denn die Worte »kommt her zu mir« müssen wohl so
verstanden werden: bleibt bei mir, ich bin die Ruhe, oder: bei mir
bleiben, das ist die Ruhe. Es verhält sich also nicht so wie sonst, daß
der Helfer nach seinem »kommt her« sagen muß »geht nun wieder«.
Nein, er der seine Arme auftut… möchte alle umfangen und sagen:
bleibt bei mir; denn bei mir bleiben ist Ruhe. Der Helfer ist die
Hilfe.*[137]

Demgegenüber geht es *Machovec*, der sich im Zug dieser Versuche
am weitesten vorwagt, in seinem ›Jesus für Atheisten‹ (von 1972)
vordringlich um das »Programmwort« Jesu (nach Mk 1,11), das er
in zwei Schritten aktualisiert. In einem ersten, der sich noch weitgehend dem originären Wortlaut anschließt:

*Die Stunde ist gekommen! Gottes Herrschaft bricht an! Ändert
euch! Verlaßt euch auf mein Wort!*

Vor allem aber in einem zweiten, der das biblische Sprachgewand
abwirft, um den heutigen Hörer in seiner konkreten Heilserwartung zu erreichen:

*Lebt anspruchsvoll, denn vollkommene Menschlichkeit ist mög-
lich.*[138]

Wenn es nach Art dieser stammelnden Versuche gelingt, Jesus jenseits der alten und neuen Barrieren zu Wort kommen zu lassen, wird
sich im weltanschaulichen Stimmengewirr der Gegenwart immerfort jene »Scheidung der Geister« vollziehen, die sich nicht erst an
der jeweils vertretenen Doktrin, sondern bereits am Stimmklang bemißt. So aber kündet es der johanneische Jesus bereits in der Hirten-
rede an, wenn er sich von dem »Fremden«, dem die Schafe nicht
folgen, weil sie seine Stimme nicht kennen, mit der Versicherung
unterscheidet:

*Wenn er all seine Schafe hinausgeführt hat, geht er ihnen voran,
und die Schafe folgen ihm; denn sie kennen seine Stimme (Joh
10,4).*

Wie das Bild vom »Hinausführen« der Schafe zu verstehen gibt, ist dieses Wort freilich mehr Verheißung als Aussage, mehr in die Zukunft als in die Gegenwart hineingesprochen. Denn es handelt von einem künftigen Verhalten des Hirten und der sich erst »draußen« aufbauenden Beziehung zu seinen Schafen, von einer Beziehung also, die erst im Kommen ist. Gleichzeitig läßt das Wort keinen Zweifel daran aufkommen, daß die Zukunft, von der es spricht, hier und heute schon beginnen will. Wenn das geschieht, ändert sich das heute noch weithin vorherrschende Mißverhältnis. Dann ist der »Allbekannte« nicht mehr der vielfach Verkannte und von ideellen wie strukturellen Formen der Entfremdung Verhüllte; vielmehr gilt dann das Umgekehrte, wie es Paulus für sich und die von ihm vertretene Sache in Anspruch nimmt:

> *Unbekannt und doch wohlbekannt,*
> *sterbend und doch überlebend,*
> *gepeinigt und doch nicht getötet,*
> *betrübt, doch allzeit fröhlich,*
> *arm und doch viele bereichernd,*
> *mittellos und doch alles besitzend (2. Kor 6,9f.).*

Doch gerade so entspricht es dem, der im Erliegen siegte und in seinem Verstummen am beredtesten war, der durch verschlossene Türen eintritt und in Fremdgestalten begegnet, der in den Schwachen seine Macht und in den Unmündigen seine Weisheit bekundet, der immerfort das gibt, was keiner von ihm erwartet und was doch der innersten Not eines jeden entgegenkommt, und der sich in alledem als das erweist, was ihn ebenso unterscheidet wie verbindet: als Freund.

Anmerkungen

I. DIE ANNÄHERUNG

1 Dazu *N. Theobald*, Im Anfang war das Wort. Textlinguistische Studie zum Johannesprolog, Stuttgart 1983. Die subtile Untersuchung, die auch den »Ober- und Untertönen« des Textes nachzuspüren und ihn so in »seinem vollen Klang« hörbar zu machen sucht (40), verweist auf das innere Spannungsverhältnis, in welchem der Prolog dadurch steht, daß er den Logos zwar »anschaulich« werden (120), aber nicht wirklich »zu Wort kommen« läßt; das geschieht dann um so nachdrücklicher im Corpus des Evangeliums, das wie kein anderes auf die Wortverkündigung Jesu, referierend und reflektierend, eingeht.

2 So verstanden ist die Franziskusvision eine bildhafte Umsetzung des Pauluswortes von der im Kreuz Jesu aufscheinenden »Gottesweisheit im Geheimnis« (1 Kor 2,7).

3 Das Tauferlebnis Jesu, auf das neuere Deutungsversuche in diesem Zusammenhang verweisen, läßt sich nicht mit dem Begriff ›Vision‹ umschreiben, eher schon das Selbstzeugnis Jesu, wonach er »den Satan wie einen Blitz vom Himmel fallen« sah (Lk 10,18), doch erlaubt auch dieses apokalyptisch getönte Wort keinen Rückschluß auf seine Zugehörigkeit zum Typus des Visionärs; dazu *H. Merklein*, Die Einzigkeit Gottes als die sachliche Grundlage der Botschaft Jesu, in: Jahrbuch für Biblische Theologie 2 (1987) 13–32.

4 Dazu *H. Gerdes*, Sören Kierkegaards ›Einübung im Christentum‹, Darmstadt 1982.

5 Näheres dazu in meiner Monographie ›Interpretation und Veränderung. Werk und Wirkung Romano Guardinis‹, Paderborn 1979, 65–80; 122 ff.

6 *Buber* widmete dem Thema eine eigene Abhandlung (von 1953); ferner *G. Marcel*, Der Untergang der Weisheit (Heidelberg 1960) und *M. Horkheimer*, Zur Kritik der instrumentellen Vernunft (von 1974), die ursprünglich unter dem Titel ›Eclipse of Reason‹ (1947) erschienen war.

7 *G. Baudler*, Jesus im Spiegel seiner Gleichnisse. Das erzählerische Lebenswerk Jesu – ein Zugang zum Glauben, Stuttgart und München 1986; *L. Boff*, Jesus der Befreier, Freiburg 1987.

8 *H. U. von Balthasar*, Das Ganze im Fragment. Aspekte der Geschichtstheologie, Einsiedeln 1963, 245–350.

9 Näheres dazu in meiner Studie ›Überredung zur Liebe. Die dichterische Daseinsdeutung Gertrud von le Forts‹, Regensburg 1980, 147–159.

10 *A. Schweitzer*, Geschichte der Leben-Jesu-Forschung II, München und Hamburg 1966, 630.

11 *R. Guardini*, Vom Sinn der Kirche (von 1922), Würzburg 1955, 19.

12 Dazu mein Beitrag ›Furcht und Angst. Zwei Paradigmen dichterischer Angstbewältigung‹, in: *Lothar Bossle* (Hrsg.), Hans Filbinger. Ein Mann unserer Zeit, Dießen 1983, 196–226.

13 Dazu *G. Adler*, Die Jesus-Bewegung, Düsseldorf 1972.

14 Dazu *W. Dantine*, Jesus von Nazareth in der gegenwärtigen Diskussion, Gütersloh 1974; *W. Kern*, Disput um Jesus und um Kirche, Innsbruck 1980; *W. Kasper*, Christologie im Präsens, Mainz 1978; *H. Verweyen*, Christologische Brennpunkte, Essen 1985; *A. Ziegenaus* (Hrsg.), Wegmarken der Christologie, Donauwörth 1980; *H. E. Pöhlmann*, Wer war Jesus von Nazareth?, Gütersloh 1984.

15 *Ben-Chorin*, Bruder Jesus. Der Nazarener in jüdischer Sicht, München 1970. Im Vorwort seiner Streitschrift ›Zwei Glaubensweisen‹, Zürich 1950, 11, hatte sich *Buber* dazu bekannt, daß er Jesus von Jugend auf als seinen »großen Bruder empfunden« habe; *Machovec*, Jesus für Atheisten, Stuttgart 1972.

16 *Schweitzer*, Geschichte der Leben-Jesu-Forschung I, München und Hamburg 1966, 48.

17 Daß diese Gegensinnigkeit der physikalischen Deutungsmodelle mit geschichtlichen und insbesondere religiösen Gegebenheiten in Beziehung gesetzt werden können, hat zuerst *Rudolf Bultmann* in seinem Aufsatz ›Zum Problem der Entmythologisierung‹ (von 1963) ausgesprochen; in: Glauben und Verstehen IV, Tübingen 1965, 129.

18 Näheres dazu in meinem fundamentaltheologischen Grundriß ›Glaubensverständnis‹, Freiburg 1975, 28–31, sowie in meiner Schrift ›Jesus für Christen‹, Freiburg 1984, 25–30.

19 *Kierkegaard*, Einübung im Christentum, Düsseldorf und Köln 1955, 11.

20 A. a. O., 34.

21 *Adam*, Jesus Christus, Augsburg 1934, 164 f.

22 *Guardini*, Christliches Bewußtsein. Versuche über Pascal, Leipzig 1935, 53 f.; daß *Guardini* diese christologische Aussage, die er na-

hezu unverändert in seiner Schrift über ›Das Wesen des Christentums‹ wiederholt im Rahmen einer seiner Gestalt-Interpretationen entwickelt, hängt zweifellos mit seinem Bestreben zusammen, im interpretierenden Umgang mit großen Gestalten der Geistes- und Literaturgeschichte das Instrumentarium für eine Gestaltdeutung Jesu zu gewinnen; Näheres dazu in meiner Monographie ›Interpretation und Veränderung‹, 65–80.

23 *Le Fort*, Das Schweißtuch der Veronika, München 1949, 155.

24 A. a. O., 571.

25 *Machovec*, Jesus für Atheisten, 93.

26 *Rahner*, Kleine Anmerkungen zur systematischen Christologie heute, Freiburg 1978, 136.

27 *Rahner*, Was heißt Jesus lieben?, Freiburg 1982, 25 ff.

28 Näheres dazu in meiner Theologischen Sprachtheorie und Hermeneutik, München 1970, 144 f..

29 Dazu *G. von Rad*, Theologie des Alten Testaments I, München 1957, 415–451; *Ders.*, Weisheit in Israel, Neukirchen-Vluyn 1970, 309–363; ferner *B. Lang*, Frau Weisheit. Deutung einer biblischen Gestalt, Düsseldorf 1975, 84–111; 147–184.

30 *Novalis*, Schriften (Ausgabe *Kluckhohn*) IV, Leipzig 1929, 153; 196. In dem als Fortschreibung des ›Heinrich von Ofterdingen‹ konzipierten Novalis-Roman von *Johannes Rüber* ›Ich zog mir einen Falken‹ (von 1988) liegt auf diesem Weisheitsmotiv ein Hauptakzent.

31 *Kierkegaard*, Entweder-Oder (Ausgabe Hirsch) I, Düsseldorf 1956, 169. Obwohl zunächst an die geopferte Iphigenie gedacht ist, bezieht sich die Stelle doch mittelbar auf Antigone als Hauptfigur. Die Wendung »sie weiß von keinem Mann« ist als Anspielung auf die lukanische Verkündigungsszene (Luk 1,34) zu verstehen und gibt der »Braut« einen Zug ins Marianische.

31a *E. Endres*, Edith Stein. Christliche Philosophie und jüdische Märtyrerin, München 1987, 255.

32 *Edith Stein*. Ein Lebensbild, gewonnen aus Erinnerungen und Briefen durch Schwester Teresia Renata de Spiritu Sancto, Freiburg 1957, 72; 146. In diesem Zusammenhang verdient auch festgehalten zu werden, daß sich *Gertrud von le Fort* bei der Ausdeutung des Schleiers, einer Hauptstelle ihrer Schrift ›Die ewige Frau‹, von der Erscheinung *Edith Steins* inspirieren ließ (a. a. O., 130 f.) und daß *Peter Wust*, wie *A. Lohner* in seiner (noch ungedruckten) Promotionsschrift nachweist, ihren Lebensweg »fast symbolisch« nannte

und in ihr selbst das Paradigma eines nach der Synthese von Weisheit und Heiligkeit strebenden Philosophierens erblickte.

33 E. Stein, Kreuzeswissenschaft. Studie über Johannes a Cruce, Louvain und Freiburg 1954, 4 f.; dabei erinnert der Begriff »Empfänglichkeit« ebensosehr an das Thema ihrer Dissertation ›Zum Problem der Einfühlung‹ (von 1917) wie das Motiv der »Sachlichkeit« an die Maxime ihres Lehrers Husserl »Zu den Sachen selbst!«

34 Irenäus, Adversus haereses II, c. 28,6; dazu auch die Bemerkungen in meiner Schrift ›Glaubenswende. Eine Hoffnungsperspektive‹, Freiburg 1987, 148 ff.

35 Dazu das Schlußwort meiner ›Theologischen Sprachtheorie und Hermeneutik‹, München 1970, 566 ff.

36 Horkheimer, Zur Kritik der instrumentellen Vernunft, 152.

37 Das geschah in Rosenzweigs nachgelassenem ›Büchlein vom gesunden und kranken Menschenverstand‹ (von 1964); dazu die Ausführungen meiner Studie ›Theologie als Therapie. Zur Wiedergewinnung einer verlorenen Dimension‹, Heidelberg 1985, 41–47.

38 Die fast einhellige Favorisierung der Synoptiker mutet um so merkwürdiger an, als die kerygmatische Seh- und Darstellungsweise dieser Evangelien von der Forschung allgemein anerkannt ist, während gleichzeitig die Überzeugung vom historischen Quellenwert mancher Partien des Johannesevangeliums zunehmend an Boden gewinnt.

39 Nach R. Wittram, Das Interesse an der Geschichte, Göttingen 1958, 8–17.

40 H.-G. Gadamer, Wahrheit und Methode. Grundzüge einer philosophischen Hermeneutik (von 1960), Tübingen 1972.

41 Dazu die Ausführungen meiner Studie ›Interpretation und Veränderung‹, 65–73.

42 E. Troeltsch, Über historische und dogmatische Methode in der Theologie, in: Gesammelte Schriften II, Aalen 1962, 735.

43 Dazu mein Beitrag ›Postkarte genügt nicht! Auf der Suche nach Alternativen zur historisch-kritischen Methode‹, in: J. Sauer (Hrsg.), Mehrdimensionale Schriftauslegung?, Karlsruhe 1977, 9–34.

44 W. Marxsen, Die Auferstehung Jesu als historisches und als theologisches Problem, Gütersloh 1964, 25 f.; Ders., Die Sache Jesu geht weiter, Gütersloh 1976, 8–26; dazu H. Kessler, Sucht den Lebenden nicht bei den Toten. Die Auferstehung Jesu Christi in biblischer, fundamentaltheologischer und systematischer Sicht, Düsseldorf 1985, 178–181.

45 H. *Braun*, Jesus. Der Mann aus Nazareth und seine Zeit, Stuttgart 1969, 146–154.

46 Die harte Bemerkung verliert auch dann nicht wesentlich an Schärfe, wenn man berücksichtigt, daß sie eine Wendung von Bultmanns Lehrer *Johannes Weiss* aufnimmt: Zur Frage der Christologie, in: Glauben und Verstehen I, Tübingen 1966, 93; 101.

47 *Bultmann*, Jesus (von 1926), München und Hamburg 1967, 7–15; *Ders.*, Glauben und Verstehen IV, Tübingen 1965, 129.

48 M. *Kähler*, Der sogenannte historische Jesus und der geschichtliche, biblische Christus (von 1892), München 1964; dazu *N. Perrin*, Was lehrte Jesus wirklich? Rekonstruktion und Deutung, Göttingen 1967, 248 ff.

49 Nach *Perrin*, a. a. O., 247.

50 Dazu *J. R. Geiselmann*, Jesus der Christus I: Die Frage nach dem historischen Jesus, München 1965, 20 ff.

51 *Geiselmann*, a. a. O., 19.

52 Dazu H. *Thielicke*, Offenbarung, Vernunft und Existenz. Studien zur Religionsphilosophie Lessings, Gütersloh 1957, 28–57.

53 Näheres dazu in meinem fundamentaltheologischen Grundriß ›Glaubensverständnis‹, 28–32.

54 Dazu *Thielicke*, a. a. O., 156–171.

55 Nach E. *Käsemann* (Hrsg.), Das Neue Testament als Kanon, Göttingen 1970, 189.

56 *Thielicke*, a. a. O., 163.

57 Stellenangabe Anm. 16.

58 *Harnack*, Das Wesen des Christentums (von 1900), Leipzig 1903, 91. Wenn *Schweitzer* mit der Vermutung Recht behält, daß der Vertreter der katholischen Tübinger Schule *Johann Evangelist Kuhn* als Gegenschrift zum Straußschen ›Leben Jesu‹ sein ›Leben Jesu, wissenschaftlich bearbeitet‹ (von 1938) veröffentlichte, erscheint auch die Annahme gerechtfertigt, daß sich *Guardini* mit seinem ›Wesen des Christentums‹ (von 1939) kritisch auf die titelgleiche Harnack-Schrift bezog, zumal er darin die exakte Gegenthese der Identität von Botschaft und Botschafter entwickelte.

59 Dazu H. U. *von Balthasar*, Karl Barth. Darstellung und Deutung seiner Theologie, Köln 1962, 105–112; 124–131, 244–259.

60 K. *Barth*, How my mind has changed, in: Evangelische Theologie 20 (1960) 97–103.

61 Dazu J. M. *Robinson*, Kerygma und historischer Jesus, Zürich und Stuttgart 1960, 11–19.

62 *Nietzsche*, Zur Genealogie der Moral III, § 27; zur Korrektur seiner These siehe die Ausführungen meiner ›Glaubensgeschichtlichen Wende‹, 272 ff., 282 f.

63 *Troeltsch*, a. a. O., 735

64 Dazu die eindringlichen Ausführungen *Robinsons*, Kerygma und historischer Jesus, 106 ff.

65 Dazu nochmals *Thielicke*, Offenbarung, Vernunft und Existenz, 28–36.

66 Wenn *Lessing*, wie aus einem Brief an seinen Bruder Karl (vom 2. Februar 1774) zu schließen ist, bei aller Distanz doch an der Erhaltung des Christentums gelegen war, liegt hier der Fall einer echten Tragödie vor, die ihn unter die Akteure einer noch kaum erkundeten »theologischen Leidensgeschichte« einreiht.

67 *Buber*, Werke I: Schriften zur Philosophie, München und Heidelberg 1962, 443 f.

68 *H. Guillet*, Was glaubte Jesus? Salzburg 1982, 34 f.

69 *G. Baudler*, Jesus im Spiegel seiner Gleichnisse, München 1986.

70 Dazu *R. A. Knox*, Christliches Schwärmertum, Köln und Olten 1957, 21–35.

71 Dazu *J. Moltmann*, Gesichtspunkte der Kreuzestheologie heute, in: Evangelische Theologie 33 (1973) 346–365; ferner *Robinson*, a. a. O., 55.

72 *F. Christ*, Jesus Sophia. Die Sophia-Christologie bei den Synoptikern, Zürich 1970, 100–119.

73 A. a. O., 153.

74 *Kierkegaard*, Einübung im Christentum II, § 4.

75 Wie schon die Ausführungen in den ›Philosophischen Brocken‹ ist auch diese Aussage so durchsichtig auf *Kierkegaards* qualvolles – und selbstquälerisches – Verhältnis zu seiner alsbald wieder aufgegebenen Verlobten Regine, daß sie erst von diesem biographischen Hintergrund her ganz verständlich wird; dazu der nach jahrzehntelangem Schweigen im Auftrag Regines herausgegebene Briefband ›Søren Kierkegaard und sein Verhältnis zu »ihr«‹, Stuttgart 1905.

76 *Nietzsche*, Sämtliche Werke: Kritische Studienausgabe X, München 1980, 89.

77 Näheres zu diesem Hymnus und seinem Verhältnis zum paulinischen ›Hohelied der Liebe‹ in meiner Schrift ›Paulus für Christen‹, Freiburg 1985, 118–121.

78 *Rahner*, Theos im Neuen Testament, in: Schriften zur Theologie I,

Einsiedeln 1954, 91–167; dazu mein Beitrag ›Die Suspensierung der Gottesfrage. Erwägungen zu einer innovatorischen These Karl Rahners‹, in: Glaube im Prozeß. Christsein nach dem II. Vatikanum, Freiburg, 1984, 432–455, nochmals in meinem Sammelband ›Glaubensimpulse.‹ Würzburg 1988, 189–207.

79 *Rahner*, a. a. O., 108 f.

80 *K. Rahner* und *W. Thüsing*, Christologie – systematisch und exegetisch (Quaestiones Disputatae 55), Freiburg 1972, 141.

81 Dazu der instruktive Forschungsbericht von *R. Schnackenburg*, Entwicklung und Stand der johanneischen Forschung seit 1955, in: Das Johannesevangelium IV, Freiburg 1984, 9–32.

82 Dazu *E. Käsemann*, Sätze heiligen Rechtes im Neuen Testament, in: Exegetische Versuche und Besinnungen, Göttingen 1986, 96–109. Was Paulus anlangt, so erfährt er auf der Höhe seiner mystischen Erhebung eine so intensive Zugehörigkeit zum Herrn, daß er wie in einer Art »Idiomenkommunikation« in seinem Namen zu gebieten und Anordnungen zu treffen vermag. So weit, daß er auch eigenständige »Herrenworte« gestaltet hätte, geht er freilich nicht. Dazu dürfte es erst auf der nächsten Reflexionsstufe, insbesondere auch im Zug der schon bei den Synoptikern aufkommenden Weisheitschristologie, gekommen sein.

83 *Schnackenburg*, Die johanneische Gemeinde und ihre Geisterfahrung, in: Das Johannesevangelium IV, 33–58.

84 Dazu die knappen, aber aufschlußreichen Hinweise bei *R. Bultmann*, Das Evangelium des Johannes, Göttingen 1950, 393 f.; ferner *E. Käsemann*, Jesu letzter Wille nach Johannes 17, Tübingen 1980, 18.

85 *Bultmann*, a. a. O., 369 ff. Derartige »Ersetzungen« sind im Johannesevangelium keine Seltenheit. So ersetzt schon der Prolog die Kindheitsgeschichte, während die Fußwaschung als Gegenstück zum synoptischen Abendmahlsbericht anzusehen ist.

86 Dazu die erhellenden Ausführungen *Schnackenburgs*, in: Das Johannesevangelium II, Freiburg 1985, 476–487. Im Passionskontext ist von der Stelle auf S. 198 die Rede.

87 Dazu der Deutungsvorschlag von *W. Simonis*, Jesus von Nazareth. Seine Botschaft vom Reich Gottes und der Glaube der Urgemeinde, Düsseldorf 1985, 46 ff.; 61–65.

88 Mit der Charakterisierung als »leidvoll« ist auf die Schlüsselstellung angespielt, die *Reinhold Schneider* in diesem Zusammenhang zukommt.

89 Über den gegenwärtigen Diskussionsstand informieren *Th. Loren-zen*, Der Lieblingsjünger im Johannesevangelium (Stuttgart 1971) und *R. Schnackenburg*, Der Jünger, den Jesus liebte, in: Evangelisch-Katholischer Kommentar: Vorarbeiten II (Zürich 1970, 97–117); ferner der titelgleiche Exkurs in *Schnackenburgs* Kommentar zum Johannesevangelium III (Freiburg 1975, 449–464) sowie seine ein-schlägigen Hinweise in Band IV, (Freiburg 1984, 56ff.). In der Frage der Historizität wird man sich entscheiden müssen. Wenn man mit Schnackenburg von einer Augenzeugenschaft des Vorzugsjüngers ausgeht, gewinnt man zwar eine überzeugende Bezugsperson, dies jedoch auf Kosten der sich dann komplizierenden Verfasserfrage. Wenn man jedoch (mit Joh 18,24) eine wie immer geartete Autor-schaft des Vorzugsjüngers annimmt, wird man in ihm die inspirie-rende Gestalt des johanneischen Kreises erblicken dürfen, der im Zug der (nach Joh 21,23) »unter den Brüdern« unterlaufenden »Meinun-gen« eine ideale Vorgeschichte zugedacht wurde.

90 Dazu nochmals die Ausführungen auf S. 33.

91 Hinweise zur Rolle des himmlischen Stellvertreters bei *H. Merklein*, Die Einzigkeit Gottes als die sachliche Grundlage der Botschaft Jesu, in: Jahrbuch für Biblische Theologie 2 (1987) 13–32.

92 Dazu *F. Christ*, Jesus Sophia. Die Sophia-Christologie bei den Syn-optikern, Zürich 1970, 100–119; ferner *B. Lang*, Frau Weisheit. Deutung einer biblischen Gestalt, Düsseldorf 1975, 180.

93 *E. Käsemann*, Jesu letzter Wille nach Johannes 17, Tübingen 1980, 18. Man vergleiche damit nur die Erklärung *Augustins*, die alles Ge-wicht auf die himmlische Seinsweise Jesu legt (In Ioannem, Serm 111, c. 2), oder die großartige Auslegung *J. B. Bossuets*, die im Unterschied dazu insbesondere auf das von Jesus geforderte und vermittelte Glück der jenseitigen Lebensgemeinschaft mit ihm abhebt: Das Hoheprie-sterliche Gebet, Salzburg und Leipzig 1938, 122ff.

94 Dazu *M. Theobald*, Im Anfang war das Wort. Textlinguistische Stu-die zum Johannes-Prolog, Stuttgart 1983, 65–115.

95 *Origenes*, Das Evangelium nach Johannes (Ausgabe *Gögler*), Einsie-deln 1959, 101 f.

96 Als jüngstes Paradigma einer derartigen Lektüre hat *Blumenbergs* ›Matthäuspassion‹ zu gelten; Näheres dazu in meiner Würdigung ›Theologische Trauerarbeit. Zu Hans Blumenbergs Matthäuspas-sion‹, in Theologische Revue 85 (1989)

97 Nach *R. Gögler*, Einleitung zu Origenes, Johanneskommentar, a. a. O., 34.

98 Dazu *R. Schnackenburg*, Die Johannesbriefe, Freiburg 1953, 219–222.

99 Dazu das Kapitel »Die Geburt des Glaubens aus dem Wort« meines Sammelbandes ›Glaubensimpulse‹, 28–46.

100 *M. Kähler*, Der sogenannte historische Jesus und der geschichtliche, biblische Christus (von 1892), nach: *J. M. Robinson*, Kerygma und historischer Jesus, Zürich und Stuttgart 1960, 72.

101 *M. Buber*, Die Schrift und ihre Verdeutschung, in: Werke II: Schriften zur Bibel, München und Heidelberg 1964, 1.114.

102 Zur Schwierigkeit der Sinnbestimmung der Stelle siehe *G. Schwarz*, ›Und Jesus sprach‹. Untersuchungen zur aramäischen Urgestalt der Worte Jesu, Stuttgart 1987, 256–260.

103 Im Vergleich dazu sei an die von Martin Buber eingenommene Position erinnert; dazu meine Schrift ›Buber für Christen‹, 15 f.

104 Dazu der Abschnitt ›Hermeneutische Integration. Zur Herkunft von Rudolf Bultmanns existentialer Interpretation‹ meines Sammelbandes ›Glaubensimpulse. Beiträge zur Glaubenstheorie und Religionsphilosophie‹, Würzburg 1988, 350–371; ferner *E. Fuchs*, Hermeneutik, Bad Cannstatt 1954, 211–265; *Ders.*, Jesus. Wort und Tat, Tübingen 1971, 73–124.

105 Vorwort zur kritischen Ausgabe des Neuen Testaments (von 1734).

106 Näheres dazu in meiner Schrift ›Buber für Christen‹, Freiburg 1988, 95 f.

107 Näheres dazu in dem Abschnitt ›Bach als Wiederentdecker der paulinischen Heilsbotschaft‹ in meinem Sammelband ›Glaubensimpulse‹, 322–335.

108 Dazu *W. Schmithals*, Die theologische Anthropologie des Paulus, Stuttgart 1980, 152–162.

109 Etwas Ähnliches sagen die Ignatiusbriefe vom Glauben, wenn sie der Gemeinde von Smyrna versichern, es werde sich ihrer »nicht schämen der vollkommene Glaube, Jesus Christus« (10,2).

110 *M. Buber*, Zwei Glaubensweisen, Zürich 1950, 130 f.

111 Dazu auch *R. Schnackenburg*, der auf den Rückverweis des Wortes auf den Eingangssatz des Prologs (»Und Gott war das Wort«) aufmerksam macht: Das Johannesevangelium III, 393 ff.

112 Dazu *G. Schneider*, Die Apostelgeschichte I, Freiburg 1980, 477 f.

113 Dazu nochmals *Schneider*, a. a. O., 474 f.; ferner *R. Pesch*, Die Vision des Stephanus, Stuttgart 1966, 13–24.

114 *H. Schürmann*, Das Lukasevangelium I, Freiburg 1969, 493 f.

117 Den vollen Wortlaut bietet meine Studie ›Die glaubensgeschicht-
    liche Wende‹, 281.
118 *M. L. Kaschnitz*, Kein Zauberspruch. Gedichte, Frankfurt 1972,
    81.
119 *H. Domin*, Ich will Dich. Gedichte, München 1970, 19.
120 *E. Zeller*, Golgatha, in: Evangelische Kommentare 8 (1975) 173;
    zum theologischen Geschichtsverständnis *Le Forts* siehe nochmals
    das auf S. 21 f. Gesagte.
121 *E. Przywara*, Gebete in der Zeit, Salzburg 1946, 19.
122 Nach *G. Söhngen*, Kardinal Newman. Sein Gottesgedanke und
    seine Denkergestalt, Bonn 1946, 71.
123 *Jean Paul*, Siebenkäs II, Erstes Blumenstück. Obwohl sich die
    ›Rede‹ wie eine Vorwegnahme der Nietzsche-Parabel vom ›Tollen
    Menschen‹ ausnimmt, bekräftigt der Dichter selbst doch ihren im
    tiefsten Sinn des Wortes »erbaulichen« Sinn, und dies sowohl
    durch die Vorbemerkung, daß er mit ihr jene »lesenden oder leh-
    renden Magister in Furcht zu setzen« suche, die »das Dasein Got-
    tes so kaltblütig und kaltherzig erwägen, als ob vom Dasein des
    Kraken und Einhorns die Rede wäre«, als auch durch ihren Aus-
    klang, der die Freude des Erwachenden aus der Beklemmung die-
    ses Angsttraums beschreibt.
124 *Kierkegaards*, Einübung im Christentum III, § 1.
125 Die erste Strophe ist dem Drama ›Aloys und Imelda‹ entnommen,
    die zweite einer vermutlich zu Beginn des 20. Jahrhunderts ent-
    standenen Vertonung von Brentano-Texten.
126 *N. Gogol*, Betrachtungen über die göttliche Liturgie, Freiburg
    1954, 58.
127 *Fénelon*, Geistliche Werke (Ausgabe *Varillon*), Düsseldorf 1961,
    379.
128 A. a. O., 179.
129 Dazu *E. Wasmuth*, Der unbekannte Pascal. Versuch einer Deutung
    seines Lebens und seiner Lehre, Regensburg 1962, 296–317; ferner
    R. Guardini, Christliches Bewußtsein. Versuche über Pascal,
    Leipzig 1935, 255 ff.
130 Nach *Ch. Einiger–Ch. Waldemar*, Die schönsten Gebete der Welt,
    München 1984, 72.
131 A. a. O., 61.
132 Nach *H. Bremond*, Das wesentliche Gebet (Originaltitel: La Méta-
    physique des Saints), Regensburg 1939, 120.
133 Nach *Einiger-Waldemar*, a. a. O., 224 f.

134 Nach *Cusanus*, Die Kunst der Vermutung (Ausgabe *Blumenberg*), Bremen 1957, 387 f.

135 *Cusanus*, De docta ignorantia, Widmungsschreiben an Kardinal Julianus Cesarini.

136 *Thomas von Kempen*, De Imitatione Christi II, c. 7 f.; III, c. 5.

137 Nach *H. S. Denifle*, Das Geistliche Leben. Deutsche Mystiker des 14. Jahrhunderts, Salzburg und Leipzig 1936, 309; 315 f.

138 Nach ›Lobe den Herrn! Gebete großer Dichter und Denker‹, Zürich 1987, 42 f. Grundlegend für das mittelalterliche Verständnis von Freundschaft ist die Schrift des Abtes *Aelred* ›De spirituali amicitia‹, die in dem Gedanken gipfelt, daß im Anschluß an das johanneische Wort »Gott ist die Liebe« (1 Joh 4,8) auch gesagt werden könnte »Gott ist die Freundschaft«: Die heilige Freundschaft (Ausgabe *Otten*), München 1927, 33. Zur Bewegung der Gottesfreunde im deutschen Mittelalter und zu der als Mystifikation des *Rulman Merswin* erwiesenen Figur des ›Großen Gottesfreundes‹ siehe *J. Lanczkowski* (Hrsg.), Erhebe dich, meine Seele. Mystische Texte des Mittelalters, Stuttgart 1988, 383 ff.; dazu auch *Denifle*, Das geistliche Leben, 319 ff.

139 *Denifle*, a. a. O., 316.

140 Nach *C. Fischer* (Hrsg.), Summa Poetica. Griechische und lateinische Lyrik von der christlichen Antike bis zum Humanismus, München 1967, 612.

141 *M. Buber*, Zwei Glaubensweisen, Zürich 1950, 134.

142 *Bonaventura*, Itinerarium mentis in Deum, c. 7. In metaphorischer und zugleich streng formaler Umsetzung kehrt dasselbe Motiv im mystischen Werk des als Wissenschaftslogiker bekannten *Ramon Lull* wieder: Das Buch vom Liebenden und Geliebten, § 262, Olten 1948, 113.

143 *Hugo von Sankt Viktor*, Mystische Schriften, Trier 1961, 105.

144 *Ders.*, Soliloquium de arrha animae: A. a. O., 88 f.

145 Von der erstaunlichen Wirkungsgeschichte des Hymnus vermittelt der Hinweis auf Blochs Beethovendeutung (S. 238) einen Begriff.

146 Elfte Betrachtung; dazu *B. Barth*, Betrachtungen des heiligen Anselm, München 1926, VII–XVI, 162–180.

147 *Symeon der Neue Theologe*, Licht vom Licht: 36. Hymne, Hellerau 1930, 172 f.; zu Symeons Begriff der Schau: *W. Völker*, Praxis und Theoria bei Symeon dem Neuen Theologen. Ein Beitrag zur byzantinischen Mystik, Wiesbaden 1974, 289–375.

148 A. a. O., 124 f. (gekürzt).

149 C. *Borgogno* und G. *Gandolfo*, Gebete der Kirchenväter, München 1984, 101 f.; dazu auch W. *Völker*, a. a. O., 74 f.

150 Nach *Cassiodor*, Vom Adel des Menschen (Ausgabe *Helbling*), Einsiedeln 1965, 67–70 (gekürzt).

151 Nach *Fischer*, Summa Poetica, 238.

152 A. a. O., 99.

153 A. a. O., 40.

154 A. a. O., 24.

155 A. a. O., 20.

156 A. a. O., 17.

157 Nach H. *Kraft*, Kirchenväter-Brevier, Hamburg 1966, 7–10 (gekürzt); die Wendung, in der Christus der Walter des Tierkreises genannt wird, erinnert an die Mosaik-Darstellung Christi als Sonnengott, der seinen Wagen besteigt, in der Unterkirche von Sankt Peter, aber auch an die Darstellung des in Siegespose erscheinenden Sol invictus inmitten des Tierkreises auf dem Fußbodenmosaik der Synagoge von Tiberias, die zweifellos als jüdische Vorstufe zum römischen Christusbild zu gelten hat.

158 *Ignatius*, An die Trallianer, c. 9; dazu ›Die apostolischen Väter‹ (Ausgabe *Fischer*), München 1956, 177 ff.

159 Nach U. B. *Müller*, Die Geschichte der Christologie in der johanneischen Gemeinde, Stuttgart 1975, 30, ergänzt nach J. A. *Fischer*, 159.

160 Klemens-Brief, c. 36, 49: A. a. O., 71; 87.

161 M. *Buber*, Zwei Glaubensweisen, Zürich 1950, 129 ff.

162 A. a. O., 131 ff.

163 Dazu G. *Lanczkowski*, Heilige Schriften, Stuttgart 1956, 68 f.

164 Zu dieser vielstimmigen Anrufung Jesu gibt es schwerlich einen schöneren Kommentar als die Ausführung *Romano Guardinis* über das »Gebet zu Jesus Christus«. Nach einer kurzen Anleitung zur Aufnahme des richtigen Verhältnisses bemerkt er: »Zu Christus beten bedeutet, sich in dieses Verhältnis hineingeben, es lernen und vollziehen. Zu Christus beten heißt wesentlicherweise nicht, ihn anbeten oder um Hilfe bitten. Selbstverständlich auch das; aber das richtet sich auf Gott einfachhin. Das eigentliche Gebet zu Christus hingegen vollzieht jenes Verhältnis, in das er uns hineingenommen hat. Darin bittet der Betende, Christus möge geben, daß er ihn verstehe; er schaut den Herrn an; sinnt über sein Leben und seine Worte nach; dringt in seine Wahrheit ein. Er läßt sich durch Christi heilige Lehre die Gedanken ordnen und erleuchten; fragt,

was er tun solle, um ihm nachzufolgen, trägt sein Leben in das Licht seiner Worte und Handlungen. Er bittet Christus um seine Liebe; gewöhnt sein Herz in sie hinein, die so anders ist, als was unsere Natur Liebe nennt, und sucht sie zu einer Macht im eigenen Dasein werden zu lassen. Er stellt sich in Christi erlösende Tat und bittet ihn, sein Leben vor der Gerechtigkeit des Vaters zu vertreten. Er verlangt, in den neuen Anfang aufgenommen zu werden, den Christus aufgetan hat, und ruft das Geheimnis der Neuschöpfung an, daß es sich in ihm verwirkliche« (Vorschule des Betens, Neuauflage, Mainz 1986, 87 f.).

Ergänzt wird das Zeugnis der Jesusgebete von der Aussage der die ganze Kirchengeschichte durchziehenden Christusvisionen, die hier insofern zu Buch schlagen, als sie, wie insbesondere bei den Mystikern des Früh- und Hochmittelalters, vielfach im Gebete zu dem Erschauten übergehen. Nie haben sie den furchterregenden Richter, um so öfter jedoch den ebenso in seinem Leiden wie in seiner Glorie Liebenden zum Gegenstand, der durch die Visionen wirksam werden will, um dadurch eine jeweils neue Nähe zwischen Gott und der Welt zu stiften. Ähnliches gilt auch vom Zeugnis der künstlerischen Jesusdarstellungen, die, wiederum mit der einen Ausnahme des (nachweislich vom ›Dies irae‹ inspirierten) ›Jüngsten Gerichtes‹ des *Michelangelo*, Jesus als den Botschafter der göttlichen Huld und Erbarmung vergegenwärtigen, auch in der vom Schatten der »Gottesfinsternis« berührten Kunst der Gegenwart. Flüchtet sie sich zu Jesus in der Hoffnung, daß durch ihn die drohende Gottesferne überwunden werde? Die auffällige Einbeziehung biographischer und zeitgeschichtlicher Daten in die Mehrzahl der Jesusdarstellungen heutiger Kunst geben dieser Vermutung Auftrieb. Wenn es sich aber so verhält, verweisen diese Darstellungen wie die Johannesfigur auf der ›Kreuzigung‹ des Isenheimer Altars auf den, der selbst mit seinem Scheitern den Anspruch verband, in der Stunde der drohenden Katastrophe eine neue Heilszeit heraufzuführen. Falls sie diese Absicht tatsächlich verfolgt, steht die Aussage der Kunst in Übereinkunft mit dem Zeugnis der Beter, das durch sie ins Bild gehoben und dadurch in die Nähe der visionären Schau gerückt wird. Näheres dazu bei *E. Benz*, Die Vision. Erfahrungsformen und Bilderwelt, Stuttgart 1969, 517–562; ferner *H. Schwebel*, Das Christusbild in der bildenden Kunst der Gegenwart, Gießen 1980, 16–85.

II. DIE WAHRNEHMUNG

1 Unter Hinweis auf seine Verfolgung durch die Juden lädt der auf Heilung hoffende König Jesus in seine Residenzstadt ein, die zwar klein sei, aber doch Platz für sie beide biete. Doch Jesus lehnt die Einladung ab, da er das ihm vom Vater aufgetragene Werk vollenden müsse und legt seinem Antwortschreiben ein Porträtbild bei; dazu *E. Hennecke*, Neutestamentliche Apokryphen, hrsg. von *W. Schneemelcher* I, Tübingen 1964, 325–329.

2 Näheres dazu in meiner Studie ›Menschsein und Sprache‹, Salzburg 1984, 19f.

3 *Nietzsche*, a. a. O.

4 *S. Kierkegaard*, Einübung im Christentum. Die Einladung, § 1. Inzwischen ist die Forschung davon überzeugt, daß der Heilandsruf als nachgestaltetes Herrenwort zu gelten hat, das Jesus zur Manifestation der Weisheit stilisiert und in diesem Sinne reden läßt; dazu außer *R. Bultmann*, Die Geschichte der synoptischen Tradition, Göttingen 1967, 172, *R. Schnackenburg*, Matthäusevangelium I Würzburg 1985, 106, sowie die oben erwähnte Studie von *Felix Christ*, Jesus Sophia, 100–119.

5 Darauf verweist *M. Buber* in seinem Essay ›Die Schrift und ihre Verdeutschung‹, in: Werke II: Schriften zur Bibel, München und Heidelberg 1964, 1177f.

6 Am deutlichsten wird das, wenn man einen Autor erstmals wieder liest, nachdem man ihn persönlich sprechen hörte. Der gewonnene Eindruck begleitet dann fortan die Rezeption seiner Werke, die sich nun fühlbar leichter und lebendiger gestaltet.

7 *Pascal*, Pensées, § 528.

8 Daß das Verbleiben des Zwölfjährigen im Tempel nicht in dessen Vorliebe für den Kultort, sondern in seinem Hausrecht beim Vater begründet ist, zeigt *Martin Dibelius* in seiner Schrift ›Die Botschaft von Jesus Christus‹, München und Hamburg 1967, 150f. Auf die mit der Antwort Jesu einsetzende »neue Qualität« der Erzählung macht *Walter Jens* in sensibler Analyse aufmerksam: Die Evangelisten als Schriftsteller, in: *H. J. Schultz* (Hrsg.), Sie werden lachen – die Bibel. Erfahrungen mit dem Buch der Bücher, München 1985, 118f.

9 Die Übersetzung sucht zwischen den Varianten »an dir habe ich mein Wohlgefallen gefunden«, »dich habe ich erwählt« und »heute habe ich dich gezeugt«, die Mitte zu halten. Daß die Jesusforschung intensiver auf das »Rahmengespräch« mit dem Täufer als auf diesen

Anruf eingeht, erklärt sich wohl daraus, daß sie im Unterschied zu *Martin Buber* von einem nachösterlichen Konstrukt der Urgemeinde, nicht aber von einem historischen Kern des Wortes ausgeht; Näheres dazu in meiner Schrift ›Buber für Christen‹, Freiburg 1988, 123 f. Die Mitte des Vorgangs verfehlt auch der geistvolle Vorschlag *E. Schillebeeckxs*, mit der Taufe im Jordan die Reihe der »prophetischen Symbolhandlungen« Jesu beginnen zu lassen: Jesus. Die Geschichte von einem Lebenden, Freiburg 1975, 123.

10 In einer sprachtheoretischen Vertiefung könnte man sagen, er bilde den Grenzfall der Tatsache, daß der Mensch nicht nur sprachfähig, sondern mit seiner Sprache »konsubstantial« ist; dazu meine Schrift ›Menschsein und Sprache‹, Salzburg 1984, 28 ff.

11 Während *Schnackenburg*, im Sinn der von ihm und seiner Schule vertretenden Opfertod-Theorie in dem von Jesus angesprochenen »Kelch« das Symbol des von ihm auf sich genommenen göttlichen Zorngerichtes erblickt (Matthäusevangelium II, Würzburg 1987, 190 f.), spricht aus dem Kelchwort nach *David Flusser* eine die Erwartung der Jünger desillusionierende »scharfe Ironie« (Entdeckungen im Neuen Testament I, Neukirchen-Vluyn 1987, 58 f.). Das könnte durchaus als Reaktion auf die entwaffnende Selbstsicherheit der beiden Fragesteller zu verstehen sein.

12 *Nietzsche*, Also sprach Zarathustra II: Das Nachtlied.

12 Dazu *R. Guardini*, Das Ende der Neuzeit – Die Macht, 181.

14 Dazu nochmals die auf S. 56 ff. angestellten Überlegungen.

15 Dazu die Schlußbemerkung meiner ›Theologischen Sprachtheorie und Hermeneutik‹, 566 ff.

16 Im Sinn des kanadischen Medientheoretikers *McLuhan* besteht diesem Satz zufolge die ereignishafte »Botschaft« des Wortes darin, daß es überhaupt ergeht, also im Faktum seines Gesprochenseins. Demgemäß müßte die Erklärung des Satzes bei der Spracherfahrung des Jüngerkreises mit Jesus einsetzen, bevor sie auf alttestamentliche Vorbildungen oder gar auf gnostische Parallelen zurückgreift. Von der Gegenseite her näherte sich schon *Kierkegaard* diesem Gedanken an, als er in den ›Philosophischen Brocken‹ (von 1844) von der mit Jesus einhergehenden »akustischen Täuschung« sprach: Kapitel III, Beilage (Das Ärgernis am Paradox); zur Grundfrage siehe den Exkurs über Herkunft und Eigenart des johanneischen Logos-Begriffs von *R. Schnackenburg*, Das Johannesevangelium I, 257–269.

17 Auf das Verhältnis Jesu zur Himmelsgestalt des Menschensohns und seine Identifikation mit ihr wird in späterem Zusammenhang einzugehen sein.

18 Dazu *W. Simonis*, a. a. O., 160.

19 *W. Grundmann*, Das Evangelium nach Matthäus, 297.

20 Dazu *R. Schnackenburg*, Mitmenschlichkeit im Horizont des Neuen Testaments, in: Schriften zum Neuen Testament. Exegese im Fortschritt und Wandel, 444 f.

21 Dazu die auf die Mattäusparallele (11,27) bezogene Erörterung der Stelle durch *E. Norden*, *Agnostos Theos*. Untersuchungen zur Formengeschichte religiöser Rede (von 1913), Darmstadt 1956, 277–308.

22 *M. Buber*, Zwei Glaubensweisen, 64 ff.

23 *Buber*, a. a. O., 70 f. (gekürzt).

24 Wenn Buber die alttestamentliche Jotam-Fabel (Ri 9,7–20) als die »stärkste antimonarchistische Dichtung der Weltliteratur« bezeichnen konnte, müßte man diese Stelle als die stärkste antifeudalistische Proklamation der Religionsgeschichte würdigen: Königtum Gottes in: Werke II, München und Heidelberg 1962, 562.

25 Noch deutlicher als hier kommt im Johannesevangelium die Tendenz zum Vorschein, Jesus in ausgesprochenen Konfliktsituationen Wesentliche sagen zu lassen, ganz so, als fühle er sich durch die Ablehnung und Polemik seiner Gegner dazu herausgefordert, den ihm entgegenschlagenden Haß mit um so größerer Liebe zu beantworten. So adressiert Jesus die Hoheits- und Offenbarungsworte »Ich bin das Brot des Lebens« (Joh 6,35.41), »Ich bin es« (8,24.28), »Ehe Abraham war, bin ich« (8,58), »Ich bin das Licht der Welt« (9,5) an eine sich zunehmend verhärtende Gegnerschaft. Die Beispiele sind zu auffällig, als daß sie nicht als Aufschluß über einen bestimmenden Zug im Wesensbild Jesu gelesen werden müßten.

26 Dazu *F. Hahn*, Die Bildworte vom neuen Flicken und vom jungen Wein (Mk 2,21 f. parr.), in: Evangelische Theologie 31 (1971) 357–375; ferner *W. Simonis*, Jesus von Nazareth, 236 ff.

27 Dazu *H. Leroy*, Jesus, 83; ferner *W. Simonis*, a. a. O., 244 ff.

28 Auf den Gleichnischarakter der Tischgemeinschaft mit »Zöllnern und Sündern« verweist *N. Perrin*, Was lehrte Jesus wirklich?, Rekonstruktion und Deutung, 112–119.

29 Sie ist drastisch dokumentiert durch den auf einem Papyrusfragment erhaltenen Brief eines in Oberägypten stationierten Soldaten, der die Nachricht von der Schwangerschaft seiner Frau mit der Anord-

nung beantwortet: »Ist es ein Junge, dann laß ihn am Leben; ist es ein Mädchen, dann setze es aus!«

30 Dazu *R. Schnackenburg*, Matthäusevangelium II, Würzburg 1987, 168–171.

31 Sprechendes Dokument dieser Hochschätzung ist die Darstellung der Szene im christologischen Zyklus von Sant'Apollinare Nuovo in Ravenna, der sich noch von der Ausstattung der Palastkirche Theoderichs des Großen erhalten hat; dazu *C. O. Nordström*, Ravenna-Studien, Stockholm 1953, 75 ff.

32 Dazu *F. Hahn*, Christologische Hoheitstitel, Göttingen 1966; ferner *H. E. Tödt*, Der Menschensohn in der synoptischen Überlieferung, Gütersloh 1959; *K. Müller*, Menschensohn und Messias, in: Biblische Zeitschrift 16 (1972) 161–187.

33 Dazu außer Teil II der ›Einübung‹ die Hinweise bei *H. Fries*, Fundamentaltheologie, Graz 1985, 272 f., 287.

34 Als Kontrast zu diesem Gedanken hatte *Kierkegaard* vermutlich das Goethe-Gedicht ›Im Atemholen sind zweierlei Gnaden‹ im Ohr, das mit dem Satz schließt: »Du danke Gott, wenn er dich preßt, und dank' ihm, wenn er dich wieder entläßt« (West-Östlicher Divan, Buch des Sängers: Talismane).

35 Der Anschlußvers erweist sich dann eindeutig als Glosse der um Anpassung des Herrenworts an ihre Fastenordnung bemühten Gemeinde; dazu *N. Perrin*, Was lehrte Jesus wirklich?, 82 ff.; ferner *J. Jeremias*, Die Gleichnisse Jesu, 117.

36 Die zuletzt angesprochene Tendenz bedarf keiner Dokumentation. Zur Stilisierung Jesu als Reformer und Revolutionär siehe die –distanzierenden – Ausführungen von *L. Boff*, Jesus Christus, der Befreier, 166 ff.; die von ebenso großer Quellenkenntnis wie akribische Textanalyse zeugende Studie *Riesners* ›Jesus als Lehrer‹ (Tübingen 1988) verfolgt mit ihrem »erkenntnisleitenden Interesse«, mit *B. Gerhardsson* gesprochen, das Ziel, die Jesustexte der Urkirche auf »bewußte, technische Unterrichtsakte« Jesu zurückzuführen, um so die Kontinuität – und Authentizität – der urchristlichen Überlieferung beweisen zu können; doch verkennt sie sowohl die Dynamik der Botschaft Jesu als auch die Dramatik der zeitgeschichtlichen Situation. In der Art, wie sie sich an didaktischen Modellen orientiert, beweist sie jedoch die auch sonst zu beobachtende Neigung, die Botschaft des Evangeliums den Gesetzen ihrer literarischen Überlieferung zu unterwerfen und von dort her zu verstehen. Insofern bestätigt das Buch die hohe Dringlichkeit, die einer me-

dienkritischen Würdigung der biblischen Schriften zuzumessen ist, die endlich in ihrem medialen Charakter begriffen und unter dem Gesichtspunkt der Textualität analysiert werden müssen.

37 M. Buber, Zwei Glaubensweisen, 22 f.

38 Dazu nochmals das auf S. 16 Gesagte.

39 Buber, a. a. O., 11.

40 Die oft gebrauchte Übersetzung »Gottesherrschaft«, die als die philologisch angemessenere zu gelten hat, scheitert an der Tatsache, daß Jesus vom Zentralbegriff seiner Verkündigung jede Vorstellung von Herrschaftsverhältnissen fernhält, nicht zuletzt auch die des seine Herrschaft in der Menschenwelt errichtenden Gottes. Insofern fällt die Favorisierung des Begriffs in der heutigen Exegese hinter den Erkenntnisstand zurück, den bereits die romantische Theologie, vor allem in Johann Baptist Hirschers großangelegtem Versuch einer Neubegründung der Moraltheologie auf den Gedanken des Reiches Gottes, erreicht hatte.

41 F. Nietzsche, Ecce homo; Warum ich ein Schicksal bin, § 1.

42 Nietzsche, Ecce homo: Warum ich so weise bin, § 7; dazu die Bemerkungen in meiner Schrift ›Nietzsche für Christen‹, Freiburg 1983, 40 f.

43 Damit verglichen ist es unerheblich, ob »Finger« oder »Geist Gottes«, wie die Parallelstelle sagt (Mt 12,28), den ursprünglichen Wortlaut wiedergibt, obwohl die bildhaft-plastische Ausdrucksweise für die erste Lesart spricht; dazu N. Perrin, Was lehrte Jesus wirklich?, 64–69.

44 Von den Stufen, über die die Versprachlichung des Ostergeheimnisses schließlich zum Begriff »Auferstehung« gelangte, wird im späteren Zusammenhang zu reden sein.

45 Näheres dazu in meinem Versuch ›Menschsein und Sprache‹, 20–27.

46 E. Jüngel, Paulus und Jesus, Tübingen 1967, 135–174.

47 N. Perrin, Was lehrte Jesus wirklich?, 87 f.

48 Dazu A. Jülicher, Die Gleichnisreden Jesu (von 1910), Darmstadt 1963; bahnbrechend wirkte auch das Werk von J. Jeremias, Die Gleichnisse Jesu, Göttingen 1962. Dagegen versteigt sich nach dem Forschungsbericht von W. G. Kümmel die Abhandlung von M. Boucher über ›Das geheimnisvolle Gleichnis‹ (von 1977) zu der These, daß der »grundlegende Irrtum Jülichers« gerade in seiner Abgrenzung des Gleichnisses von der Allegorie bestanden habe: Dreißig Jahre Jesusforschung (von 1950–1980), 272. Auf dieser rückläufigen Linie bewegt sich dann auch der Versuch K. Erle-

manns, das Bild Gottes aus den synoptischen Gleichnissen zu erheben und in den Leitfiguren der Gleichnisse von der Aussaat, vom Unkrautacker und von den Weinbergarbeitern Gott als Sämann, als Herrn der Ernte, ja sogar als »Arbeit- und Lohngeber« zu identifizieren. Hier zeichnet sich dieselbe Tendenz ab, wie sie auch der Festlegung Jesu auf die Rolle des nach strengen Unterrichtsmethoden verfahrenden »Lehrers« zugrunde liegt; dazu *Kümmel*, Jesusforschung seit 1981, in: Theologische Rundschau 53 (1988) 229–249.

49 Näheres dazu in meiner Theologischen Sprachtheorie und Hermeneutik, 191–200; 459–469.

50 *J. Dupont*, Pourquoi des paraboles? (von 1977); nach *Kümmel*, Dreißig Jahre Jesusforschung, 274.

51 Am wenigsten gilt das von jenen Texten, in denen der Evangelist die Erzählung wie im Gleichnis vom Schatzgräber und Perlensucher (Mt 13,44 ff.), vom Einbrecher (Mt 24,43 f.) oder vom Verlorenen Schaf (Mt 18,12 ff.) auf ein oder zwei Sätze zusammenfaßt. Nach J. Jeremias, der in seinem grundlegenden Gleichnisbuch (von 1947) damit rechnet, daß sich Jesus dem zu drastischen Übertreibungen neigenden orientalischen Erzählungsstil »mit voller Absicht angeschlossen hat«, ist freilich auch mit dem Gegenteil in Gestalt von Erweiterungen und Ausschmückungen der Originalfassung zu rechnen, die dann durch Jesu eigenes Sprachverhalten provoziert worden wäre: Die Gleichnisse Jesu, 17–20.

52 Dazu nochmals das auf S. 51 mitgeteilte *Buber*-Zitat.

53 Im ersten Fall ist die jesuanische Herkunft schon durch das zugrundeliegende Weltbild – Himmel und Hölle als Umkehrung der irdischen Verhältnisse – ausgeschlossen, im zweiten Fall durch das Motiv der Parusieverzögerung – als »klug« gelten diejenigen, die sich auf eine lange Wartezeit eingerichtet haben –, die erst für die zweite Generation zum bedrängenden Problem wurde.

54 Dazu die Ausführungen bei *J. Jeremias*, Die Gleichnisse Jesu, 32–47, auch wenn seine Gründe für die jesuanische Herkunft des Jungfrauen-Gleichnisses nicht als durchschlagend gelten können.

55 Dazu *Jeremias*, a. a. O., 55 f.

56 Dem Talentgleichnis fügt Lukas eine den Sinnzusammenhang zerdehnende Episode ein, die *Jeremias* am liebsten als eigenes Gleichnis (vom Thronprätendenten) ansehen möchte (Lk 19,21 ff. 27), während Mattäus das Gleichnis vom Gastmahl mit Zusatzmotiven be-

frachtet (22,6 f.), die als deutliche Anspielungen auf das Strafgericht über Jerusalem zu erkennen sind. Gleichzeitig fügt er dem Text eine Episode hinzu, die sich nachgerade wie eine eigene Gleichniserzählung (vom Gast ohne Feierkleid) ausnimmt, zumal sie den Kontext wie die Atmosphäre der Erzählung belastet: *Jeremias*, a. a. O., 39 f.; 126 f.

57 Näheres dazu in meiner Studie ›Überredung zur Liebe‹, 84 ff.

58 Dazu nochmals das auf S. 117 f. Ausgeführte.

59 Daß mit einer derartigen Verstümmelung des Textes zu rechnen ist, wird durch die Ängstlichkeit jener Übersetzungen bestätigt, die noch nicht einmal das Lob ertragen und deshalb den »Herrn« im Schlußsatz (16,8) auf den Erzähler Jesus beziehen. Hier ist das Verlangen nach bürgerlicher Korrektheit offensichtlich so dominant, daß ihm sogar eine der kühnsten Gleichnispointen geopfert wird, da die Geschichte in dieser Form knapp vor Erreichung ihres Höhepunktes abbricht. Eingeständnisse der Ratlosigkeit sind auch die Bemerkungen *Perrins*, Was lehrte Jesus wirklich?, 126 f.

60 Die von *Jeremias* geäußerte Ansicht, daß die lukanische Version ursprünglich zu gelten habe, ist ebensowenig zu halten wie seine Meinung, daß man sich den Zugang zum Text verstelle, wenn man davon ausgehe, daß der Fragesteller bereits nach einer Klärung des Begriffs »Nächster« verlange; denn sein Frageverhalten ist nur sinnvoll, wenn man ihm lediglich ein – womöglich durch den Sprachgebrauch Jesu gewecktes – Vorverständnis des Begriffs unterstellt: A. a. O., 134 f.; dazu auch *Perrin*, a. a. O., 136 ff.

61 Danach gerät der König in Zorn über den ihm im Gleichnis gegenübergestellten Übeltäter, in dem er, wie er schließlich erschreckend begreift, sich selbst verurteilte. Die Szene ist insofern aufschlußreich für die Gleichnissprache Jesu, als sie das Verständnis der zur Rede stehenden Erzählung nach demselben Modell vollzieht: In seiner Empörung über das unbarmherzige Verhalten von Priester und Levit verurteilt der Leser, wie er schließlich begreift, sich selbst.

62 Denselben Zweck, das tolerante Verhalten Jesu gegen integralistische Vorhaltungen zu verteidigen, verfolgt auch das Gespräch über den fremden Exorzisten (Mk 9,38 ff.), dessen Zentralaussage »denn wer nicht gegen uns ist, der ist für uns« um so stärker ins Gewicht fällt, als Jesus damit die exakte Gegenthese zu dem (ungleich bekannteren) Satz aufstellt: »Wer nicht mit mir ist, der ist gegen mich, und wer nicht mit mir sammelt, der zerstreut« (Lk 11,23); dazu *R. Schnackenburg*, Markus 9,33–50, in: Schriften zum Neuen Testament, 146 f.

63 Ähnlich urteilt auch *J. Jeremias*, nur daß er vom abschließenden Überredungsversuch des Vaters her argumentiert und dadurch das Schwergewicht der Erzählung verschiebt, das eindeutig auf dem Sinneswandel des Verlorenen liegt. Auch gelingt es ihm unter dieser Voraussetzung nicht, die Differenz gegenüber den beiden vorangehenden Gleichnissen (vom Verlorenen Schaf und von der Verlorenen Drachme), die tatsächlich auf die Sünderliebe Gottes abheben und dadurch das gesellschaftskritische Verhalten Jesu rechtfertigen, deutlich zu machen: Die Gleichnisse Jesu, 128–135.

64 Unterstrichen wird dieser »Bestürzungseffekt« von dem wie ein Kontrastbild dazu angelegten Gleichnis vom Unbarmherzigen Schuldner (Mt 18,23–35), der sich dadurch selbst das Urteil zuzieht, daß er seinen Mitknecht wegen einer geringfügigen Summe in Schuldhaft nehmen läßt, obwohl ihn dieser mit denselben Worten um Aufschub bittet, mit denen er kurz zuvor den Nachlaß einer Riesenschuld erwirkt hatte (18,26–29). Daß es zu den Kunstgriffen der Gleichniserzählungen Jesu gehört, kritische Gestalten »aus ihrem eigenen Munde« zu richten, bestätigt die lukanische Fassung des Talentengleichnisses, wenn der ängstliche Verwalter des einen Talents, der sich mit dem Hinweis auf seine sorgfältigen Vorkehrungen – »ich habe es in ein Tuch eingebunden und gut aufbewahrt« (Lk 19,20) – zu rechtfertigen sucht, mit dem Vorwurf abgeurteilt wird: »Nach deinen eigenen Worten richte ich dich; denn du hast gewußt, wie streng ich bin: daß ich abhebe, wo ich nicht eingelegt, und ernte, wo ich nicht gesät habe« (19,22).

65 Es ist nicht auszuschließen, daß Jesus seine Motivwahl in Erinnerung an die von *Josephus Flavius* bezeugte Tatsache traf, daß samaritanische Extremisten den Tempelplatz durch ausgestreute Totengebeine verunreinigt hatten, um dadurch die Feier des Passahfestes zu behindern: *J. Jeremias*, Jerusalem zur Zeit Jesu, Göttingen 1958, 224 ff.

66 Mit nahezu derselben Bemerkungen motiviert der Matthäus-Evangelist Jesu eigenes Verhalten zu Beginn der Wunderbaren Brotvermehrung (Mt 14,14).

67 Zur Bestreitung der Authentizität neigt etwa *W. Simonis*, für den »die vielen Einzelheiten den Eindruck aufkommen lassen, daß es sich von Anfang an um eine Allegorie handelte, die um konkrete Probleme der Gemeinde kreiste, nämlich um das Problem des Verhältnisses zwischen Juden- und Heidenchristen« (Jesus von Nazareth, 196); man könnte mit noch mehr Recht auf die Figur des Vaters

verweisen, die dem Gottesbild Jesu so sehr entspricht, daß das Gleichnis an dieser Stelle zu einer Allegorie zu werden und damit seine spezifische Aussagekraft zu verlieren droht. Diese Bemerkung ist Anlaß zu der grundsätzlichen Feststellung, daß die Herrscher- und Herrengestalten der Gleichnisse Jesu in keinem Fall allegorisierend auf Gott bezogen und, wie vor *K. Erlemann* (Das Bild Gottes in den synoptischen Gleichnissen) schon *Ch. Burchard* (Jesus von Nazareth, in: Die Anfänge des Christentums) wollte, als Auskünfte über das Gottesbild Jesu gedeutet werden dürfen; denn damit würde den Gleichnissen die Spitze abgebrochen. Was sie über das Gottesgeheimnis mitteilen, wird in der Bestürzung und Freude des Hörers über die jeweiligen Handlungsabläufe erfahren. Als bildhafte Umsetzungen einer »Lehre« wären sie dagegen mißverstanden.

68 Daß Jesus dabei womöglich auf ein in unterschiedlichen Formen umlaufendes Motiv zurückgreift, macht *G. Theissen* deutlich, wenn er auf eine von *Philon von Alexandrien* bezeugte Variante verweist: Der Schatten des Galiläers. Historische Jesusforschung in erzählender Form, München 1987, 189.

69 Eine gewisse Vorliebe für dreigliedrige Darstellungen läßt sich auch an der Nennung von drei Personennamen aus dem weiblichen Gefolge Jesu (Lk 8,1 ff.) und an seiner Antwort an den Landesherrn (Lk 13,32 f.) ablesen.

70 So geht etwa *R. Schnackenburg* – mit *H. Merklein* (Das kirchliche Amt nach dem Epheserbrief) – davon aus, daß sich hinter dem »Paulus« des Epheserbriefs die leitende und lehrende Persönlichkeit einer urchristlichen Gemeinde verbirgt, die es wagen konnte, ihren im Geist des Apostels verfaßten Zuspruch unter dessen Namen herauszugeben: Der Brief an die Epheser, Zürich 1982, 33 ff.

71 Dazu *E. Linnemann*, Gleichnisse Jesu. Einführung und Auslegung, Göttingen 1961, 153 f.

72 *H. Poensgen*, Verkündigung und Kommunikation, in: Lebendige Seelsorge 38 (1987) 224–231.

73 Dazu *Jeremias*, Die Gleichnisse Jesu, 128 ff. Daß auch Lukas selbst über diese Kennerschaft verfügt, wird durch sein »zweites Buch«, die Apostelgeschichte, aufs nachdrücklichste bestätigt; schon aus diesem Grund, zu dem seine Theologie der Menschlichkeit Gottes hinzukommt, ist die Gestaltung durch ihn selbst nicht auszuschließen. Das Gleichnis hätte dann als das Herzstück des dritten Evangeliums zu gelten, in dem sein Verfasser die größte Annäherung an seinen »Gegenstand« erreicht.

74 Dazu *Schnackenburg*, Der Brief an die Epheser, 103 ff.

75 In gesteigerter Form wiederholt sich hier die Alternative, in die bereits die Frage nach dem Urheber des Abschiedsgebetes Jesu führte (dazu nochmals die Anmerkung 89, S. 296). Wenn man an der Autorschaft Jesu festhält, müßte man zugeben, daß er gerade auf dem Höhepunkt seiner Gleichniskunst mit allegorischen Elementen arbeitet und damit die Aussagekraft seiner Erzählung in Frage stellt. Nimmt man jedoch den Fall der Sekundärbildung an, so kann nur noch von einem nachgestalteten Gleichnis die Rede sein, dem mehr an der Beschreibung als an der Bewirkung der Umkehr gelegen ist, sosehr es die »Kunst« der Gleichnisrede beherrscht. Der Rang der damit erzielten Leistung wird deutlich, wenn man sich vergegenwärtigt, daß eine vollgültige Nachgestaltung erst wieder *Nietzsche* in seiner Parabel vom »tollen Menschen« (Die fröhliche Wissenschaft III, § 125) gelang; dazu die Ausführungen meiner Schrift ›Gottsucher oder Antichrist? Nietzsches provokative Kritik des Christentums‹, Salzburg 1982, 52–71.

76 Dazu nochmals die Ausführungen auf S. 103.

77 Dazu nochmals die grundlegende Untersuchung von *G. Baudler*, Jesus im Spiegel seiner Gleichnisse, 112 f.; 204–207.

78 *Jeremias*, Die Gleichnisse Jesu, 67–74.

79 Nach *Jeremias* (a. a. O., 70 ff.) verbietet es dieser Abschluß, »in dem Gleichnis eine Allegorie der Urkirche zu sehen, die Jesus in den Mund gelegt worden wäre«, da in diesem Fall der fehlende Hinweis auf die Auferstehung undenkbar wäre.

80 Dazu außer *Jeremias* (204 ff.) und *Baudler* (204–207) auch *G. Eichholz*, Das Rätsel des historischen Jesus und die Gegenwart Jesu Christi, München 1984, 42–54.

81 Daß das dann durch einen Dritten geschehen sollte, nicht aber durch den dafür zustehenden Bittsteller, gehört zu den besonders bewegenden Zügen der Erzählung; dazu außer *Jeremias* (170 f.) und *Baudler* (214 ff.) auch *Theissen*, Der Schatten des Galiläers, 188 f.

82 Auf diese Sinnspitze verweist *Jeremias*, a. a. O., 170.

83 Zur Erörterung und Bedeutung der Stelle siehe *R. Schnackenburg*, Der eschatologische Abschnitt Lukas 17, 20–37, in: Schriften zum Neuen Testament, 220–227.

84 Dazu *W. Harnisch*, der in seinem Werk über ›Die Gleichniserzählungen Jesu‹ (Göttingen 1985) abschließend die Möglichkeit einer »christologischen Kehre« erwägt und in diesem Zusammenhang zunächst die These zitiert, daß in den Gleichnissen der »gekreuzigte

Parabelerzähler« als die »persönliche Metapher Gottes ansprech-
bar« werde (*J. D. Crossan*), und der sich schließlich mit *P. Ricœur* zu
der Möglichkeit bekennt, das »Kerygma von Jesus als dem ›Gleichnis Gottes‹ in Jesu Gleichnisverkündigung von Gott hineinzulesen«
(304; 312).

85 *W. Harnisch*, a. a. O., 293–304.

86 Näheres dazu S. 282 f.

87 Dazu die Ausführungen meiner Schrift ›Paulus – der letzte Zeuge
der Auferstehung‹, Regensburg 1981, 30–42, sowie die einschlägigen Stellen in meinen Paulusbüchern ›Der Zeuge‹ (23–48) und ›Paulus für Christen‹ (76–97).

88 In Ergänzung zu dem in Anm. 21, Tl. II, gegebenen Literaturhinweis dazu auch die wichtige Bemerkung *R. Schnackenburgs* in:
Schriften zum Neuen Testament, 38.

89 Nach *W. Grundmann* muß die in der Regel auf Gott bezogene Stelle
als Hinweis auf den Verderber in der Gehenna gelesen werden, so
daß sie vom »Werk des Satans« handelt: Das Evangelium nach Matthäus, 297. Dazu auch nochmals das auf S. 113 Gesagte.

90 Zum inneren Stellenwert des Wortes siehe das bereits auf S. 58–61
Gesagte.

91 *Joachim von Fiore*, Das Reich des Heiligen Geistes, München–Plan-
egg 1955, 82–85; dazu *K. Löwith*, Weltgeschichte und Heilsgeschehen. Die theologischen Voraussetzungen der Geschichtsphiloso-
phie, Stuttgart 1951, 136–147.

91 a Dazu *U. Busse*, Das Nazareth-Manifest Jesu. Eine Einführung in
das lukanische Jesusbild nach Lk 4,16–30, Stuttgart 1977, 34 f.

92 *J. Bernhart*, De profundis (von 1935), Weißenhorn 1985, 189 ff.

93 Dazu *O. Kuss*, Paulus. Die Rolle des Apostels in der theologischen
Entwicklung der Urkirche, Regensburg 1971, 286 f.; 344; ferner
mein Beitrag ›Paulus – Zeuge Christi, Initiator und Korrektiv des
Christentums‹, in: *E. Biser* (Hrsg.), Paulus – Wegbereiter des Chri-
stentums. Zur Aktualität des Völkerapostels in ökumenischer Sicht,
München 1984, 9–44. Näheres dazu S. 213 ff.

94 Es ist das bleibende Verdienst *Werner Bergengruens*, mit seinem Roman ›Am Himmel wie auf Erden‹ (von 1940) die Christenheit und
zumal die Theologie auf die programmatische Bedeutung dieses Satzes hingewiesen zu haben; dazu mein Beitrag ›Furcht und Angst.
Zwei Paradigmen dichterischer Angstbewältigung‹, in: *L. Bossle*
(Hrsg.), Hans Filbinger. Ein Mann unserer Zeit, Dießen 1983,
196–226.

95 Dazu *E. Jüngel*, Gott als Geheimnis der Welt. Zur Begründung der Theologie des Gekreuzigten im Streit zwischen Theismus und Atheismus, Tübingen 1977, 485.

96 Eine erschreckende Dokumentation dessen bietet die grundlegende Untersuchung von *Oskar Pfister*, Das Christentum und die Angst. Mit einem Vorwort von Thomas Bonhoeffer, Frankfurt und Berlin 1985.

97 Auf diesen Nenner bringt *M. Buber* die an ihn sowohl vom Hohepriester wie von Pilatus gerichtete Identifikationsfrage: Zwei Glaubensweisen, Zürich 1950, 110.

98 Näheres dazu im Fortgang des Abschnitts.

99 *F. W. J. Schelling*, Philosophie der Offenbarung (von 1858), Darmstadt 1955, 219.

100 Zum Gesamtkomplex die vorzügliche Einleitung von *Philipp Vielhauer*, Geschichte der urchristlichen Literatur. Einleitung in das Neue Testament, die Apokryphen und die Apostolischen Väter, Berlin 1975.

101 Dazu nochmals die Ausführungen S. 43 ff.

102 In diesem Zusammenhang sei an das schon fast vergessene Jesusbuch von *Josef Pickl* (Messiaskönig Jesus, München 1935) erinnert, das nicht nur durch die Neueinschätzung des dem Johannesevangelium zukommenden Geschichtswertes, sondern auch dadurch eine partielle Rechtfertigung erfuhr, daß es im Rahmen seiner Möglichkeiten der neuerdings von *F. Mussner* geforderten »Anwendung der milieuuntersuchenden Methode« geforderten »Anwendung der Evangelienexegese (von 1985), nach *W. G. Kümmel*, Jesusforschung seit 1981, in: Theologische Rundschau 53 (1988) 229–249.

103 Einen Überblick über die wichtigsten außerchristlichen Quellen bietet *Theissen*, Der Schatten des Galiläers, 260–268.

104 *J. A. T. Robinson*, Wann entstand das Neue Testament (Originaltitel: Redating the New Testament), London 1976; *Ders.*, The Priority of John, London 1985.

105 *W. Fricke*, Standrechtlich gekreuzigt. Person und Prozeß des Jesus aus Galiläa, Dreieich-Buchschlag 1986. Bei *Fricke* und andern Verfechtern dieser augenblicklich favorisierten These bleibt freilich unbedacht, in welch mißliche Situation die jüdische Behörde gerät, die, wenn sie Jesus nicht verurteilte, ihn offensichtlich gar nicht verstanden hatte, und, sofern sie beim Prozeß dennoch die Hand im Spiel hatte, Jesus nur aus opportunistischen Erwägungen an die

römische Justiz ausgeliefert haben konnte. Tatsächlich nimmt man dem Verhältnis Jesu zum Judentum jeden Ernst, wenn man nicht davon ausgeht„ daß er in seinem Anspruch tatsächlich begriffen und im Interesse der Erhaltung des religiösen Status quo beseitigt wurde. Davon eine Schuld abzuleiten, die sogar noch von Nachgeborenen eingeklagt werden kann, gehört dann freilich nicht mehr in den Kontext der Lebens- und Leidensgeschichte Jesu, sondern in den Zusammenhang der tragischen Verstrickung des christlich-jüdischen Verhältnisses, die immer noch nicht hinreichend ausgeleuchtet wurde und deshalb als Gefahrenquelle fortbesteht. *Frickes* Versuch, den angedeuteten Konsequenzen durch die Hypothese einer durch Judas repräsentierten Separatistengruppe, die für den Tod Jesu verantwortlich zu machen sei, zu entgehen, kann nur als abenteuerliche Zweckkonstruktion beurteilt werden.

106 Über den Geschichtswert des Johannesevangeliums hatte schon *Josef Blinzler* in seinem Forschungsbericht ›Johannes und die Synoptiker‹ (Stuttgart 1965, 72–92) Wesentliches gesagt. – Neuerdings erhielt die Richtung zudem unerwartete Zustimmung von seiten des spanischen Papyrusforschers *José O'Callaghan* und seines Tradenten *Carsten Peter Thiede*, die aufgrund winziger Papyrusfragmente, die in einer der Qumranhöhlen gefunden wurden und vor das Jahr 68 datiert werden, den Nachweis zu erbringen suchen, daß das Markusevangelium, die Apostelgeschichte, der Römer- und Jakobusbrief, ja sogar der Erste Timotheus- und der Zweite Petrusbrief schon um die Mitte des ersten Jahrhunderts vorlagen. Die Möglichkeit, daß es sich um bloße »Vorlagen« zu den genannten Schriften handeln könne, wird ebensowenig in Erwägung gezogen wie die, daß bei der Vordatierung ein restauratives Wunschdenken den forschenden Blick getrübt haben könne. Folgt man der von Thiede ebenso vorsichtig wie nachdrücklich vorgetragenen These, so sieht man sich zu der ebenso widersprüchlichen wie widersinnigen Vorstellung genötigt, daß *Paulus* zu annähernd gleicher Zeit zwei Briefe mit ganz unterschiedlicher theologischer Perspektive, divergierenden Kirchenbildern und nicht weniger tief unterschiedenen Pastoralkonzepten verfaßt habe, von dem zwischen dem Römerbrief und den Pastoralbriefen bestehenden literarischen Niveaugefälle ganz zu schweigen. Dazu die Ausführungen über das Paulusbild der Schüler und Epigonen in meinem Taschenbuch ›Paulus für Christen‹, 169 ff.

109 Der damit eingeführte Begriff »Lebensgestalt« unterscheidet sich

tiefgreifend von dem statuarischen Gestaltbegriff, wie ihn *Guardini* zu Beginn seines zweiten Jesusbuchs (von 1941: Das Christusbild der paulinischen und johanneischen Schriften, Mainz und Paderborn 1987, 13 ff.) entwickelte, und mehr noch vor dem ästhetischen Gestaltbegriff, von welchem *Balthasar* im Eingangsband seiner Theologischen Ästhetik (Herrlichkeit I: Schau der Gestalt, Einsiedeln 1961, 413–505) ausgeht. Im Unterschied dazu geht es hier vor allem um die Frage der an der Selbstverwirklichung und dem Lebensvollzug Jesu ablesbaren Sinnfigur.

110 *Ch. Burchard*, Jesus von Nazareth, in: *J. Becker* (Hrsg.), Die Anfänge des Christentums, Stuttgart 1987, 12–58.

111 Dazu die Ausführungen von *G. Bornkamm*, Jesus von Nazareth, 40–47.

112 Dazu die Ausführungen über Jesus als Dichter bei *G. Theissen*, Der Schatten des Galiläers, 187–190. Daß das nicht nur für die literarische Form, sondern auch für die inspirative Wirkung der Gleichnisse gilt, zeigt etwa das erzählerische Werk *John Steinbecks*, der in seinem Roman ›Jenseits von Eden‹ die Parabel vom Verlorenen Sohn unter den Zeitverhältnissen der amerikanischen Gründerjahre nachgestaltet und in seiner Erzählung ›Die Perle‹ dem Gleichnis vom Perlenfischer eine tragische Wendung gegeben hat.

113 *G. Bornkamm*, Jesus von Nazareth, 142.

114 *Burchard*, a. a. O., 51 f.

115 Ein Blick in den verdienstvollen, wenngleich vor harten und bisweilen uneinsichtigen Urteilen nicht zurückschreckenden Forschungsbericht von *W. G. Kümmel* zeigt, daß die gegensinnige These von *Weddig Fricke* ihre »Aktualität« hauptsächlich der politischen Konjunktur und der Kurzatmigkeit des Zeitbewußtseins verdankt, weil das von ihm aufgeworfene Problem seit Veröffentlichung der Untersuchung des Wiener Judaisten *Karl Schubert* ›Jesus im Lichte der Religionsgeschichte des Judentums‹ (von 1973) vielfach verhandelt und nach allen Richtungen ausgeleuchtet worden ist und dies mit dem geradezu zwingenden Ergebnis, daß an den Angaben der dem Markusevangelium zugrundeliegenden Passionsgeschichte nicht zu zweifeln ist: Dreißig Jahre Jesusforschung (1950–1980), 139 f.; 392–408.

116 Zu dem von Pilatus gegen Jesus durchgeführten Verfahren bemerkt *Burchard*, als hätte er bereits die These Frickes im Ohr: »Jesus ist keine Gerechtigkeit widerfahren, aber ein Justizmord war es auch nicht« (A. a. O., 55).

117 *Burchard*, a. a. O., 53. Damit widerspricht er dem stark diskutierten Buch von *S. G. F. Brandon* über Jesus und die Zeloten (von
1959), der die Tempelreinigung als einen revolutionären, sogar von
Gewalttätigkeiten und Plünderungen der »erregten Menge seiner
Anhänger» begleiteten Akt bezeichnet hatte (*Kümmel*, a. a. O.,
144) ebenso wie die Ansicht *Adolf Holls*, daß Jesus durch Gewalt-
aktionen wie die Tempelreinigung »die Gewalt gegen sich« aufgerufen habe: Jesus in schlechter Gesellschaft, Stuttgart 1971, 127.

118 Die Provokation besteht auch dann noch, wenn sich der Kern der
Szene im Sinn des Lukasberichts auf eine verbale Zurechtweisung
reduzieren sollte (Lk 19,45 f.) und wenn somit *Reinhold Schneider*
recht behielte, der sich von dem angeblichen »Gewaltakt« Christi
nicht überzeugen konnte (Winter in Wien, Freiburg 1958, 157);
denn auch so bestätigt sie sein gespanntes Verhältnis zum Tempelkult, das ebenso aus seinen kritischen Äußerungen wie aus seinem
– höchst beredten – Schweigen spricht. Denn längst schon hätte
auffallen müssen, daß sich (einschließlich Mt 5,23 f.) kein einziges
Jesuswort der Zustimmung zum Tempelkult oder gar der Aufforderung zur aktiven Beteiligung daran nachweisen läßt.

119 Dazu *G. Theissen*, Die Tempelweissagung Jesu. Prophetie im
Spannungsfeld von Stadt und Land, in: Theologische Zeitschrift 32
(1976) 144–158. Zum Verständnis des Logions (Joh 2,19), das nach
der Markuspassion auch im Verhör Jesu eine Rolle spielt (Mk
14,58), gibt das Buch von *L. Gaston* ›Kein Stein auf dem andern‹
(von 1970) einen bedeutsamen Fingerzeig, wenn es darauf hin-
weist, daß für Jesus »alle Funktionen des Jerusalemer Tempels...
in dem neuen Tempel erfüllt waren, den zu gründen er gekommen
war«, daß er also mit der Verheißung des neuen Tempels das von
ihm herauszuführende Gottesreich meinte (*Kümmel*, a. a. O.,
199). Die Zeitangabe »in drei Tagen« wäre dann rückbezüglich auf
die Antwort an den Landesherrn zu lesen: »heute und morgen muß
ich wandern... und am dritten Tag werde ich mein Werk vollendet
haben« (Lk 13,32 f.).

120 *D. Flusser*, Entdeckungen im Neuen Testament I: Jesusworte und
ihre Überlieferung, Neukirchen-Vluyn 1987, 141 ff.

121 Eine gewisse Plausibilität gewänne die gängige Ansicht nur unter
der Voraussetzung der johanneischen Chronologie, die den »Eingriff« in den Tempelbetrieb, vermutlich aus theologischen Gründen, zu Beginn der Wirksamkeit Jesu ansetzt, da dann erklärbar
würde, daß der seiner Natur nach sensationelle Akt folgenlos

bleibt und auch im Prozeß Jesu keine Rolle spielt; dazu *R. Schnak-kenburg*, Das Johannesevangelium I, 368 ff.

122 Dazu *W. Simonis*, Jesus von Nazareth, 117 f.; ferner die Untersuchung von *M. Trautmann*, Zeichenhafte Handlungen Jesu. Ein Beitrag zur Frage nach dem geschichtlichen Jesus (von 1980), die zwar von der Historizität der Tempelreinigung ausgeht, darin aber »keinen Sinnüberschluß der Handlung« zu entdecken vermag (*Kümmel*, a. a. O., 464).

123 So referiert *Ch. Burchard*, in: Die Anfänge des Christentums, 51 f.; dazu auch *R. Feneberg* und *W. Feneberg*, Das Leben Jesu im Evangelium, 246.

124 Dazu *J. Jeremias*, Das Lösegeld für Viele (Mk 10,45), in: Judaica 3 (1947/48) 249–264; *H. Schürmann*, Jesu ureigener Tod, Freiburg 1975; *R. Pesch*, Der Tod Jesu in dem von *K. Kertelge* hrsg. gleichnamigen Sammelband (Freiburg 1976, 137–187) sowie *S. Hahn*, Das Abendmahl und Jesu Todesverständnis, in: Exegetische Beiträge zum ökumenischen Gespräch, Göttingen 1986, 253–261.

125 *H. Merklein*, Die Einzigkeit Gottes als die sachliche Grundlage der Botschaft Jesu, in: Jahrbuch für Biblische Theologie 2 (1987) 13–82.

126 Darauf hebt *P. Fiedler* ab, wenn er die Verkündigung Jesu vom Gedenken des »bedingungslos vergebungswilligen Vater« beherrscht sieht: Sünde und Vergebung im Christentum, in: Concilium 10 (1974) 568–571.

127 Dazu die Untersuchung von *K. Kertelge*, Der dienende Menschensohn (Mk 10,45), in: *R. Pesch* und *R. Schnackenburg* (Hrsg.), Jesus und der Menschensohn, Freiburg 1975, 225–239.

128 *R. Bultmann*, Jesus, München und Hamburg 1967, 7–15.

129 *R. Guardini*, Unsere geschichtliche Zukunft, in dem gleichnamigen Sammelband, Würzburg 1953, 95–108.

130 *Augustinus*, Confessiones IV, c. 4: factus sum mihi quaestio magna.

131 Dazu nochmals die Ausführungen auf S. 106.

132 *K. Adam*, Jesus Christus, 118.

133 *F. Hahn*, Christologische Hoheitstitel. Ihre Geschichte im frühen Christentum, Göttingen 1966, 301 f.; 340–346.

134 Dazu meine Schrift ›Paulus für Christen‹, 76–86.

135 *G. Bornkamm*, Jesus von Nazareth, 43.

136 Für die Notwendigkeit dieses Vergleichs sprach sich wiederholt *R. Guardini* aus; dazu außer seinem Jesusbuch ›Der Herr‹ (von

1937) die von ihm als nachgetragene Einleitung dazu bezeichnete Untersuchung ›Das Wesen des Christentums‹, Würzburg 1949, 14–18.

137 Dazu *G. von Rad*, Die Botschaft der Propheten, München und Hamburg 1967, 166–169.

138 Dazu die Erwägungen zum Sinn gescheiterter Glaubensversuche in meiner Schrift ›Glaubenswende‹, 31–42.

139 Bekanntlich sieht *M. Buber* den vollen Tatbestand der Antithesen nur im Fall der letzten gegeben, da er die ersten lediglich als Überhöhung pharisäischer Gebote empfindet; hier jedoch, im Gebot der Nächstenliebe, schöpfte Jesus in einer Weise aus der jüdischen Tradition, daß er sie, indem er »sie zu bestreiten scheint«, in Wahrheit »überstrahlt«: Zwei Glaubensweisen, 75.

140 Im Bann dieser Frage ging *Franz Mussner* der auffälligen Differenz in der Berichterstattung des Markusevangeliums nach, die zwischen den »Hinweisen auf die von Jesus anfänglich ausgelöste Volksbewegung (in den Kapiteln 1–6) und den (ab Kapitel 7) auffällig nachlassenden Erfolgsmeldungen besteht: »Gab es eine ›galiläische Krise‹? Orientierung an Jesus. Zur Theologie der Synoptiker«, Freiburg 1973, 238–252.

141 Dazu *W. Grundmann*, Das Evangelium nach Matthäus (312 ff.), der auch auf die Gründe eingeht, die für Gemeindebildung (Bultmann) oder Überformung aufgrund negativer Missionserfahrung (Braun) sprechen.

141a Dazu *N. Perrin*, Was lehrte Jesus wirklich?, 132 ff.

142 *P. Gaechter*, Die literarische Kunst im Matthäus-Evangelium, Stuttgart 1965, 28 f.

143 Von hier führt eine Spur zum Johannesevangelium, das Jesus eine Reihe seiner wichtigsten Offenbarungsworte nicht an die gläubigen Jünger, sondern an erbitterte Gegner richten läßt. So wirkt in Szenen (wie Joh 8,48 und 10,22–39) der Haß wie eine katalysatorische Kraft, die Jesus zu seinen größten Selbstzeugnissen provoziert.

144 Anders als bei Lukas, der von einer geisterfüllten Äußerung Jesu spricht (Lk 10,21) und die beiden Stücke, die sich nach seinem Gefühl zu schroff gegenüberstanden, durch den Bericht von der Rückkehr der Jünger überbrückt (Lk 10,17–20); dazu *Grundmann*, Das Evangelium nach Matthäus, 314 ff.

145 *F. Christ*, Jesus Sophia. Die Sophia-Christologie bei den Synoptikern, Zürich 1970, 81 ff.

146 Die Berechtigung – und Bedeutung – dieser Formulierung wird sich erst im Zusammenhang mit der Erörterung des Petrus-Bekenntnisses voll herausstellen.

147 Die Unterscheidung erinnert so sehr an die Verhältnisse in der Gemeinde von Korinth, daß sich die Frage eines Zusammenhangs geradezu aufdrängt; dazu *Christ*, a. a. O., 82.

148 Dazu außer *Grundmann* (Das Evangelium nach Matthäus, 317) nochmals *Christ*, Jesus Sophia, 100–119.

149 Dazu *T. Haering*, Matthäus 11,28–30, in: Schlatter-Festschrift (1922) 3–15; ferner *J. B. Bauer*, Das milde Joch und die Ruhe, in: Theologische Zeitschrift 17 (1962) 99–106. Die Entwicklung der Weisheitschristologie skizziert *B. Lang*, Frau Weisheit. Deutung einer biblischen Gestalt, Düsseldorf 1975, 180 f.

150 Alttestamentliche Parallelen finden sich im Spruchbuch (1,20–23 und 8,1–6, wo die Weisheit an Plätzen und Straßenkreuzungen auftritt und die Unwissenden zu sich ruft) und, deutlicher noch, bei Jesus Sirach (24,19 ff: »Kommt zu mir, die ihr mich begehrt, und sättigt euch an meinen Früchten«).

151 *Ignatius von Antiochien*, Epheserbrief 7,2; Näheres dazu in meiner Abhandlung ›Theologie als Therapie. Zur Wiedergewinnung einer verlorenen Dimension‹, Heidelberg 1985, 94 ff.

152 Als authentisch beurteilt das Wort etwa *J. B. Bauer* in dem bereits erwähnten Beitrag ›Das milde Joch und die Ruhe‹.

153 *Bornkamm*, Jesus von Nazareth, 160 f., so auch die grundlegende Untersuchung von *Ferdinand Hahn*, Christologische Hoheitstitel, Göttingen 1963, 23; 32; dazu ferner der von *R. Pesch* und *R. Schnackenburg* hrsg. Sammelband ›Jesus und der Menschensohn‹, Freiburg 1975.

154 Dazu *G. W. Kümmel*, Das Verhalten Jesus gegenüber und das Verhalten des Menschensohnes, in: Jesus und der Menschensohn, 210–224.

155 Unverkennbar bestimmt diese Stilisierung die Markusparallele (8,38), die sich dann auch aus diesem Grund als Sekundärbildung erweisen dürfte.

156 Dazu nochmals die Ausführungen auf S. 148 f.

157 Dazu die Beiträge von *K. Müller* ›Der Menschensohn im Danielzyklus‹ und *A. Deissler* ›Der »Menschensohn« und »Das Volk der Heiligen des Höchsten« in Dan 7‹ in: Jesus und der Menschensohn, 37–80; 81–91.

158 Das hat freilich zur Voraussetzung, daß der Menschensohn zu-

nächst stellvertretend für das – zur Rechten Gottes erhöhte –Israel, zumindest aber für dessen »heiligen Rest«, vor dem Antlitz Gottes steht, sei es in der Funktion als »Völkerengel Israels« oder als Repräsentant des »Volkes der Heiligen des Höchsten«, wie *H. Merklein* in seinem Beitrag ›Die Einzigkeit Gottes als die sachliche Grundlage der Botschaft Jesu‹ vermutet (15).

159 Daß dieses Wort nun vollends der johanneischen Überlieferung entnommen ist, steht mit der Großen Einladung (Mt 11,28) insofern in keinem Spannungsverhältnis, als das »johanneische Logion bei den Synoptikern« gilt; so *J. Blinzler*, Johannes und die Snyoptiker. Ein Forschungsbericht, Stuttgart 1965, 11.

160 *Kierkegaard*, Einübung I: Einhalt.

161 *Buber*, Zwei Glaubensweisen, 30 ff.

162 A. a. O., 30.

163 Ebd.

164 Zum Sinn der vieldiskutierten Stelle *J. Schmid*, Petrus, in: Handbuch theologischer Grundbegriffe II, München 1963, 306–312; dazu auch die bemerkenswerte These von *H. Thyen*, wonach die Kirche als »Wiederholung der Jüngerschaft unter den Bedingungen der Abwesenheit Jesu« zu gelten hat: Der irdische Jesus und die Kirche, in: Festschrift Conzelmann, 127–141; ferner *K. Kertelge*, Die Wirklichkeit der Kirche im Neuen Testament, in: Handbuch der Fundamentaltheologie III, Freiburg 1986, 97–121.

165 Dazu nochmals die Ausführungen auf S. 158 f.

166 Dazu *R. Schnackenburg*, Das Johannesevangelium II, Freiburg 1985, 476–487.

167 *Schnackenburg*, a. a. O., 477.

168 *Bultmann* übersetzt geradezu »mir ist angst«: Das Evangelium des Johannes, 327.

169 In textkritischer Hinsicht ist die Stelle nicht unanfechtbar und könnte, vor allem in ihrer Schlußwendung, die gegenwärtige Form von einer nachträglich verdeutlichenden Hand erhalten haben. Auf jeden Fall gehört sie aber zu den Perikopen, die unabhängig von dem der Markuspassion zugrundeliegenden ältesten Passionsbericht überliefert und erst bei der Endredaktion der Evangelienschriften eingearbeitet wurden; dazu *H. Leroy*, Jesus, 100 f.; 105.

170 *Buber*, Zwei Glaubensweisen, 110.

171 A. a. O., 111; dazu die Ausführungen meiner Schrift ›Buber für Christen‹, 122 ff.

172 So vor allem der von *Emanuel Hirsch* rekonstruierte vormarkinische Passionsbericht: Frühgeschichte des Evangeliums, Tübingen 1951, 260 f.

173 Dazu *K. H. Wörner*, Gotteswort und Magie. Die Oper ›Moses und Aron‹ von Arnold Schönberg, Heidelberg 1959, 26 f.; ferner mein Beitrag ›Der unvorstellbare Gott‹, in: Moses und Aron. Zur Oper Arnold Schönbergs, Bensberg 1979, 25–49.

174 Dazu *Leroy*, Jesus, 115 f.

175 Den weiteren Horizont der ›Symbolik des Todes Jesu‹ steckt die titelgleiche Arbeit von *G. Bader*, Tübingen 1988, ab.

176 So außer *H. von Campenhausen*, Der Ablauf der Osterereignisse und das leere Grab, Heidelberg 1966; *W. Marxsen*, Die Auferstehung Jesu von Nazareth, Gütersloh 1972, 55; 85 ff; 92–100, und *W. Simonis*, Jesus von Nazareth, 45 f.; 61–65. Näheres dazu auf S. 210 ff.

177 Auf diesen Zug der Szene, die vermutlich von Markus in die vorgegebene Passionsdarstellung eingefügt wurde, verweist *Leroy* mit Hinweisen auf zeitgeschichtliche Tendenzen und Parallelen, die es als möglich erscheinen lassen, daß die Szene auf eine brutale Soldatensitte zurückgeht und als depravierende Imitation eines ursprünglichen Festrituals zu verstehen ist: Jesus, 111 f.

178 Nach *Josef Blinzler* hat der Akanthuskranz als parodistischer »Ersatz des goldenen Blätterkranzes« zu gelten, wie ihn die Makkabäerfürsten als Vasallen des seleukidischen Reiches zu tragen pflegten: Artikel ›Dornenkrönung‹ in: Lexikon für Theologie und Kirche III, Freiburg 1959, 521 f.

179 *Cusanus*, Excitationes III, nach *H. De Lubac*, Katholizismus als Gemeinschaft, Einsiedeln und Köln 1943, 405.

180 *J. Bernhart*, De profundis, 11–17.

181 *X. Tilliette*, Der Kreuzesschrei, in: Evangelische Theologie 43 (1983) 3–15; *M. Heidegger*, Holzwege, Frankfurt 1950, 246 f.

182 Horkheimer, a. a. O.

183 *K. M. Woschitz*, De Homine: Existenzweisen, Spiegelungen, Konturen, Metamorphosen des antiken Menschenbildes, Graz 1984, 261.

184 Dazu *R. Pesch*, Das Markusevangelium II, Freiburg 1977, 491 bis 502; ferner *Ludger Schenke*, Der gekreuzigte Christus. Versuch einer literarkritischen und traditionsgeschichtlichen Bestimmung der vormarkinischen Passionsgeschichte, Stuttgart 1974, 105–110; 143 ff.

185 Dazu die Hinweise *X. Tilliettes* auf *Bultmann* und *Jüngel*, nach
denen die Möglichkeit, daß Jesus am Kreuz zusammenbrach und
verzweifelte, nicht auszuschließen ist: A. a. O., 4. Umso bemer-
kenswerter ist die Erkenntnis *Hans Blumenbergs*, daß in diesem
paradoxen Herrenwort »einer Gott als den seinen anruft und zugleich ihn als den Nicht-Seinen der Verlassenheit anklagt«: Matthäuspassion, Frankfurt 1988, 70.

186 Schon *Bultmann* vertritt die Ansicht, daß das Psalmwort als »se-
kundäre Interpretation des wortlosen Schreis« anzusehen sei: Die
Geschichte der synoptischen Tradition, Göttingen 1964, 295; daß
die Urgemeinde daran aber keineswegs den »Zusammenbruch« des
Gekreuzigten ablas, zeigt die Verklammerung des Psalmworts mit
dem Bekenntnis des die Exekution überwachenden Hauptmanns
(Mk 15,39); dazu *H. Schürmann*, Jesu ureigener Tod, 34.

187 *Bernhart*, De profundis, 190 f.

188 Dazu das gleichnamige Kapitel meiner Schrift ›Älteste Heilsgeschichten. Wege zum Ursprung des Glaubens‹, Würzburg 1984,
45–59.

189 Im Gegensatz zu der verbreiteten Fehleinschätzung der Stelle stößt
Ernst Fuchs mit dem Satz: »Es genügt dem Glauben, daß Gott auf
Jesus gehört hat« zum tatsächlichen Kern der Aussage vor: Zur
Frage nach dem historischen Jesus. Gesammelte Aufsätze II, Tü-
bingen 1960, 256.

190 Einen liedhaften Kontext vermutet *Philipp Vielhauer* in seiner ›Geschichte der urchristlichen Literatur‹, 47.

191 Auf die sinngleiche Bemerkung *G. Bertrams*, wonach das Leben
Jesu im Vergleich zur Leidenswoche in den Evangelien kaum den
Rang und Umfang eines »einführenden Vorspiels« überschreitet,
verweisen *R. Feneberg* und *W. Feneberg*, Das Leben Jesu im Evangelium, 159.

192 Daß von den Tränen des Gekreuzigten die Rede ist, spricht durchaus für den historischen Kern der Stelle, da der antike Mensch,
anders als der heutige, seinem Schmerz auch in dieser Hinsicht
freien Lauf ließ.

193 Dazu *M. Buber*, Der Glaube der Propheten, Zürich 1950, 240.

194 Dazu die grundlegende Untersuchung von *Hans Kessler*, Sucht den
Lebenden nicht bei den Toten. Die Auferstehung Jesu Christi in
biblischer, fundamentaltheologischer und systematischer Sicht,
Düsseldorf 1985.

195 *Nietzsche*, Der Antichrist, § 42 f.; dazu die Ausführungen meiner -

Schrift ›Gottsucher oder Antichrist? Nietzsches provokative Kritik des Christentums‹, Salzburg 1982, 39–44.

196 Hierin besteht zweifellos der erkenntnistheoretische Grund für die sich in der neuen Forschung durchsetzende Neigung, die zum Begriff Auferstehung führende Interpretationsgeschichte der Todüberwindung Jesu (im Sinne von Gal 1,15 f.) mit dem Grundwort »Offenbarung« einsetzen zu lassen; dazu *Kessler*, a. a. O., 277 ff. Angebahnt wurde diese Tendenz durch einen bemerkenswerten Beitrag *Kendrick Grobels* zum Thema ›Offenbarung und Auferstehung‹, in: *J. B. Cobb* und *J. M. Robinson* (Hrsg.), Theologie als Geschichte, Zürich und Stuttgart 1967, 197–224.

197 *Buber*, Zwei Glaubensweisen, 100 f.

198 Dazu die subtile Untersuchung von *Willi Marxsen* ›Die Auferstehung Jesu als historisches und als theologisches Problem‹, Gütersloh 1964; die Stärke der Schrift liegt freilich mehr in der Analyse als in dem Vorschlag, die traditionellen Interpretamente fallen zu lassen und statt dessen »die Sache Jesu geht weiter« zu sagen (22–26). Vermutlich hätte sich dieser Gegenvorschlag anders gestaltet, wenn der Verfasser dem paulinischen Osterzeugnis das ihm zukommende Gewicht beigemessen hätte.

199 Dazu *E. Lohmeyer*, Kyrios Jesus. Darmstadt 1961.

200 Eindringlich ist diese Szene wiederum bei *Buber* gewürdigt: Zwei Glaubensweisen, 129 ff.

201 Dazu *J. Kremer*, Das älteste Zeugnis von der Auferstehung Christi, Stuttgart 1970; ferner die bereits erwähnte Untersuchung von *H. Kessler*, Sucht den Lebenden nicht bei den Toten, 145–155. Obwohl mit redaktionellen Zusätzen von der Hand des Tradenten (*Paulus*) zu rechnen ist, bietet der Text doch keinerlei Anhaltspunkte dafür, die Erscheinungen auf die erste (an Kephas) zu reduzieren und alle weiteren als Legitimationsaussagen aufzufassen. Auch die Erscheinung von den »fünfhundert Brüdern« steht nicht so einsam da, wie bisweilen angenommen wird (*Simonis*, Jesus von Nazareth, 61). Denn sie kann sehr wohl mit dem Pfingstgeschehen gleichgesetzt werden, sofern man sich nur vergegenwärtigt, daß Lukas durch seine Chronologie genötigt war, diese kollektive Christophanie so zu stilisieren, daß sie nicht in Widerspruch mit der Himmelfahrterzählung geriet. Aus dem gleichen Grund sieht der todgeweihte Stephanus den erhöhten Herrn »zur Rechten Gottes« stehen (Apg 7,55 f.); und ebenso wird bei ihm die Ostererfahrung des Apostels Paulus zu einem Lichterlebnis »vom Himmel her«

(Apg 9,3). Zweifel an der Gleichrangigkeit der Erscheinungsfolgen können nur aufkommen, wenn man den Argumentationssinn der Stelle übersieht, die unverkennbar darauf angelegt ist, die »Mißgeburt« Paulus als gleichwertigen Osterzeugen zu erweisen.

202 *Kessler*, a. a. O., 149.

203 Dazu *H. Baltensweiler*, Die Verklärung Jesu. Historisches Ereignis und synoptische Berichte, Zürich 1959, 64; 131; ein Zusammenhang mit 2 Kor 4,6 wird vom Verfasser, bezeichnend für seine Auffassung, nicht angenommen (13).

204 Mit aller Entschiedenheit erklärt *Jacob Kremer* zur Selbstpräsentation des Apostels: »Damit stehen für Paulus die Ostererscheinungen auf einer Stufe mit seiner Christusbegegnung vor Damaskus« (Das älteste Zeugnis von der Auferstehung Christi. Eine bibeltheologische Studie zur Aussage und Bedeutung von 1 Kor 15,1–11, Stuttgart 1955, 58; 77 ff.); dazu auch meine Schrift ›Paulus – der letzte Zeuge der Auferstehung‹, Regensburg 1981.

205 Denkbar ist diese Diskrepanz nur unter der Voraussetzung, daß die Apostelgeschichte zwar aufgrund umfangreicher Quellenmaterialien, jedoch ohne Kenntnis des paulinischen Briefwerks verfaßt wurde; so mit guten Gründen, wenngleich gegen die Auffassung der neueren Paulusforschung *G. Bornkamm*, Paulus (18). Schon eine bruchstückhafte Kenntnis der Paulusbriefe hätte den Verfasser des lukanischen Geschichtswerks davon überzeugen müssen, daß die Selbsteinschätzung des Apostels mit dem von ihm entworfenen Paulusbild nicht zur Deckung zu bringen war.

206 Auf die grundlegende Bedeutung der Stelle verweist wiederum *Kremer*, a. a. O., 58 f.; 78 f.

207 *O. Kuss*, Paulus, 283–288.

208 Alles spricht, wie bereits angedeutet, dafür, daß die Verklärungsperikope als »versprengte Ostergeschichte«, wie der Fachausdruck lautet, anzusehen ist, die, zusammen mit den Leidensweissagungen, mitten in der Lebensgeschichte Jesu auf deren Ende vorausweist; nicht umsonst nimmt sie sich wie eine szenische Verdeutlichung des Pauluswortes (2 Kor 4,6) aus. Mit ihrer »Vorverlegung« erreicht das Evangelium, daß die Auferstehung Jesu in ihrem lebensgeschichtlichen Zusammenhang gesehen und, wesentlicher noch, als das schon die Vorstufen durchlichtende Erfüllungsziel der Offenbarertätigkeit Jesu begriffen werden kann.

209 So die Schlußwendung von *Heinrich von Kleists* berühmten Essay ›Über das Marionettentheater‹ (von 1810).

210 *Augustinus*, Confessiones VIII, c. 7.
211 Nach *Pierre Bertraux*, Mutation der Menschheit. Diagnosen und Prognosen, Frankfurt und Hamburg 1963, 144.
212 Dazu *H. Lietzmann*, An die Korinther I/II, Tübingen 1949, 82–88.
213 *Kessler*, Sucht den Lebenden nicht bei den Toten, 391 ff.; 405.
214 Dazu *Kessler*, a. a. O., 331–340.
215 *Schelling*, Philosophie der Offenbarung (von 1858) I, Darmstadt 1955, 349 f.

III. DIE VERGEGENWÄRTIGUNG

1 *P. Rousselot*, Die Augen des Glaubens (Originaltitel: Les Yeux de la Foi), Einsiedeln 1963.
2 *Kierkegaard*, Einübung im Christentum I (Das Unglück der Christenheit).
3 Dieser Satz stand schon im Zentrum meines Essays ›Der Helfer ist die Hilfe. Plädoyer für eine Christologie von innen‹, in: Glaubensimpulse. Beiträge zur Glaubenstheorie und Religionsphilosophie, Würzburg 1988, 217–237.
4 *Kierkegaard*, Einübung im Christentum I, IV (Das Christentum als das Unbedingte; Die Gleichzeitigkeit mit Christus).
5 Mit »Randunschärfe« ist die auffällige Verunsicherung in der Frage der abgeleiteten Glaubenswahrheiten, vor allem in der nach den »letzten Dingen« angesprochen, mit »Kontakthemmung« die auffällige Lähmung des Glaubensgesprächs, und mit »Konzentrationsschwäche« die bedenkliche Neigung, den Auferstehungsglauben gegen die asiatische Reinkarnationsvorstellung auszutauschen; Näheres dazu in dem Band ›Glaubensimpulse‹, 136 f.
6 Dazu nochmals die schon wiederholt erwähnte Buber-Schrift ›Zwei Glaubensweisen‹, die ungeachtet ihrer versöhnlich-konstruktiven Sprache zu den härtesten Anfragen gehört, die in diesem Jahrhundert an das Christentum gerichtet worden sind; dazu meine Schrift ›Buber für Christen‹, Freiburg 1988.
7 *Buber*, Gog und Magog. Eine Chronik, Heidelberg 1949, 151; dazu auch die Schlüsselstelle aus *Bubers* Schrift ›Gottesfinsternis‹ (von 1953), die die »Verfinsterung des Himmelslichts« als den Charakter der gegenwärtigen Weltstunde bezeichnet; dazu meine Ausführungen in ›Buber für Christen‹, 105 ff.

8 *Buber*, Zwei Glaubensweisen, 178.

9 Ebd.

10 Ebd.

11 Von neueren Arbeiten, die für die Echtheit der Stelle eintreten, seien genannt *W. Trilling*, Die Botschaft Jesu. Exegetische Orientierungen, Freiburg 1978, 25–54; ferner *B. D. Chilton*, God in Strength. Jesus' Announcement of the Kingdom, Linz 1979, 89–95. Von der differenzierten Auffassung *Bubers* war bereits S. 122 f. die Rede.

12 Dazu *G. Becker*, Theologie in der Gegenwart. Tendenzen und Perspektiven, Regensburg 1978, 108–112; ferner *G. Strecker* (Hrsg.), Theologie im 20. Jahrhundert, Tübingen 1983, 355–364.

13 Näheres zum Problemkreis dieser »Modalanthropologie« in meinen einschlägigen Schriften; Menschsein in Anfechtung und Widerspruch, Düsseldorf 1980; Menschsein und Sprache, Salzburg 1984; Menschsein in utopisch-anachronistischer Zeit, München 1986.

14 *Kierkegaard*, Die Wiederholung (Ausgabe *Richter*), Reinbek 1961/62; dazu das Schlußkapitel über Schöpfung und Existenz in *K. Löwiths* Schrift ›Wissen, Glaube und Skepsis‹, Göttingen 1956, 68–86.

15 Dazu nochmals das auf S. 116 und 185 f. Ausgeführte.

16 Damit sind nur die wichtigsten Faktoren angesprochen; denn zweifellos wirkten sich in diesem Sinn auch die Erfordernisse der Missionstätigkeit und, unter dem Eindruck wachsender Kritik von innen und außen, das Bedürfnis nach apologetischer Selbstdarstellung aus. Doch dürfte der Scharfblick *Nietzsches* darin richtig gesehen haben, daß die christliche Lehre mit der Verarbeitung der grundstürzenden Tatsache des Kreuzestodes Jesu ihren Anfang nahm; dazu die Ausführungen meiner Schrift ›Paulus für Christen‹, 52–75.

17 Näheres dazu in meiner Abhandlung ›Die glaubensgeschichtliche Wende‹, 272 ff.; 288 ff.

18 *K. Rahner*, Schriften zur Theologie VII, Einsiedeln 1966, 13; in einem Gespräch (von 1979) aktualisiert er diesen Gedanken sogar zu dem Satz: »Wenn man heute nicht Mystiker ist, kann man auch kein Christ mehr sein«: *P. Imhof* und *H. Biallowons* (Hrsg.), Glaube in winterlicher Zeit. Gespräche mit Karl Rahner aus den letzten Lebensjahren, Düsseldorf 1986, 77.

19 Dazu *F. Christ*, Jesus Sophia, 61 f. Auch *Platon* verspricht sich vom »Zusammenleben« (wobei offenbleibt, ob mit dem angegangenen Problem oder mit den ins Gespräch gezogenen Freunden) den Einfall eines inneren Lichtes, das wie ein überspringender Funke in die Seele fällt: Der siebente Brief (341 c).

20 Dazu *R. Schnackenburg*, Das Johannesevangelium III, Freiburg 1975, 123–128; danach kommt als Vermittler des Motivs aus der Weisheitstradition vor allem *Philon von Alexandrien* in Betracht, für den der von der Weisheit Geleitete mit Gott mehr befreundet als ihm untertan ist (126).

21 *Klemens von Alexandrien*, Stromateis VII, c. 3.19.

22 A. a. O., VII, 79.

23 Nach den Ausführungen des Methodenkapitels (48–53) neigt die neuere Forschung dazu, den erstmals bei der Fußwaschung (Joh 13,23) auftretenden »Jünger, den Jesus liebte«, als eine symbolhafte Kontrastfigur zum Verräter anzusehen, die Jesus als Konfiguration der ihm entgegengebrachten Teilnahme und Liebe bis unter das Kreuz begleitet (19,26) und schließlich als besonders sensibler Zeuge seiner Auferstehung hervortritt (20,2; 21,7). Dazu nochmals die Literaturangaben Anm. 89, Tl. I. Als Urheber der Gottesfreund-Mystifikation gilt der Straßburger Mystiker *Rulman Merswin*, der mit Hilfe der Symbolfigur des Gottesfreundes eine von Laien getragene religiöse Erneuerung zu bewirken suchte, nach *L. Reypens* (Lexikon für Theologie und Kirche IX, 95).

24 *R. Egenter*, Gottesfreundschaft, in: Lexikon für Theologie und Kirche IV, 1.105 f.; dort auch Hinweise auf weitere Arbeiten des Verfassers zur Geschichte des Motivs.

25 *P. Handke*, Der kurze Brief vom langen Abschied, Frankfurt 1972, 165. Von »Wiederbelebungsversuchen« spricht *K.-J. Kuschel* in seinem Lesebuch ›Der andere Jesus‹, München 1987, 349.

26 Nach *Kuschel*, a. a. O., 391 f. Zu *Guardini* siehe meine Studie ›Interpretation und Veränderung‹, Paderborn 1979, 73–80.

27 Dazu auch nochmals der Hinweis in Anm. 185, Tl. II.

28 *Blumenberg*, a. a. O., 70; dazu nochmals die Ausführungen S. 200 f.

29 *Blumenberg*, a. a. O., 248.

30 *R. Schnackenburg*, Das Johannesevangelium III, 469 f.; inzwischen hat der Autor die von ihm im Kommentarwerk aufgeworfene Frage mit der Veröffentlichung seiner zweibändigen Untersuchung ›Die sittliche Botschaft des Neuen Testaments (I): Von Jesus zur Urkirche; (II): Die urchristlichen Verkündiger‹ selbst beantwortet.

31 *R. Schnackenburg*, Das Johannesevangelium III; 59 ff.

32 A. a. O., 123 ff.

33 Dazu *Schnackenburg*, a. a. O., 174–181; *Ders.*, Das Johannesevangelium II, Freiburg 1971, 530–544.

34 *E. Bloch*, Das Prinzip Hoffnung III, Frankfurt 1968, 1292–1297.

35 *S. Freud*, Das Unbehagen in der Kultur (von 1930), in: Kulturtheoretische Schriften, Frankfurt 1974, 220 ff.

36 Näheres dazu in meiner Studie ›Die glaubensgeschichtliche Wende‹, 75–80.

37 Als »letzter« Hymnus auf die Liebe ist dieser Text in Abgrenzung von dem berühmteren »Hohelied der Liebe« (1 Kor 13,1–13) gekennzeichnet, der jedoch nach einer Reihe von Anzeichen seinen Ursprung in der vorchristlichen Lebensphase des Apostels haben dürfte; Näheres dazu in meiner Schrift ›Paulus für Christen‹, 164 ff.

38 Dazu *G. Bornkamm*, Paulus, Stuttgart 1977, 198 ff.

39 So *H. Schürmann*, Jesu eigener Tod. Exegetische Besinnungen und Ausblick, Freiburg 1974; ferner *R. Pesch*, Wie Jesus das Abendmahl hielt. Der Grund der Eucharistie, Freiburg 1977; dazu *F. Hahn*, Das Abendmahl und Jesu Todesverständnis. Kritische Anfragen an Rudolf Pesch, in: Exegetische Beiträge zum ökumenischen Gespräch. Gesammelte Aufsätze I, Göttingen 1986, 253–261.

40 Die Markusfassung (10,38) verknüpft die Antwort Jesu mit dem von Lukas (12,50) überlieferten Herrenwort von der durch Jesus zu erleidenden »Bluttaufe«.

41 So *R. Feneberg* und *W. Feneberg*, Das Leben Jesu im Evangelium, 244.

42 Dazu die Erwägungen *F. Hahns* über Jesu Tod im Zusammenhang seiner Botschaft, in: Das Verständnis des Opfers im Neuen Testament, a. a. O., 277–280.

43 *Hahn*, a. a. O., 280.

44 Näheres zu diesem Motivwort in der Monographie von *J. Heise*, Bleiben. *Menein* in den Johanneischen Schriften, Tübingen 1967, 85–91.

45 Dazu *F. Hahn*, Herrengedächtnis und Herrenmahl bei Paulus, in: Exegetische Beiträge, 303–314; *H. Schürmann*, Das Weiterleben der Sache Jesu im nachösterlichen Herrenmahl, in: Jesu ureigener Tod, 66–96.

46 Mit starken Argumenten spricht sich dafür *Hahn* gegen die These *R. Peschs* vom Ursprung der Herrenmahlfeier im Passahmahl Jesu aus; dazu nochmals sein Beitrag ›Das Abendmahl und Jesu Todesverständnis; ähnlich *Schürmann*, a. a. O., 85. Nach *G. Bornkamm* geht die Stilisierung des Abendmahls zum Passahmahl auf das Konto der Theologie der ersten drei Evangelisten und der hinter ihnen stehenden Gemeinden: Jesus von Nazareth, 149.

47 So *Ch. Burchard* in seinem Beitrag ›Jesus von Nazareth‹, 56.

48 Dazu *Bornkamm*, Paulus, 198 ff.; ferner *Hahn*, Herrengedächtnis und Herrenmahl bei Paulus, 308 f.

49 A. a. O., 199.

50 *Augustinus*, Aus Sermo 272.

51 Dazu *St. Gilson*, Der Heilige Augustin. Eine Einführung in seine Lehre, Hellerau 1930, 179–190; ferner *K. Flasch*, Augustin. Einführung in sein Denken, Stuttgart 1980, 242–352.

52 *Gilson*, a. a. O., 185 f.

53 *J. B. Metz*, Unterwegs zu einer nachidealistischen Theologie, in: *J. B. Bauer* (Hrsg.), Entwürfe der Theologie, Graz 1985, 225.

54 Dazu *E. Bloch*, Subjekt – Objekt. Erläuterungen zu Hegel, Frankfurt 1962, 473–488.

55 So *H. Lietzmann*, der diese These unter Berufung auf seine Studie über ›Messe und Herrenmahl‹ mit dem Satz begründet: »In seinem Bewußtsein fließt alles, was er vor und nach der Bekehrung über Jesus gehört hat, aus der Offenbarung von Damaskus als einheitlichem Quellort« (An die Korinther I/II, 57).

56 Dazu auch *F. Hahn*, Herrengedächtnis und Herrenmahl bei Paulus, 313.

57 Dazu *Lietzmann*, a. a. O., 54–60.

58 Dazu *Hahn*, der sich in seinem Beitrag zur Bornkamm-Festschrift ausdrücklich auseinandersetzt mit der ›Frage einheitsstiftender Elemente in Lehre und Praxis des urchristlichen Herrenmahls‹, in: Kirche, Tübingen 1980, 415–425.

59 Nach *Bornkamm* spricht für die Echtheit des Wortes schon die Tatsache, daß es nicht »in die spätere liturgische Überlieferung des Herrenmahles« eingegangen ist: Jesus von Nazareth, 148; dazu *H. Merklein*, Erwägungen zur Überlieferungsgeschichte der neutestamentlichen Abendmahlstradition, in: Biblische Zeitschrift 21 (1977) 88–101; 235–244.

60 So das von *C. Colpe* aufgenommene Schlußwort des Beitrags von *Burchard*, Jesus von Nazareth, in: Die Anfänge des Christentums, 56; 59.

61 Dazu *R. Schnackenburg*, Gottes Herrschaft und Reich, Freiburg 1963.

62 Dazu nochmals die Ausführungen auf S. 198–201.

63 *W. Grundmann*, Das Evangelium nach Matthäus, 420 f.

64 *Origenes*, Matthäus-Kommentar 14,1 f.; nach *H. De Lubac*, Katholizismus als Gemeinschaft, Einsiedeln und Köln 1943, 344 f.

65 *Grundmann*, a. a. O., 420.

66 Dazu *A. Vögtle*, Jesus und die Kirche, in: *M. Roesle* und *O. Cull-mann* (Hrsg.), Begegnung der Christen, Frankfurt 1959, 54–81; ferner *R. Schnackenburg*, Die Kiche im Neuen Testament. Ihre Wirklichkeit und theologische Deutung, ihr Wesen und Geheimnis, Freiburg 1961, 11–51.

67 Dazu noch die Ausführungen auf S. 166.

68 *G. W. F. Hegel*, Encyclopädie der philosophischen Wissenschaften (von 1830) § 548.

69 Dazu *C. Colpe*, Die erste urchristliche Generation, in: Die Anfänge des Christentums, 59–79.

70 Dazu nochmals der Hinweis *M. Bubers* in ›Zwei Glaubensweisen‹ (100ff.); ferner der Beitrag von *W. Schmithals*, Geisterfahrung als Christuserfahrung, in: *C. Heitmann* und *H. Mühlen* (Hrsg.), Er-fahrung und Theologie des Heiligen Geistes, Hamburg und Mün-chen 1974, 111–117.

71 Zum folgenden außer *Schnackenburg*, Die Kirche im Neuen Testa-ment (15ff.) und *E. Haenchen*, Die Apostelgeschichte, Göttingen 1961, 130–139, insbesondere *J. Kremer*, Pfingstbericht und Pfingst-geschehen. Eine exegetische Untersuchung zu Apg 2,1–13, Stutt-gart 1973.

72 Dazu *H. Schürmann*, Das Lukasevangelium I, Freiburg 1969, 39–64, ferner *J. Kremer*, a. a. O., 187; 206.

73 A. a. O., 141.

74 Das ist, verallgemeinernd gesprochen, der Fall der Gotteskind-schaft, durch die wir nach kusanischer Deutung nicht zu etwas an-derem unserer selbst, wohl aber zu höherer Selbstaneignung geführt werden; dazu meine Schrift ›Der schwere Weg der Gottesfrage‹, Düsseldorf 1982, 151f.

75 Näheres dazu in dem Kapitel ›Der Spiegel des Glaubens. Zum Pro-zeß der theologischen Selbstkorrektur‹, in: Glaubensimpulse, 136–147.

76 *W. Jens*, Die Evangelisten als Schriftsteller, in: *H. J. Schultz* (Hrsg.), »Sie werden lachen – die Bibel«, 114–124.

77 A. a. O., 124.

78 Während bei der Verkündigung die »innere Ästhetik« der Szene den Anreiz zu künstlerischer Interpretation gegeben haben dürfte, muß im Fall der Kreuzigung mit einem dazu gegensinnigen Anlaß ge-rechnet werden. Bekanntlich ertrug die frühe Christenheit Darstel-lungen dieser Hinrichtungsart so wenig, daß noch in dem christolo-

gischen Zyklus von Sant'Apollinare Nuovo in Ravenna, der ehemaligen Palastkirche des Gotenkönigs *Theoderich*, auf die Szene mit der Kreuztragung unmittelbar die Auferstehung folgt. Erst in Form der Crux gemmata fand das Kreuz Eingang zunächst in die Liturgie und dann, wie gleichfalls die Ravennatischen Mosaikzyklen zeigen, in die darstellende Kunst. Deshalb muß der Anlaß hier umgekehrt in dem Bestreben gesucht werden, das Faktum des Kreuzes mit dem menschlichen Empfinden zu versöhnen. Dazu auch nochmals der Hinweis auf das Kreuz als zeichenhafte Darstellung des Todesschreies Jesu (S. 205).

79 *Haenchen*, Die Apostelgeschichte, 137; danach stand Lukas bei der Gestaltung der Pfingstgeschichte »vor einer schwierigen Aufgabe. Er wollte eines der wichtigsten Ereignisse nach Jesu Scheiden darstellen: das Kommen des Geistes. Er mußte es anschaulich schildern, damit es seinen Lesern unvergeßlich vor Augen stand. Gelungen aber war sein Werk erst dann, wenn auch der Sinn dieses Geschehens zugleich deutlich geworden war«. Auf die Verdeutlichung dieses »Sinns« arbeitet der Verfasser unzweifelhaft dadurch hin, daß er auf die Pfingstszene, überbrückt durch die Stephanusvision (7,55f.), die Petrusvision (10,9–21) und die dreifach geschilderte Damaskusvision des Apostels Paulus (9,1–9; 22,6–11; 26,12–19) folgen läßt und dadurch das apostolische Missionswirken als Frucht der pfingstlichen Geistausgießung zu verstehen gibt.

80 *Thomas Mann* nannte den Text, in welchem Nietzsche den »körperlich und geistig unerhört gehobenen Zustand preist, worin er in unglaublich kurzer Zeit seine Zarathustra-Dichtung hervorbrachte«, ein stilistisches Meisterstück, an das nur wenige Stellen des an sprachlichen Glanzlichtern überreichen Gesamtwerks heranreichen: Nietzsches Philosophie im Lichte unserer Erfahrung, in: Neue Studien, Frankfurt 1948, 120f.

81 *Nietzsche*, Warum ich so gute Bücher schreibe: Also sprach Zarathustra, § 3.

82 Ebd.

83 *I. Herwegen*, Das Kunstprinzip der Liturgie, Paderborn 1929, 19, 32.

84 *Cyprian*, De catholicae Ecclesiae unitate, C. 3; *Origenes*, Matthäuskommentar 14,1f.; nach *De Lubac*, Katholizismus als Gemeinschaft, Einsiedeln und Köln 1943, 344f.

85 Nach *Balthasar*, Augustinus. Das Antlitz der Kirche, Einsiedeln und Köln 1942; *Ders.*, Casta Meretrix, in: Sponsa Verbi. Skizzen

zur Theologie II, Einsiedeln 1960, 203–305. Der Aufarbeitung patristischer Paradoxe war auch die in langjähriger Mühe zusammengetragene Materialsammlung des unvergessenen Pastoraltheologen *Linus Bopp* gewidmet, die dem Bombenangriff auf Freiburg am 27. November 1944 zum Opfer fiel.

86 Zur inhaltlichen und wirkungsgeschichtlichen Bedeutung der Stelle siehe *R. Schnackenburg*, Der Brief an die Epheser, Zürich und Neukirchen-Vluyn 1982, 122–127; 337 ff.

87 Dazu *Schnackenburg*, a. a. O., 75; 186 ff.

88 Nach *Th. Steinbüchel*, Romatisches Denken im Katholizismus, in dem von ihm hrsg. Sammelband ›Romantik‹, Tübingen und Stuttgart 1948, 96.

89 Dazu nochmals die Ausführungen auf S. 21 f.

90 Dazu die Ausführungen meiner Studie ›Die glaubensgeschichtliche Wende‹, 275–281.

91 Dazu nochmals der in Anm. 18, Tl. III, gegebene Literaturhinweis.

92 Näheres zu diesem Begriff in meiner Schrift ›Glaubensverständnis. Grundriß einer hermeneutischen Fundamentaltheologie‹, Freiburg 1975, 83–106.

93 Am deutlichsten kommt *Guardinis* Kirchen-Ästhetik in seiner Überzeugung zum Ausdruck, daß es einen Zugang zum »Wesen« der Kirche geben müsse, und daß die Bindung an sie in der Beziehung zu diesem Wesen begründet sei; dazu *R. Guardini*, Berichte über mein Leben, Autobiographische Aufzeichnungen, Düsseldorf 1984, 70 ff.; 116 ff.

94 *Augustinus*, In psalm. 26,2; n.23; nach *H. De Lubac*, Katholizismus als Gemeinschaft, 106.

95 Dazu nochmals meine Studie ›Der Zeuge. Eine Paulus-Befragung‹ (von 1981).

96 Die Szene weist offenkundig auf die Vision des 12. Kapitels zurück, in der sich die zunächst als Zeichen am Himmel erscheinenden »Frau« unversehens in die irdische Konfliktsituation mit dem Drachen verwiesen sah (12,13–18). Jetzt wiederholt sich dieser »Abstieg«, jedoch so, daß die himmlische Gottesbraut als Inbegriff universaler Lebensgemeinschaft mit Gott und damit als die rettende Alternative zu allen welthaften Vorformen erkennbar wird; dazu *Karl M. Woschitz*, Erneuerung aus dem Ewigen, Wien 1987, 271 ff.

97 So etwa in dem titelgleichen Beitrag von 1941; dazu auch nochmals die bereits erwähnte Schrift von *I. Herwegen*, Das Kunstprinzip der Liturgie (von 1929).

98 *O. Casel*, Das Kultmysterium, Maria Laach 1921; *Ders.*, Die Liturgie als Mysterienfeier, Freiburg 1923; dazu *G. Söhngen*, Der Wesensaufbau des Mysteriums, Bonn 1938.

99 Einer nachdrücklichen Bestätigung dieser These kommt der Abschluß von *Balthasars* ›Theologischer Ästhetik‹ gleich; denn die abschließende ›Theologik‹ wirkt wie eine Verabschiedung des Ästhetischen zugunsten eines Kraftaktes, der mit dem Ruf ›Heimwärts zum Vater!‹ der unio mystica entgegenstrebt: Theologik III, Einsiedeln 1987, 399–410; dazu mein Beitrag ›Dombau oder Triptychon? Zum Abschluß der Trilogie Hans Urs von Balthasars‹, in: Theologische Revue 84 (1988) 177–184.

100 Dazu das Vorwort meiner titelgleichen Schrift, Freiburg 1987, 9f.

101 Dazu *A. Rosenberg*, Joachim von Fiore. Das Reich des Heiligen Geistes, München-Planegg 1955.

102 Auf weitere Stellen, an denen sich Rahner zu dieser Überzeugung bekannte, verweist *Gisbert Greshake*, Gott in allen Dingen finden. Schöpfung und Gotteserfahrung, Wien 1986, 86.

103 Dazu *R. Pesch*, Die Buchwerdung der neutestamentlichen Offenbarung, in: *W. Seidel* (Hrsg.); Offenbarung durch Bücher? Impulse zu einer Theologie des Lesens, Freiburg 1987, 100f.; ferner das Kapitel ›Was vermag Sprache?‹ meines Sammelbandes ›Glaubensimpulse‹, 47–64.

104 Dazu *R. Gögler*, Zur Theologie des biblischen Wortes bei Origenes, Düsseldorf 1965, 275f.

105 Nach *A. Krogmann*, Simone Weil in Selbstzeugnissen und Bilddokumenten, Reinbek b/Hamburg 1970, 149.

106 A.a.O., 151.

107 A.a.O., 153.

108 In den ersten Tagen seiner Umnachtung schrieb auch *Nietzsche*, daß er nur noch »das goldene Gleichgewicht aller Dinge zu sein« habe; nach *E. F. Podach*, Nietzsches Zusammenbruch, Heidelberg 1930, 88.

109 *S. Weil*, Die Einwurzelung. Einführung in die Pflichten dem menschlichen Wesen gegenüber, München 1956, 313f.

110 Näheres dazu in meiner Schrift ›Zur Situation des Menschen im Medienzeitalter‹, München 1988.

111 *N. Postman*, Wir amüsieren uns zu Tode. Urteilsbildung im Zeitalter der Unterhaltungsindustrie, Frankfurt 1985, 8.

112 *G. W. F. Hegel*, Die Vernunft in der Geschichte (Ausgabe *Hoffmeister*), Hamburg 1955, 157; dazu *K. Löwith*, Weltgeschichte und

Heilsgeschehen. Die theologischen Voraussetzungen der Ge-
schichtsphilosophie, Stuttgart 1953, 55–61.

113 *F. Nietzsche*, Götzen-Dämmerung: Die ›Vernunft‹ in der Philosophie, § 5; dazu *D. Henke*, Gott und Grammatik. Nietzsches
Kritik der Religion, Pfulllingen 1981.

114 Genaugenommen gilt das bei *Nietzsche* nur für den christlichen
Gottesgedanken. Daß sich aber auch Jesus selbst als epochema-
chende Gestalt in die menschliche Sprachgeschichte eingeschrieben
hat, wird klar, wenn man nach den Urhebern jener Inversion Ausschau hält, die dazu führte, daß die Sprache im Gegensinn zu ihrer
weltbeschreibenden Funktion gebraucht und als Instrument sub-
jektiv-biographischer Selbstmitteilung verwendet werden kann;
dazu nochmals der Hinweis in meiner Schrift ›Menschsein und
Sprache‹, 36 f.

115 *R. Guardini*, Das Ende der Neuzeit. Ein Versuch zur Orientierung, Würzburg 1950, 111; schon in seinem Christusbuch ›Der
Herr‹ (von 1937) hatte Guardini unter Berufung auf ein »kluges
Buch« darauf hingewiesen, »wie tief sich das Bild des Menschen
durch die Person und das Leben Jesu von Nazareth verändert«
habe (Paderborn 1980, 380).

116 Für den Bereich der Literatur zeigte das *Karl-Josef Kuschel* in seinen Schriften ›Jesus in der deutschsprachigen Gegenwartsliteratur‹
und ›Der andere Jesus‹ (München 1987).

117 Dazu *R. Schnackenburg*, Das Johannesevangelium I, 281 f. Ungeachtet der »polemischen Schärfe«, die der Kommentator heraushört, klingt die Aussage wie ein versteckter Hinweis auf das
ursprüngliche Schlußwort des Evangeliums: »Selig, die nicht
sehen und doch glauben!« (Joh 20,29); doch könnte man es auch
als die johanneische Parallele zu den Aussagen des synoptischen
Jesus verstehen, die seine und seines Reiches Anwesenheit inmitten der angesprochenen Adressaten ankündigen (Mt 18,20;
Lk 17,20).

118 *G. Bornkamm*, Jesus von Nazareth, 101 ff.

119 *G. Eichholz*, Das Rätsel des historischen Jesus und die Gegenwart
Jesu Christi, München 1984, 51.

120 Dazu meine Schrift ›Er ist unser Friede‹, Freiburg 1984, 72–76.

121 Dazu *St. Gilson*, Der heilige Augustin. Eine Einführung in seine
Lehre, Hellerau 1930, 124–145.

122 Näheres dazu in meinem Beitrag ›Das Antlitz des Menschen. Dargestellt an drei Hauptwerken der modernen Malerei‹, in: *W. Böhme*

(Hrsg.), Wo ist Gott zu finden? Über Orte der Gottesbegegnung, Karlsruhe 1985, 43–54.

123 Nach *Karl-Josef Kuschel*, Der andere Jesus, 376 (gekürzt); dazu nochmals der Hinweis auf die Deutung der Stelle durch *Woschitz*.

123 Dazu die titelgleiche Schrift von *L. Kolakowski* (Stuttgart 1977) und die Hinweise in meinem Essay ›Die Situation des Menschen im Medienzeitalter‹.

124 *H. Waldenfels*, Begegnung mit dem Zen-Buddhismus, Düsseldorf 1980, 68.

125 Dazu *K. M. Woschitz*, Erneuerung aus dem Ewigen, 244 f.

126 Dazu nochmals der Hinweis auf die unterschiedlichen Deutungsperspektiven der Damaskusvision auf S. 213 f.

127 In Anspielung an *Lessings* Brief an seinen Bruder Karl vom 2. Februar 1774.

128 So *Lessing* in seiner Flugschrift ›Über den Beweis des Geistes und der Kraft‹ (von 1777). Näheres dazu in dem Kapitel ›Wort und Schrift‹ meines Sammelbandes ›Glaubensimpulse‹, 90–113.

129 So *Luther* in seiner Kirchenpostille von 1522; Näheres auch dazu in dem Kapitel ›Luther – Der Schuldner des Wortes‹ meines Sammelbandes ›Glaubensimpulse‹, 309–323.

130 Grundsätzlich verfolgt meine Schrift ›Älteste Heilsgeschichten‹ (Würzburg 1984) diesen Weg.

131 Dazu nochmals das auf S. 54 ff. und 56 ff. Gesagte.

132 *K. Rahner*, Was heißt Jesus lieben? (Freiburg 1962), 27.

133 *D. Bonhoeffer*, Gedanken zum Tauftag von D. W. R. (Mai 1944), in: Widerstand und Ergebung. Briefe und Aufzeichnungen aus der Haft, hrsg. von *E. Bethge*, München und Hamburg 1966, 153.

134 *Eusebius*, Kirchengeschichte III, 39,3 f.; nach *Schnackenburg*, Das Johannesevangelium I, 65.

135 Dazu *Kurt von Raumer*, Ewiger Friede. Friedensrufe und Friedenspläne seit der Renaissance, Freiburg und München 1953, 163–174.

136 *W. Weitling*, Das Evangelium des armen Sünders (Ausgabe *Schäfer*), Reinbek 1971, 9.

137 Dazu nachmals das S. 28 Gesagte.

138 *M. Machovec*, Jesus für Atheisten, 81; 102.

Personenregister

Abgar von Edessa 102, 302
Adam, K. 18, 178, 290, 317
Adler, G. 290
Aelred von Rieval 299
Anselm von Canterbury 85 f
Athanasius 37
Augstein, R. 25
Augustinus, A. 17, 129, 176, 215,
    245, 266, 278, 296, 317, 325,
    329, 332

Bach, J. S. 17, 71, 233 ff
Bader, G. 321
Baltenweiler, H. 324
Balthasar, H. U. von 20, 258,
    260 f, 263, 290, 293, 315, 331 f
Barth, B. 299
Barth, K. 18, 47 f, 97, 293
Baudler, G. 19, 52, 229, 289, 294,
    311
Bauer, J. B. 319, 329
Becker, G. 326
Beethoven, L. van 238, 299
Ben-Chorin, Sch. 25, 290
Bengel, J. A. 69
Benz, E. 301
Bergengruen, W. 23, 312
Bernhard von Clairvaux 83
Bernhart, J. 160, 199 ff, 321 f
Bertaux, P. 325
Bertram, G. 322
Blinzler, J. 314, 320 f
Bloch, E. 238, 246, 299, 328 f
Blumenberg, H. 233 ff, 296, 322
Boethius, M. 35
Boff, L. 19, 48, 229, 289, 305

Bonaventura, F. 84, 299
Bonhoeffer, D. 285
Bopp, L. 332
Bornkamm, G. 44, 167, 179, 188,
    275, 315, 317, 319, 324, 328,
    334
Bossuet, J. B. 296
Boucher, M. 306
Brandon, S. G. F. 316
Braun, H. 26, 43, 46, 293, 318
Bremond, H. 298
Brentano, Cl. 76 f
Buber, M. 18, 25, 51, 67, 69, 71 f,
    83, 94, 114, 122, 132, 163,
    190 ff, 195 ff, 207 f, 212, 223 ff,
    289, 299 f, 302 ff, 313, 318, 320,
    322, 325 f
Buddha, G. 17, 179
Bultmann, R. 43, 46, 68 f, 174,
    290, 293, 295, 302, 317, 320,
    322
Burchard, Ch. 165, 310, 315, 317,
    329
Busse, U. 312

Campenhausen, H. von 321
Casel, O. 266 f, 333
Cassiodor 88 f, 300
Chagall, M. 278 f
Chilton, B. D. 326
Christ, F. 53, 185, 294, 296, 302,
    318 f, 326
Colpe, C. 329
Crossan, J. D. 312
Cyprian von Karthago 260, 331

Heinz Zahrnt

Gotteswende

Christsein zwischen Atheismus und neuer Religiosität.
276 Seiten. Geb.

Heinz Zahrnt analysiert die religiöse Situation der Gegenwart und ihre
Zukunftsperspektive. Der kämpferische, humanistische Atheismus des
19. Jahrhunderts ist zur religiösen Gleichgültigkeit verkommen, andererseits hat die
globale Bedrohung der Menschheit einen »metaphysischen Schock« versetzt. Eine
neue Gottsuche auf oft fragwürdigen Wegen ist die Folge. Wenn das Christentum den
Dialog mit den Suchenden nicht scheut und auf eine Verbindung von Weltvernunft
und Spiritualität hinarbeitet, kann es Antworten finden, die auch in der Zukunft
tragfähig sind.

Jesus aus Nazareth

Ein Leben. 320 Seiten. Geb.
(Auch in der Serie Piper 1141 lieferbar)

Heinz Zahrnt hat *sein* Jesus-Buch geschrieben: keine Biographie, keine Christologie,
sondern »ein Lebensbild, geformt aus den verschiedenen Aspekten seiner Erscheinung
und so lebendig und anschaulich erzählt, wie Stoff und Autor es hergeben«.

Martin Luther

Reformator wider Willen. 264 Seiten mit 7 Abbildungen.
Serie Piper 5246

Die Sache mit Gott

Die protestantische Theologie im 20. Jahrhundert.
430 Seiten. Serie Piper 890

Westlich von Eden

Zwölf Reden an die Verehrer und die Verächter der christlichen Religion.
238 Seiten. Kart.

Wie kann Gott das zulassen?

Hiob – Der Mensch im Leid.
96 Seiten. Serie Piper 453

PIPER

Hans Küng

Hans Küng

Piper 17/1b

PIPER

Theologie bei Piper

Karl Barth
Kirchliche Dogmatik
Ausgewählt und eingeleitet von Helmut Gollwitzer.
320 Seiten. Serie Piper 692

Eugen Biser
Der Freund
Annäherungen an Jesus. 341 Seiten. Serie Piper 981

Das Buch der Bücher
Altes Testament
Einführung, Texte, Kommentare. Mit einer Einführung von Gerhard von Rad.
Herausgegeben von Hanns-Martin Lutz, Hermann Timm, Eike Christian Hirsch.
573 Seiten mit 4 Karten. Serie Piper 347

Das Buch der Bücher
Neues Testament
Einführungen, Texte, Kommentare.
Herausgegeben von Gerhard Iber, in Verbindung mit Hermann Timm.
Mit einer Einführung von Günther Bornkamm. 496 Seiten. Serie Piper 348

Georg Denzler
Lebensberichte verheirateter Priester
Autobiographische Zeugnisse zum Konflikt zwischen Ehe und Zölibat.
237 Seiten. Serie Piper 964

Georg Denzler
Die verbotene Lust
2000 Jahre christliche Sexualmoral. 378 Seiten. Geb.

Georg Denzler
Widerstand oder Anpassung?
Katholische Kirche und Drittes Reich. 155 Seiten. Serie Piper 294

PIPER

Theologie bei Piper

Heinz J. Fischer
Der heilige Kampf
Geschichte und Gegenwart der Jesuiten. 284 Seiten. Serie Piper 728

Mario von Galli
Gott aber lachte
Erinnerungen. 141 Seiten. Serie Piper 905

Albert Görres
Kennt die Religion den Menschen?
Erfahrungen zwischen Psychologie und Glauben. 142 Seiten. Serie Piper 318

Helmut Gollwitzer
Was ist Religion?
Fragen zwischen Theologie, Soziologie und Pädagogik. 78 Seiten. Serie Piper 197

Norbert Greinacher
Die Kirche der Armen
Zur Theologie der Befreiung. 177 Seiten. Serie Piper 196

Norbert Greinacher
Der Schrei nach Gerechtigkeit
Elemente einer prophetischen politischen Theologie. 199 Seiten. Serie Piper 643

Herbert Haag
Vor dem Bösen ratlos?
In Zusammenarbeit mit Katharina und Winfried Elliger.
320 Seiten. Serie Piper 951

Karl Jaspers
Die maßgebenden Menschen
Sokrates – Buddha – Konfuzius – Jesus. 210 Seiten. Serie Piper 126

PIPER

Theologie bei Piper

Doris Kaufmann
Frauen zwischen Aufbruch und Reaktion
Protestantische Frauenbewegung in der ersten Hälfte des 20. Jahrhunderts.
Mit einem Vorwort von Elisabeth Moltmann-Wendel.
264 Seiten. Serie Piper 897

Wilhelm Korff
Wie kann der Mensch glücken?
Perspektiven der Ethik. 388 Seiten. Serie Piper 394

Gerhard Schmied
Kirche oder Sekte?
Entwicklungen und Perspektiven des Katholizismus in der westlichen Welt.
138 Seiten. Serie Piper 910

Helmut Thielicke
Mensch sein – Mensch werden
Entwurf einer christlichen Anthropologie. 526 Seiten. Kart.

Paul Tillich
Auf der Grenze
Eine Auswahl aus dem Lebenswerk. Mit einem Vorwort von Heinz Zahrnt zur Taschenbuchausgabe.
240 Seiten. Serie Piper 593

PIPER

Karl-Josef Kuschel

Jesus in der deutschsprachigen Gegenwartsliteratur

Mit einem Geleitwort von Walter Jens und einem Vorwort zur Taschenbuchausgabe.
394 Seiten. Serie Piper 627

Karl-Josef Kuschel stellt am Schnittpunkt von Theologie und Literatur dar, wie die
Jesus-Gestalt in der modernen Literatur gesehen wird. Er zeigt anhand wichtiger Texte
(u. a. von Böll, Frisch, Dürrenmatt, Andersch, Handke, Seghers, Celan) welche
überragende Bedeutung die Jesusfigur auch gerade für nicht-christliche Schriftsteller hat.

»Kuschel gelingt hier ein Unternehmen, wohl einzigartig im christlichen Schrifttum ...«
Zeitschrift für katholische Theologie

»Dieses Buch hält mehr, als der Titel verspricht ... Ein Buch, in dem die Dichtung so
ernst genommen wird wie die Theologie.«
Elisabeth Endres, Frankfurter Allgemeine Zeitung

Der andere Jesus

Ein Lesebuch moderner literarischer Texte.
Hrsg. von Karl-Josef Kuschel. 413 Seiten. Serie Piper 625

Diese Sammlung von modernen literarischen Texten zeigt, daß Jesus von Nazareth
die große Bezugsgestalt auch der zeitgenössischen Literatur ist. Dieser Jesus der
Literaten ist freilich zumeist ein anderer als der traditioneller Kirchlichkeit. Über Literatur
erschließt dieses Lesebuch einen neuen Zugang zur Gestalt des Nazareners. Es enthält
Texte u. a. von: A. Andersch, I. Bachmann, H. Böll, W. Borchert. B. Brecht, P. Celan,
H. Domin, I. Drewitz, F. Dürrenmatt, G. Eich, E. Fried, M. Frisch, G. Grass, P. Handke,
S. Heym, W. Hildersheimer, R. Hochhuth, W. Jens, M. L. Kaschnitz, W. Koeppen, R. Kunze,
K. Marti, L. Rinser, N. Sachs, W. Schnurre, A. Seghers, E. Zeller.

Weil wir uns auf dieser Erde nicht ganz zu Hause fühlen

Zwölf Schriftsteller über Religion und Literatur. In Zusammenarbeit mit
Hartmut Musmann. 180 Seiten. Serie Piper 414

Karl-Josef Kuschels Fragestil ist unaufdringlich, unapologetisch.
Literatur wird bei ihm nicht religiös vereinnahmt, sondern als Herausforderung an Theologie,
Kirche und Christentum erschlossen.

Lust an der Erkenntnis

Die Theologie des 20. Jahrhunderts. Ein Lesebuch. Hrsg. und eingeleitet von
Karl-Josef Kuschel. 506 Seiten. Serie Piper 646

Dieser zweite Band der Reihe »Lust an der Erkenntnis« will die Theologie unseres
Jahrhunderts mit wichtigen Autoren und Themen vorstellen. Etwa 50 kürzere,
repräsentative Texte zeigen die Entwicklung der modernen Theologie und eröffnen
einen Zugang zum christlichen Denken unserer Zeit.

PIPER

Texte christlicher Mystiker

Franz von Assisi
Arm unter Armen
Herausgegeben, übersetzt und eingeleitet von Elisabeth Hug
und Anton Rotzetter. 235 Seiten. Serie Piper 525

Aurelius Augustinus
Aufstieg zu Gott
Herausgegeben, eingeleitet und übersetzt von Ladislaus Boros.
266 Seiten. Serie Piper 521

»... eine prachtvolle Blütenlese aus dem reichen Schrifttum
des Kirchenvaters. Boros öffnet dem Leser in kritischer Wertung den
Zugang zur oft verwirrenden Eigenart augustinischen Denkens.«
Der Bund, Bern

Hildegard von Bingen
Gott sehen
Ausgewählt und eingeleitet von Heinrich Schipperges.
216 Seiten. Serie Piper 522

»Wie kein anderer christlicher Mystiker ist Hildegard Seherin, die
bis ins Letzte dem ›Gegenstand‹, den sie geschaut hat, verpflichtet
bleibt und nur von ihm Zeugnis gibt. Schipperges, der um
Hildegards Werk reich verdiente Forscher, präsentiert eine
vorzügliche Einleitung in Leben und Werk Hildegards und
eine ausgezeichnete Textauswahl aus der Dichtung, Theologie
und Schrifttum.« Neue Zürcher Zeitung

Caterina von Siena
Gottes Vorsehung
Herausgegeben, eingeleitet und übersetzt von Louise Gnädinger.
271 Seiten. Serie Piper 527

PIPER

Texte christlicher Mystiker

Dominikus
Die Verkündigung des Wortes Gottes
Herausgegeben und eingeleitet von Vladimir J. Kondelka.
203 Seiten. Serie Piper 528

Meister Eckhart
Einheit im Sein und Wirken
Herausgegeben von Dietmar Mieth.
355 Seiten. Serie Piper 523

Ignatius von Loyola
Gott suchen in allen Dingen
Herausgegeben von Josef Stierli.
234 Seiten. Serie Piper 524

Ignatius von Loyola (1491–1556) ist der Gründer des
Jesuitenordens, der bis heute eine der wichtigsten Organisationen
der Katholischen Kirche geblieben ist. Aber neben dem
Ordensgründer und Kirchenmann gibt es noch einen anderen
Ignatius: den Denker und Mystiker. Ihn will dieses Buch anhand
von Texten, unterstützt von Originaldokumenten und fundierten
Einführungen in die gesellschafts- und kirchenpolitischen
Zusammenhänge jener Zeit, vorstellen.

Teresa von Avila
Freundschaft mit Gott
Herausgegeben, eingeleitet und übersetzt von Ulrich Dobhan.
214 Seiten. Serie Piper 526

PIPER